员工管理
高效工作手册

若工作无高效，则生活无自由

凤凰高新教育 ◎ 编著

内 容 提 要

人力资源管理的核心是建立企业人才梯队,而员工招聘、转正考核、员工培训及员工关系管理等环节是建立企业人才梯队的关键工作。

全书内容循序渐进、深入浅出,在对招人、选人、用人等各种业务进行透彻分析的基础上,重点讲解了其在实务中的应用技巧,并附有丰富的案例和HR专家支招、HR高效工作之道等内容,力图在方法、策略与系统架构上给读者以启迪。

本书可供从事人力资源的职场新人学习使用,也可作为企业人力资源管理从业者随时查阅的参考用书,还可作为大、中专职业院校人力资源管理、工商管理等相关专业教材用书,以及人力资源培训机构的参考教材。

图书在版编目(CIP)数据

员工管理高效工作手册 /凤凰高新教育编著. ——北京:北京大学出版社,2019.6
ISBN 978-7-301-30422-8

Ⅰ.①员… Ⅱ.①凤… Ⅲ.①人力资源管理–手册 Ⅳ.①F241-62

中国版本图书馆CIP数据核字(2019)第059726号

书　　　名	员工管理高效工作手册 YUANGONG GUANLI GAOXIAO GONGZUO SHOUCE
著作责任者	凤凰高新教育　编著
责 任 编 辑	吴晓月　冯磊
标 准 书 号	ISBN 978-7-301-30422-8
出 版 发 行	北京大学出版社
地　　　址	北京市海淀区成府路205 号　100871
网　　　址	http://www.pup.cn　　新浪微博:@北京大学出版社
电 子 信 箱	pup7@ pup.cn
电　　　话	邮购部 010-62752015　发行部 010-62750672　编辑部 010-62570390
印 刷 者	北京宏伟双华印刷有限公司
经 销 者	新华书店
	787毫米×1092毫米　16开本　28.25 印张　482 千字 2019年6月第1版　2019年6月第1次印刷
印　　　数	1—4000册
定　　　价	88.00 元

未经许可,不得以任何方式复制或抄袭本书之部分或全部内容。
版权所有,侵权必究
举报电话:010-62752024　电子信箱:fd@pup.pku.edu.cn
图书如有印装质量问题,请与出版部联系。电话:010-62756370

自序

无论是在人力资源从业过程中，还是在人力资源从教过程中，经常有同行或学员咨询人力资源工作中的各类实际问题，尤其是关于招聘、面试、录用、培训等方面的操作难题。这让笔者深深地感受到很多人力资源工作者，特别是新手人力资源工作者，虽然熟知招聘、面试、录用、培训等方面的理论知识，但是并不熟悉相应的操作实务。而多数企业的管理者就更不了解人力资源了，人才管理意识淡薄，认为招聘、面试、录用、培训等工作仅仅是人力资源工作者的事务，以致人力资源工作者承受着来自员工与管理者的双重压力，对人力资源实务充满畏难情绪，不知道应该怎样开展工作。因此，在众多学员及朋友的劝导与鼓励下，笔者决定将这十余年在招聘、面试、录用、培训等方面的管理经验凝聚于本书中，与广大读者一起分享。

本书凝聚了笔者在上市公司、国有企业、外资企业等不同类型企业的人力资源实战经验，以及理论和实践相结合的知识沉淀，也体现了笔者对人力资源管理事业的执着与追求。

本书不仅讲述了人力资源管理的相关知识，还讲述了在员工招聘管理、面试管理、入职与转正、培训管理、离职管理等方面的操作实务，并且提供了非常实用的管理制度和管理工具。

本书是企业人力资源在招聘、面试、录用、培训等方面的实战精华，提炼了很多有价值的人力资源管理经典案例，为人力资源从业者提供了实实在在的指导。本书既是人力资源小白的入门指导书，也是人力资源经理、人力资源总监的工作参考书，更为非人力资源管理各级领导及决策人员在选人、用人、育人、留人等方面提供了参考。人力资源管理者除了要掌握相应的技能外，还要有深厚的文化、创新的思维、跨界的知识、综合的能力、执业的艺术，才能做好看似平凡的人力

资源管理工作。

在此感谢广大读者朋友选购本书，并欢迎读者对本书内容的疏漏及错误之处提出批评和建议。

最后，衷心感谢胡子平老师的策划，以及对笔者写作上的指导与鼓励；感谢江孝忠先生、王典艳女士在笔者写作过程中时常与笔者讨论专业问题，并提供建议和帮助；感谢家人对笔者工作无条件的支持。

刘先华

前 言

为什么写这本书？

在现代社会发展中，企业之间的竞争愈演愈烈，人才逐渐成为激烈市场竞争中核心竞争力的重要组成部分。在中小型企业的内部发展中，人力资源部门的作用可能无法体现出来，但是随着企业规模的逐渐扩大，人力资源部门的作用也逐渐凸显出来，并成为企业人才新陈代谢的总控制器。人力资源管理的核心是建立企业人才梯队，而员工招聘、转正考核、员工培训及员工关系管理等环节是建立企业人才梯队的关键工作。

如何系统而全面地掌握人力资源的关键工作？

如何为企业吸引和选拔合适的人才？

如何帮助新员工尽快融入企业新环境？

如何培养企业需要的人才？

如何处理员工关系？

……

为了有效解决上述问题，笔者编写了《员工管理高效工作手册》一书，希望本书能在实际工作中给予读者帮助。

本书讲了哪些内容？

本书内容系统且全面，并非"蜻蜓点水"般地简单讲解某一个或某几个重要的人力资源环节，而是涵盖了人力资源管理中的招聘、录用、转正、培训、离职等环节，重心突出，主次分明。同时，本书对所有内容都拟定了相关工作范本，如制度、流程、表单、方案，以供读者参考和借鉴。读者通过对本书的学习，能够快速掌握企业中有关员工招聘、面试、录用、培训等人力资源管理知识。本书的基本框架结构如下。

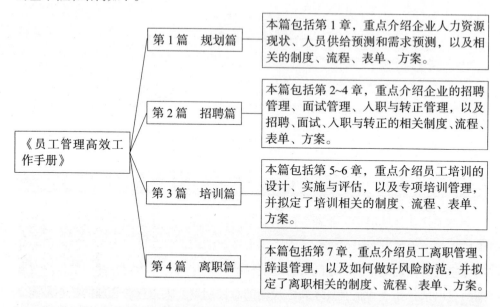

本书有哪些特点？

和以往的同类型书籍不同，本书具有以下显著的特点和鲜明的亮点。

★ 案例丰富

在人力资源供给与需求预测、招聘管理、面试选拔、培训管理等实际操作方面，并非生搬硬套理论知识，而是针对具体方法列举实际案例，并结合案例深入浅出地讲解实际操作过程，每一步都清晰明了、简单易懂，可操作性极强。

★ 实操＋范本

本书不仅包括工作开展的具体方法、思路、经验及案例解析等实用的干货讲解，而且为了提高实用性，每一章都提供了相关的工作范本，并将笔者多年的工作经验汇总，供读者参考，如管理制度、流程标准、表格表单、操作方案等。

★ HR 专家支招

本书的每一章都设置了"HR 专家支招"专栏,作为对本章内容的补充和拓展。全书共安排 29 个"HR 专家支招",主要讲解了工作中一些常见问题的处理方法及技巧,避免职场新手走弯路。

★ HR 高效工作之道

本书首开同类书籍先河,每一章的结尾处都安排了"HR 高效工作之道"专栏。全书共 26 个"HR 高效工作之道",紧密结合每章的主要内容,通过详尽的文字描述和完整的步骤图解,讲解了人力资源工作者运用办公软件、互联网及相关的 IT 技能高效地完成员工招聘、面试、录用、培训、离职等工作的技巧。

温馨提示:书中的"HR 高效工作之道"教学视频,请用微信扫描右侧的二维码,即可观看学习。

★ 图文并茂

关于工作中办公软件的相关操作,特别是"HR 高效工作之道"部分的操作讲解,都是以"图文+步骤"进行详细表述的,让读者一看即会,一学就懂。

★ 除了书,您还能得到什么?

1. 赠送:8 小时"Word/Excel/PPT 在人力资源管理中的应用"视频教程。
2. 赠送工作范本与模板:❶16 个人力资源规划管理工具;❷24 个员工招聘管理工具;❸23 个员工面试与录用管理工具;❹17 个员工入职与转正管理工具;❺29 个员工培训管理工具;❻8 个员工关系管理工具。
3. 赠送:"5 分钟学会番茄工作法"视频教程。教您在职场中如何高效地工作、轻松地应对职场那些事儿。
4. 赠送:"10 招精通超级时间整理术"视频教程。"时间"是人类最宝贵的财富,无论是在职场中还是在生活中,都要学会时间整理。专家传授 10 招时间整理术，教您如何有效整理时间、高效利用时间。

5. 赠送电子书：《微信高手技巧随身查》《QQ高手技巧随身查》《手机办公10招就够》《高效人士效率倍增手册》《HR小白职场修炼手册》五套电子书，传授您移动办公的诀窍及高效处理工作事务的方法与技巧。

丰富的学习套餐，不仅可以让您学到专业知识，还能让您掌握职场中重要的时间管理与高效工作技巧，提升您的职场竞争力，真正做到"早做完，不加班"！

温馨提示：以上资源，请用微信扫一扫下方二维码关注公众号，然后输入代码Ht1801hR，获取下载地址及密码。

资源下载

官方微信公众账号

看到不明白的地方怎么办？

1. 发送 E-mail 到读者信箱：2751801073@qq.com。
2. 加入读者交流 QQ 群：566454698。

目录

第 1 篇　规划篇

第 1 章　人力资源规划 16

1.1　人力资源规划的作用 17
1.2　人力资源状况分析 17
　　1.2.1　企业经营现状 18
　　1.2.2　人力资源现状 19
　　1.2.3　人力资源管理现状 20
1.3　人力资源需求与供给预测 21
　　1.3.1　人力资源需求预测 21
　　1.3.2　人力资源供给预测 23
　　1.3.3　人力资源供需平衡 26
1.4　人力资源规划的实施方案 26
　　1.4.1　人力资源规划方案 27
　　1.4.2　人力资源费用预算方案 40
1.5　人力资源规划管理体系范本：
　　制度／流程／表单 45
　　1.5.1　人力资源规划相关制度 46
　　1.5.2　人力资源规划相关流程 53
　　1.5.3　人力资源规划相关表单 56

★ HR 专家支招
1　在制订人力资源规划时，有哪些注意事项？ 63
2　企业定员的原则有哪些？ 63
3　编制人工成本预算时应注意哪些问题？ 65
4　人力资源需求预测必学的 4 个步骤 66

★ HR 高效工作之道
1　用 Word 制作"人力资源规划方案" 66
2　打印 Excel 表格时，让打印的每一页都带有表头 70
3　用 PPT 制作公司人力资源状况分析报告 72

第 2 篇　招聘篇

第 2 章　员工招聘管理 82

2.1　招聘准备工作 83
　　2.1.1　招聘需求分析 83
　　2.1.2　企业人员状况分析 86
　　2.1.3　工作岗位分析 89
　　2.1.4　制订详细的招聘计划 92
2.2　招聘组织实施 94

    2.2.1 招聘渠道的选择 94
    2.2.2 简历筛选 102
    2.2.3 面试邀约 104
    2.2.4 面试安排 107
  2.3 校园招聘 109
    2.3.1 前期准备工作 109
    2.3.2 宣传推广 119
    2.3.3 校园宣讲 120
    2.3.4 甄选与录用 121
  2.4 招聘后的工作总结 122
    2.4.1 招聘效果评估 122
    2.4.2 编制招聘分析报告 123
  2.5 招聘管理体系范本：
      制度/流程/表单 126
    2.5.1 招聘管理相关制度 126
    2.5.2 招聘管理的相关流程 138
    2.5.3 招聘管理相关表单 142

  ★ HR 专家支招
    1 避免盲目招聘的方法
      与技巧 146
    2 在实际工作中，如何获取
      工作岗位分析信息？ 147
    3 如何确定用人部门人员需求
      申请的合理性？ 149
    4 招聘广告包含的基本信息
      有哪些？拟定招聘广告时
      应注意哪两点？ 150
  ★ HR 高效工作之道
    1 用 Word 制作校园招聘
      海报 150
    2 用 Excel 中的图表对招聘
      渠道进行有效分析 154
    3 用 H5 制作特效招聘页面 155
    4 BOSS 直聘，移动互联网
      的招聘神器 159

第 3 章 员工面试与录用管理 161

  3.1 面试准备 162
    3.1.1 面试环境的安排 162
    3.1.2 面试题目的设计 163
    3.1.3 面试官的培训 163
  3.2 面试中的具体安排 165
    3.2.1 面试开始阶段 166
    3.2.2 正式面试阶段 166
    3.2.3 结束面试阶段 168
    3.2.4 面试评价阶段 168
    3.2.5 结构化面试方案 169
  3.3 面试法则与方法 177
    3.3.1 STAR 面试法 177
    3.3.2 无领导小组讨论 179
    3.3.3 公文筐测试 185
  3.4 面试后的工作 189
    3.4.1 候选人背景调查 189
    3.4.2 录用决策 190
    3.4.3 录用后的跟踪 191
  3.5 面试管理体系范本：
      制度/流程/表单 192
    3.5.1 面试管理的相关制度 192
    3.5.2 面试管理的相关流程 203
    3.5.3 面试管理的相关表单 206

★ HR 专家支招

1 如何提高面试达成率? 216
2 网络视频面试要做哪些
  准备工作? 216
3 如何面试公司需要的
  高职位人员? 217
4 人力资源部门在面试中主要
  关注应聘者的哪些方面? 218
5 录用通知书是正式的合同吗?
  如果单位没有如期招用劳动者
  应当承担怎样的责任? 218
6 面试提问时应注意哪些
  问题? 219

★ HR 高效工作之道

1 用 Word 批量制作并发送
  面试通知单 220
2 用 Excel 制作员工应聘
  登记表 224
3 用 Excel 制作面试评估表 227

第 4 章　新员工入职与转正管理 231

4.1 入职准备 232
 4.1.1 新员工入职准备 232
 4.1.2 制订入职基本流程 233
 4.1.3 编写新员工入职指导
   手册 234
4.2 新员工入职管理 236
 4.2.1 入职手续办理 236
 4.2.2 入职资料审核 237
 4.2.3 入职风险防范 237
4.3 员工试用期管理 240
 4.3.1 试用期管理 240
 4.3.2 新员工辅导 242
 4.3.3 试用期考核与转正
   管理 246
4.4 新员工入职转正管理体系范本:
  制度/流程/表单 249
 4.4.1 新员工入职转正相关
   制度 249
 4.4.2 新员工入职转正相关
   流程 255
 4.4.3 新员工入职转正相关
   表单 257

★ HR 专家支招

1 录取不能开具离职证明的
  员工时应注意什么? 265
2 新员工入职后拖延签订
  劳动合同怎么办? 266
3 企业能拒绝录用乙肝抗原
  携带者吗? 266
4 试用期不合格者可以延长
  试用期吗? 267
5 哪些劳动合同不能约定
  试用期? 267

★ HR 高效工作之道

1 用 Word 制作入职流程图 267
2 用 Excel 制作员工入职
  登记表 270
3 制作新员工入职培训 PPT 273
4 用钉钉对员工转正申请
  进行管理 279
5 用打印机扫描证件照片 281

第3篇 培训篇

第5章 员工培训设计、实施与评估......286

- 5.1 培训项目开发 287
  - 5.1.1 培训需求分析 287
  - 5.1.2 培训计划的制订 299
  - 5.1.3 培训项目的设计 301
- 5.2 培训组织实施 303
  - 5.2.1 做好培训前的功课 303
  - 5.2.2 培训中的具体安排 307
  - 5.2.3 培训后的工作 309
- 5.3 培训效果评估 312
  - 5.3.1 培训效果评估的主要内容 313
  - 5.3.2 培训效果评估的方法 313
  - 5.3.3 培训效果评估的实施 316
  - 5.3.4 培训效果评估报告 323
- 5.4 培训管理体系范本：制度／流程／表单 325
  - 5.4.1 培训管理制度 325
  - 5.4.2 培训管理流程 338
  - 5.4.3 培训管理表单 341

★ HR专家支招
1 签订培训协议应注意哪些方面？ 349
2 工资和福利待遇能计入培训费用吗？ 350
3 菲利普斯五层评估模式 350

★ HR高效工作之道
1 用Word制作培训会议通知 351
2 用Excel制作培训需求调查问卷 353
3 用Excel制作培训效果评估分析表 357
4 当Excel中的工作表较多时如何快速切换 361

第6章 员工专项培训的方法与管理......363

- 6.1 新员工入职培训 364
  - 6.1.1 新员工培训存在的问题 364
  - 6.1.2 培训内容的设计 365
  - 6.1.3 培训方案设计 366
- 6.2 拓展训练 370
  - 6.2.1 拓展训练概述 370
  - 6.2.2 拓展训练的形式 374
  - 6.2.3 拓展训练的实施 375
  - 6.2.4 拓展训练的实施方案 376
- 6.3 外派培训 380
  - 6.3.1 外派培训的注意事项 380
  - 6.3.2 外派培训的过程跟踪与效果评估 381
  - 6.3.3 外派培训的方案设计 382
- 6.4 后备人才培训 383
  - 6.4.1 管理培训生计划 384
  - 6.4.2 人才继任计划 388

6.4.3 人才加速储备库计划 394
6.5 范本：专项培训管理制度 396
    6.5.1 新员工培训管理制度 396
    6.5.2 外派培训管理制度 399
    6.5.3 转岗培训管理制度 401

★ HR 专家支招
  1 企业约定服务期的法定
    情形是怎样规定的？ 403

2 培训体系流程（PDCA 循环）
    包括哪些内容？ 403

★ HR 高效工作之道
  1 用 PowerPoint 制作 PDCA
    流程图 404
  2 用 Word 制作企业培训
    方案 406
  3 用 Word 制作培训协议书 410

第 4 篇　离职篇

第 7 章　员工离职与关系管理 414

7.1 离职管理 415
    7.1.1 离职面谈管理 415
    7.1.2 离职原因分析 417
    7.1.3 离职风险防范 420
    7.1.4 离职管理体系 422
7.2 辞退管理 429
    7.2.1 辞退实施 429
    7.2.2 辞退员工时的法律
        风险防范 431
    7.2.3 劳动争议预防调解
        工作预案 435
    7.2.4 员工辞退管理制度 440

★ HR 专家支招
  1 对于提出辞职的员工，企业
    可以要求员工提前
    离职吗？ 442
  2 企业投资人变更，企业
    可以终止与劳动者签订的
    劳动合同吗？ 443

3 企业支付赔偿金后，还需要
    支付经济补偿吗？ 443
4 企业能以"末位淘汰"制证明
    员工不能胜任工作吗？ 443
5 企业拖欠工资，员工解除
    服务期劳动合同，企业有权
    要求员工支付违约金吗？ 443

★ HR 高效工作之道
  1 用 Word 制作离职审批表 444
  2 用 Word 对劳动合同设置
    密码保护 446
  3 用 Excel 对人员离职原因
    进行分析 448
  4 用 Visio 画员工离职管理
    流程图 449

第 1 篇 规划篇

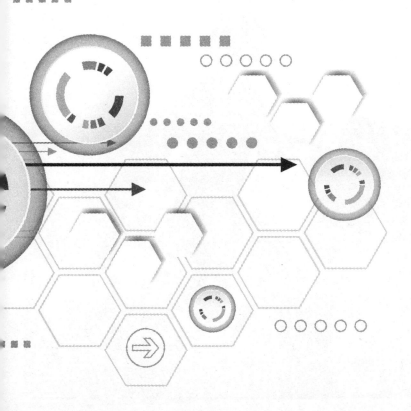

第 1 章 人力资源规划

人力资源管理是通过"选、育、用、留"搭建人才梯队,不断满足企业的人才需求,努力做到"岗得其人、人尽其才、人岗相宜"的过程。但企业的需求是动态的,它会随着环境的变化而变化。那么,如何在不同时期采用不同的人力资源管理手段,开展人力资源的各项工作呢?关键是要做好人力资源规划。人力资源规划就是为实施企业的发展战略,完成企业的生产经营目标,根据企业内外环境和条件的变化,运用科学的方法,对企业人力资源的需求和供给进行预测,并制订相宜的政策和措施,从而使企业人力资源供给和需要达到平衡,实现人力资源的合理配置。

1.1　人力资源规划的作用

为什么要做人力资源规划？因为企业的生存和发展离不开企业的战略规划，而人力资源规划是企业战略规划的重要组成部分，并在企业战略规划中起着决定性作用。其作用具体表现在以下几个方面。

（1）合理利用人力资源，提高企业劳动效率，降低人工成本，增加企业经济效益。很多企业由于各种原因，导致内部的人力资源配置不佳，可能有些员工工作负担很重，有些员工则无事可做。人力资源规划可以对人力资源的这种不合理配置进行调整，让每位员工都能发挥最大效能，从而提高企业的劳动效率和经济效益。

（2）提供发展空间，满足员工发展需要。完善的人力资源规划是以企业和员工为基础制订的，因此，人力资源规划可以指明员工的发展空间和晋升空间，让员工有明确的目标，并为此而努力提升个人能力，从而实现员工和企业的共同发展。

（3）人力资源规划是保证企业正常生产经营的有效手段。由于社会环境的变化或企业经营目标的调整，企业对员工数量和质量的要求也会有所变化。人力资源规划可以在分析人力资源现状和预测未来人力资源需求时，制订相应的人员增补与培训计划，从而满足企业发展的需要，保证企业持续、稳健地发展。

（4）人力资源规划是人力资源管理活动的纽带。人力资源规划在企业的人力资源管理中具有先导性和战略性的地位，能够在企业实施总体发展战略规划的过程中，不断调整人力资源管理的政策和措施，指导人力资源管理活动的开展。

1.2　人力资源状况分析

充分了解企业的人力资源状况是做好人力资源规划的前提，但由于企业人力资源的发展阶段不同，分析企业人力资源状况的重点也会有所不同，大致可以从企业经营现状、人力资源现状、人力资源管理现状三个方面来分析。

1.2.1 企业经营现状

人力资源管理服务于企业的经营管理，要做好人力资源规划，首先要了解企业的经营发展情况。不同的企业现状对人力资源的需求不一样，同一家企业在不同的发展阶段对人力资源的需求也不一样。了解企业的经营现状可以从以下几个方面着手。

1．企业的发展阶段

人力资源规划是企业在各个阶段都不可或缺的一部分，企业为了适应内部环境与外部环境的变化，必须制订适合当时企业发展的人力资源规划，并且根据企业的发展情况不断做出调整。创业期的企业一般不需要大量的高端人才，只需要以创业者为中心的决策团体。成长期的企业会面对非常复杂的内、外部环境，并且开始建立自己的经营理念。在这个阶段，企业的科学管理显得非常重要，因此引进人才、提高员工素质、调整企业战略目标和创造品牌产品等便成为主要工作。成熟期的企业要努力吸引高层次的人才，并且注重员工的创新性思维，同时还要打破固有的企业理念和僵化的管理体制。

2．企业管控模式与经营特点

企业管控模式也影响着人力资源规划。企业管控模式一般分为财务管控型、战略管控型、运营管控型，面对不同的管控模式，人力资源规划的侧重点也会有所不同。同时，企业的经营特点也会直接影响企业对人力资源的需求。比如，是重研发还是重销售，是多招聘还是多培训，是选择技术型人才还是选择管理型人才，等等。

3．企业的外部环境

在制订人力资源规划的过程中，需要根据企业对人才的要求及地域特点，对人力资源进行合理规划，并且需要及时了解市场发展动向及人才市场招聘形势。另外，企业还需要充分考虑自身在市场中所处的位置，并以此来制订和修正人力资源规划。

4．企业内部的主要矛盾

任何企业都存在内部矛盾，而且一定有一个或几个极为突出的主要矛盾或短板。大部分的矛盾和短板都与人力资源管理有关，如技术力量薄弱、市场拓展不力等。找出这些矛盾与短板是比较容易的，解决这些矛盾与短板所给企业带来的益处也是比较明显的。

1.2.2 人力资源现状

人力资源现状是影响人力资源规划的重要因素，只有全面且系统地分析企业人力资源现状，列出企业现有资源和战略目标的差距，才能保证人力资源规划的实施。因此，对人力资源现状的了解和掌握是进行人力资源规划的前提条件，企业人力资源现状往往能最直观地把人力资源的任务反映出来。一般从两个方面对人力资源现状进行分析：一是静态的人力资源基础信息分析，二是动态的人力资源问题分析。

1. 静态的人力资源基础信息分析

静态的人力资源基础信息分析主要是对人力资源数量、质量等方面的分析，对人力资源的基础信息进行统计和汇总，包括员工的年龄、学历、性别、职级、岗位类型等信息，将它们制成图表。图1-1为岗位对比分析，图1-2为学历对比分析。

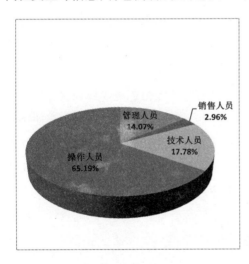
图1-1 岗位对比分析

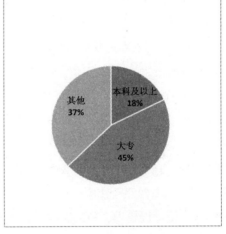
图1-2 学历对比分析

2. 动态的人力资源问题分析

人力资源的选、育、用、留等阶段都存在不同的人力资源问题，这些问题是动态存在的，会随着时间和环境的变化而变化。比如，员工的能力问题，包括员工现有的能力与企业目前需求的能力的差距，以及与企业未来需求的能力的差距等，这类差距还在不停地变化。针对这样的动态问题，也要动态地分析。图1-3为某时期销售人员沟通能力测评对比分析。

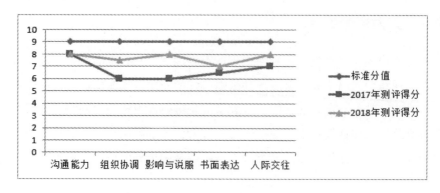

图 1-3 某时期销售人员沟通能力测评对比分析

1.2.3 人力资源管理现状

人力资源管理现状对人力资源规划也有比较重要的影响。对人力资源管理现状的分析可以从以下几方面进行。

1. 对人力资源规划现状进行分析

人力资源规划是人力资源管理的重要组成部分。人力资源规划现状分析包括对规划制订情况及规划执行情况进行分析。有些企业连整体发展战略都不明确，在人力资源管理方面更不可能有明确的规划，只能是走一步看一步。在缺少人才时，才开始考虑招聘；在人员素质不符合企业发展需要时，才开始考虑培训；公司急缺人才时，任意调整公司薪酬制度以吸引人才；有闲置人才时又找借口，任意降低薪酬，以降低经营成本。缺少规划导致人力资源管理存在较大的随意性，从而使得人员流动性较大，最终影响了企业正常的生产经营。

2. 对人力资源信息管理系统进行分析

随着信息化技术的发展，人力资源管理也要借助先进的信息管理系统，信息管理系统有利于提高人力资源管理效率。很多企业的人力资源部整天忙于日常事务，没有充分应用信息技术。部分企业虽然建立了人力资源信息管理系统，但各级管理者和员工还不习惯通过网络完成传统的管理，信息系统在企业管理中的价值得不到充分发挥。

3. 对人力资源从业者进行分析

人力资源从业者是人力资源规划的制订者也是执行者，故人力资源从业者的专业程度、职业素养等对企业的人力资源管理有着直接影响。部分企业没有人力资源部,更没有专业的人力资源工作人员,即使成立了人力资源部,往往也存在一些问题,主要表现在:第一,非人力资源专业人员做人力资源工作,专业人员比较少;第二,人力资源从业者素质不高,专业知识不足,缺乏系统的职业培训,基本只是在工作中摸索。人力资源工作是一项非常独特的工作,对个人素质、专业能力和学习能力的要求都很高,需要由专业的人来负责,并且要不断地对其进行培训。优秀的人力资源团队是做好人力资源规划的重要前提。

以上只是列举了人力资源管理现状较为通用的方面,需要注意的是,不同的企业关注的重点不同,如有些企业还可能需要分析人力资源管理定位、人力资源组织体系或人力资源部门突出问题等。

1.3 人力资源需求与供给预测

人力资源需求与供给预测是人力资源规划中重要的一环,企业通过供需预测可以及早地发现人力不足或人浮于事的情况,从而保证人力资源规划的合理性。

1.3.1 人力资源需求预测

人力资源需求预测是依据企业的发展前景、组织能力及岗位要求,综合考虑各种因素,对未来所需员工的类型(含数量和质量)进行评估。

1. 人力资源需求预测的影响因素

(1)企业发展战略和经营规划。

(2)客户对企业产品和服务的需求情况。

(3)职位和工作量的变化。

(4)生产规律的变化,如生产效率变高,工作量增加,职位相应减少,反之亦然。

2. 人力资源需求的预测方法

(1)经验判断法。

经验判断法是指各类人力资源专家根据自己的工作经验和对业务量变动的估计,预测未来人员需求的方法。经验判断法对管理人员的工作经验要求非常高,通过他们的直觉对资源进行预测主要适用于短期的预测,而且不太适合大企业,主要应用于一些规模较小、经营环境较稳定、人员流动不大的企业。

(2)德尔菲法。

德尔菲法也称专家调查法,是指采用匿名发表意见的方式,获取专家对企业人力资源需求量的分析和评估,经过反复征询、归纳、修改,最终汇总成意见基本一致的结果。这个预测法的特点是,综合考虑专家的意见,确保结果的准确性,这个成本相对来说比较高。

(3)趋势预测法。

趋势预测法是指根据过去几年的人员数量来预测企业在某一时期的人力资源需求量,一般是对未来5~8年内的趋势进行预测分析。

作为人力资源需求预测的基本方法,趋势分析是很有意义的,但要注意企业的人力资源需求预测不能仅仅依靠过去的状况。该种方法没有考虑到其他一些因素,如市场情况和生产效率对未来人力资源需求的影响。因此,该方法也有一定的局限性。应用这种分析方法的前提是企业处在稳定的环境中,如企业生产技术保持不变、单位产品的人工成本保持不变等。这种方法只适合进行短、中期预测。

(4)回归预测法。

回归预测法是指利用数学函数分析出影响人力资源需求预测的主要因素,然后推算出人力资源需求的数量变化。这种方法的应用建立在企业前几年人员数量变动的基础上,并且具有一定的科学性。

例1-1

预测A公司2019年的人员需求情况。通过对A公司的分析,发现影响A公司人员需求数量的关键因素是销售收入,人员需求数量会随着企业销售收入的增加而增加,因此可以建立线性模型预测人员的需求。

首先,进行模型的建立。

设一元一次方程:$Y=aX+b$

其中,因变量Y是员工数量,自变量X是销售收入,a是相关系数,b是常数,a和b都是要求解的数。

其次,收集A公司2014—2018年这5年的员工数量和销售收入作为原始预测数据,如表1-1所示。

表1-1 A公司员工数量与销售收入

项目	2014年	2015年	2016年	2017年	2018年
销售收入(万元)	4 217	4 713	7 192	7 998	10 401
员工人数	243	256	275	290	328

根据表中的数据，做出销售收入与员工数量的散点，如图 1-4 所示。

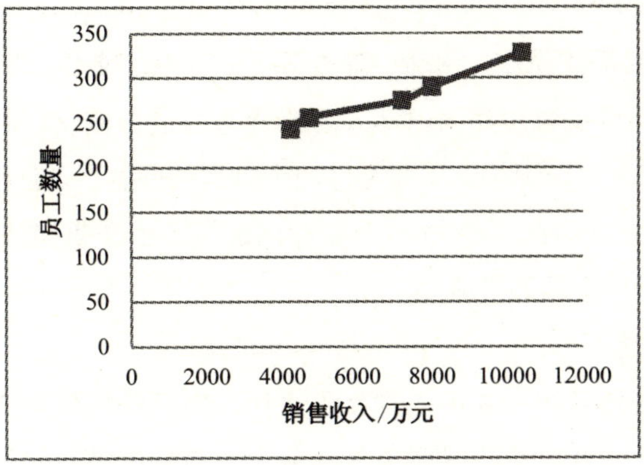

图 1-4 A 公司销售收入与员工数量的散点

从图 1-4 中可以看出，员工数量是随着销售收入的增长而增加的。根据表 1-1 中所列的数据，使用回归分析法来分析这组数据，通过计算得出以下结果（为了简化计算过程，可以用 Excel 中的 SLOPE 函数计算得出 a 值，用 INTERCEPT 函数计算得出 b 值），即

$$a=0.012$$
$$b=189.3$$

代入方程式得到：$Y=0.012X+189.3$。

最后，对人员数量进行需求预测。假如 2019 年的销售收入计划为 12 000 万元，那么代入方程得到人员需求数量约为 334 人。

> **提示**
> 人力资源需求预测一般不单独使用某一种方法，而是根据企业实际情况综合运用几种方法。

1.3.2 人力资源供给预测

人力资源供给预测是指根据企业内部条件和外部环境，应用适当的预测技术，对企业未来从内部和外部可获得的人力资源的结构、数量和质量进行预测。

1. 人力资源供给的来源

（1）内部供给。

内部供给是指通过晋升、调动、降级等方式，从企业内部获得相应的人才。这类员工无须从外界获取，利用内部人力资源适当进行调整，就能够满足企业各岗位的需求。内部人力资源供给需要考虑两个方面的问题：一是内部人员由伤残、退休、死亡等原因造成的自然流失；二是企业内部员工由升职、降职、平行岗位调动、辞职、解聘等原因产生的人员流动。

（2）外部供给。

外部供给是企业获得人才的一种常见途径。由于外部供给不受企业限制和约束，因此，企业无法及时掌握或跟踪外部劳动力市场的情况。但是，无论外部劳动力市场如何变动，总能满足单个企业的需求。因此，结合企业历年人力资源外部供给的情况，采用科学的方法，也能够推测出未来外部供给情况。

2. 人力资源供给的预测方法

（1）经验判断法。

经验判断法既是人力资源需求的预测方法，又是人力资源供给的预测方法。它是指各类人力资源专家根据企业历年各岗位人员的变动情况、外部招聘情况，推断出内部和外部人力资源的可供给量。经验判断法是一种主观预测方法，主要适用于近期或短期预测，要求企业内部经营环境稳定，外部劳动力市场波动较小。在企业进行整体调整或变化时，使用经验判断法比较方便。

（2）岗位接替法。

岗位接替法旨在对企业内部出现的岗位空缺进行及时的补充，主要适用于确认特定的职位候选人。首先在工作分析的基础上，明确岗位对员工的具体要求；然后确定一位或几位能够达到此岗位要求的候选人，或者确定哪几位员工更具潜力、经过培训可以胜任这一工作；最后将各岗位的候补人员情况与员工的职业发展计划综合起来考虑。控制好员工的流动方式与不同职位人员之间的接替方式，以便于对企业人力资源进行动态的管理。这就需要人力资源管理者具有较高的人员素质辨别能力，为组织甄选出合适的岗位接替候选人。

（3）现状核查法。

现状核查法是核查企业人力资源的相关信息，主要包括质量、数量、结构，然后分析各岗位人力资源的分布情况，全面了解、掌握企业当前人力资源的情况。这种方法适用于分析企业近年来的人力资源供给情况，只能对企业人力资源历史数据进行分析，却无法调整未来供给量。小型企业受到的影响因素较少，人力资源变动并不剧烈，在较短的时期内，可以静态预测。因此，现状核查法适用于小型企业。中型、大型企业受内、外影响因素较为复杂，静态预测结果容易失真、失实。

（4）马尔科夫预测法。

马尔科夫预测法是当前人力资源供给预测最常用的方法，是指根据历年企业内部各岗位员工的流动数据，得出各岗位人员转移率，进而预测企业人力资源供给情况。其特点是，结合当前人力资源数据，展望未来人力资源变化趋势，不需要完整的数据就能够全面、准确地预测企业内部人力资源的供给状况。马尔科夫预测法不仅需要企业管理人员全面分析影响人力资源的各类外部因素，还必须分析企业员工升降职、伤残、死亡等内部因素。

> **例 1-2**
>
> 例 1-1 中的 A 公司 2018 年有 328 位员工，并且分为两大类：管理人员与基层执行人员。管理人员根据职位高低，分为高层、中层和基层三类，如表 1-2 所示。

表 1-2 A 公司人员类型

类型	高层管理人员	中层管理人员	基层管理人员	基层执行人员
人数（人）	5	13	30	280

用马尔科夫预测法对公司人员供给进行预测分析。首先，选取 2014 年至 2018 年 A 公司员工变动情况作为基础数据，计算出历年各岗位员工的晋升、降级、离职、退休情况，得出企业内部不同类型人员的流动率，如表 1-3 所示。

表 1-3 A 公司不同类型人员的流动率

岗位	人员流动率				
	高层管理人员	中层管理人员	基层管理人员	基层执行人员	离职退休
高层管理	0.8				0.2
中层管理	0.1	0.7			0.2
基层管理		0.1	0.54	0.20	0.16
基层执行人员			0.03	0.87	0.10

注：例如，高层管理中有 0.8 比例的人会继续做高层管理，有 0.2 比例的人会离职退休；中层管理中有 0.1 比例的人会做高层管理，0.7 比例的人会继续做中层管理，0.2 比例的人会离职退休；以此类推。

以 2018 年 A 公司员工数量为基础人数，根据马尔科夫预测法预测净供给量，得出如下结果。

高层管理人员：5×0.8+13×0.1≈5（人）

中层管理人员：13×0.7+30×0.1≈13（人）

基层管理人员：30×0.54+280×0.03≈25（人）

基层执行人员：30×0.2+280×0.87≈250（人）

因此，全公司总供给量为高层管理人员5人，中层管理人员13人，基层管理人员25人，基层执行人员250人，共293人。需要的总人数为334人，内部供给有着很大的缺口，还需要外部供给补充。

1.3.3 人力资源供需平衡

人力资源供需平衡是指在一定时期内，企业人力资源内外供给量与需求量达到理想的相等状态，也就是说，人力资源供给数量刚好能够满足企业人力资源的需求数量。这种平衡是相对的平衡，基本上很难达到绝对的平衡。在人力资源供需平衡时，要综合考虑企业的战略发展目标，不仅要实现短期的供需平衡，还要考虑长期的供需平衡。只有达到人力资源的供需平衡，企业才能提高效率，满足员工的基本需求，提高员工的积极性。同时，企业人力资源配置要合理，避免造成人员和资源浪费，只有这样才能顺利开展生产经营活动，从而提高企业的经济效益，并形成持续快速发展的势态。

在企业实际生产经营过程中，由于内、外部环境在不断变化，因此人力资源供需平衡状态基本上是无法达到的，企业总是处于一种动态的供需失衡状态，其中较为常见的是：供不应求、供过于求以及内部岗位结构比例失衡。任何一种供需不平衡的状况，都会给企业造成不必要的浪费和损失。在供不应求时，企业可以通过加大外部招聘力度、加强企业内部培训、加班、额外替班、重新分配工作或使用临时工等方式来解决。在供过于求时，则可以通过减少工作时间、分流、提前退休、经济性裁员等方式来消化内部富余人员。

1.4 人力资源规划的实施方案

为了保障人力资源规划的有效实施，相关人员还需要拟定实施方案。那么，具体的人力资源规划的实施方案应该是什么样的呢？本节将进行详细介绍。

1.4.1 人力资源规划方案

人力资源规划方案是指 HR 根据企业在某段时间内的生产经营目标,对企业某段时间内人力资源的需要和供给情况进行分析并制订人员招聘与培训计划。需要特别注意的是,人力资源规划是人力资源管理工作的核心,是事关全局的关键性规划,应紧紧围绕公司战略规划和发展目标制订。

企业人力资源规划方案没有统一的标准,但基本要素包括企业人力资源现状分析、企业组织架构及人员配置、人员招聘计划、培训计划、人事政策调整,以及管理费用预算等。

下面是某企业 2019 年人力资源规划方案,以供读者参考。

▶ 2019 年公司人力资源规划方案 ◀

1. 公司人力资源现状分析

截至 2018 年 12 月 31 日,公司共有员工 145 人,各类人员占比如表 1-4 所示。

表 1-4 公司人员占比情况

		人数	占比	备注
高级管理人员		7	4.83%	
中层管理人员		12	8.28%	
一般员工	管理岗位人员	28	19.31%	
	一线员工	98	67.59%	

下面对各类人员进行详细分析。

(1)管理人员。

公司有高级管理人员 7 名,平均年龄为 45.7 岁,年龄结构较为合理,本科及以上学历 5 名,大专学历 2 名,总体学历较高。弱势为较多的人是技术出身,缺乏专业的管理方面的训练;优势是对公司生产运行方面的细节了解较多。

中层管理人员 12 名,平均年龄为 34 岁,年龄结构合理,本科及以上学历 6 名,大专学历 6 名,占 50%。提拔方式为企业内部选拔,有利于激励员工奋发向上,留住人才,提高企业内部凝聚力。

管理岗位人员(包括总裁办、财务部、市场部、人力资源部、工程部、设计部、运营部、电商部、物业及车间办公室人员和主管以上岗位人员)共计 28 人,本科及以上学历 15 人,大专 7 人,大专以下学历 6 人,其学历占比如图 1-5 所示。

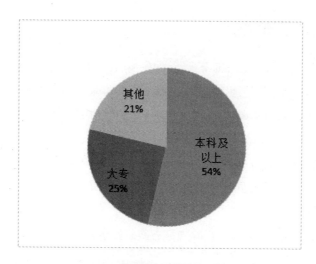

图1-5 管理岗位人员学历占比情况

管理岗位人员是公司目前干部提拔的主要供应源，但平均学历水平并不高，加之单一的干部提拔方式（仅内部提拔，无外部选聘），不能保证公司未来发展对中级管理人员的需求，所以提高中高级以外管理人员的受教育程度是保证公司未来干部供给不断层的当务之急。

（2）一线员工。

公司一线员工（包括驾驶人员）共98人，大专学历20人，其余为大专以下学历。考虑到公司的现状，行政管理机构相对较为臃肿。综合体开发行业为资本密集型行业，服务程度高，直接设计人员需求较少，公司以后的发展趋势应为适当压缩设计类人员，大幅度减少一线人员。但结合公司发展战略，新项目规划后，当前富余人员可向新项目转移，这样可以直接为其提供熟练员工，避免新项目开建后出现人力资源供给不足的情况。

在一线员工中，销售人员有16人。在满足行业标准的前提下，各个开发商开发的产品基本没有大的区别，主要竞争力表现在价格方面。受项目制约（销售量大，附加值低），人力成本占比较重。公司目前的销售范围被局限在周边地区，销售人员无须到更远的地区进行销售推广，在公司推出新的项目或给予目前项目更高的附加值之前，销售人员的设置符合公司现状。

公司无专职研发部门，仅在需要时临时以项目小组的形式设立，较为灵活，有效降低了经营成本，但也制约了公司的创新能力。现公司正处于二次创业的关键阶段，研发和创新这一职能也应固化，设立专门的部门执行。

（3）公司员工的年龄结构。

公司有男性员工 102 人，平均年龄为 35.4 岁，平均退休年龄为 57.5 岁；女性员工 43 人，平均年龄为 33.7 岁，平均退休年龄为 48 岁。各年龄段人数占比情况如图 1-6 所示。

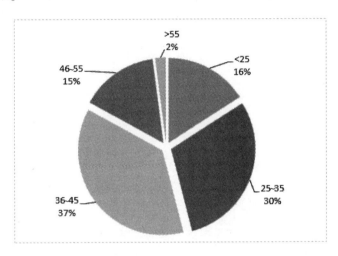

图 1-6　各年龄段占比分布图

由图 1-6 可以看出，36~45 岁人员大约占了 1/3，他们年富力强，工作经验丰富，业务技能娴熟，受企业文化影响时间较长，是企业发展的中坚力量。公司员工目前以这部分人为主，说明公司正处于壮年时期，适龄人力资源储备丰富，可供下一步战略发展所需。

46~55 岁人员占 15%，他们丰富的工作经验是公司不可多得的宝贵财富，且较低的流动性有利于公司的平稳发展，但增加经验的同时也降低了对新事物、新技能的接受和学习能力。

25~35 岁的员工将是公司未来 10 年发展的主要力量，他们的学历普遍较高，有较强的学习能力和可塑性，接受新事物的能力强，目前占公司总人数的 30%，还有进一步提高占比的潜力。

综上所述，可以看出公司人员构成以中年人为主，年龄结构偏大，公司必须在宏观上进行调控，提高中青年人的比例，与公司未来的发展战略相适应。

（4）公司员工的学历构成。

公司员工总体学历水平偏低，构成情况如图 1-7 所示。其中，本科及以上学历有 26 人，大专学历有 35 人，合计占总人数的 42%。学历构成是考核人力资源素质的主要因素，学历较高者构成的人力资源有培训成本低和人员综合素质高的特点，公司新项目建设走的是扩张发展战略，需要高素质人才，因此招聘大量的高素质人才将是公司人力资源战略中需要长久坚持的一项重要内容。

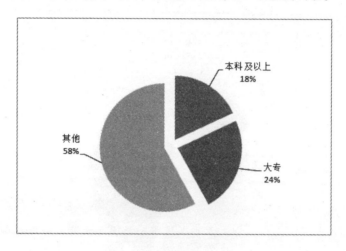

图 1-7 员工学历构成占比

（5）公司人力资源培训。

公司以内部培训为主，以年为周期制订培训计划，对部分有特殊要求的人员进行外部培训，培训流于形式，培训内容多为纲领性的文件，缺乏可操作性的条文。员工学不到切实内容。

2019年，公司应注意改进培训内容与形式，特别是在高端人才的培养方面。公司的各项培训也是高端人力资源的一项重要需求，因为不断提高自身能力是这部分人除收入外另一个重视的方面。公司可以加大对高端人才的教育投入，不断提高他们的工作能力、技巧。虽然投入的回报是隐形的，效果不易立即显现，但对公司的长远发展有积极影响。

（6）公司人力资源的流动与招聘分析。

辞职是公司人员流动的主要原因，2018年公司共有35人辞职，主要与公司经营受大的金融环境影响、个人收入大幅下滑有关。另外，员工对公司前景持不乐观态度也是导致辞职人数激增的一大原因。

公司2013—2018年辞职人数如图1-8所示。

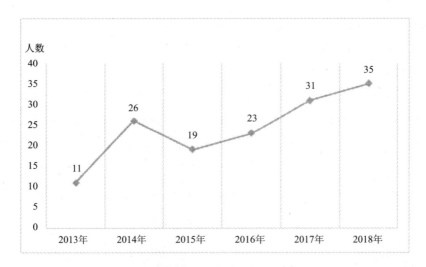

图1-8 2013—2018年辞职人数统计

从图1-8中可以看出，公司近年来辞职人数逐年上升。公司每年要花大量的精力与时间来补充辞职人员的岗位，单是替换成本就高达离职员工薪水的1.5倍，而如果辞职的是核心管理人员，则代价更高。据行业调查显示，各公司花在人员流动上的成本是支付给雇员年薪的1.5~3倍。

当前，公司的主要招聘源为员工介绍、应届毕业生招聘和猎头招聘。2018年共招收新员工22名，其中本科学历8人，专科学历10人，学历水平较高。但是部分员工介绍的人员所学专业和公司需求有偏差（多为计算机和会计专业），导致企业得不到所需人才，介绍来的新员工也因专业限制发展较为困难。

应届学生都是从零学起，容易接受企业文化并融入其中，但单一的招聘方式决定了单一的人力资源供给，而且新员工需要时间适应和磨合。

依靠猎头招聘的主要是高级管理人员和技术人员，他们有在不同企业工作的经验，他们的加入必然会带来新思维，但同时也会带来较难管理、需要时间过渡、流动性大的弊端。

（7）员工收入分析。

公司2018年人均收入约6.2万元，人均可支配收入约5.7万元，而行业2018年人均可支配收入约6万元，可见公司人均收入水平还低于行业人均收入，不具备足够的吸引力。开发型企业是人才密集并对员工素质要求较高的企业，公司在薪酬上不具备留住人力资源的优势。针对以上原因，公司应加大对人力资源进行甄别的力度，确定对公司发展和长远规划起中坚作用的人才，在分配制度上要加以倾斜，让这部分人感到公司的重视和尊重，这样既可以提高其忠诚度，也能增强公司人力资源的竞争力。

（8）人力资源绩效考核。

工资与奖金是绩效考核的主要奖励途径。当前，公司绩效考核制度还在沿用制造行业的标准，导致员工工资多年没有变化，极大地打击了员工的积极性。公司绩效考核必须进行改革，要让绩效考核成为达成公司战略目标的杠杆，以及驱动员工自发提升的动力。

综上所述，公司目前的人力资源配置不合理，主要表现如表1-5所示。

表1-5 人力资源配置不合理的表现

人力资源配置不合理的表现	具体分析
岗位人员比例不协调	公司管理岗（高层、中层、管理岗位）有47人，占比32.4%。管理岗位员工占比较高
人员年龄结构偏大	员工平均年龄在34岁以上，以中年人为主，不利于公司进一步的创新与发展，今后在人力配置上必须进行宏观调控，优化老、中、青年龄配比
学历结构偏低	全公司145人，本科生只有26人，大专生只有35人，大专以上学历的员工加起来只占总人数的42%，对于竞争激烈的开发公司而言，学历短板显而易见
人力资源培训效果差	培训形式大于内容，没有真正提升员工的绩效和素质
人员离职比例逐年上升	由于企业的人力资源管理在绩效考核、薪酬福利上缺乏竞争和激励优势，人员流动较快，离职比例居高不下。参照行业平均水平，人员离职率应控制在10%左右
人力资源管理的基础制度和激励制度未跟上公司发展	公司目前的各项人力资源基础制度尚不完善，这可能导致管理中出现"执行依据不足，人为因素过多"的问题。另外，陈旧的、不适合行业的绩效考核办法不能激励员工，反而会导致"留的人杂，走的人怨"等问题

2. 职务设置与人员配置计划

根据公司2019年发展计划和经营目标，人力资源部门协同公司其他各部门制订了2019年的职务设置与人员配置计划。在2019年，企业将划分为10个部门，人员预计共留138人，较2018年（145人）减少7人。其中，常务副总裁负责人事行政部、设计部、招商部、运营部和电子商务信息部，具体的职务设置与人员配置计划如表1-6所示。

表 1-6 职务设置与人员配置计划

部门	职位编号	职位名称	建议人数
总裁办	M-01	总裁	1
	M-02	常务副总裁	1
	M-03	总裁助理	2
	M-04	法务助理	1
	M-05	专职司机	2
	M-06	律师	1
	合计人数：8 人		
投资部	T-01	经理	1
	T-02	开发专员	5
	T-03	投资顾问	4
	合计人数：10 人		
人事行政部	R-01	经理	1
	R-02	行政主管	1
	R-03	培训师	1
	R-04	招聘专员	2
	R-05	人事专员	2
	R-06	绩效专员	1
	R-07	行政专员	1
	R-08	行政前台	6
	R-09	司机	3
	合计人数：18 人		
工程管理部	G-01	经理	1
	G-02	副经理	1
	G-03	土建工程师	5
	G-04	土建工程师助理	3
	G-05	现场安全员	5
	合计人数：15 人		
设计部	S-01	副经理	1
	S-02	景观设计师	4
	S-03	工程设计师	5
	合计人数：10 人		

续表

部门	职位编号	职位名称	建议人数
成控部	K-01	经理	1
	K-02	主管	1
	K-03	造价师	5
	K-04	造价员	6
	K-05	文员	1
	合计人数：14人		
财务部	C-01	经理	1
	C-02	主管	1
	C-03	会计	4
	C-04	出纳	2
	C-05	会计助理	1
	C-06	库管	2
	合计人数：11人		
招商部	Z-01	经理	1
	Z-02	副经理	2
	Z-03	主管	2
	Z-04	专员	10
	Z-05	置业顾问	10
	合计人数：25人		
运营部	Y-01	经理	1
	Y-02	运营主管	2
	Y-03	区域主管	2
	Y-04	客户专员	3
	Y-05	运营专员	13
	合计人数：21人		
电子商务信息部	D-01	副经理	1
	D-02	网络管理员	1
	D-03	网站编辑	2
	D-04	网站专员	2
	合计人数：6人		
合计总人数：138人			

3. 人员招聘计划

（1）2018年招聘情况回顾及总结。

2018年是公司发展壮大的一年，面对严峻的人员招聘问题，人力资源部通过不同渠道为企业招聘人员。虽然多方面原因导致新员工流失严重,但基本保障了企业大规模的用人需求。

(2)2019年度岗位需求状况分析。

经反复统计与核算,2019年岗位需求涵盖各部门现有人员空缺、离职补缺、新上项目人员配备等方面,具体分析如下。

① 根据各部门人员缺口及预估计流失率,经初步分析,2019年度招聘岗位信息如下。

a. 公司高管包括总裁、常务副总裁等。

b. 中层干部包括人事行政部经理、设计部经理、电子商务信息部经理等。

c. 后勤人员包括市场专员、前台、行政、财务人员等。

d. 销售人员。

② 招聘原则:严格按照公司既定的招聘流程,以面向社会公开招聘、择优录用为原则,从学识、品德、体格、符合岗位要求等方面进行审核,确保为企业选聘合格的人力资源。

③ 招聘方法如下。

a. 校园招聘(主要招聘渠道)。

b. 网络招聘,兼顾猎头、内部推荐等。

c. 报刊、电视招聘。

d. 现场招聘。

(3)2019年度招聘计划。

根据公司2019年度经营计划及战略发展目标,结合各部门提报的年度人员需求计划以及公司实际情况,2019年度招聘计划如表1-7所示。

表1-7 2019年度招聘计划表

部门	定编人数	现有人数	计划需求人数	招聘人员到位进度										
				1月	2月	3月	4月	5月	6月	7月	8月	9月	10月	11月	12月
总裁办	8	6	2												
投资部	10	7	3												
……															

（4）招聘的实施。

①第一阶段：3月中旬至4月初为招聘高峰阶段，以现场招聘会为主，同时高度重视网络招聘，具体方案如下。

a.积极参加现场招聘会，保持每周参加一场现场招聘会。

b.积极参加人才市场的专场和各相关学校的免费招聘会。

c.联系市建筑职业技术学院及其他大专院校的老师，让其负责推荐或发布信息告知院校的学生。

d.发动公司内部员工推荐介绍。

e.坚持每天刷新网络招聘信息与简历，及时筛选并与求职者联系，每周集中通知候选人进行集体面试。

此阶段完成年度招聘计划的45%。

②第二阶段：4月中旬至7月，现场招聘会逐渐冷淡，新增应聘人员较少。同时，各高校将积极筹备校园招聘会，以保证学生就业，因此，这段时间以网络招聘和校园招聘为主，具体方案如下。

a.坚持每天刷新网络招聘信息与简历，及时筛选并与求职者联系，确保面试人员质量。

b.积极参与省内部分院校的大型招聘会，组织校园招聘会或专场招聘会，每场招聘会有现场公司介绍、现场初试、现场复试等，建议能有1~2位公司高层领导参加，现场即可确定录用结果。

c.联系前期面试人员相互转告招聘信息及代介绍。

此阶段完成年度招聘计划的25%。

③第三阶段：7月底至8月底，整体求职人员数量较少且分散，故此段时间以网络招聘为主，减少或不参加收费的现场招聘会，具体方案如下。

a.坚持每天刷新网络招聘信息及简历。

b.每周坚持2次以上用网络主动搜寻联系人才，补充少数岗位的空缺及离职补缺。

c.了解分析组织部门的架构及在岗人员的情况。

d.与当年新入职人员进行沟通，并对其进行培训、统计分析。

e.准备申报下半年的校园招聘会。

此阶段完成年度招聘计划的15%。

④第四阶段：9月初至12月底，各大高校都将陆续举办校园招聘会，此阶段主要以校园招聘会为主，主要招聘各部门的储备性人才，具体方案如下。

a. 建立校园招聘小组,积极参加各校园综合招聘会,对专业对口院校单独举办专场招聘会。

b. 网络招聘平台及论坛等信息正常刷新关注。

此阶段完成年度招聘计划的15%。

⑤ 第五阶段:2019年12月底至2020年1月,整体招聘环境不理想,主要联系猎头招聘公司高层类人才,以年度人力资源规划、总结报告及统计分析为主要工作,非紧急新增岗位不重点做招聘工作。

4. 人事政策调整

经人事行政部结合行业特点并参考标杆企业的人事行政制度,书面请示公司董事会对公司人事政策做出调整。公司决定,从2019年1月1日起对人事政策调整如下。

(1)薪资福利政策调整。

从2019年1月起,涉及员工薪资福利的调整如下。

① 工资整体普调:所有员工的工资等级上调一级(已达最高等级的员工除外)。

② 增加生活补贴、通信补贴及交通补贴,补贴标准如表1-8所示。

表1-8 员工福利调整　　　　　　　　　　　单位:元

任职资格等级	生活补贴	通信补贴	交通补贴		补贴小计	
			无车	有车	无车	有车
一级	200	50	100	100	350	350
二级	200	50	100	100	350	350
三级	200	100	100	100	400	400
四级	200	200	100	100	500	500
五级	200	300	200	1200	700	1700
六级	200	500	300	2000	1000	2700

③ 增加节日慰问金,发放标准如表1-9所示(适用于全体员工)。

表1-9 员工节日慰问金发放标准

节日	金额标准(元/人)	备注
妇女节	100	只限女员工,以现金或活动形式发放
端午节	100	以现金形式发放
中秋节	200	以现金形式发放
春节	500	以现金形式发放

④ 增加春、秋游活动,必须部门联谊出游,如公司有统一安排,则按公司安

排出游。相关费用控制在200元/人,时间安排在周末两天以内。

⑤员工购房优惠。

凡在公司任职时间满1年(含1年)者,可选择公司独立开发的楼盘,享受一次购房优惠(最高优惠可达10%)。

(2)招聘政策调整。

①内部推荐奖励。

为广纳优秀人才,提高人才引进的效率和质量,拓宽公司引进人才的渠道,进一步完善公司内部人才推荐机制,对推荐成功的各类人员实行奖励,标准如表1-10所示。

表1-10 内部推荐奖励标准　　　　　　　　　　　　　单位:元

岗位等级 \ 紧急程度	1级	2级	3级
高管及以上	4 000	6 000	8 000
部门经理级	2 000	3 000	5 000
专业技术级	1 000	2 000	3 000
基层级	300	500	800

注:①招聘紧急程度由1级向3级逐级递增。
②1级表示招聘信息发布1个月仍未到岗的,推荐成功者享有1级奖金标准;
2级表示招聘信息发布2个月仍未到岗的,推荐成功者享有2级奖金标准;
3级表示招聘信息发布3个月仍未到岗的,推荐成功者享有3级奖金标准。

②面试环节调整。

a.公司人力行政部将对各用人部门负责人进行面试培训,提升部门负责人面试新员工的水准,以便招聘到合适人才。

b.对于专业性较高的岗位增加理论笔试的考核办法,对于管理岗位增加情境模拟考核,人事行政部负责相关资料的准备。

(3)考核政策调整。

①废除公司原有的绩效考核成绩末位淘汰制,调整为连续考核两次居末位者,公司有权提前终止劳动关系,这样可以更准确地反映员工的实际工作表现。

②在原有的计划管理考核模式下,增加360度考核内容,上级、同级、下级互评,销售类和接触客户的服务类员工增加客户考评环节。

(4)员工培训政策调整。

①新进员工除了参加公司制度、企业文化、岗位技能的相关培训外,还要增加关联部门轮岗见习一周的培训,关联部门的意见纳入新员工考试成绩,合格方

可上岗。

②专业讲师培训改为以内部培训为主，各部门负责人在对新人的培训中都是讲师，并设置培训课时，不达课时者在当年部门考核中扣除相应分值。

③员工需积极参加公司在线平台的培训，每季度必须完成15学时的听课内容，每缺一学时，在当季绩效考核中扣除该项绩效成绩。

④中级以上管理人员每季度务必完成一次管理方面的相关培训，公司人事行政部会将相关培训机构及培训信息通过OA系统通知。

⑤公司鼓励员工考取公司各专业口急需的专业资格证，凡取得资格证并愿意为公司服务的，公司将报销该员工为考取资格证所付出的经费。

5. 人力资源管理费用预算

人力资源管理费用涉及招聘费用、培训费用、工资、福利及社保等，费用预算如下。

（1）招聘费用预算如表1-11所示。

表1-11 招聘费用预算

招聘渠道	分类明细	收费项目	费用	合计/元
网络招聘	前程无忧	信息发布、头条广告横条	3 000元/年	3 000
	58同城	信息发布、推荐	300元/月	3 600
	市人才网	信息发布、头条广告横条	1 500元/年	1 500
现场招聘	市人才交流中心	展位费	600元/次	6 000
	蜀通招聘会	展位费	3 600元/年	3 600
校园招聘	学校甲	资料、人工、展位	3 000元/场	6 000
	学校乙	资料、人工、展位	3 000元/场	6 000
猎头公司	猎聘	职位推荐费	年薪×20%	80 000
内部推荐	推荐奖励	员工奖励	8 000元	8 000
其他方式	传单、海报	印刷费、人工费	5 000元/年	5 000
其他不可预期费用			10 000元/年	10 000
合计				132 700

（2）培训费用预算如表1-12所示。

表1-12 培训费用预算

培训方式	课程/项目	单价	数量	费用/元
外训	管理人员外派培训	5 000元/课时	3	15 000
外聘	请外部讲师培训	2 000元/课时	20	40 000

续表

培训方式	课程/项目	单价	数量	费用/元
内聘	内部讲师	100元/课时	50	5 000
资格证培训	公司急需职业资格证	2 000元/门	10	20 000
辅助	培训后勤	若干		5 000
培训费用合计				85 000

（3）员工工资预算：按公司调整政策并考虑增加15人的预算，全年工资支出预算为896万元。

（4）员工福利预算：按公司调整政策并考虑年度优秀个人及团体奖励，全年福利预算为30万元。

（5）社会保险金及住房公积金预算：按维持2018年水平估算，社会保险金及住房公积金全年缴费预算为159万元。

1.4.2　人力资源费用预算方案

人力资源费用预算的主要作用是保证企业符合政府有关规定及满足企业自身发展的需求，并为企业人力资源下期费用规划提供依据。

人力资源费用预算是企业在一个生产经营周期（一般为一年）内，全部人力资源管理活动预期费用支出的计划。人力资源费用预算作为企业整体预算的重要组成部分，关系到企业整体预算的准确性、完整性和严肃性。因此，在编制人力资源管理预算时必须慎之又慎，一旦企业的预算被董事会批准，再予以纠正便相当困难。

下面是某企业2019年人力资源管理费用预算方案，以供读者参考。

▶ 2019年公司人力资源费用预算方案 ◀

根据公司预算制度及人力资源预算管理制度规定，人力资源部在系统分析人力资源成本构成及以往年度费用预算和使用情况的基础上，结合本年度公司经营目标及人力资源规划，本着客观、可行、科学和经济的原则，编制公司2019年人力资源管理费用预算方案。

1. 人力资源管理费用的定义

所谓企业人力资源管理费用，是指为了获得日常经营管理所需的人力资源，并于使用过程中及人员离职后所产生的所有费用支出，具体包括招聘、录用、培训、使用、管理、医疗、保健和福利等各项费用。

2. 人力资源管理费用的构成

人员从进入企业到离开企业整个过程中所产生的人力资源管理费用，可分为取得费用、开发费用、使用费用与离职费用4个方面，明细如表1-13所示。

表1-13 人力资源管理费用构成表

一级科目	二级科目	三级科目
人力资源管理费用	取得费用	（1）招聘费用
		（2）选择费用
		（3）录用费用
		（4）安置费用
	开发费用	（1）岗前培训费用
		（2）岗位培训费用
		（3）脱产培训费用
	使用费用	（1）维持费用
		（2）奖励费用
		（3）调剂费用
		（4）劳动事故保障费用
		（5）健康保障费用
	离职费用	（1）离职补偿费用
		（2）离职前低效费用
		（3）空职费用

人力资源管理费用各级科目说明如下。

（1）取得费用。

取得费用是指公司在招聘和录取员工的过程中发生的费用，主要包括招聘、选择、录用和安置等环节所发生的费用。

① 招聘费用，指为吸引和确定公司所需内外人力资源而发生的费用，主要包括招聘人员的直接劳动费用、直接业务费用（如招聘洽谈会议费、差旅费、代理费、广告费、宣传材料费、办公费、水电费等）和间接费用（如行政管理费、临时场地及设备使用费）等。

② 选择费用，指公司为选择合格的员工而发生的费用，包括在各个选拔环节（如初试、面试、心理测试、评论、体检等过程）中发生的一切与决定录取或不录取有关的费用。

③ 录用费用，是指公司为取得已确定聘任员工的合法使用权而发生的费用，包括录取手续费、调动补偿费、搬迁费等由录用引起的有关费用。

④ 安置费用，是指公司将被录取的员工安排在某一岗位上的各种行政管理费用，包括录用部门为安置人员所损失的时间成本和录用部门安排人员的劳务费、咨询费等。

（2）开发费用。

开发费用是指为提高员工的能力、工作效率及综合素质而发生的费用或付出的代价，主要包括岗前培训费用、岗位培训费用和脱产培训费用。

① 岗前培训费用，指公司对上岗前的新员工在思想政治、规章制度、基本知识和基本技能等方面进行培训所发生的费用，具体包括培训者与受培训者的工资，培训者与受培训者离岗的人工损失费用、培训管理费、资料费用和培训设备折旧费用等。

② 岗位培训费用，指公司为使员工达到岗位要求而对其进行培训所发生的费用，包括上岗培训费用和岗位再培训费用。

③ 脱产培训费用，指公司根据生产和工作的需要，允许员工脱离工作岗位接受短期（一年内）或长期（一年以上）培训而发生的费用，其目的是为企业培养高层次的管理人员或专门的技术人员。

（3）使用费用。

使用费用是指公司在使用员工的过程中发生的费用，主要包括工资、奖金、津贴、补贴、社会保险费用、福利费用、劳动保护费用、住房费用、工会费、存档费和残疾人保障金等。

① 维持费用，指公司为保持人力资源的劳动力所需要的费用，主要指付出员工的劳动报酬，包括工资、津贴、年终分红等。

② 奖励费用，指公司为了激励员工发挥更大的作用，而对其超额劳动或其他特别贡献所支付的奖金，包括各种超额奖励、创新奖励、建议奖励或其他表彰支出等。

③ 调剂费用，指公司为了调剂员工的工作和生活节奏，消除员工疲劳、稳定员工队伍所支出的费用，包括员工疗养费用、文体活动费用、员工定期休假费用、节假日开支费用、改善企业工作环境的费用等。

④ 劳动事故保障费用，指员工因工受伤和因工患职业病的时候，公司应该给予员工的经济补偿费用，包括工伤和患职业病期间的工资、医药费、伤残补贴、

丧葬费、遗嘱补贴、缺勤损失、最终补贴等。

⑤ 健康保障费用，指企业承担的因工作以外的原因（如疾病、意外伤害、生育等）引起员工健康欠佳不能坚持工作而需要给予的经济补偿费用，包括医药费、缺勤工资、产假工资和补贴等。

（4）离职费用。

离职费用是指公司在员工离职时可能支付给员工的离职津贴、一定时期的生活费、离职交通费等费用，主要包括解聘、辞退费用及因工作暂停而造成的损失等。

① 离职补偿费用，指公司辞退员工或员工自动辞职时，企业所应补偿给员工的费用，包括至离职时间止应付给员工的工资、一次性付给员工的离职金、必要的离职人员安置费用等支出。

② 离职前低效费用，指员工即将离开公司时造成的工作或生产低效率损失的费用。

③ 空职费用，指员工离职后职位空缺的损失费用。某职位出现空缺后可能会使某项工作或任务的完成受到不良影响，从而造成企业的损失。

3. 年度人力资源管理费用预算及使用情况分析

人力资源部收集了公司近三年人力资源管理费用预算及使用情况数据，如表1-14所示。

表1-14 人力资源管理费用近三年预算及使用情况　　　　单位：万元

费用项目	2016年		2017年		2018年	
	预算	实际	预算	实际	预算	实际
员工工资	800	720	850	870	900	1 050
福利与保险费用	130	112	135	120	153	147
招聘	5	2	5	4.5	5	8
人才测评	2	0.5	2	1	2	2.5
培训费用	15	12	20	22	30	28
调研费用	2	0	2	2	2	1.8
辞退补偿费	10	0	10	5	10	12
劳动纠纷	5	0	5	0	5	2
办公业务	5	2.8	5	3.5	5	6
残疾人安置	10	0	10	0	10	0

由表1-14可以看出，公司的人力资源管理费用有如下特点。

（1）随着公司规模的不断扩大，经营业绩的不断增长以及用工成本的逐年上升，员工工资费用支出平均以约20%的速度在递增，福利与保险费用也呈递增趋势。

（2）公司在招聘方面的费用支出以约100%的速度逐年递增，一方面是因为公司新项目不断涌现，需要招聘大量的新员工（特别是高管，有时需要借助猎头公司）；另一方面是因为同行业疯狂挖技术人员，公司不得不在招聘宣传方面不断投入，以扩大公司的影响力，为招聘到公司所需的人才打下基础。同时在招聘过程中，人才测评费用也在递增，这是一种趋势，公司要招到合适的人才，必须借助一些测评机构和测评方法来甄别。

（3）培训费用每年都有所提升，但增长幅度不是很大。

（4）调研费用在增长，考虑到行业及市场环境，薪酬调研、行业协会费用等在2019年必将继续上升。

（5）随着公司人力资源管理逐渐正规化，公司在保障员工合法权益方面也逐步合法化，所以在辞退补偿与劳动纠纷方面按相关法律规定予以了合理补偿。

（6）办公用品与设备等方面的费用随着人员的增加亦有提高的趋势。

4. 公司经营状况分析

（1）公司的五年计划是2022年进入全国同行前50强，经营目标是营业额破百亿元。

（2）按既定的五年计划，今年开发面积增加10万平方米，营收增加10亿元。

（3）2019年预计新增两个项目，人员编制会增加35人，涉及项目经理两名，高级工程师两名。

（4）公司今年在运营方式、销售和设计方面将加大力度，这几个方面涉及的人员会有所增加。

（5）公司会对相关的人力资源管理制度、政策做出相应的调整，以适应公司战略发展的需要，这将对人力资源管理费用产生较大的影响。

5. 2019年各项人力资源管理费用预算编制

（1）人力资源管理费用构成要素。

上面已经列出了人力资源管理费用涉及的项目，下面再以表格的形式具体列出各项目的构成要素，以便全面做好人力资源管理费用预算编制。人力资源管理费用构成要素如表1-15所示。

表1-15 人力资源管理费用构成要素表

费用项目	费用内容构成
员工工资	基本工资、奖金、津贴、职务工资、加班工资、补贴
福利与保险费用	福利费、住房公积金、社会保险等

续表

费用项目	费用内容构成
招聘	招聘广告费、招聘会会务费、高校奖学金、猎头费
人才测评	测评费
培训费用	教材费、讲师劳务费、培训费、差旅费
调研费用	专题研究会议费、协会会员费、薪酬水平市场调查调研费
辞退补偿费	补偿费、赔偿金
劳动纠纷	法律咨询费
办公业务	办公用品与设备费
残疾人安置	残疾人就业保证金

（2）人力资源管理费用预算编制。

结合公司整体发展战略目标，综合考虑公司实际情况及市场大环境，2019年公司人力资源管理费用预算编制如表1-16所示。

表1-16 人力资源管理费用预算编制表

单位：万元

预算费用项目	2019年预算额
员工工资	1 200
福利与保险费用	160
招聘	15
人才测评	5
培训费用	35
调研费用	5
辞退补偿费	15
劳动纠纷	5
办公业务	5
残疾人安置	10
合计	1 455

1.5 人力资源规划管理体系范本：制度/流程/表单

企业人力资源规划管理体系直接影响和作用于人力资源规划系列活动，建立健全的人力资源规划管理体系是做好人力资源规划的重要保障。做好人力资源规划管理体系建设，即实现管理制度化、制度流程化、流程表单化。

1.5.1 人力资源规划相关制度

企业应当立足于实际情况,以"服务于企业利益、服务于企业需求"为目标,在考虑企业持续稳定发展的基础上,结合员工的个性与发展需求,根据市场发展的需要,结合企业战略目标,通过制度建设形成有效的人力资源规划约束机制和激励机制。本节重点介绍人力资源规划管理制度和人力资源费用预算管理制度,人力资源规划管理制度是人力资源规划的总体方针、政策,而人力资源费用预算管理又是人力资源管理中非常重要的组成部分。

1. 人力资源规划管理制度

人力资源规划的具体制度和政策是企业人力资源规划有效运行的根本保证,是企业开展人力资源规划工作时要求遵守并按一定程序执行的规定、规则和规范。制度是根据企业实际情况制订的,不同的企业应有不同的规划管理制度。下面是某公司制订的人力资源规划管理制度,供读者参考。

▶ 某公司人力资源规划管理制度 ◀

1. 目的

使人与事达到最佳配置,协调人力资源长期规划与近期规划、投入与产出、内部选拔与外部引进的关系,使公司在持续发展中不断获得并保持一定数量的具有特定技能、知识及能力的人员,实现公司的战略目标。

2. 范围

本管理办法适用于公司人力资源规划及员工编制的管理。

3. 定义

(1)人力资源规划:根据公司的发展战略和年度经营目标来预测人力资源的需求与供给,结合公司现有人力资源状况,拟定职务编制、人员预算、招聘、选拔、培训等计划。

(2)员工编制:根据公司发展战略、年度经营目标、组织机构及各机构的职责,核定完成这些职责所需要的岗位及岗位人员数量。

(3)工作分析:对构成某岗位的全部工作要素进行分析,并将分析结果制作成《岗位说明书》。工作分析内容包括工作内容、工作性质、工作条件及岗位任职者须具备的责任和技能。

4. 权责

（1）人力资源部负责制订、修改人力资源规划制度，负责开发人力资源规划工具和方法，并且对各单位提供人力资源规划指导。

（2）各单位需要向人力资源部提供人力资源规划所需的各种信息、数据，并按公司人力资源部的要求，按时报送本单位年度人力资源需求，并配合公司人力资源部完成本单位的人力资源规划。

（3）公司本级各职能部门的定岗定编方案由人力资源部负责编制并上报总裁办公会审核，报董事会批准后实施。

（4）各单位明确机构设置后，编制定岗定编方案，报公司人力资源部审核，经公司总裁办公会批准后，由公司人力资源部下达批复，各单位组织实施。

5. 内容

（1）人力资源规划的原则。

① 全局性原则。

② 前瞻性原则。

③ 人与事最佳配置原则。

④ 投入与产出相结合原则。

⑤ 高效精简原则。

⑥ 外部引进与内部选拔有效结合原则。

（2）员工编制确定原则。

① 坚持"因事设岗、以岗定员"的编制原则。

② 坚持以工作职能、工作量确定岗位的层次与级别。

③ 坚持"精简、统一、效能、节约"的定员原则。

④ 坚持"人与事最佳配置"的原则。

⑤ 合理安排各类人员的比例关系。

（3）人力资源规划的目标。

① 得到和保持一定数量的具备特定技能、知识结构和能力的人员。

② 充分利用现有人力资源。

③ 预测公司潜在的人员过剩或人力不足的趋势。

④ 建设一支训练有素、运作灵活的员工队伍，增强企业适应市场的能力。

⑤ 减少公司在关键管理/技术岗位对外部招聘的依赖性。

（4）人力资源规划环境分析。

公司人力资源部根据公司发展战略、年度经营计划等信息，结合公司人力资源管理政策/制度、内/外部薪酬福利水平，提炼出所有与人力资源规划有关的数据信息，并且整理编报，为人力资源规划提供基本数据。

（5）公司现有人力资源状况分析。

公司人力资源部通过对人力资源的人事信息、培训开发状况、绩效考核状况等信息的收集、整理，从公司内部现有人力资源的数量、质量、结构、分布、利用及潜力状况、流动比例等方面进行统计分析，并出具分析报告。

（6）各单位员工编制的初步确定。

① 各单位根据年度经营目标，结合本单位的工作职责及年度工作目标、收入任务/利润任务等，预估本单位的年度员工编制数。

② 各单位根据本单位的年度员工编制数，在分析管理层级与管理幅度的基础上，确定本单位管理者的编制。

③ 各单位根据年度经营目标、实施计划制订年度组织机构设置方案，并结合其以往年度的劳动生产率、人均利润贡献率、人均工资成本、人均销售费用、人均管理费用等历史数据，预估员工编制总数，起草《年度员工编制初案》。

（7）工作分析。

① 公司人力资源部及各单位按照《岗位说明书》模板，组织相关部门编制各岗位的《岗位说明书》。

② 运用访谈法、观察法、问卷法、日志法、工作分析问卷法及功能性工作分析法等定性与定量的工作分析方法，对相关部门完成的《岗位说明书》进行分析、核定。

③ 各单位根据工作分析的结果，对已经制订的《年度员工编制初案》进行有针对性的修正调整，形成上报公司总裁办公会审批的《年度员工编制草案》。

（8）员工编制的审批。

① 公司人力资源部根据各单位的年度经营目标，审定该单位《年度员工编制草案》。

② 公司总裁办公会审定公司总部《年度员工编制草案》，并报董事会审批后执行。

③ 总裁办公会审批各单位的《年度员工编制草案》，人力资源部向各单位批复《年度员工编制方案》。

④公司人力资源部及各单位根据《年度员工编制方案》，以相关部门上交的《岗位说明书草案》为依据，会同各相关部门，下发正式的《岗位说明书》。

（9）员工编制的调整。

①编制调整原则

a. 原则上不允许增加员工的编制。

b. 在部分岗位工作量增长，而内部人员不能调剂的情况下，允许增加编制。

c. 鼓励各单位在编制总数不变的情况下，考虑灵活的用工形式，以非全日制员工置换全日制员工，以保证公司年度目标的实现和结构的精简，以及人力成本的节约。

②编制调整的审批

a. 各单位编制的调整由各单位报公司审批。

b. 公司总部编制的调整由各职能部门报人力资源部审核，由总裁办公会批准。

（10）制订人力资源年度规划。

a. 由各单位根据公司的发展战略、年度经营计划、内外部的实际条件，再结合公司批准的《年度员工编制方案》和各单位的现有人力资源情况，对各单位人力需求的结构、数量、质量进行预测，提出年度人力需求计划，并报公司人力资源部。

b. 公司人力资源部根据公司发展战略、年度经营目标及各单位人力需求计划，对公司人力资源规划的整体需求和供给情况进行科学的趋势预测与统计分析，即预测出各时间点上的内部人员与外部人员的供给量和内部各类人员的需求量。

c. 人力资源部根据以上分析和预测制订出公司总体人力资源规划及各项具体业务计划，具体包括人员招聘计划、内部人员接替和提升计划、培训计划等，并上报总裁办公会批准。

（11）执行计划和评估反馈。

公司人力资源部按批准后的各项计划执行，并对人力资源规划的执行过程进行监督、分析、评价，并进行适当的调整，以确保企业整体目标的实现。

6. 附则

（1）本管理制度的最终解释权归人力资源部所有。对于本制度所未规定的事项，则按人力资源管理规定和其他有关规定予以实施。

（2）本管理制度自发布之日起执行。

2. 人力资源费用预算管理制度

企业人力资源费用包括人工成本和人力资源管理费用。人工成本是指支付给员工的费用，如工资、福利、保险等；人力资源管理费用是指人力资源管理部门开展人力资源管理活动的经费，如招聘费用、培训费用等。人力资源费用预算管理制度是对人工成本和人力资源管理费用的管理制度，其功能是确保有效、合理地控制费用，并发挥费用的最大效用。下面是某公司的人力资源费用预算管理制度，以供读者参考。

▶ 某公司人力资源费用预算管理制度 ◀

1. 目的

为合理安排人力资源管理活动资金，规范人力资源管理活动的费用使用，在遵循企业战略目标和人力资源战略规划目标的前提下，依据公司预算制度，特制订此制度。

2. 预算职责分工

（1）人力资源部是人力资源成本预算的主要执行部门及本制度的制订部门。

（2）公司预算委员会负责审查、核准人力资源成本预算，并提出修正意见。

3. 范围

人力资源成本预算的编制、执行与调整均须遵循本制度的相关规定。

4. 工作期间规定

人力资源部应于每月28日前编妥下个月的各项人力资源成本支出预计表，并于次月15日前编妥上月份实际与预计比较的费用比较表，一式三份，一份自存，一份送总裁办，一份送财务部。

5. 制订依据

（1）董事会确定的经营发展规划及人力资源战略规划。

（2）历年人力资源管理活动的实际费用情况及本年度预计的内外部变化因素。

6. 内容

（1）人力资源成本构成。

人力资源成本所包含的内容具体如表1-17所示。

表 1-17 人力资源成本构成

费用项目	费用内容构成
工资成本	基本工资、奖金、津贴、职务工资、加班工资、补贴
福利与保险费用	福利费、员工教育经费、住房公积金、社会保险等
招聘	招聘广告费、招聘会会务费、高校奖学金
人才测评	测评费
培训	教材费、讲师劳务费、差旅费
调研	专题研究会议费、协会会员费
辞退	补偿费
劳动纠纷	法律咨询费
办公业务	办公用品与设备费
残疾人安置	残疾人就业保证金
薪酬水平市场调查	调研费

（2）人力资源成本预算编制流程。

人力资源成本预算编制流程如图 1-9 所示。

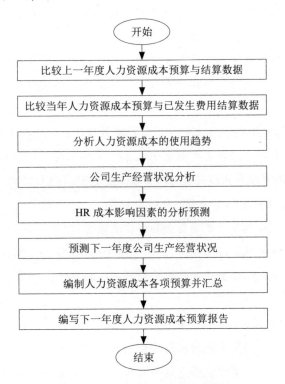

图 1-9 人力资源成本预算编制流程

（3）人力资源部在制订预算时，应考虑各项可能变化的因素，留出预备费，以备发生预算外支出。

（4）人力资源部做好年度预算后，编制《年度预算书》，并于三个工作日内上报预算委员会核准、审批。

（5）人力资源成本预算的执行与控制。

① 人力资源成本预算的执行。

a. 人力资源部在收到预算委员会批复的年度预算后，应按照计划实施。

b. 人力资源部应建立全面预算管理簿，按时填写《预算执行表》，按预算项目详细记录预算额、实际发生额、差异额、累计预算额、累计实际发生额和累计差异额。

② 人力资源成本预算的控制。

a. 在预算管理过程中，预算内支出由总经理、人力资源部经理进行控制，预算委员会、财务部进行监督，预算外支出由总经理和财务部经理直接控制。

b. 下达的预算目标是与业绩考核挂钩的硬性指标，一般来说不得超出预算。根据预算执行的情况对责任人进行奖惩。

c. 费用预算如遇特殊情况确需突破时，必须提出申请并说明原因，经财务部经理及总经理的核准后纳入预算外支出。如支出金额超过预备费，必须由预算委员会审核批准。

d. 若人力资源成本的预算有剩余，可以跨月使用，但不能跨年度。

e. 预算执行过程中，如遇市场变化或其他特殊原因（如已制订的预算缺乏科学性或欠准确、国家政策出现变化等），要及时对预算进行修正。

（6）人力资源成本预算修正的权限与程序。

① 预算的修正权属于预算委员会和公司董事会。

② 当遇到特殊情况需修正预算时，人力资源部必须提出《预算修正分析报告》，详细说明修正原因及针对今后发展趋势的预测，提交预算委员会审核并报董事会批准，然后执行。

（7）人力资源成本预算的考核。

① 人力资源成本预算考核对象与作用。

人力资源成本预算考核主要是对预算执行者的考核评价。预算考核是发挥预算约束与激励作用的必要措施，通过预算目标的分解与激励措施的实施，来达到引导公司每位员工向公司战略目标方向努力的效果。

② 人力资源成本预算考核原则。

预算考核是对预算执行效果的考核和评价，应遵循如下原则。

a. 目标原则：以预算目标为基准，按预算完成情况评价预算执行者的业绩。

b. 激励原则：预算考核与激励制度相配合。

c. 时效原则：预算考核是动态考核，每期预算执行完毕应立即进行。

d. 例外原则：对一些阻碍预算执行的重大因素，如市场的变化、重大意外灾害等，考核时应作为特殊情况处理。

（8）公司要通过季度、年度考核保证人力资源成本预算得到准确执行。

（9）季度、年度预算考核是对前一季度、年度预算目标的完成情况进行考核，目的是及时发现可能存在的潜在问题，或者在必要时修正预算，以适应外部环境的变化。

7. 附则

（1）本制度的最终解释权归人力资源部所有，经预算委员会批准后实施。

（2）本制度自发布之日起生效。

1.5.2　人力资源规划相关流程

人力资源规划相关流程涉及的方面比较多，本节主要介绍人力资源需求预测流程和人力资源规划管理流程，读者可根据实际情况不断丰富这些流程。

1. 人力资源需求预测流程

人力资源需求预测要结合工作岗位和公司发展战略，形成企业人力资源需求报告。人力资源需求预测流程如图1-10和图1-11所示。

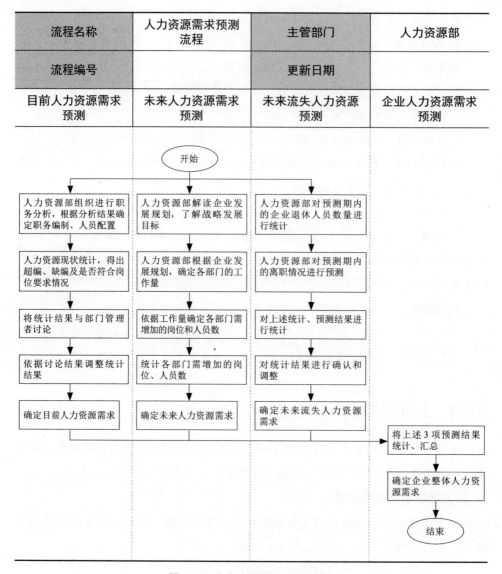

图1-10 人力资源需求预测流程

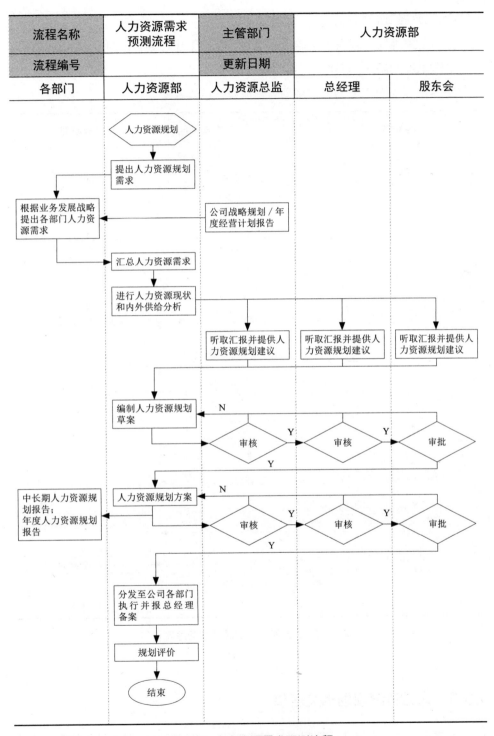

图 1-11 人力资源需求预测流程

2. 人力资源规划管理流程

人力资源规划一般来自企业战略规划或年度工作计划，通过企业战略规划或年度工作计划所需的人员来制订人力资源规划。

图 1-12 是某公司人力资源规划管理流程，供读者参考。

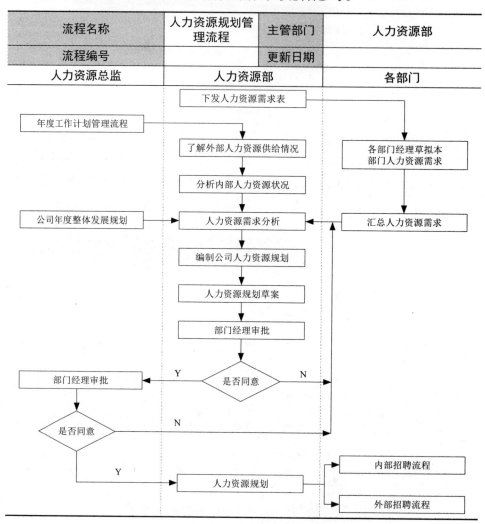

图 1-12 某公司人力资源规划管理流程

1.5.3 人力资源规划相关表单

所谓流程制度表格化，即尽量让规章制度、流程标准呈现在具体的表格上，以便开展具体工作。常用的人力资源规划表格包括人员需求预测表、人员编制调整表、人力资源规划表、人才储备登记表。

1．人员需求预测表

人员需求预测表是统计企业人力资源需求数量和质量的表格，人员需求预测可按时间分为年度和月度的预测，下面分别进行介绍。

（1）年度人员需求预测表。

首先要统计出年度人员需求情况。年度人员需求预测表如表1-18所示。

表1-18 年度人员需求预测表

序号	用人部门	岗位级别	岗位名称	现有人数	编制人数	离职预测	辞退预测	调离预测	其他流出	流出预测小计	编制增加预测	需求预测	备注
1													
2													
3													
4													
5													
6													
7													
8													
9													
合计													

说明：
- 小计 = 离职预测 + 辞退预测 + 调离预测 + 其他流出
- 岗位年度所有定编人数
- 有可能会增加编制的情况
- 需求预测 = 编制人数 − 现有人数 + 流出预测小计 + 编制增加预测

（2）月度人员需求预测表。

月度人员需求预测是对年度需求预测的分解，是为了做好人才供给准备。月度人员需求预测表如表1-19所示。

表1-19 月度人员需求预测表

需求人员类型		需求原因详细说明	需求数量	需求人员合计
岗位级别	岗位名称			
高层				

说明为什么需要以及为什么在当月需要

续表

需求人员类型		需求原因详细说明	需求数量	需求人员合计
岗位级别	岗位名称			
中层				
基层				
本月需求人员总数				

2. 人员编制调整表

人员编制调整是指人员增加、减少或补充。增设机构需要增加人员编制;撤销机构需要减少人员编制,如有员工辞职、被辞退则需补充空缺岗位。

(1)部门人员编制调整表。

编制并非不可改变,企业要根据战略方向来调整人员编制,可以使用部门人员编制调整表来统计人员编制情况,部门人员编制调整表如表1-20所示。

表1-20 部门人员编制调整表

部门名称	现有人员编制数量	编制调整数量	编制调整原因说明	备注
		拟增加××人		
		拟减少××人		
		拟增加××人		为什么要做调整
		拟减少××人		
		拟增加××人		
		拟减少××人		
		拟增加××人		
		拟减少××人		
		拟增加××人		
		拟减少××人		
		拟增加××人		
		拟减少××人		

制表人: 审核人: 审批人: 填表日期: 年   月   日

（2）人员岗位变动申请表。

为了实现人力资源的优化配置，合理调配相应人员，需要实时调整部分人员的岗位。岗位变动需填写申请表（见表1-21），报批后方可执行。

表1-21 人员岗位变动申请表

姓　名		入职日期		转正日期	
现任职部门		现任岗位		申请日期	
申请调入部门		新任岗位		拟调出日期	
员工申请岗位变动原因自述	（包括申请调动的原因、对新岗位的规划与建议） 岗位变动一定要员工本人签字 申请人签字：				
原部门意见					
拟调入部门意见					
人力资源部意见					
分管领导意见					
总经理意见					

注：① 员工的申请调动时间以主管领导的批准时间为准。

② 员工在原岗位时的工作未交接清楚，此审批单不予生效。

③ 薪资标准按照新任岗位工资标准执行。

④ 本申请表由申请人填写，并报相关部门核准。经核准后，报送人力资源部各存档一份。

3. 人力资源规划表

人力资源规划按照人员的来源可分为总需求规划、各类型人员规划、各部门人员规划，分别对应年度总需求规划表、各类人力资源年度需求规划表、各部门人力资源年度需求规划表。

（1）年度总需求规划表是为了统计人员总体规划情况，如表1-22所示。

表1-22 人力资源年度总需求规划表

人员状况		数量
需求	1. 年初人力资源需求量	
	2. 预测年内需求增加量	
	3. 年末总需求量	
供给	4. 年初拥有人数	
	5. 招聘人数	
	6. 正常流动	
	其中：退休	
	调出或升迁	
	辞职	
	辞退或其他	
	7. 年底拥有人数	
净需求	8. 年人力资源净需求（不足或有余）	

注：5. 招聘人数 → 计划招聘人数；8. 年人力资源净需求 → 人力资源的差量部分

（2）各类人力资源年度需求规划表是按各岗位及员工类型统计员工的数量，以便于控制各类员工的比例，如表1-23所示。

表1-23 各类人力资源年度需求规划表（按职级）

人员类别（按职级）	现有人员	计划人员	余缺	预期人员流动						年度人力资源净需求
				调职	升迁	辞职	辞退	退休	其他	合计	
高层管理人员											
中层管理人员											
主管职员											
基层职员											
合计											

（3）各部门人力资源年度需求规划表是按部门统计年度人力资源需求情况，以便控制各部门人员数量，如表1-24所示。

表 1-24 各部门人力资源年度需求规划表（按部门）

人员类别（按部门）	现有人员	计划人员	余缺	预期人员流动							年度人力资源净需求
				调职	升迁	辞职	辞退	退休	其他	合计	
人力资源部											
行政部											
总裁办											
财务部											
战略发展部											
信息部											
运营部											
销售部											
……											
合计											

4．人才储备登记表

人才储备登记包括对现有管理型人才个人档案的登记，以及对专业人才的储备登记。相关负责人平时要多搜索并登记公司需要的人才信息，包括来公司面试人员的信息，从而建立起完善的人才信息库。

（1）管理型人才储备登记表。

管理型人才是公司运营的支柱，因此要做好此类人才的储备登记工作。管理型人才储备登记表如表 1-25 所示。

表 1-25 管理型人才储备登记表

姓名		性别		出生年月		学历及专业	
入职时间		现任职务		担任本职务起始日期			
历年主要业绩							
对企业的贡献							
优势与特长							
劣势与缺点							
职业素养							

续表

沟通能力	
协调能力	
规划与统整能力	
决策与执行能力	
培训能力	
创新与领导力	
统驭能力	
可升调职位1	升调时间
所需培训	
可升调职位2	升调时间
所需培训	
人力资源部意见	
领导意见	

（2）专业型人才储备登记表。

专业型人才是公司发展的核心竞争力，做好此类人才的储备登记，可以提高人才供给效率。专业人才储备登记表如表1-26所示。

表1-26 专业型人才储备登记表

姓名		性别		出生年月		学历及专业	
入职时间		现职		现职起始日期			
个人主要业绩							
主要专长与优点							
短板与不足							
发展潜力							
职业素养							
沟通能力							
学习能力							
工作技能掌握程度							
责任心							
可升调职位				升调时间			

续表

所需培训	
直接主管意见	
人力资源部意见	
领导意见	

 HR 专家支招

1　在制订人力资源规划时，有哪些注意事项？

（1）人力资源规划应该更加注重关键环节的陈述，只有这样才能保证企业人力资源规划的有效性和实用性。

（2）在制订人力资源规划各项计划时，需要将关键环节明确化、细致化。明确计划的责任和要求，制订出相应的评估策略，确保计划可执行。

（3）人力资源市场和企业发展的变化周期较短，因此只适合制订年度人力资源计划和短期计划，不宜制订长期计划。

（4）人力资源已经告别人情时代，进入大数据时代，注重的是用数据说话，因此人力资源规划应注重数据分析和量化评估，并且要明确限定规划的范围。

2　企业定员的原则有哪些？

企业定员是指根据企业既定的产品方向和生产规模，在一定时期内和一定的技术、组织条件下，规定企业应配备的各类人员的数量标准。合理的定员可以提高员工的工作效率，确保每个员工发挥最大的价值，并且能为企业编制劳动计划、调配劳动力提供可靠的依据。企业定员主要有以下 6 个原则。

（1）以企业生产经营目标为依据。

保证企业整个生产过程连续、协调进行所必须的人员数量，是企业定员的目的，因此，企业定员必须以实现企业的生产经营目标所需的人员为依据。

（2）以精简、高效、节约为目标。

① 产品方案设计要科学。只有产品方案具有实现的可能性，才能做到定员工作的精简、高效、节约。所以，在制订产品方案时，要用科学的方法进行预测，不要为了多留人或多用人而有意加大生产任务或工作量。

② 提倡兼职。兼职就是让一个人充分利用有效的工作时间完成两种或两种以上的工作，兼职既可以节约人力成本，又可以扩大员工的知识面，这对挖掘企业劳动潜力，实现精简、高效、节约具有重要的现实意义。

③ 工作分工和职责划分要明确。新的岗位的设置必须和新的劳动分工、协作关系相适应，即在原有的岗位上出现无法完成的职责时，才能产生新的定员。

（3）各类人员的比例关系要协调。

企业内人员的比例关系包括直接生产人员和非直接生产人员的比例关系、基本生产工人和辅助生产工人的比例关系、非直接生产人员内部各类人员的比例关系，以及基本生产工人和辅助生产工人内部各工种之间的比例关系等。在一定的产品结构和一定的生产技术条件下，上述各种关系存在数量上的最佳比例（这个比例没有具体的数字，不同行业、不同发展时期的比例是不同的，根据企业自身情况而定），按这一比例配备各类人员，能使企业获得最佳效益。

（4）要做到人尽其才，人事相宜。

定员问题不只是单纯的数量问题，而且涉及人力资源的质量，以及不同劳动者的合理使用。因此，还要考虑人尽其才，人事相宜。要做到这一点，一方面要认真分析、了解劳动者的基本状况，包括年龄、工龄、体质、性别、文化和技术水平；另一方面要进行工作岗位分析，即对每项工作的性质、内容、任务和环境条件等有一个清晰的认识。只有这样，才能将劳动者安排到适合发挥其才能的工作岗位上，定员工作才能科学合理。

（5）要创造一个贯彻执行定员标准的良好环境。

定员的贯彻执行需要一个适宜的内部和外部环境。所谓的内部环境包括企业领导和广大员工思想认识的统一，以及建立相应的规章制度，如企业的用人制度、考勤制度、退职退休制度、奖惩制度、劳动力余缺调剂制度等。所谓的外部环境包括企业真正成为独立的商品生产者，使企业的经营成果真正与员工的经济利益相联系，同时还要建立劳务市场，使劳动者有选择职业的权利，企业有选择劳动者的权利。

（6）定员标准应适时修订。

在一定时期内，企业的生产技术和组织条件具有相对的稳定性，因此企业的定员也要有相应的稳定性。但是，随着生产任务的变动、技术的发展、劳动组织的完善、劳动者技术水平的提高，定员标准应做相应的调整，以适应变化的情况。

3　编制人工成本预算时应注意哪些问题？

人工成本是指企业在生产经营活动中因使用劳动力所产生的一切费用。随着企业的不断发展，人工成本不断增加，人工成本控制已经变成企业经营活动中的一项重要工作。如何构建人工成本全面预算控制体系，有效发挥人工成本作用，既是每位企业管理者需要认真考虑的问题，也是人力资源部门必须掌握的一门基本功。编制人工成本预算应注意以下问题。

（1）编制人工成本预算时，首先得了解企业所处的大环境，如根据政府有关部门发布的年度企业工资指导线和企业的生产经营情况来确定工资增长幅度；定期进行劳动力工资水平的市场调查，确定企业工资水平在市场中所处的位置，并以同类企业的工资水平为依据来决定本企业的工资水平，以及具体的调整幅度等。只有在适应大环境的前提下，才能做好人工成本预算。

政府相关部门的工资指导线、社会的消费者物价指数和企业的工资市场水平调查是相互关联的，在进行人工成本预算的编制时，应当将三者联系起来一同考虑。

（2）在编制下一年度的人工成本预算时，先将本年度的费用预算和上一年度的费用预算，以及上一年度费用结算和当年已发生的费用结算情况统计清楚，然后比较分析，从预算与结算的比较结果来分析费用使用趋势。再结合上一年度和当年生产经营状况及下一年预期的生产经营状态进行分析。

（3）预算人工成本在企业经营预算中的额度，以保证企业的支付能力和员工利益的实现。人工成本在直接成本或企业总成本中占多少比例没有统一的规定，各个企业应根据具体情况具体分析。总之，企业要根据对外具有竞争性、对内具有公平性的原则，有效地控制工资增长水平，以及人工成本的比例，使人力资源费用能适应人力资源战略发展需要。

4　人力资源需求预测必学的 4 个步骤

很多企业中的 HR 都不会对人力资源进行需求预测，一般是根据领导确定的招聘人数进行招聘。其实作为专业的 HR 及企业管理者，应该掌握对人力资源进行需求预测的相关技能。下面将对人力资源需求预测的 4 个步骤进行讲解，以帮助 HR 轻松进阶。

（1）预测目前的人力资源需求。

首先，对目前各岗位人员进行分析，确定当前的人员配置是否合理。其次，对现有的人才胜任情况进行分析，确定哪些人不适合该岗位。然后根据分析结果确定要淘汰的人员和要增加的人员，修正后的人员配置就是现实的人力资源需求。

（2）预测未来的人力资源需求。

很多 HR 在做招聘工作时，都只是为了满足当前企业的用人需求，根本没有根据企业的发展和规划做长远性的人员规划。其实，对于一个专业的 HR 来说，不仅需要满足眼前的用人需求，还需要根据企业近几年的发展规划及工作量的增长情况，分析出各个部门、岗位的人员增减情况，为企业提供一些预见性、战略性的人才发展和培养建议，预测出未来几年的人力资源需求。

（3）预测未来流失的人力资源。

预测未来流失的人力资源是指对未来可能要离职的人数进行预测，如预测期内合同到期、退休、休产假及未来可能发生的离职等，HR 需要时刻关注，并做好人员流失预测。只有这样才能及时补给人才，减少人员流失造成的影响。

（4）制订出企业短中长期的整体人力资源需求预测。

企业应该根据现实人力资源需求量、未来人力资源需求量和未来流失的人员量进行汇总计算，制订出短期、中期和长期企业整体的人力资源需求预测。

HR 高效工作之道

1　用 Word 制作"人力资源规划方案"

人力资源规划方案可以帮助 HR 有目的、有计划地开展人力资源管理工作，从而实现人力资源与其他资源的合理配置。使用 Word 制作人力资源规划方案的具体操作步骤如下。

步骤 ① 打开"人力资源规划方案"文档，将光标定位到第1页的"内外环境分析"文本后，单击【插入】选项卡【符号】组中的【符号】按钮，在弹出的下拉列表中选择【其他符号】选项。打开【符号】对话框，在【字体】下拉列表中选择【Wingdings 3】选项，在列表框中选择需要的箭头符号，单击【插入】按钮，如图1-13所示。

步骤 ② 定位光标，使用相同的方法继续插入箭头符号。将光标定位到第2页的"建立完善的新品市场开发"文本前，打开【符号】对话框，在【字体】下拉列表框中选择【Wingdings】选项，在列表框中选择需要的符号，单击【插入】按钮，如图1-14所示。

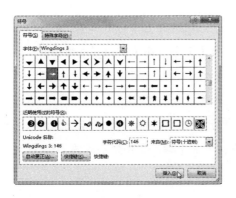
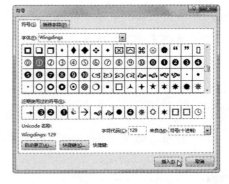

图1-13 插入箭头符号　　　　图1-14 插入圈码

步骤 ③ 根据需要对文档中的字体格式和对齐方式进行设置。选择除标题外的所有文本，打开【段落】对话框，在【缩进和间距】选项卡的【特殊格式】下拉列表中选择【首行缩进】选项，在【行距】下拉列表中选择【多倍行距】选项，在【设置值】数值框中输入"1.2"，单击【确定】按钮，如图1-15所示。

步骤 ④ 单击【插入】选项卡【页面】组中的【封面】按钮，在弹出的下拉列表中选择【切片（浅色）】选项，如图1-16所示。

图 1-15 设置缩进和间距

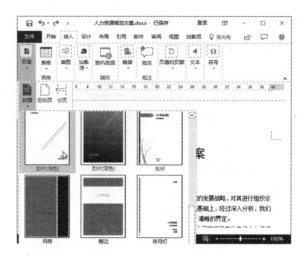

图 1-16 选择封面样式

步骤 5 在封面的文本框中输入相应的文本，选择封面上方的文本框，单击绘图工具的【格式】选项卡【文本】组中的【文字方向】按钮，在弹出的下拉列表中选择【垂直】选项，如图 1-17 所示。然后设置"恒图科技有限公司"文本垂直居中对齐，并对文本的字体格式进行设置。

步骤 6 单击【插入】选项卡【插图】组中的【图片】按钮，打开【插入图片】对话框，选择"logo.png"图片文件，单击【插入】按钮，如图 1-18 所示。

图 1-17 设置文字方向

图 1-18 插入图片

步骤 7 将图片的环绕方式设置为浮于文字上方，并将图片调整到合适的位置和大小，效果如图 1-19 所示。

步骤 8 将光标定位到"一、概述"段落处,打开【段落】对话框,将【大纲级别】设置为【1级】,单击【确定】按钮,如图1-20所示。

图1-19 设置图片

图1-20 设置段落级别

步骤 9 使用相同的方法继续设置其他段落的级别,设置完成后将光标定位到第2页的标题前,单击【引用】选项卡【目录】组中的【目录】按钮,在弹出的下拉列表中选择【自动目录1】选项,如图1-21所示。

步骤 10 将光标定位到标题前,单击【布局】选项卡【页面布局】组中的【分隔符】按钮,在弹出的下拉列表中选择【分页符】选项,如图1-22所示。

图1-21 选择目录格式

图1-22 选择"分页符"选项

步骤 11 插入分页符后,光标后面的文本将切换到下一页中显示。本例完成后的最终效果如图1-23所示。

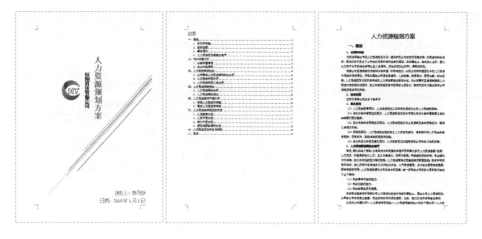

图 1-23 最终效果

2　打印 Excel 表格时，让打印的每一页都带有表头

在 Excel 中，所有表格都包含表头，也就是我们说的表字段，当表格内容较多且一页打印不完时，Excel 会根据页面打印大小自动转到下一页，并且默认从第二页开始就不会出现表头。但这样并不便于查看数据，因为没有打印表头，在查看内容时可能会不知道某些列的数据代表什么意思，如图 1-24 所示。

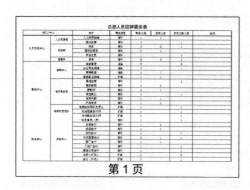

图 1-24 打印效果

为了便于查找和查看，在打印表格时，最好设置每页都显示标题行或表头。具体操作步骤如下。

步骤 1 在【页面布局】选项卡【页面设置】组中单击【打印标题】按钮，打开【页面设置】对话框，将光标定位到【顶端标题行】中，单击其后的 按钮，如图 1-25 所示。

步骤 2 折叠对话框，在工作表中按住【Shift】键，同时选择第 1 行和第 2 行，设置打印的标题区域，单击 按钮展开对话框，如图 1-26 所示。

图 1-25 【页面设置】对话框

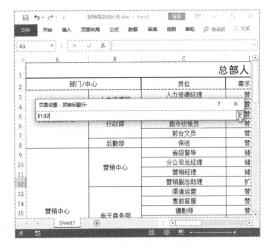

图 1-26 设置标题打印范围

提示

【页面设置】对话框中的【顶端标题行】参数框用于设置重复打印在每个页面上的标题行，而【左端标题列】参数框用于设置重复打印在每个页面上的标题列。打印的标题行或标题列可以同时选择多行或多列，但选择的多行或多列必须是连续的。

步骤 3 单击【打印预览】按钮，即可查看打印效果。这时可发现，第 2 页已显示标题行和表字段，效果如图 1-27 所示。

总部人员招聘需求表

部门/中心		岗位	需求原因	需求人数	到岗人数	目前欠缺人数	备注
服装研发中心	技术部	版师	替补	2	1	1	
		样衣辅料配货员	替补	1		1	
		裁样	替补	1	1		
		样衣配料员	替补	1		1	
	设计部	休闲系列主力设计师	替补	2	2		
品牌部	品牌部	平面设计主管	替补	1		1	
		企划主管	替补	1	1		
		媒介专员	替补	1	1		
鞋业中心	设计部	设计师（户外、跑鞋）	替补	3	1	2	
	开发部	高频	替补	1	1		
		印花	替补	1	1		
		车样	替补	1	1		
		裁剪	扩编	1		1	
总 经 办	服装终检部	文员	替补	1	1		
	总经办	总经办文员	扩编	1		1	
仓储物流部	仓储物流部	理货员	替补	15	12	3	
		仓管	替补	3	3		
		广告品管理员	替补	1	1		
		文员	替补	1	1		
箱包分公司	箱包分公司	分公司副总经理	扩编	1		1	
		箱包IQC经理	扩编	1		1	
		手袋设计师	扩编	1		1	
		手袋纸样师	扩编	1		1	
		箱包主设计师	扩编	1		1	
		箱包设计总监	扩编	1		1	
总需求小计				87	45	42	

第 2 页

图 1-27 打印效果

3 用 PPT 制作公司人力资源状况分析报告

对于人力资源管理者来说，只有充分了解并运用企业现有的人力资源，人力资源规划才会变得有意义。本书附赠的结果文件中有一份《人力资源状况分析报告》，可供读者参考。下面是使用 PowerPoint 制作这份分析报告的具体操作步骤。

步骤① 新建一个空白演示文稿，单击【设计】选项卡【自定义】组中的【设置背景格式】按钮，打开【设置背景格式】任务窗格，在【填充】选项组中选中【图片或纹理填充】单选按钮，然后单击【插入图片来自】栏中的【文件】按钮，如图 1-28 所示。

步骤② 打开【插入图片】对话框，此处选择插入【分析 .png】图片文件，并按【Enter】键确认。新建一张幻灯片，在【设置背景格式】任务窗格中默认选中【纯色填充】单选按钮，在【颜色】下拉列表中选择【浅灰色，背景 2，深色 90%】选项，如图 1-29 所示。

图 1-28 设置背景填充图

图 1-29 设置背景颜色

步骤③ 将演示文稿命名为【人力资源状况分析】，在第 1 张幻灯片上绘制一个与幻灯片大小相同的矩形。选择该矩形，在【绘图工具格式】选项卡【形状样式】组中的【形状填充】下拉列表中选择【其他填充颜色】选项。打开【颜色】对话框，设置 RGB 颜色值分别为【241】【176】【22】，然后单击【确定】按钮，如图 1-30 所示。

步骤④ 打开【设置形状格式】任务窗格，在【透明度】数值框中输入【31%】。取消形状的轮廓，并将形状置于占位符下方。再绘制一个矩形然后将其设置为灰色、无轮廓。在矩形上绘制一条直线，在【格式】选项卡下的【形状样式】组中为其应用【细线 - 强调颜色 3】样式，如图 1-31 所示。

图 1-30 设置颜色

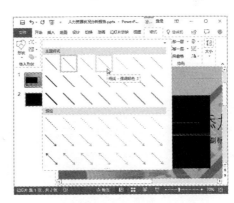

图 1-31 应用形状样式

步骤⑤ 在标题和副标题占位符中输入需要的文本，并对标题文本格式进行设置。选择直线下方的两个占位符，对其字体格式分别进行设置，如图 1-32 所示。

步骤6 新建第2张幻灯片,在这张幻灯片左边绘制一个【流程图:手动操作】形状,对形状的填充色和轮廓进行设置后,在形状上单击鼠标右键,在弹出的快捷菜单中选择【编辑顶点】命令。此时,将显示出形状的顶点。将鼠标指针移动到左下方的顶点上,按住鼠标左键不放向左拖动,使该顶点与幻灯片左下角的顶点重合,如图1-33所示。

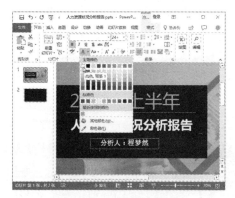

图1-32 设置字体格式

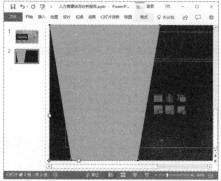

图1-33 编辑形状顶点

步骤7 继续调整形状右侧的两个顶点,完成后退出形状编辑状态。在占位符中输入相应的文本,并对文本的格式进行设置,结果如图1-34所示。

步骤8 执行复制幻灯片操作,复制一张与第2张幻灯片完全相同的幻灯片,更改标题占位符中的文本,删除不需要的形状和文本。单击内容占位符中的【插入表格】图标,打开【插入表格】对话框,将【列数】设置为【8】,【行数】设置为【7】,然后单击【确定】按钮,如图1-35所示。

图1-34 添加文本

图1-35 制作目录页幻灯片

步骤 9 在表格单元格中输入相应的文本,设置表格中文本的字体格式和对齐方式,并对表格的行高和列宽进行调整。选择表格,取消表格底纹填充,选择表格最后一列,将底纹填充为【金色】,如图1-36所示。

步骤 10 选择整个表格,取消表格边框,在【绘制边框】组中的【笔画粗细】下拉列表中选择【2.25磅】选项,在【笔颜色】下拉列表中选择【白色,背景1,深色50%】选项,单击【绘制表格】按钮,如图1-37所示。

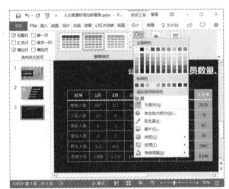 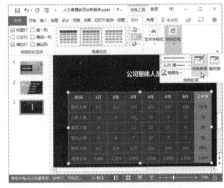

图 1-36 填充底纹　　　　　图 1-37 设置边框效果

步骤 11 为表格添加需要的边框,并对表格中文本的效果进行设置。在【插入】选项卡下的【插图】组中单击【图表】按钮,打开【插入图表】对话框,在左侧选择【组合】选项,在右侧列表框中【系列2】对应的【图表类型】下拉列表框中选择【带数据标记的折线图】选项,在列表框中选中系列2对应的【次坐标轴】复选框,然后单击【确定】按钮,如图1-38所示。

步骤 12 在幻灯片中插入图表,并打开【Microsoft PowerPoint中的图表】窗口,在单元格中输入需要在图表中体现的数据,输入完成后单击【关闭】按钮,如图1-39所示。

步骤 13 将图表移动到表格右侧,并将其调整到合适的大小,然后应用【样式8】图表样式,将图表标题更改为【上半年人数净增长变化】。选择图表右侧的纵坐标轴,打开【设置坐标轴格式】任务窗格,在【单位】栏中的【大】数值框中输入【0.01】,按【Enter】键,图表右侧坐标轴中的单位大小将发生变化,如图1-40所示。

步骤 14 选择图表中的水平网格线,按【Delete】键删除,选择图表中的柱形图数据系列,单击【图表布局】组中的【添加图表元素】按钮,在弹出的下拉列表中选择【数据标签】选项,在其子列表中选择【轴内侧】选项,在数据系列内侧添加数据标签,如图1-41所示。

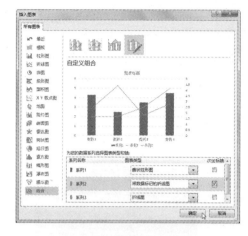

图1-38 插入组合图表　　　　　　　　图1-39 输入图表数据

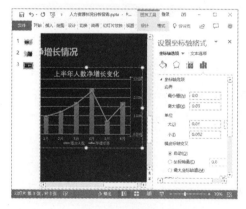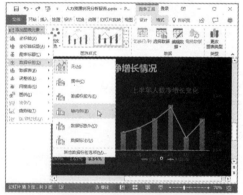

图1-40 设置坐标轴格式　　　　　　　图1-41 添加图表元素

步骤15 使用相同的方法在折线图数据系列上方添加数据标签,选择柱形图数据系列,在【图表工具/格式】选项卡【形状样式】组中的【形状填充】下拉列表中选择【金色】选项,如图1-42所示。

步骤16 使用相同的方法将折线图数据系列填充为白色。选择图表,单击【字体】组中的加粗按钮 B 加粗文本,再将字体颜色设置为白色,然后在表格和图表下方添加结论文本,并对文本的字体格式进行设置,效果如图1-43所示。

第1章 人力资源规划

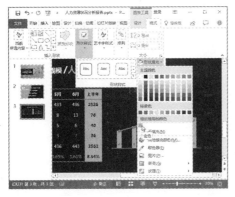

图1-42 设置数据系列填充效果

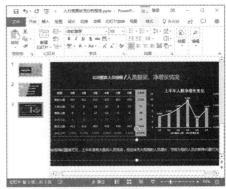

图1-43 图表效果

步骤 17 使用前面制作幻灯片的方法制作第4张至第12张幻灯片，并在第12张幻灯片中绘制表格。在幻灯片中按住【Shift】键的同时绘制一个圆，将绘制出的这个正圆填充为【灰色，个性色3】，并取消形状轮廓。在幻灯片中插入一个饼图，在打开的【Microsoft PowerPoint 中的图表】窗口中输入要在图表中体现的数据，如图1-44所示。

步骤 18 取消饼图深色（在结果素材中为橙色）区域的填充色和轮廓，调整图表大小并将其移动到正圆形状上。删除图表中的图例，在图表标题中输入【发放总人次增加】，按住鼠标左键不放并向下拖动图表标题，将其移动到图表最下方，效果如图1-45所示。

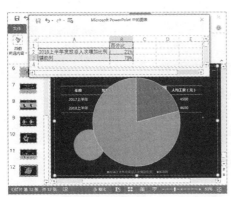

图1-44 插入饼图

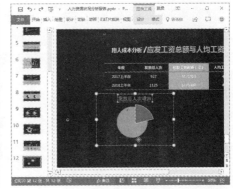

图1-45 调整图表

步骤 19 将图表深色（结果素材中为蓝色）区域填充为【金色】，并为图表添加最佳匹配的数据标签，删除【79%】数据标签，设置图表中数据的字体格式，

资源下载码：**Ht1801hR**

77

复制图表和正圆,将其粘贴到右侧。对图表标题进行修改,然后选择图表,单击【图表工具-设计】选项卡【数据】组中的【编辑数据】按钮,如图1-46所示。

步骤20 打开【Microsoft PowerPoint 中的图表】窗口,在其中对图表需要体现的数据进行修改即可,如图1-47所示。

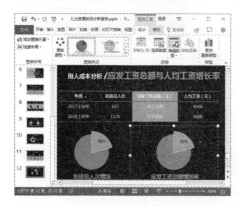
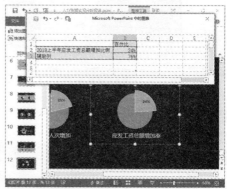

图 1-46 复制图表　　　　　　　　图 1-47 编辑图表数据

步骤21 使用前面制作幻灯片的方法制作第13张至第15张幻灯片,即可完成演示文稿的制作,效果如图1-48所示。

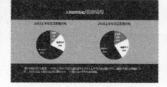

图 1-48 最终效果

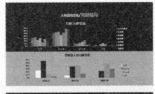

图 1-48 最终效果（续）

第2篇 招聘篇

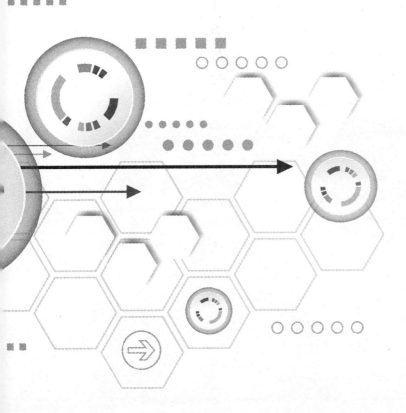

第 2 章 员工招聘管理

招聘管理作为人力资源部门的核心职能之一,其重要性不言而喻,要做好招聘管理必须把分析招聘需求、维护与挖掘招聘渠道、改善招聘方式、升级面试技巧及扩充招聘用途等方面做好。

2.1 招聘准备工作

为了有效地开展招聘工作,准备工作是必不可少的,其主要包括熟悉国家相关政策法规、分析招聘需求、分析企业人员状况、分析工作岗位要求、制订详细的招聘计划等。总之,就是全方面地为招聘做好准备,为招聘的顺利实施打下基础。

2.1.1 招聘需求分析

企业经常出现新员工入职一段时间后发现其不是企业理想的候选人,满足不了岗位需求的情况。对此,我们经常会问一个问题:"企业到底需要什么样的人?"要想找到这个问题的答案,就需要做好招聘需求的分析。招聘需求分析,就是通过对本企业人力资源配置状况和需求进行分析,根据内、外部环境的变化,确定人员需求。招聘需求分析是一项系统工作,要求在特定的发展阶段和文化背景下,根据变动的市场环境和弹性的岗位要求及特点,实现企业对人员需求的及时调整。公司的性质决定了其招聘需求分析有别于个体单位需求分析。作为企业人力资源管理部门,为了搭建企业人才梯队,招聘管理工作必不可少,而招聘需求分析更是重中之重。

1. 需求分析的维度

需求分析是企业在招聘员工时对其所需要的人才类型进行的综合分析,主要包括通过岗位要求、工作环境、企业文化、企业战略发展等方面提出对知识、经验、能力、求职动机、品德等几个维度的用人要求进行深入分析,还包括对提出需求的用人部门进行培养能力的分析,如表2-1所示。

表2-1 需求分析的维度

分析维度	分析内容	关键点
公司背景	公司目前的规模,在行业内的地位,公司未来的发展方向,公司所处行业未来的发展状况,公司未来的发展规划对人才的需求和要求	与公司未来发展的匹配能力,如处于发展期的企业员工需具备开拓能力

续表

分析维度	分析内容	关键点
岗位要求	从岗位设置的目的、岗位职责的内容和范围、职位价值点、任职条件、工作环境、与其他岗位之间的关系、主要业绩考核标准等方面进行职位信息的收集和分析，实地考察、任职者访谈、绩优者分析等是收集职位信息的有效方法	岗位关键产出；岗位基本要求，如学历、学校、专业、技能、态度、能力等
团队文化	企业价值观及企业内部文化，公司的精神风貌，公司整体工作风格；部门的文化氛围，同事关系，上级偏好的用人类型	个人求职动机/价值观、工作风格、精神气质、团队氛围
工作环境	该工作所需要承担的压力，工作的节奏，该岗位在公司中的地位，任职人员所在团队的特点等	专业背景、性格特质、抗压性等
培养能力	需求部门是否会安排人员带教，带教人员的资质是否达标，培训方案是否完善、可行	部门带教人员的资质、培训方案的标准

2. 需求分析的步骤

由于各个企业的情况不同，因此需要分析的步骤也不一样，一般情况下包括以下4个步骤。

（1）收集与确认各部门的用人需求。

招聘需求分析的对象是什么？是岗位，准确地说是一定时期内需要招聘的岗位。所以，首先，知道企业要招聘哪些岗位。一般可能会考虑直接把所有岗位都拿来分析，但人力资源部往往没有那么多时间和精力来分析每个岗位。其次，注意内、外部环境的变化，之前的岗位或岗位职责可能已不适应现在的情况。较为便捷的方法是从用人部门收集信息，因为用人部门才是岗位信息第一手资料的拥有者。

（2）整理与提炼岗位的信息。

通过从用人部门收集来的需求信息，以及现有的岗位说明书、组织结构、团队结构、用人机制等资料，再结合直接观察、任职者访谈、问卷调查等方法，可以整理提炼出岗位的有效信息，主要包括以下4个方面。

① 岗位职责：岗位的关键目标是什么？岗位对员工的行为有哪些要求？这些要求哪些是对员工的，哪些是对工作的？

② 工作环境：岗位的工作环境是什么样的？是否要求承担较大的工作压力？工作节奏如何？岗位在公司的地位如何？所在团队氛围如何？

③ 企业文化：企业的核心价值观是什么？企业倡导什么样的精神风貌？企业希望员工展现出什么样的工作风格？

④ 公司发展：公司未来的重点业务方向是什么，会不会有变化？在可预见的未来，企业的业务发展对员工的要求将会发生哪些变化？

（3）选择招聘的有效要素。

通过对招聘岗位信息的整理和提炼，完全可以形成企业的招聘需求。但这种需求是一种理想状态，企业需要的不是"完美"的人，而是最适合的人。所以，必须提前考虑企业的实际需求，具体内容包括如下方面。

① 培养成本：某项素质在短期内进行培养的难易程度。易于培养的，可复制性强，很容易模仿，可以作为选拔的次要标准或不予考虑；反之，重点考察。

② 人群区分度：某项素质在应聘者群体中的差异大小。差异很小的，很难区分优秀者和一般者，可以作为选拔的次要标准或不予考虑；反之，重点考察。

③ 环境约束度：某项素质因环境因素对职责发挥的影响程度。约束度高的，导致主观能动性降低，可以作为选拔的次要标准或不予考虑；反之，重点考察。

④ 可衡量度：某项素质能用现有方式进行衡量的程度。不能或不易衡量的，很难说清谁好谁坏，可以作为选拔的次要标准或不予考虑；反之，重点考察。

（4）呈现招聘需求分析的结果。

完成招聘需求分析后，如何完整地呈现招聘需求，对于 HR 来说也是一种艺术。完整的招聘需求分析结果一般包括以下 3 点。

① 岗位基本信息：包括岗位名称、在团队中的位置、招聘人数、到岗时间等。

② 岗位职责要求：为了胜任岗位职责，要求任职者所具备的知识、技能、经验等基本素质。

③ 岗位业绩要求：员工在本岗位需要完成的工作目标、取得的关键业绩、做出的关键行为等。

提示

很多 HR 总感觉招聘需求分析深不可测，甚至认为只有大企业才能做。其实不然，只要 HR 能够深入了解企业现状和企业未来的发展需要，再结合有效招聘的基本准则，就能做出适合企业当前阶段的招聘需求分析，从而保证招聘工作有的放矢，事半功倍。

2.1.2 企业人员状况分析

在拟定人员招聘计划之前，人力资源部门应对企业的人员状况和资源进行系统分析，充分掌握公司各个部门的人员现状，从而合理地制订招聘计划，实施人员招聘工作。

下面以某集团公司（以下简称甲公司）为例，从年龄、性别、学历等方面对公司人力资源状况进行分析。

1. 各类人员占比

集团总部现有员工152人，其中，高层管理人员（包括董事长、执行总裁、副总裁、总工、总监）15人，占比9.9%；中层管理人员（包括部门经理、副经理）32人，占比21.0%；基层人员（包括综合职能类人员、生产技术类人员、造价类人员、后勤辅助类人员）105人，占比69.1%。甲公司各类员工占比情况如图2-1所示。

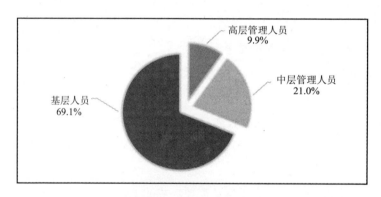

图2-1 甲公司各类人员占比情况

2. 男女比例

除基层后勤辅助类岗位的员工外，集团总部现有142人。女性职工主要集中于公司行政部、人力资源部、经营管理部、财务部等部门，男性职工主要集中于高管、工程管理部、技术质量部等部门。甲公司公司男女员工比例如图2-2所示。

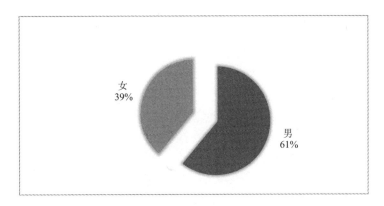

图 2-2 甲公司男女员工比例

由甲公司男女员工比例可以看出，人力资源部门在后期的部门员工招聘配置中应进行调整，保持男女员工的平衡。

3．年龄结构

（1）高层管理人员年龄结构。

高层管理人员年龄结构良好，平均年龄为 45 岁，年富力强。

（2）中层管理人员年龄结构。

中层管理人员的平均年龄为 35 岁，具体结构如图 2-3 所示。

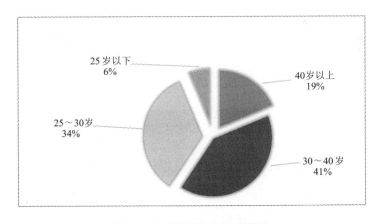

图 2-3 中层管理人员年龄结构

从图 2-3 中可以看出，中层管理人员大多在 25~40 岁，这个年龄段的员工既有一定的工作经验，同时又渴望突破成长，有一定工作执行力和指导力。因为中层管理人员是公司高层梯队人才的来源，是公司各项工作具体指导和推进的一个层级，所以对人才的创新力、执行力、学习力及进取精神都有一定要求。

（3）基层人员年龄结构。

基层人员的平均年龄为 31 岁，具体结构如图 2-4 所示。

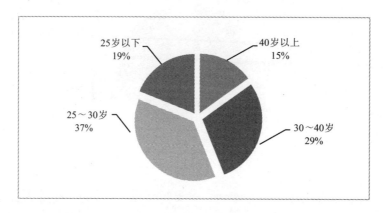

图 2-4 基层人员年龄结构

年龄大于 40 岁的基层人员主要在后勤及检测岗位工作。年龄在 30 岁以下的员工将成为未来中层梯队人才的来源。由于年龄特点，他们的冲劲和创新精神将给公司带来一股工作新风气。

4．学历及职称结构

（1）高层管理人员。

公司高层管理人员学历结构较合理，全日制第一学历均在大专及以上。在资质方面，有 9 人（占 60%）持一级建造师证；在职称方面，40% 为高工，21% 为中级，13% 为助工，26% 没有任何职称。由此可见，高层管理人员的职称和资质匹配度不足以应对企业发展需求。

（2）中层管理人员。

中层管理人员的第一学历结构如下：本科占 34%，大专占 46%，中专及中专以下学历占 20%。通过函授或其他在职教育形式，90% 的大专及以下学历的员工有提升，获得大专及以上学历。

中层管理人员的职称和资质结构分析：在职称方面，10% 为高工，15% 为中级，20% 为助工，55% 还未获得任何职称；在资质方面，有 9 位（35%）中层管理人员获得一级建造师证书。由此可见，中层管理人员的职称和资质持有率太低，有待提升。

（3）基层员工。

基层员工的第一学历中，本科占 18%，大专占 37%，中专及中专以下占 45%。学历在中专及中专以下的员工主要是检测部、工程部、造价部的原在编老员工。分析基层员工的第一学历结构也可以看出，其缺陷主要是专业知识欠缺，职业素养有待提升。

目前，公司的105名基层员工中只有6人是中级工程师，20人是助工，其他人无任何职称。资质方面只有3人持一级建造师证，大部分基层员工无建造师证书（部分老员工持有二级临时证，按国家政策在具体经营方面无太大用处），这意味着无建造证的员工将是未来公司新增一级建造师的来源。

5. 司龄结构

（1）公司高层管理人员。

公司高层管理人员中有65%是从事项目施工和项目管理出身的，司龄在12年以上，缺乏专业的企业管理方面的经验。15名高层管理人员中只有4名是在2016年通过社会招聘引进的，有一定的现代化企业管理经验。今后应适当通过外部招聘引进年轻有为的公司高层管理人员。

（2）中层管理人员。

中层管理人员中有58%是在2014年改制后通过社会招聘引进的，优势在于这批人员拥有一定的新知识和新技能，又有较好的工作经验；劣势是入司时间较短，对公司的业务及企业文化缺乏认知。另外，42%的中层管理人员在公司工作时间均超过10年，是从公司基层员工中提拔上来的，对企业忠诚度较高，但缺乏职业化的训练和素养。

（3）基层人员。

公司基层人员中司龄在1~3年的占比24%，是公司在改制后通过社会招聘选拔而来的，应重点关注他们的成长和业绩；司龄在3~8年的员工占比62%，是得到锻炼的一批员工，应关注他们的成就感和职业发展；司龄在8年以上的员工占比14%，这些员工为公司老员工，忠诚度高，但按部就班者多、想法少，今后管理的重点在于激发他们的工作积极性。

2.1.3　工作岗位分析

除了对招聘需求和人员进行分析外，还需要对具体的工作岗位进行分析，从而做到人岗匹配。工作岗位分析是对企业各类工作岗位的性质、任务、职责、岗位关系、劳动条件和环境，以及员工承担本岗位任务所需要具备的资格条件进行系统的分析与研究，并制订出岗位规范、岗位说明书等岗位人事规范的过程。工作岗位分析主要包括以下3个方面的内容。

（1）在完成对岗位的调查，并取得了相关信息的基础上，首先需要对岗位存在的时间和空间范围给出科学的界定，然后对岗位的名称、性质、任务、权责、工作对象和工作资料，以及本岗位与相关岗位之间的联系和制约方式等因素进行比较、分析和描述，并做出必要的总结和概括。

（2）在界定了岗位的工作范围和内容以后，应根据岗位自身的特点，明确岗位对员工的素质要求，提出本岗位员工需具备的资格和条件，如文化水平、工作经验、道德标准、心理品质、身体状况等。

（3）将上述岗位分析的研究成果按照一定的程序和标准，以文字和图表的形式加以表述，最终制订出职位说明书、岗位规范等人事文件。

表2-2为某公司根据岗位分析制订出的行政部经理岗位的说明书。

表2-2 行政部经理岗位说明书

岗位基本信息			
岗位名称	行政部经理	岗位编号	XZB-01
所在部门	行政部	岗位定员	1人
直接上级	人力行政中心总经理	工资等级	
直接下级	信息管理员、行政秘书、行政文员、前台接待、司机	薪酬类型	
所辖人员	9人	岗位分析日期	
岗位关键职责描述			
负责集团制度与流程体系的建设与完善，以及行政管理、后勤事务管理、对外公共关系等事务的协调处理等工作			
职责与任务			
职责一	职责表述	负责集团制度、流程体系建设	
	工作任务	（1）组织编制集团的制度、流程管理手册，并监督检查实施情况； （2）负责集团制度、流程的编号、发文、建档，以及格式的统一； （3）负责收集、整理各项管理制度、流程在执行过程中出现的问题，定期提出修订与完善建议	
职责二	职责表述	负责集团日常行政管理工作	
	工作任务	（1）负责集团行政督导类奖罚工作的牵头与执行，上报与下发各类奖罚通告； （2）负责组织集团行政类文件的起草、修订、发文及归档管理； （3）负责集团下属新公司的设立登记，公司的工商变更、证照年检等手续的办理以及商标的管理，指导下属公司开展工作并监督其实施； （4）负责集团印章、介绍信的使用管理，并对下属公司印信的使用管理实施监督	

续表

	职责表述	负责集团对外协调，公共关系管理
职责三	工作任务	（1）负责建立集团重大危机事件处理体系，配合领导处理重大公关危机； （2）负责集团对外公共关系的日常维护，指导并协助下属公司进行公共关系的维护工作； （3）负责集团重大社会活动的策划、组织、实施，指导下属公司开展相关社会活动
	职责表述	负责集团的信息化建设
职责四	工作任务	（1）负责组织制订并实施集团信息化建设规划； （2）负责集团信息化管理系统和网站的开发、维护、更新、使用，以及网络安全的维护； （3）指导下属公司计算机及网络系统的使用、管理与维护； （4）负责组织集团计算机、网络及相关设备的购置、调配、维修和维护保养； （5）负责组织集团电子资料的建档、收集、更新和备份
	职责表述	负责集团公司实物资产管理
职责五	工作任务	（1）负责集团资产管理体系的建立与完善，指导下属公司建立相应的管理制度与流程，并监督其实施； （2）负责组织集团实物资产的转移、报废、登记建档及台账管理工作； （3）指导、督导下属公司资产的使用与管理
	职责表述	负责集团的档案管理工作
职责六	工作任务	（1）负责集团档案管理体系的建立与完善； （2）负责组织接收集团及下属公司工程项目竣工后的档案资料及其他重要资料； （3）负责组织档案资料的分类保管、档案借（查）阅管理及相关档案销毁管理； （4）负责监督集团下属公司档案管理工作的实施情况
	职责表述	负责集团的后勤管理工作
职责七	工作任务	（1）负责组织前台接待工作及会议室的管理； （2）负责组织对集团办公秩序、办公环境、办公设施设备的管理及维护； （3）负责组织集团办公设备及用品的采购、保管、发放； （4）负责集团公务车辆的调配、维护、年审、保险费缴纳、车辆档案管理； （5）负责组织集团工装、名片、工作牌、公司部门标识牌等的制作； （6）负责集团电话、网络等通信服务的管理； （7）负责组织集团订房、订票，商务酒店、票务公司的选定，签署有关合作协议； （8）负责集团与办公场所所属物业管理公司的工作衔接，处理有关物业服务事宜
	职责表述	负责部门内部组织管理工作
职责八	工作任务	（1）负责部门工作计划的制订与实施； （2）负责部门内工作任务的分工，合理安排人员； （3）负责指导下属员工制订阶段工作计划，并督促其执行； （4）负责部门队伍的建设、选拔、配备、培训、评价本部门人员； （5）拟定本部门财务预算，控制实际费用支出

续表

权限	
（1）对物资采购、存放、使用、发放有监督检查权； （2）对各部门的安全保卫、环境卫生工作有监督检查权； （3）对所属下级的工作有监督检查权	
工作协作关系	
内部协作关系	集团及下属公司相关部门
外部协作关系	合作公司、工商部门、交通部门等
任职资格	
教育水平	本科及以上
专业要求	企业管理、行政管理、工商管理类专业
职称要求	无
执业资格要求	无
工作经验	5年以上企业行政工作经验，3年以上管理工作经验
知识要求	（1）通晓企业行政管理、公共关系管理知识 （2）具备财务管理、法律等方面的知识 （3）了解房地产行业相关专业知识
技能要求	（1）熟练使用Microsoft Office办公软件 （2）具备工作计划的制订和执行能力、协调沟通技巧、团队组织能力、商务礼仪、公文写作能力等
其他	
使用工具设备	计算机、传真机、打印机、文件柜、通信设备等办公设施
工作环境	独立办公室
工作时间特征	正常工作时间，偶尔加班
所需记录文档	公司文件、汇报文件或报告、规章制度等
备注	
审核批准人		审核日期		版本信息	

2.1.4 制订详细的招聘计划

在做好前期各项准备及分析工作后，接下来就要制订详细的招聘计划了。很多时候招聘部门往往承担着"救火队员"的角色，究其原因往往是招聘计划没做好。那么，如何制订企业的招聘计划呢？所谓计划，就是对未来一段时间工作的总体展望。很多企业在做招聘计划时只停留在书面上，很难真正落地实施，对招聘工作毫无帮助。在制订企业的招聘计划时，一定要结合企业实际情况，深入掌握各部门的业务形态，参与业务部门的战略制订，掌握每个岗位的价值所在，招聘计划要与业务发展节奏始终保持一致甚至先于业务发展，这样 HR 才能将自己从"救火队员"的状态里解放出来。

1. 招聘计划的内容

（1）人员需求清单，包括招聘的岗位名称、数量、任职资格要求等内容。

（2）招聘渠道的选择及招聘信息发布的日期。

（3）招聘小组团队建设，包括小组成员姓名、职务、各自的职责。

（4）应聘者的选拔方案，包括选拔的场所、时间、题目设计分工等。

（5）招聘的起始及截止日期。

（6）新员工的上岗时间。

（7）招聘费用预算，包括渠道费、资料费、广告费、人才交流会费用等。

（8）招聘工作进度表，尽可能详细，以便于相互配合。

（9）招聘广告样稿。

2. 招聘计划的编写步骤

招聘计划的编写一般包括以下步骤。

（1）获取人员需求信息。

人员需求一般发生于以下几种情况。

① 人力资源计划中明确规定了人员需求信息。

② 企业员工离职产生了岗位空缺。

③ 用人部门新增加了招聘申请，并已经相关领导批准。

（2）选择招聘的渠道及发布时间。

（3）初步确定招聘小组。

再完善的计划都需要人来执行，没有人员去执行，一切都是空谈，因此要提前组织招聘团队，实行目标责任到人。所有的招聘工作都需要落实到人，包括渠道利用、流程设计、题目设计、面试人员的安排、招聘人员的安排、测试人员的安排、迎接人员的安排。另外，后勤保障人员的工作也需要安排好。

（4）确定选拔方案。

（5）明确招聘预算。

合理的招聘渠道一定要有合理的费用预算，招聘的费用既不能太高，也不能没有费用。因此，一定要对每种招聘渠道都有合理的经费预算，要以最小的投入换取最大的收益。

（6）编写招聘工作时间表。

（7）草拟招聘广告样稿。

招聘工作是一个系统工程，靠一篇计划是不能完全执行到位的，还需要中间各部门、各岗位的协调和理解，要以年度招聘计划为参考，在执行过程中适当地调整，争取做到按公司的战略目标做事，实行目标管理，这样才能使公司的招聘目标得以稳步实现。

> **提示**
>
> 招聘计划不仅仅是一个结果，还包括过程，这就需要在实施中不断调整。招聘计划制订的标准只能作为具体时间段内的借鉴，具体情况还要根据所在企业的不同而进行有针对性的操作。

2.2 招聘组织实施

通过招聘的前期准备及分析工作，明确了企业要招聘多少人及招聘什么样的人，那么接下来就要落实招聘计划，为企业引进合适的人才。开展具体的招聘工作，包括选择招聘渠道、发布招聘信息、简历筛选等。

2.2.1 招聘渠道的选择

实施招聘工作的第一步是把信息发布出去，那么信息应该发到哪里呢？首先要确定人在哪里、到哪里去招人，即选择招聘渠道。随着人们对互联网的广泛运用，招聘渠道也越来越广，那么在众多的招聘渠道中，到底哪种招聘渠道更好一些呢？哪种招聘渠道招聘来的人员更加适合企业的需求呢？公司各个职位来源于哪个招聘渠道更加合适呢？必须认真分析各个招聘渠道的特点，再结合企业招聘的实际情况，选择适合企业的招聘渠道。

1. 招聘渠道的分类

企业人才招聘分为内部招聘和外部招聘。表 2-3 为内、外部招聘的特点。

表 2-3 内、外部招聘的特点

渠道	优点	缺点
内部招聘	准确性高 适应性强 激励性强 费用较低	缺少公平，易产生内部矛盾 容易抑制创新 容易出现裙带关系 培训成本高 可能不胜任（冒险和创新）
外部招聘	带来新思想、新方法 有利于招聘一流人才 树立优秀的企业形象	筛选难度大，时间长 进入状态慢 招聘成本大 决策风险大 影响内部员工的积极性

内、外部招聘各有其优缺点，究竟应该选择内部招聘还是外部招聘呢？一般来说要坚持以下 3 个原则。

（1）高级管理人才选拔内部优先原则。

（2）外部环境剧烈变化时，采取内外结合的人才选拔方法。

（3）处于成长期的组织，应当广开外部招聘渠道。

2．常用招聘渠道的使用

招聘渠道分为内部招聘渠道和外部招聘渠道。内部招聘包括布告法、档案法、推荐法等；外部招聘包括现场招聘会、发布招聘广告、校园招聘、网络招聘、人才中介机构招聘等。

（1）布告法。

布告法是内部招聘的主要方法之一，经常与竞聘法结合使用。主要形式是在公司内部张贴招聘海报或在内网发布竞聘公告，在规定时间内举行一次竞聘选举，引起员工重视，为员工提供机会，使员工脱离原来不满意的工作环境，同时也促使主管更加有效地管理员工，防止本部门员工流失。

这种招聘方法的优点是有利于激发员工的积极性，降低招聘的成本，维持企业内部的稳定性，同时，能让员工迅速熟悉工作岗位，进入工作状态。但是，也容易引起内部人员的矛盾，出现高层领导不团结的现象。特别是当企业高速发展时，容易以次充好，出现徇私舞弊的现象，影响企业后续的发展。

（2）档案法。

一般情况下，人力资源部都会对员工的个人档案进行整理和归档，要了解员工的基本信息。可以根据员工的表现及家庭状况对其做一个大概的判断，如员工最近几年的评优和绩效考评是否合格、参加的教育培训有哪些、有哪些方面的工作经验、组织活动是否积极参加等。该方法对员工晋升、培训、发展等有重要作用。当然,这种方法存在主观判断,采用时要多加注意。

 提示

在使用档案法招聘员工时,企业不能单方面录用,须与员工达成一致意见。

(3)推荐法。

推荐法包括内部推荐和外部推荐。

内部推荐一般由上级主管推荐,优势在于双方都互相了解,成功率较高,是常见的方法。不足之处在于过于主观,容易受到个人因素影响,如选拔自己的亲信,而不是确实能胜任的人。另外,有的主管不希望自己的得力下属被调到其他部门,影响本部门的工作实力,这也是制约内部推荐有效实施的一个因素。

外部推荐也称熟人推荐,是指由员工推荐其亲戚朋友来应聘公司的职位。这种招聘方式最大的优点是企业和应聘者双方掌握的信息较为对称,介绍人会将应聘者真实的情况向企业汇报,节省了企业对应聘者的考察时间。同时,应聘者也可以通过介绍人了解企业内部各方面的情况,从而做出理性选择。目前已经有许多企业在采用这种招聘方式,如新东方就鼓励员工推荐他人来应聘,并设置了相应的激励机制,如果应聘者被录取,介绍人将得到一定的奖金。但采用该方法时也应注意一些负面影响,如公司的一些内部员工或中高层领导为了栽培个人在公司的势力,在公司重要岗位安排自己的亲信,形成小团体,这会影响公司正常的组织架构和运作。

使用熟人推荐法的注意事项如下。

① 为了鼓励员工积极推荐人才,应设立人才推荐奖,这样员工就有极大的动力去推荐自己的朋友和熟人,可以有效杜绝员工"多一事不如少一事"的心态。

② 即使是熟人推荐的应聘者,也不能对候选人失去客观的判断,不能为了维护推荐人的信誉而录用没有才能的候选人。面试负责人要时刻保持清醒的头脑,为了企业的利益和员工的工作环境,在被推荐者被企业拒绝后应该对推荐人进行思想引导并表达公司的歉意,以保证其不会丧失对工作的积极性。

③ 熟人推荐在公司里容易形成裙带关系,这种关系有利也有弊。有利之处是可以加快招聘工作的进展,不利之处是影响公司方针政策的实施。因此,在候选人进入公司后应该对其思想进行引导,使其价值观与企业价值观融为一体,让他

意识到，自己应融入公司这个大家庭，而不是其介绍人的小家庭。对于突破小家庭的员工要进行物质和精神上的奖励。

> **提示**
>
> **熟人推荐还被作为企业人力资源工作评价的指标，因为只有当员工觉得企业人力资源文化做得比较好时才会推荐人才。**

（4）现场招聘会。

现场招聘会一般由政府所辖人才机构及高校就业中心举办，主要服务于待就业群体及用人单位。大部分招聘会具有特定的主题，如"应届毕业生专场""研究生学历人才专场"或"IT类人才专场"等。通过对毕业时间、学历层次、知识结构等的区分，企业可以很方便地选择适合自己的专场设置招聘岗位进行招聘。

参加招聘会的注意事项如下。

① 了解招聘会的档次。

② 了解招聘会面对的对象。

③ 注意招聘会的组织者。

④ 注意招聘会的信息宣传。

> **提示**
>
> **现场招聘要积极主动引导求职者，切勿在展位一心多用，要保持展位热度和自身的良好状态。**

（5）发布招聘广告。

发布招聘广告主要是在报纸、电视等媒体上刊登招聘广告。在报纸上刊登招聘广告是非常传统的一种方式，主要是在地铁、公交等人流大的场所发布招聘信息。发布招聘广告有两个关键点：一是广告媒体的选择，需要了解媒体的目标群体，要有针对性；二是广告内容的设计，这是影响招聘效果的重要因素。

（6）校园招聘。

校园招聘是一种特殊的外部招聘途径，是指企业直接从学校招聘各类、各层次的应届毕业生。现在越来越多的企业每年会定期走进大学校园开展招聘工作，应届毕业生中有很多优秀的学生将成为企业准备培养的对象。如果企业考虑接收一些大、中专院校的特定专业（或特殊专业）的优秀应届毕业生，那么可以从应届毕业生中挑选那些学习能力强、可塑性强的学生作为潜力员工培养。学生毕业进入公司后可以很快接受公司的企业文化,并产生强烈的企业荣誉感,经过上岗的技能培训,也可以很快地进入工作状态。

这种招聘方式的不足之处在于,部分学生对自己的职位规划不明确,对工作期待过于理想化,而且招聘的职位也会受到限制,因为企业内部很多职位要求员工必须有工作经验,以便在最短的时间内进入工作状态。

参加校园招聘的注意事项如下。

① 了解大学生就业政策和规定。

② 防止出现"脚踩两只船"的现象。

③ 要充分了解大学生的职业观。

④ 要了解大学生比较关注、感兴趣的问题。

(7)网络招聘。

网络招聘是目前应用最为广泛的一种招聘渠道。我们最为熟知的三大招聘网站分别为中华英才网、前程无忧、智联招聘。除了这三大招聘网站外还有一些专业性网站,如猎聘网、光伏英才网、光电英才网、拉勾网、Boss直聘等。

网络招聘的优点是,不受地域限制,受众人数多,覆盖面广,而且时效较长,可以在较短时间内获取大量应聘者信息。并且,有些行业会有符合行业特征的内部网站,这些内部网站的优势是,在行业内享有很高的知名度和美誉度,对于想要从事这个行业的人来说会很有吸引力。网站会员也会经常关注招聘网站的信息。

网络招聘的缺点是,针对性不是很强,在简历筛选过程中可能会出现其他行业的应聘者,大部分应聘者并不是企业所需要的专业性人员,或者大部分求职者没有认真阅读岗位要求,只是盲目地大范围投递简历。不同的招聘网站,其适用性也是不一样的。在选择网络招聘渠道时,需要考虑招聘网站能否起到带头作用,是否有号召力和影响力,能否招聘到想要招聘的对象。表2-4为常见的招聘网站。

表2-4 常见的招聘网站

网站类型	代表性网站	特点	适应对象
全国性招聘网站	中华英才网	全国型,范围广	所有岗位
	前程无忧	全国型,范围广	所有岗位
	智联招聘	全国型,范围广	所有岗位
	58同城	全国型,范围广	初级岗位
	赶集网	全国型,范围广	初级岗位

续表

网站类型	代表性网站	特点	适应对象
专业性招聘网站	猎聘网	候选人偏中高端	中高端岗位
	光伏英才网	仅限光伏类人才	专业性岗位
	光电英才网	仅限光电类人才	专业性岗位
	其他	—	专业性岗位
地方性招聘网站	首都人才网	仅限北京	区域性岗位
	上海人才网	仅限上海	区域性岗位
	成都人才网	仅限四川	区域性岗位
	其他	—	—

提示

企业开通网络招聘渠道时，若费用受限，建议开通一家全国性网络招聘渠道和一家专业性网络招聘渠道。

（8）人才中介机构。

随着人才流动的日益加剧，政府人才交流中心、劳务公司、猎头公司等人才中介机构应运而生。

① 政府人才交流中心。

政府人才交流中心包括就业局、人才中心等，人才资源检索方便，针对性强，费用低，基本是免费服务。这些地方主要提供一些低端的资源，有大量的劳动力储备。

② 劳务公司。

劳务公司的劳动力储备丰富，能在较短的时间里提供较多的劳动力，从而快速满足企业的人员需求。但劳务公司主要提供初级劳动力，人员技能单一。

劳务公司提供人力资源的服务形式主要包括三种：一是直接输出劳动力，二是提供劳务派遣服务，三是提供劳务外包服务。企业在借助劳务公司进行招聘时，要选择正规、有实力的劳务机构，并且需要监督劳务机构的工作。例如，限定其筛选人才的方法，定期检查其工作，以便发现其工作中存在的不合理的地方。另外，对于劳务公司推荐的人员，企业也同样需要按招聘流程进行筛选，不能直接录用。

③ 猎头公司。

猎头公司是为满足企业对高端人才的需求而建立的人才服务机构，一般是为了帮助企业招聘高级管理人才或者专业技术人才。这种招聘方式以前在欧美地区非常盛行，20多年前才进入中国。刚开始时外资企业非常倾向于通过专业的猎头公司进行高端管理人才、专业人才、稀缺人才的招聘。随着人才竞争的加剧，通过其他方式很难引进高端和专业人才，因此，国内企业也开始表示对猎头公司的肯定。

这种招聘方式的优点在于，优秀的猎头公司拥有自己的人才资源库，并且会主动去发现人才、寻找人才。不足之处在于，猎头的费用比较高，一般为所招人才年薪的18%~25%。在选择猎头公司时需要注意，每个猎头公司都有自己擅长的领域和行业，不是什么岗位都可以招聘到合适的人才。

 提示

选择猎头公司时，猎头顾问的情况与公司情况同样重要，因为直接提供服务的就是猎头顾问。

（9）社交平台。

随着互联网的广泛运用，很多社交平台也成为招聘的重要渠道，如Linkedin、脉脉、微信群、QQ群、专业论坛等。

① Linkedin。

Linkedin（领英）是全球最大的职业社交网站，创建于2002年，会员人数已超过3亿，大约一半的会员在美国，每个世界500强公司都有高管加入，于2014年进入中国。Linkedin人才信息比较高端，行业分布广泛，以外企和国内大型企业为主。Linkedin在一线城市的使用频率较高，人才匹配度也很高。

Linkedin的优势是串联性很强，可以通过链接一个朋友的页面，看到他所有认识的人的链接；信息更新提醒非常快，任何朋友的变化都会发邮件提醒；经常有比较专业的主题讨论，然后发邮件推荐候选人去参加；人员质量和职业诚信较高；人员沟通比较高效、便捷。

提示

如果企业在Linkedin中的好友资源不足，可以通过添加好友来拓宽人脉资源。

② 脉脉。

脉脉成立于2013年，是一款利用科学算法为职场人士打通人际关系、打破行业壁垒、降低社交门槛、实现各行各业交流合作的职场社交APP。脉脉的注册用户已超过 1 800 万，日活跃量超过 100 万，其中互联网、金融、文化传媒、教育、房产建筑等行业的用户覆盖率和活跃度最高。主流用户以 30 岁左右、经理级别的人才为主，此类人才大都有 5~10 年的工作经验；90 后比较少，互联网人才居多。

脉脉的优势在于比较专注，纯粹是商务社交；优秀的影响力计算方法，除了可以让用户知道对方的情况，还可以清晰地了解对方与用户的关系链；搜索功能极为强大且细致，并且在各个功能模块上均有出色表现；功能很多，基本涵盖了职场社交和职场招聘的所有需求。

③ 微信群和 QQ 群。

很多人力资源管理者都觉得招聘不好做，尤其是对于专业技术人才的招聘，他们认为自己不熟悉行业的情况，不懂专业技术，很难招聘到专业的人才。此时应多问问自己都采取了哪些渠道去努力招聘了，加入了多少个专业技术群，朋友圈有多少个专业技术朋友，如果这些都没有，那么人力资源管理者的招聘工作做得还远远不够。人力资源管理者要进入专业技术人员的圈子，可以多去加入他们的专业技术群。最便捷地加入专业技术群的方式就是微信群和 QQ 群。加入相应的技术群后，就可以与群成员进行技术交流，逐步与技术人员建立联系。只要长期保持联系，这些技术人员就是招聘的候选人。

（10）同行业挖人。

到同行业挖人，很多人认为这是猎头公司才做的事，现在作为人力资源管理者，也同样需要掌握这个渠道，而且这方面的招聘技术会越来越重要。如何到同行业那里挖人？首先要找到目标群体，也就是确定同行业的定位，需要挖什么样的人。寻找目标群体可以参考以下几个方法。

① 横向搜索。在同行业中挑选候选人，也称同向搜寻。

② 纵向搜索。在关联行业或不同行业的相同职位中进行目标搜寻，也称垂直搜寻。

③ 圆形搜索。先找到某一个点（个人），再由这个点打开他的交际圈进行搜索，又称圈子搜索、顾问搜索。

④ 曲线搜索，又称迂回搜索，是一种跨行业、跨职业的搜索方式。

3. 招聘渠道的选择

招聘渠道何其多，除了上面介绍的十大渠道外，还有其他的招聘渠道。那么，针对这么多的招聘渠道，人力资源管理者应该如何选择呢？

（1）在选择招聘方法时首先要了解并分析企业的招聘需求，即分析需要招聘的是什么类型的员工。

（2）分析潜在应聘人员的特点及才能，以及候选人被录用到企业后会带来什么样的有利和不利影响。

（3）确定合适的招聘渠道，按照招聘计划中的岗位需求数量和资格要求，根据对成本收益的计算来选择一种效果最好的招聘渠道。

（4）选择招聘渠道后就要注重招聘方法的选择，是发布广告还是借助中介，又或者是熟人推荐。

 提示

渠道的选择不在于多，而在于适当。

2.2.2 简历筛选

选择招聘渠道并发布招聘信息后，每天可能会收到数以百计甚至是数以千计的简历。面对这么多的简历，有些人力资源管理者会不知所措，不知道应该如何处理。那么究竟如何才能高效地筛选出合适的简历呢？

1．简历筛选

（1）查看客观内容。

简历中的客观内容主要包括个人信息、受教育程度、工作经历和个人成绩四个方面。个人信息包括姓名、性别、年龄、学历等；受教育程度包括上学经历和培训经历；工作经历包括工作单位、起止时间、工作内容、参与项目等；个人成绩包括学校和工作单位的各类奖励等。查看客观内容可以按以下几个步骤实施。

① 简历粗选。

快速地扫描简历，不要去看应聘者的优势条件，而是要看他的否决条件，这是简历粗筛的一个最关键的诀窍。当扫描某个职位的简历时，可以先列出这个职位的几个关键词，如学历、专业、行业经历、工作经验、职级、地点等，然后根据这些关键词逐一排除不合适的简历。

② 简历细选。

简历细选主要看核心数据，包括目前的职位和公司、目前职位的起始时间、以前的职位和公司、就职起始日期等。一般细选的时间为6秒钟。注意要点：只看简历不读简历；只看"有没有"，不看"配不配"。

③ 简历精选。

简历精选着重了解应聘者的主要职责和工作内容、经历和成就（项目经验）、管理幅度和经验、简历中存在的问题和否定项。

通过这几轮筛选可以看出应聘者解决问题的能力和经验、领导能力和经验、沟通能力、团队精神、工作效率等。另外，根据工作经历筛选简历时，还要注意对工作内容进行分析，主要查看求职者所学专业与工作的对口程度，如果专业不对口，则须查看其在职时间；如果求职者短期内的工作内容涉及较深，则要考虑简历可能存在虚假成分，在安排面试时应提醒面试考官作为重点来考查，特别是要注意了解工作内容的细节方面。

（2）查看主观内容。

主要查看求职者的自我评价或描述是否适度，是否属实，并找出这些描述与工作经历描述中相矛盾或不符的地方。如果判定求职者所述主观内容不属实且有较多不符之处，可直接过滤掉这份简历。

（3）初步判断简历是否符合职位要求。

① 判断求职者的专业资格和工作经历是否符合职位要求，如果不符合要求，则直接过滤掉。

② 分析求职者应聘的职位与发展方向是否明确一致。

③ 初步判定求职者与应聘职位的匹配度。如果判定求职者与应聘职位不匹配，则将此简历直接过滤掉。

2. 辨别简历的真伪

（1）查看年龄与学历的匹配度。比如，我在一次现场招聘会上收到一份学历、工作经验等条件都比较合适的简历，唯一的疑点是简历上写的是18岁大专毕业。于是我让应聘者出示相应证件，但应聘者说没有带来，后来我又问了几个有关专业、课程等方面的问题，结果应聘者都没有回答出来。这种情况基本可以判定这个简历是假的。

（2）查看简历中自相矛盾的地方。比如，应聘一个利润微薄企业的普通岗位，但应聘者填的是比较高的薪酬，可见该应聘者没有诚意。

（3）查看简历中是否有水分。如果应聘者在大公司做人力资源主管，一般不可能负责人力资源的全模块，不可能样样精通。公司的战略决策和人力资源战略规划一般不可能由其独立完成。另外，简历中如果有一些模糊性的词汇，如"效果非常好，取得了很大的成绩"等，就要注意，他可能实际上并没有多大的能力。一般简历中关于业绩方面最好用数字说话，而不是一些空洞且无法衡量的形容词。比如，一个人力资源招聘经理，可以这样描述自己的成绩：把公司的人才招聘完成率从60%提升到90%，招聘及时率从50%提升到80%，试用期员工离职率从30%降到10%等。这样更能给人以真实感。

在初步筛选简历时，所有与应聘者有关的信息只能从个人简历中得到，因此对简历的筛选应当具备一定的技巧。同时，简历的投递数量巨大，这样的技巧也可以帮助人力资源工作者尽快地完成工作任务，有助于提高工作效率。

 提示

简历筛选的目的不是筛选出适合招聘岗位的候选人，而是剔除不符合岗位需求的候选人。

2.2.3 面试邀约

筛选简历后就是面试邀约，越来越多的人力资源工作者表示，电话邀约时对方的反应很正常，也答应要来面试，但面试到场率却很低，还有的直接答复说再了解一下公司的情况，之后便无音信。这是为什么呢？

电话邀约大致分为两种情况：邀约主动投递简历者和邀约人力资源工作者搜索到的适合招聘岗位的人。人力资源工作者首先要分析电话邀约的目的，目的不同，邀约的方式也应有所区别。不管是哪一种情况，在电话邀约的前、中、后期都要做好相应的准备工作。

1. 打电话前的准备工作

（1）对企业的招聘信息进行包装。应聘者在接到电话通知后，一般会再查看自己简历的投递记录。良好的招聘信息会增加应聘者参加面试的概率。

（2）在电话沟通前准备好相关岗位和公司的资料。

（3）详细看过应聘者的简历并标出须进一步了解或确认的关键信息。

（4）做好被质疑和拒绝的准备。

（5）设计好可以缓解气氛及引导应聘者的话术。

2. 打电话时的注意事项

（1）打招呼，询问对方现在是否方便接听电话。

（2）介绍自己和公司，把公司的情况做简单描述。

（3）说明资料来源和招聘的职位，有必要的话可以简单介绍职位内容。这样可以唤起应聘者的记忆，获得他的信任，也可以提高应聘者听电话的注意力。

（4）在一些与岗位要求比较匹配的地方，可以适当地称赞应聘者，增加应聘者对公司的认同度。

（5）告知对方已经通过了简历筛选，让应聘者觉得企业招聘有一定的门槛、流程正规，进一步增加应聘者对企业的认同度。

（6）沟通中注意倾听，并将自己的看法和对方分享或讨论。

（7）邀约并确定面试时间。尽量提供1~2个日期供应聘者选择，确定日期后再确定具体的面试时间，让对方感受到企业对他的重视。

（8）确定时间后，在通话将结束时重复面试时间，和应聘者达成心理契约。

例 2-1

邀约主动投递简历者

"××先生或女士您好，这里是××公司人力资源部，在公司招聘网上收到你投递的应聘我公司××岗位的简历，您的简历我们已经仔细阅读过了，我们觉得从您发过来的简历内容来看，和我们目前这个岗位的要求是非常匹配的，想和您约个时间到公司来进行一个当面的沟通，同时您也可以对我们公司做个进一步的了解，您看××时间方便吗？过一会儿我会把公司的面试指引发到您邮箱里，请您查收，谢谢。"

例 2-2

邀约人力资源工作者搜索的候选人

"您好，请问是××先生/女士吗？这里是公司人力资源部，方便听电话吗？"得到对方的认可后，就可以和对方聊些本岗位的情况。如果聊得还可以，就说："想约您××时间到我们公司，我们再详细交流，这个时间方便吗？"如果对方说不方便，就改个时间；如果对方说方便，就说："那么，过一会儿我会把公司的面试指引发到您邮箱里，请您查收，谢谢。"

3. 通话结束后的工作

通话结束后要给对方发一条短信或者邮件，告知对方面试的时间、地点、行车路线、公司名称、联系人，还有公司的大概情况、所招岗位名称及相关情况，

并留下电话号码,便于对方有不明白之处时可电话咨询。如果有一封正式的邀约信函,会让候选人感觉受到重视。邀约信函的形式可参考例2-3。

例 2-3

面试邀请函

×××先生/女士:

您好!

我们是×××公司人力资源部,我们收到了您的简历,非常认真地阅读了之后,觉得您非常适合我们的岗位。为了加强双方的沟通与了解,我司诚挚邀请您来面试。详细安排如下。

(1)企业简介:×××××。

(2)面试时间:2019年3月12日14:00—15:30。

(3)面试地址:××省××市××县××路××号。

(4)携带资料:有效身份证、毕业证、荣誉证书等原件及复印件。

(5)乘车路线:×××××。

(6)联系人:刘先生 联系电话:×××××××。

在此期间如果您有任何疑问,欢迎随时致电我们,我们会及时为您解答。再次感谢您对我们公司的关注,预祝您面试取得好成绩!

×××公司
××年×月×日

4. 面试邀约的注意事项

面试邀约在一定程度上决定着候选人是否来参加面试,为了提高候选人的面试到场率,在面试邀约过程中要注意以下几个方面。

(1)注意语气语调。

作为一名专业的人力资源工作者,在通知求职者面试时,应该表现出专业的态度。首先要注意语气和语速,言辞要诚恳,因为人力资源工作者代表的是公司,一切行为都会影响到公司的形象,进而影响应聘者是否来面试。如果有必要,还可对公司做简单的介绍。

(2)注意措辞。

措辞要礼貌,言语间要表现出对对方的尊重。电话邀约要尽量简洁,不要过于啰唆,不要表现出急切和怀疑的态度。电话邀约不比直接面试,当企业邀约求职者时,高明的求职者也同时在面试企业,人力资源工作者说话的语气和措辞都会影响求职者的判断。

（3）注意细节。

细节决定成败，在通话中人力资源工作者最好能以关怀的态度和对方沟通，要问对方什么时候方便面试，从哪里过来。再约定面谈时间，告知对方详细的地点，并询问对方是否知道路线。通话结束后可以发一份详细的路线到求职者的邮箱或者手机中。

2.2.4 面试安排

邀约面试后，就需要对面试的环境及面试流程进行安排，以确保面试者能在舒适的环境中按照指定的面试流程进行面试。

1. 面试环境的安排

（1）面试环境。

首先，面试的环境应该舒适，这有利于营造轻松的氛围。握手、微笑、简单的寒暄、轻松幽默的开场白、舒适的座位、适宜的光线和温度，以及没有令人心烦意乱的噪声，这些都有利于营造舒适、轻松的气氛。其次，面试时应不被打扰。许多面试官喜欢选择自己的办公室作为面试场所，但难免会遇到意外的电话、工作方面的干扰等。因此，一些小型会议室也是不错的面试场所。

（2）座位安排。

在面试环境方面，要注意面试官与被面试者的位置安排。图2-5为面试过程中几种座位安排形式。

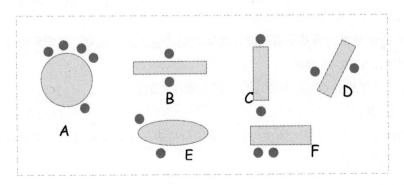

图2-5 座位安排

A为一种圆桌会议的形式，多位面试官面对一位应聘者。

B为一对一的形式，面试官与应聘者相对而坐，距离较近。

C 为一对一的形式，面试官与应聘者相对而坐，距离较远。

D 为一对一的形式，桌子按一定斜度放置，面试官与应聘者相对而坐，距离较近。

E 为一对一椭圆桌会议的形式，面试官与应聘者按一定角度相对而坐，距离较近。

F 为一对一的形式，面试官与应聘者并排而坐，距离较近。

在面试时，多对一面试一般选择 A 形式，一对一面试则选择 D、E 形式。但如果是压力面试，即增加候选人的压力，就可以选择 B 形式，而 C 和 F 形式则不适合用于面试。

2. 面试流程的安排

确定面试环境后，人力资源部将组织安排面试。究竟安排几轮面试，不同企业根据具体情况而定。一般面试包括初试、复试、终试三轮。

（1）初试。

初试由人力资源部招聘人员负责安排候选人参加，并协调相关面试官。初试流程如下。

① 确定面试官人选。

部门主管及以下员工由招聘专员、用人部门主管负责招聘；部门主管以上员工由招聘经理/人资经理、用人部门负责人负责招聘。

② 初试者须填写《求职申请表》。

③ 初试完毕后，用人部门面试官应填写《员工面试评价与录用审批表》，给予初试者评价，此表由招聘专员留存。

④ 初试须对公司基本情况进行简单介绍（包括发展规划、组织架构等），初试时间建议在 30~45 分钟。

⑤ 3 个工作日内完成初试工作，然后安排复试。

（2）复试。

招聘专员根据《员工面试评价与录用审批表》结果安排复试，并协调相关面试官。复试流程如下。

① 确定面试官人选。

主管及以下员工由招聘经理/人资经理、用人部门负责人负责招聘；主管以上员工由人力资源总监、用人部门分管副总经理负责招聘。

② 由面试官填写《员工面试评价与录用审批表》，给予复试者评价，此表由

招聘专员留存。

③初试结束后 3 个工作日内完成复试。

(3) 终试 (决策面试)。

终试是整个面试过程的最后一步,终试通常由具有决策权的高层领导参与面试。终试一般由人力资源部组织,由人力资源总监或总经理主持。终试结束后不应当再存在其他形式的面试。终试结束后进行面试评估并得出最终面试结果。

> **提示**
>
> 面试安排 2~4 轮为宜,不宜过多;面试时间间隔也不宜过长,以免候选人选择其他单位。

2.3 校园招聘

校园招聘是企业外部招聘的渠道之一,是非常重要的招聘形式,很多企业已经不仅仅将它作为引进人才的渠道,更是把它当作一种宣传企业的路径。

2.3.1 前期准备工作

校园招聘是指企业直接进入高校,在高校招聘选拔大学应届生的一系列活动。校园招聘的形式有专门宣讲会、双选会,以及在校园发传单等灵活多样的形式。具体选择哪种形式,主要由进入校园的具体时间、企业的规模、在业内的名气、校园对企业的认可度等多种因素决定。但不论是哪种形式,要做好校园招聘工作,都要提前做好策划准备工作和宣传推广工作,合理安排宣讲过程。

1. 制订校园招聘方案

开展校园招聘首先要制订招聘方案,招聘方案一般包括招聘团队组建、招聘流程、学校选择、费用预算等事项。下面以某公司 2019 年的校园招聘方案为例,具体讲解招聘计划的编制。

校园招聘方案

1. 校园招聘总则

（1）目的。

配合公司策略，招聘一批具有专业技术和知识基础的人才，充实公司人才队伍，为公司发展进行人才储备。

为公司企业文化进行宣传，在具有行业专业优势的院校内维持并建立良好雇主品牌，吸引今后的潜在后备人才。

（2）原则。

公平竞争、公开选拔、流程控制、择优录取；对外统一招聘，对内相互协调。

（3）校园招聘项目成员。

①项目领导小组。

组长：×××。

成员：各部门第一负责人。

职责：负责校园招聘策略及计划的制订。

②项目筹备小组。

项目成员：人力资源部全体人员及用人部门指定负责人。

职责：负责项目的准备及实施工作。

③项目实施小组。

人力资源部全体人员、用人部门负责人、校园招聘当地分公司的人力资源负责人。

（4）选择校园招聘院校的原则。

重点关注与公司招聘需求相关的专业学科的院校。

以211重点本科院校为主，以部分有特色的相关专业二本院校为辅，形成合理的人才储备结构。

考虑对于人才的吸引力及稳定性等问题，选择我公司已具备一定雇主品牌基础的院校。

（5）校园招聘前期培训。

公司参与校园招聘的人员较多，在校园招聘计划实施之前，需针对校园招聘政策等方面进行统一培训。培训内容包括以下几个方面。

① 人力资源政策。

参与人员：集团人力资源部参加校园招聘的全体人员。

内容：校园招聘的计划、校园招聘的流程、宣传计划及内容、毕业生薪酬福利政策、毕业生选拔标准、毕业生常见问题的回答。

② 面试测评技术。

参与人员：参与校园招聘的全体人员。

内容：无领导小组讨论的注意事项及评估标准、结构化面试试题的使用及评估标准、笔试试题的使用及评分标准。

2. 校园招聘薪酬福利及相关人力资源政策

（1）校园招聘薪酬及福利政策。

校园招聘薪酬政策应根据公司目前的薪酬政策，结合本年度人才市场薪酬状况，针对毕业生应聘的岗位、学历、院校情况等进行一定区分，保障对内的公平性和对外的竞争力。

① 薪酬。

本科及以下学历者的薪酬如表 2-5 所示。

表 2-5 本科及以下学历者的薪酬　　　　　　　　单位：元

学历 \ 薪酬	研发部门		职能部门	
	试用	转正	试用	转正
一类院校本科生	5 000	6 000~12 000	4 500	5 000~10 000
二类院校本科生（专升本）	4 500	5 500~10 000	4 000	4 500~8 000
大专生	2 500	3 000~5 000	/	/

研究生及以上学历者的薪酬如表 2-6 所示。

表 2-6 研究生及以上学历者的薪酬　　　　　　　　单位：元

学历 \ 薪酬	研发部门		职能部门	
	试用	转正	试用	转正
一类院校研究生	8 000	10 000~15 000	7 000	8 000~13 000
二类院校研究生	7 000	8 000~13 000	6 000	7 000~12 000

② 各项福利。

保险（养老保险、医疗保险、工伤保险、失业保险、生育保险）与住房公积金。

（2）其他人力资源政策。

①劳动合同期限如表2-7所示。

表2-7 劳动合同期限

学历	合同期	试用期
博士研究生	3年	4个月
硕士研究生		5个月
本科生		6个月
大专生		3个月

试用期从签订劳动合同、建立劳动关系之日起计算。如果工作表现特别优秀，用人部门可为其提出提前转正申请，并出具试用期的工作表现说明。但本科生、硕士研究生、博士研究生试用期不得低于4个月，专科生不得低于2个月。

②硕士研究生及以上学历者的违约金为10 000元，本科学历者的违约金为5 000元，大专学历者无违约金规定。

③毕业生报到时须取得学位证件、毕业证件，并承诺为公司服务满3年。

3. 校园招聘宣传政策

（1）前期宣传。

①确定招聘院校后，先与各院校方进行联系，并于校园网上公布招聘计划，具体行程根据实际工作安排另行通知。

②在公司主页上的校园招聘专栏及时更新校园招聘信息。

③确定具体行程及安排后，于目标院校校园网上再次公布宣讲时间，并委托学校就业办或院系老师负责宣传。

④宣讲前须张贴校园招聘海报及横幅进行宣传。

（2）校园宣讲。

①由人力资源经理级别以上人员进行宣讲。

②宣讲内容如下。

a.公司简介：公司企业文化、成长经历、获得荣誉、发展前景。

b.人力资源政策：公司人才观、培训体系、员工发展通道、薪酬福利。

c.招聘计划：招聘人员计划、招聘流程及安排。

4. 校园招聘甄选政策

（1）招聘标准。

①人才标准。

a.人才通用标准：诚信的品质、高成就动机、良好的团队合作精神、优秀的学习能力、较好的抗压能力。

b.研发类人才专业标准：良好的逻辑思维能力、乐于创新、细致、严谨。

c.技术支持/市场类人才专业标准：良好的人际交往技能、应变能力、准确把握客户需求的能力。

d.财务类人才专业标准：对数据敏感、严谨、细致。

e.管理类人才标准：良好的人际交往技能、果断、敢于承担责任、自信。

② 人才结构。

同一部门人员要在学历、资历中形成梯队，避免出现过多学历相同、资历相似的人员。

同一部门人员要避免出现过多地域或背景相同的人员，如籍贯相同、经历背景相同，或在同一所学校、同一类专业读书等。

（2）招聘面试的流程。

① 筛选简历。

公司收集求职者应聘资料主要有两种途径：一是在校园招聘会上现场收集；二是毕业生通过网络向公司投递简历。

公司根据毕业生的学校及专业进行区分，尽可能保证在同等教育经历及环境下对应聘者进行初步筛选。经过筛选后保留500%的计划人数进入下一轮。初步筛选的要求如下。

a.不得选择有记过处分的毕业生。

b.不得选择出现挂科、重修等情况的毕业生。

c.学习成绩优秀，多次荣获奖学金者优先考虑。

d.有与应聘岗位相吻合的工作或项目经验者优先考虑。

e.担任学生干部或有文体特长者优先考虑。

② 小组面试。

首轮进行无领导小组讨论面试，主要考察毕业生的组织管理能力、领导能力、人际交往的意识与技巧、想象能力、对资料的利用能力、辩论说服能力及非言语的沟通能力（如面部表情、手势、身体姿势等）、自信心、进取心、责任感、灵活性，以及团队合作精神等。经过筛选后保留400%的计划人数进入下一轮。

③ 笔试。

笔试分为两部分，分别是专业笔试及综合素质方面的笔试，时间控制在60分钟。专业笔试考查毕业生对于基础知识的掌握，综合素质方面的笔试考查毕业生的学习能力、逻辑思维能力等。专业笔试试题以考查毕业生基础知识为主，应针对学历、专业的不同，合理区分试题难度，保证考查结果的可评估性。

经过笔试后保留300%的计划人数进入下一轮。

④专业面试及结构化面试。

由用人部门及人力资源部共同进行面试，进一步考查毕业生的专业知识背景，以及与拟招聘岗位的匹配度，同时应向毕业生介绍未来可能分配的岗位的工作内容及职责，考查毕业生自身的工作兴趣及定位。经过此轮筛选后保留200%的计划人数进入下一轮。

⑤终试及录用。

由人力资源部负责人进行终试，确认录用名单，并向拟录用的毕业生介绍公司各项人力资源政策，签订三方协议。

汇总拟录用人员及分配岗位清单，交由各用人部门第一负责人签字确认，并于校园招聘结束后向公司高层领导统一汇报。

5. 校园招聘筹备工作任务分解

校园招聘筹备工作任务分解如表2-8所示。

表2-8 校园招聘筹备工作任务分解

序号	任务分解	完成日期	责任人	配合人
1	校园招聘需求收集、汇总			
2	校园招聘薪酬政策的制订			
3	校园招聘各项福利政策的制订			
4	接收毕业生劳动关系政策的制订（含劳动合同期限、试用期、违约金、体检报告、入职政策等）			
5	毕业生实习政策的制订			
6	毕业生档案、户口、党团关系接收政策的制订			
7	制作校园招聘宣传海报			
8	制作校园招聘宣传横幅			
9	制作校园招聘宣传PPT			
10	制作校园招聘常见问题手册			
11	制订招聘人才标准			
12	制订结构化面试试题及评估标准			
13	制订无领导小组讨论试题及评估标准			
14	设计笔试试题（专业试题及综合素质测试试题）			
15	校园招聘前期培训			
16	制订校园招聘流程			

续表

序号	任务分解	完成日期	责任人	配合人
17	确定校园招聘参加人员			
18	接收意向函的编制及印制			
19	补充协议的编制及印制			
20	校园招聘试题的印制			
21	面试试题、面试评估表、资料登记表的印制			

6. 2019年校园招聘需求摸底情况汇总

（1）2019年校园招聘需求人数汇总。

各部门对于2019年校园招聘人员需求总数为135人，其中硕士学历40人，本科学历88人，大专学历7人，如表2-9所示。从统计结果来看，本次校园招聘对于硕士学历人员的需求有明显增长，而对大专学历人员的需求有所下降。

表2-9 招聘需求人数汇总

| 序号 | 部门 | 人数 | 学历层次 | | |
			硕士	本科	大专
1	事业部	82	17	58	7
2	研发中心	28	21	7	0
3	质量技术中心	20	0	20	0
4	财务管理部	5	2	3	0
	合计	135	40	88	7

（2）2019年校园招聘院校及专业需求汇总。

本次需求摸底时征求了用人部门对于高校及专业的建议，根据收集到的建议，校园招聘将选择表2-10所示的地点及院校。

表2-10 校园招聘地点及院校

序号	高校	推荐院系	推荐本科专业	院校级别	地点
1	西安电子科技大学	电子工程学院	电子信息工程（二）	211/一本	西安
		通信工程学院	通信工程 电子信息工程（一）		
		航空学院	电子信息工程		
2	电子科技大学	电子工程学院	电磁场与无线技术 电子信息工程	211/一本	成都
		通信与信息工程学院	通信工程		
3	四川大学	电子信息学院	电子信息工程	211/一本	成都
……	……	……	……	……	……

7. 项目专场计划

（1）项目专场人员安排如表 2-11 所示。

表 2-11 项目专场人员安排

专场	宣讲人及主考官	协助	备注
西安	待定	待定	
成都	待定	待定	
武汉	待定	待定	
广州	待定	待定	
南京	待定	待定	

（2）行程安排如表 2-12 所示。

表 2-12 行程安排

地点	宣讲院校	宣讲地点	宣讲日期	时间	备注
西安	西安电子科技大学	待定	待定	待定	
成都	电子科技大学	待定	待定	待定	
成都	四川大学	待定	待定	待定	
……	……	……	……	……	……

（3）专场计划。

本次校园招聘预计在西安招聘25人，成都招聘43人，武汉招聘16人，广州招聘34人，南京招聘17人。

注：根据现场应聘及面试情况，此计划可能会进行局部调整，需要调整的，招聘小组应及时将调整方案报人力资源部负责人审批。

（4）费用预算。

根据计划安排，2019年校园招聘总体预算费用约为 86 400 元（参与校园招聘的用人部门人员的差旅费用不在此预算范围之内），具体预算如表 2-13 所示（表格中的住宿费为人力资源部人员的费用，此外，由于企业就在成都，因此成都地区没有计算住宿费）。

表 2-13 2019 年校园招聘费用预算

招聘专场	费用项目		人数	费用预算/元	承担部门	备注
成都	交通费	飞机	4	—	人力资源部	—
成都	交通费	市内	4	4×100=400	人力资源部	100 元/天
成都	住宿费			—	人力资源部	
成都	场地费用			4 000	人力资源部	
成都	小 计			4 400	—	

续表

招聘专场	费用项目		人数	费用预算/元	承担部门	备注
西安	交通费	飞机	4	4×3 400=13 600	人力资源部	3 400元/人
		市内	4	4×100=400	人力资源部	100元/天
	住宿费		4	4×4×200=3 200	人力资源部	200元/天/人
	场地费用			3 000	人力资源部	
	小 计			20 200		
……	……		……	……		……
	复印、打印费			2 000		
	其他不可预计费用			10 000	人力资源部	突发事件备用
	合计			86 400		

2. 组建招聘团队

校园招聘不能仅仅依靠招聘人员完成，它是 HR 团队的工作，更是整个公司的重要工作。所以，校园招聘需要组建团队，明确责任到人，以便于管理和提高工作效率。

校园招聘是阶段性的项目工作，有周期，有开始和结束的时间节点。大多数参与校园招聘的工作人员可能不是做这项工作的专职人员，而是抽调人员，由其共同组成校园招聘项目组。项目组分为现场招聘组、资料组、宣传组、联络组。项目组总负责人是项目经理，一般由人力资源部负责人担任，负责校园招聘项目组的宏观控制和整体组织、安排和协调工作，并且要控制预算和成本，确保项目的顺利进行与最终目标的达成。各个项目小组设立项目组长，根据经验选举相应的人员担任。各项目组的职责分工如下。

（1）现场招聘组是整个校园招聘活动的最终实施者，负责校园宣讲、笔试、面试、决定是否录用等，是校园招聘活动的重中之重。

（2）资料组主要负责测试题库的建立，宣传资料及招聘资料的准备、报批和下发。

（3）宣传组负责确定有效的宣传方式和宣传平台，通过网络宣传、地面宣传等方式，保证招聘信息全方位地传播和全面覆盖。

（4）联络组是信息传递的媒介，对外与学校、酒店等联络，对内与招聘组、各区域分公司和子公司等进行沟通。特别需要强调的是，在对外联系时要注意沟通方式，以展示企业品牌的良好形象。

3. 物料准备

物料的准备由资料组负责，包括测试题库、宣传资料、招聘资料等。测试题库包括笔试和面试题库；宣传资料包括企业和校园招聘宣传片、宣传册或宣传单页、招聘广告、招聘网站或专栏、X展架、横幅、海报等；招聘资料包括宣讲PPT、宣传片、工作证件等。宣讲PPT一定要精心制作，内容应包括企业想要传递的主要信息点。有条件的企业最好能为校园招聘制作一段宣传片，可以在宣讲会正式开始前播放给先到场的学生看，也可以设计为宣讲正式开始的第一个环节，其内容与PPT互为补充，重要信息可用不同的手法重复表现，以加深到场的学生的印象。表2-14为物料准备明细。

表2-14 物料准备明细

序号	主要内容	责任人	辅助人	完成时间
1	宣传册、X展架、海报等物料设计			
2	宣传册、X展架、海报等物料印制			
3	宣传片拍摄及剪辑			
4	笔试、面试题目设计			
5	笔试、面试题目评分标准			
6	宣讲PPT、招聘广告的简单制作			
7	开设招聘网站或招聘专栏			
8	标准资料整理及打包			
……	……			

4. 与校方沟通

与校方沟通时，不仅要确定场地与时间，还需要向校方了解，这个时间段能参与的学生有哪些，尽量不要选与其他企业相冲突的时间段，尤其不要选在有竞争关系且更有优势的企业的宣讲时间段。需要与校方沟通的问题如表2-15所示。

表2-15 需要与校方沟通的问题

序号	学校	主要内容	责任人	辅助人	完成时间
1	电子科技大学	确定宣讲高校的联系方式			
2		与高校联系，确定宣讲时间及地点			
3		确定笔试时间和地点			
4		确定招聘行程			

提示

与学校要长期保持友好关系,不要等需要招聘时才联系。

2.3.2 宣传推广

好的宣传是校园招聘成功的保障。校园招聘比较常规的宣传手段有:在校园区(包括附近其他学校)张贴海报;与学校就业办联系,在学校网站上发布招聘信息;在学校BBS论坛上发布招聘相关的帖子;在专业网站上发布信息;在宣讲教室的附近和现场悬挂横幅、大型喷绘背景……考虑到要与时俱进,还可以开通招聘专用微博、制作校园招聘网页、设置独立邮箱收取简历等。

在具体操作方面,有两个技巧:一是在学校招募一到两名校园大使协助完成上述工作,他们能让张贴海报、顶帖子等工作完成得更好,尤其是部分学校的BBS论坛只对本校学生开放;二是要提前进行宣传,同时考虑到海报可能被覆盖、撕毁等情况,要做第二轮、第三轮重复张贴的安排。如果宣讲不只去一个城市,那么最好能在每个城市安排一名对接人。对接人的任务包括提前考察宣讲场地、面试场地,与学校确认是否能挂横幅和喷绘背景,是否有计算机、投影、音箱等设备,以及是否需要为工作组借车、打印资料等。表2-16为校园招聘宣传安排明细表。

表2-16 校园招聘宣传安排明细表

序号	主要内容	责任人	辅助人	完成时间
1	制订整体的完全方案,确定宣传平台			
2	收集整理各高校信息			
3	网络宣传——招聘网站、企业网站			
4	网络宣传——高校网站			
5	网络宣传——BBS、论坛、微博、微信			
6	地面宣传——在学校张贴海报			
7	地面宣传——所需专业班长、辅导员、广播站宣传			
8	地面宣传——企业员工宣传			
9	收取电子简历并筛选及回复,宣讲会邀请所有候选人参加			
10	邀请下一届毕业生参加,为明年校招做准备			

2.3.3 校园宣讲

校园宣讲是校园招聘最关键的环节，主要是通过企业高层或人力资源主讲人的讲解传达公司基本概况，介绍企业文化、经营理念、职位需求、招聘条件、招聘流程、福利待遇等信息，通过与学生的沟通交流、情绪感召和互动，引导学生全面地了解企业，从而让他们走进企业、亲近企业，最后选择企业。

1. 宣讲前准备

首先，宣讲前至少应提前1天到达宣讲所在城市，以便熟悉路线、到现场熟悉环境。其次，清点物料，检查其是否齐全、是否可使用，并熟悉宣讲资料。最后，与学校和学生助理联系，确认宣讲前的接待工作。

在宣讲会当日，首先是熟悉场地，了解场地情况；其次是设备调试，如调试灯光、音响、相机、投影等，试播PPT、视频等；最后是做好会场布置，根据需要悬挂横幅、张贴海报、摆放X展架、做好座位安排等。

2. 宣讲会流程及现场控制

根据校园招聘方案，结合企业实际情况，安排切实可行的宣讲会流程，可参考表2-17所示的时间安排。

表2-17 宣讲会流程安排

序号	时间	活动	负责人
1	09:00—09:30	组织学生入场	工作人员
2	09:30—09:40	致欢迎辞	主持人
3	09:40—09:50	播放企业宣传片	主持人
4	09:50—10:30	以"走出去"为主题进行宣讲	宣讲人
5	10:30—10:45	优秀学长分享经验	宣讲人
6	10:45—11:15	问答时间	宣讲人
7	11:15—12:00	简历投递	工作人员

为了确保宣讲会现场各项工作的有序进行，要做好现场控制工作及人员分工。校园宣讲小组一般由3~5名成员组成，要做到分工明确、责任到人、相互配合。安排工作人员时要充分利用学校的学生资源，与学校就业处或高校就业社团联系，协调人员进行支援。现场工作人员需言谈得体，展现公司良好形象，不得在现场发生冲突；不得将求职者投递的简历随意丢弃、拆散或做他用，所有简历要全部带离现场。

3. 预防现场突发情况

为确保宣讲会的顺利进行，避免突发情况发生，要充分做好预防管理工作。

（1）预防硬件设施故障。

① 电脑故障：无论现场是否提供设备，都应自带笔记本电脑以备用。

② 电脑接头不兼容：携带高清接头转换器，以防电脑与投影设备无法连接。

③ 话筒故障：携带扩音器以备用。

④ U盘资料打不开：将宣讲资料复制到电脑中，或复制到其他U盘。

（2）预防宣讲资料打不开或数量不够。

① 格式不兼容：提前设置好兼容性。

② 资料表格不够：提前找到最近的复印店，如资料不够，可立即去复印。

（3）预防到场人数过多或过少。

① 到场人数不足：即时到人流集中地发传单；调动学生社团人员宣传；调动现场学生宣传。

② 到场人数过多：事先和学校对接人协调好，开场前可放一定数量的活动座椅；场地门口要有桌子，确保前来听宣讲但没有固定座位的人也能填一份简历。

（4）预防宣讲进行时的各类情况。

① 学生问题太刁钻：提前模拟各类问题，草拟答案。

② 收简历时现场混乱：收简历前，主持人一定要告知简历收取方式。

③ 宣讲效果不理想，中途离场学生多：答疑时抓住机会，也许能挽回场面；在招聘小组中找经验丰富的人员进行沟通。

2.3.4 甄选与录用

收集完简历后，就是人员甄选及录用。甄选和录用是校园招聘活动的关键环节，目的是挑选出最符合岗位需求的人，实现人员和职位的最佳匹配，以及满足企业的用人要求。

甄选包括笔试、面试和测评，具体选择一般要考虑4点因素：① 时间安排是否充分；② 宣讲后应聘学生的数量和专业情况；③ 在该校所配给的岗位需求；④ 招聘的竞争环境。正常情况下面试是必须的，笔试是可选择的。这里不详细展开面试安排，具体内容可参考第3章。

通过面试和笔试的综合选拔，要及时做好录用决策。决定录用某个应届毕业

生后就可以与其签订三方协议。签约一定要及时，否则就会有被其他企业录用的可能。在判定是否录用某位学生时，应以面试情况为主，笔试情况为辅。

2.4 招聘后的工作总结

一个完整的招聘工作应该包括招聘效果的评估这一环节。在招聘活动结束后，应对此次招聘的效果做一次全面、深入、科学、合理的评估。招聘效果的评估可以帮助招聘人员反思在招聘过程中存在的问题，对招聘工作形成更加清晰的认识，从而总结经验，汲取教训，降低招聘成本，提高招聘效率，进而可以避免招聘工作的盲目性，合理配置企业资源。

2.4.1 招聘效果评估

招聘效果至少应从招聘周期、招聘成功率、招聘计划达成率、用人部门满意度、招聘成本5个方面进行评估。

（1）招聘周期是指完成一个岗位招聘所需要的时间。对于企业来说，岗位一旦发布，说明这个岗位是企业所需要的，如果长时间招不到合适的人才，那么会给企业的运营带来直接的影响。即使这个岗位不是急缺的，但招聘周期越长，企业花费的人力、物力、财力就会越多。

（2）招聘成功率是指实际入职人数和面试人数的比例。很多企业发布岗位后会收到很多份简历，与此同时，企业也会根据需要自主下载一些求职简历，然后经过筛选，对其中一部分求职者发出面试邀请。招聘成功率与用人单位的知名度有直接联系。

（3）招聘计划达成率是指实际入职人数与计划招聘人数的比例。特别是基层岗位，需要的员工人数较多，招聘量大，但往往由于受各种因素的干扰，实际能上岗的人数却达不到计划人数，这一比例与公司岗位的设置有必然联系。

（4）用人部门满意度是指用人部门对新招聘的员工的满意程度。招聘到的员工是直接听从用人部门的安排、由用人部门使用的，如果用人部门严重不满意，那么该岗位的招聘很可能要重新启动。

（5）招聘成本是指招聘到一个符合岗位需求的人需要花费的总费用，包括显性成本和隐性成本。企业对招聘的显性成本比较敏感，对隐性成本则认识不足。

招聘成本的核算取决于多个因素，除了招聘广告费用、招聘员工成本、内部推荐奖励资金等显性成本外，不可忽视的还有内部沟通、内部协商等隐性成本。

以上5点是招聘效果评估的必要因素。另外，试用期离职率、人才库建立、新员工满意度、外部渠道依赖性等因素也应纳入招聘效果的评估范畴。

2.4.2 编制招聘分析报告

招聘分析报告应从简历初选通过率、有效简历率、初试通过率、复试合格率、报到率、招聘计划完成率、人均直接招聘成本、招聘渠道分布和录用人员信息分布等方面来编制。

下面是某公司人力资源部编制的招聘分析报告，可供读者参考。

▶ **公司招聘分析报告** ◀

1. 摘要

本月/季度/年人力资源部共对××份简历进行了初步筛选，简历初选通过率为××，有效简历率为××，初试通过率为××，复试合格率为××，报到率为××，招聘计划完成率为××，最终录用××人，我司直接招聘成本为××元。

2. 数据源

本报告以实际招聘工作中的原始数据为依据。

3. 衡量指标分析

（1）简历初选通过率。

简历初选通过率 = HR初选合格简历数 / 收到的简历总数

简历初选通过率统计如表2-18所示。

表2-18 简历初选通过率统计

部门	职位	收到简历数	HR初选合格简历数	简历初选通过率
人力资源部	招聘专员	50	25	50%
……	……	……	……	……

（2）有效简历率（有效简历是指通过用人部门筛选的简历）。

有效简历率 = 部门认定合格并通知面试的人数（简历筛选分为两轮，第一轮是人力资源部筛选，第二轮是用人部门筛选）/ 收到的简历总数有效简历率统计如表2-19所示。

表2-19 有效简历率统计

部门	职位	收到简历数	部门筛选合格简历数	有效简历率
人力资源部	招聘专员	50	20	40%
……	……	……	……	……

（3）笔试（初试）通过率。

笔试（初试）通过率=通过笔试（初试）的人数/笔试（初试）总人数

笔试（初试）通过率统计如表2-20所示。

表2-20 笔试（初试）通过率统计

部门	职位	参加笔试人数	笔试（初试）通过人数	笔试（初试）通过率
人力资源部	招聘专员	20	10	50%
……	……	……	……	……

（4）复试合格（录用）率。

复试合格（录用）率=复试合格（录用）人数/复试总人数

复试合格（录用）率统计如表2-21所示。

表2-21 复试合格（录用）率统计

部门	职位	复试人数	复试合格（录用）人数	复试合格（录用）率
人力资源部	招聘专员	10	6	60%
……	……	……	……	……

（5）报到率（结果指标）。

报到率（结果指标）=实际报到人数/发出录取通知数

报到率统计如表2-22所示。

表2-22 报到率统计

部门	职位	实际报到人数	发出录取通知数	报到率
人力资源部	招聘专员	2	4	50%
……	……	……	……	……

（6）招聘计划完成率（结果指标）。

招聘计划完成率（结果指标）=实际报到人数/需求人数

招聘计划完成率统计如表2-23所示。

表 2-23 招聘计划完成率统计

部门	职位	实际报到人数	需求人数	招聘计划完成率
人力资源部	招聘专员	2	4	50%
……	……	……	……	……

（7）人均直接招聘成本。

人均直接招聘成本＝总招聘成本／实际报到人数

人均直接招聘成本统计如表 2-24 所示。

表 2-24 人均直接招聘成本统计

部门	职位	实际报到人数	总招聘成本	招聘费用分摊
人力资源部	招聘专员	2	2000	1000
……	……	……	……	……

4．发现的问题及改进措施

（1）发现的问题。

① 网络招聘整体发布效果较差，与发布的岗位多为专业技术类岗位有关。

② 事务类岗位和基础岗位应聘者比较多，网络是招聘该类岗位的有效渠道。

③ 管理培训的几个职位偏冷门（如课件策划），或者岗位要求较高（如运营总监、技术总监），发布效果欠佳。

④ 招聘渠道单一，取样时间段较短，取样数量有限，很多职位都没有招到合适人选，上述录用比与所招聘人员质量之间只存在理论上的相关关系，相关性较低，因而仅供参考。

⑤ 招聘完成率低。

⑥ 薪资仍然是求职者寻求新职位的主要动因，提出的薪资要求通常比原公司高20%左右，而公司薪资水平处于市场中位数，招聘竞争激烈。

（2）改进措施。

① 提升招聘人员的专业程度。

② 提升招聘流程的标准化程度。

③ 完善招聘数据及信息汇总工作。

④ 拓展招聘渠道，尝试构建人才交互网络。

⑤ 完善基础性HR（人力资源）工作。

⑥ 招聘标准要清晰、统一。

⑦ 尝试制订变动较小的区间段招聘计划。

⑧加强与用人部门的沟通和交流,在用人的标准和招聘的具体细节方面尽可能地达成一致。

2.5 招聘管理体系范本:制度/流程/表单

根据企业实际情况构建规范的招聘管理体系,建立内部协同分工的规则,不仅能够提高企业选人效率,也能体现对候选人的尊重,更能对外树立良好的企业形象。一个适用的管理体系无疑是招聘工作有序开展的重要依据和保障。

2.5.1 招聘管理相关制度

招聘管理方面主要涉及内部招聘管理制度、外部招聘管理制度、校园招聘管理制度和人才推荐奖励制度。

1. 内部招聘管理制度

内部招聘具有准确性高、员工适应较快、激励性强和费用较低的优点,但也有因处理不公、方法不当或员工个人原因导致公司内部出现一些矛盾,产生不利影响。因此,内部招聘应把握好适当的度。

下面是某公司的内部招聘管理制度,可供读者参考。

▶ **公司内部招聘管理制度** ◀

1. 目的

为了提高员工对工作的积极性、对公司的忠诚度和满意度,增强公司的凝聚力,我司秉承着让优秀人才与公司共同成长的理念,在部门工作合理安排的前提下,为公司员工创造更多发展的机会,本着"公开、平等、竞争、择优"的原则,特制订本管理制度。

2. 适用范围

本制度适用于公司内部招聘的申请、竞聘、确定和调动全过程。

3. 基本原则

(1)公开性原则:当公司有岗位空缺、需要内部招聘时,应以公开方式通知全体员工,使内部招聘具有透明度。

(2)公平性原则:在整个内部招聘过程中,评定小组和人力资源部要确保每位应聘者都能得到一致的评定标准,包括资格审核、现场评定和计算标准。

(3)公正性原则:在评定工作结束后,人力资源部要第一时间将结果向所有应聘者通报。

(4)注重实绩、择优聘用原则:评定小组的成员对应聘者的评定要以事实为依据,避免主观臆断和个人感情色彩。

4. 评定小组

原则上,评定小组由招聘岗位的直线主管领导(1名)、高级主管(1名)、人力资源部人员(1名)组成,如果招聘的岗位属双线管理岗位,则需该岗位双线直线主管领导参加(如仓管岗位需财务部派员参加)。

5. 应聘人员基本条件

(1)原工作岗位能交接出去,近期能有合格的接岗人。

(2)应聘人员符合应聘岗位职责书中所要求的任职资格和要求。

6. 具体流程

(1)出现内部招聘需求时,人力资源部通过内部网络和公司公告栏向公司全体员工发出《内部招聘通告》,明确内部招聘信息和安排事项。

(2)应聘员工到人力资源部填写《内部招聘申请表》。

(3)应聘员工的直接主管领导对《内部招聘申请表》进行审批,如果审批不通过,那么该员工的应聘自动结束。

(4)人力资源部对《内部招聘申请表》进行审批,如果审批不通过,那么该员工的应聘自动结束。

(5)应聘员工填写完《内部招聘竞聘书》后上交人力资源部。

(6)评审小组举行竞聘会,应聘员工现场发表竞聘演讲并接受相关询问。

(7)评审小组按照《内部招聘评定表》对各应聘员工的表现进行评定。

(8)人力资源部统计各应聘员工的最终得分并当场宣布前三名的得分情况,用人部门主管建议获聘员工。

(9)获聘员工到人力资源部索取《内部异动申请表》。

(10)获聘员工内部异动复核确认后,应在1个月内完成工作交接。急需到岗的,在到任后1个月内仍需对原岗位的工作负责;如果原岗位工作无人接手,则获聘员工不得到新岗位报到。

7. 申诉和投诉

若应聘员工对内部招聘结果不满意,可向人力资源部进行申诉。人力资源部应在 5 个工作日内给予答复，如逾期未予答复，应聘员工可向监察中心投诉，由监察中心进行调查处理。

8. 见习期规定

获聘员工从报到之日起在招聘岗位的见习期为 1 至 3 个月，到期后按规定办理转正手续。

9. 附则

（1）本制度的解释权属人力资源部。

（2）本制度自颁布之日起执行。

（3）以前的文件或规定中如果有与本制度相抵触的条款和规定，按本制度执行。

2. 外部招聘管理制度

相对于内部招聘而言，外部招聘成本比较大，也存在较大的风险。但外部招聘具有能带来新思想和新方法、有利于招聘到一流人才和树立公司良好形象等优点。

下面是某公司的外部招聘管理制度，可供读者参考。

▶ 公司外部招聘管理制度 ◀

1. 目的

为了确保公司员工的招聘、入职管理有章可循，并能采用最有效的招聘方式和程序实现公司人力资源的最佳配置，特制订本管理制度。

2. 范围

适用于公司总部员工及分公司区域经理（含区域经理级）及以上员工的招聘、入职、试用期管理。分公司可参照本管理制度执行，也可另行制订管理办法，并报公司人力资源部备案。

3. 定义

（1）外部招聘：人力资源部门通过社会招聘，并经相应的评估程序，最终获取有效人力资源的过程。

（2）结构化面试：面试前就面试所涉及的内容、试题评分标准、评分方法、分数使用等一系列问题进行系统的结构化设计的面试方式。对应聘相同职位的应聘者，应测试相同的面试题目，使用相同的评分标准。

4. 权责

（1）用人部门负责提出用人需求、面试、岗位培训、试用期考核，并协助人力资源部建立招聘测试题库。

（2）人力资源部负责编制年度人力资源计划和招聘计划，并负责招聘信息的发布、应聘资料的收集、面试人员的初选，负责学历职称审定、背景调查、发出聘用通知书、入职培训、试用期考核跟踪及转正手续的办理等。

（3）人力资源部对分公司在招聘政策的制订、人员招聘、入职、试用管理等方面提供技术支持和服务，并有权对其相关工作进行监督和检查，有权对招聘信息进行整合发布。

（4）公司相关领导负责员工招聘与转正的审核和批准。

（5）分公司年度人力资源编制内的招聘计划和招聘信息发布的文稿需报总公司人力资源部备案。编制外的具体招聘计划须在审批权限内报批执行。

5. 流程及作业内容

（1）招聘原则。

①人适其事原则。

②公平、公正、公开原则。

③注重能力与实绩原则。

④先内部调配，后对外招聘原则。

（2）招聘渠道。

①通过媒体（报纸、网站等）进行招聘。

②了解、掌握同行业人才情况，建立专业招聘渠道。

③与高校开展广泛合作，建立人才基地，参加高校招聘会或委托高校的毕业生分配部门推荐。

④通过人力资源市场进行招聘。

⑤委托猎头公司招聘。

（3）招聘流程。

①提出用人需求。各用人部门根据《年度员工编制方案》及部门具体情况提前一个月提出用人需求，并填写《用人申请表》（同时附上所需岗位的《职位说明书》），经部门负责人、分管领导审核后报人力资源部。

②制订招聘计划。人力资源部根据用人部门的用人申请，拟定具体的招聘计划报分管副总裁、总裁，经审批后方可实施。

③ 发布招聘信息。由人力资源部根据批准的招聘计划，在公司网站、招聘网站或其他媒体上发布招聘信息。

④ 收集应聘者的资料。由人力资源部负责收集应聘者的相关资料，包括求职简历、学历证明、职称证明、身份证等证件的复印件，并对资料进行分类整理。

⑤ 初步筛选。人力资源部根据《岗位说明书》中的任职资格和要求对应聘资料进行初步筛选，对明显不符合基本任职条件或提供的资料不真实者予以剔除。并将经初步筛选后的应聘人员资料提交至用人部门，由用人部门最终确定参加面试的人员。

⑥ 笔试和测试。主要包括专业技术知识和技能考试、能力测试、行为模拟测试等。由人力资源部根据岗位的不同要求进行设计和安排。

⑦ 面试准备。

a. 由人事专员与用人部门确定参加面试的人选及面试时间，并向应聘者发出面试通知。

b. 确定面试评价小组，一般由人事专员、用人部门直接主管和用人部门负责人组成，也可根据实际情况确定。要求面试小组成员能够独立、公正、客观地对每位面试者做出准确的评价。

c. 应选择安静的面试场所，以保证面试效果。

d. 面试评价小组应根据具体情况选择最合适的方法组织面试。

e. 面试评价小组应根据岗位要求设计评价量表和有针对性的面试问话提纲，并针对面试题目、评价标准进行讨论，取得一致意见。

⑧ 面试过程的安排。

面试评价小组根据事先准备好的面试提纲对应聘者进行面试，并分别对《面试评价表》进行打分。

⑨ 分析和评价面试结果。

面试结束后，面试评价小组应针对应聘者在面试过程中的实际表现进行综合分析与评价，并对应聘者的整体印象形成一致看法，最终给出面试结论。

各级人员面试、录用审批权限如表2-25所示。

表2-25 各级人员面试、录用审批权限

权限＼职种	用人部门负责人	用人部门分管领导	人力资源部负责人	人力资源部分管领导	总裁	董事长
管理岗、技术岗类员工	—	△	△	▲	○	●
操作岗类员工	△	▲	○	●	—	—
分公司经理助理（含）以上	—	△	△	▲	○	●
分公司经理助理以下至区域经理	△	▲	○	●		

说明：△初选▲面试○审核●批准

凡从公司离职后又重新入职的员工，其入职审批权限需提高一级，并报人力资源部审查备案。

6. 面试结果反馈

（1）经面试初步选定的合格人员，公司在征求其同意的情况下，有权向其原所在单位发出《背景调查函》或电话询问，以进行有效的背景调查，但应尊重应聘人员的个人隐私，注意保密。背景调查主要针对经理级员工、骨干人员、财务人员。背景调查内容包括家庭情况、主要社会关系及原工作经历、岗位职务、工作能力、工作业绩、工作表现、奖惩情况、思想品德等。

（2）公司经理级以上新进人员及其他关键岗位员工视重要程度还需进行家访。

（3）背景调查合格的人员，由人力资源部发出《聘用通知书》。对未被录用者应电话或书面通知，以示感谢，并将其资料归入储备人才档案中，定期进行销毁。

（4）候选人接受《聘用通知书》后，由人力资源部通知应聘者进行体格检查。体检医院、体检项目由公司指定，费用由公司承担，体检结果交回公司。

（5）评估招聘效果。

每半年或一年结束，人力资源部应对招聘效果进行评估。主要分析招聘成本、试用期离职率，并跟踪新员工的表现，结合录用比例、招聘周期等衡量指标的数据，分析整体招聘效果，指出存在的问题并提出改进意见和建议。

7. 员工入职流程

（1）新聘员工接到《聘用通知书》后，须携带以下资料到公司人力资源部办理入职手续。

①经本人签字确认的《聘用通知书》。

② 个人一寸近照两张。

③ 毕业证书、职称证书及身份证等相关证件的原件及复印件。

④ 原单位终止合同（离职证明）。

⑤ 指定医院、指定项目的体检报告。

（2）人力资源部收取新聘员工提供的资料并检查资料是否齐全、真实。

（3）办理完入职手续后，由人力资源部组织对新员工进行入职培训（具体内容见《培训管理规定》）。培训结束后，应进行入职培训测试，测试不合格者予以辞退。测试成绩应记入其本人的人事档案。

（4）入职培训结束后，由人事专员向新聘员工出具《新员工报到通知书》，并引导新员工到工作部门负责人处报到。

（5）用人部门应派专人向新员工介绍公司相关部门的同事及其工作环境，并协助其领取办公用品。

（6）新聘员工入职一个月内，人力资源部应依据《劳动合同签订管理规定》与新聘员工签订试用劳动合同并办理相关手续。

8. 附则

（1）本制度的解释权属人力资源部。

（2）本制度自颁布之日起执行。

（3）以前的文件或规定中如果有与本制度相抵触的条款和规定，按本制度执行。

3. 校园招聘管理制度

建立健全的校园招聘管理制度是校园招聘取得良好效果的重要保障。

本书 2.2.1 节已经介绍过校园招聘的具体内容和注意事项，这里不再赘述。下面是某公司的校园招聘管理制度，可供读者参考。

▶ 校园招聘管理制度 ◀

1. 目的

为了满足公司人才战略需要，为公司各部门提供人才支持，提升管理技术团队的专业水平，加强人才梯队建设，优化团队人才结构，并规范公司校园招聘的原则、标准、流程及各部门的职责权限，特结合公司实际情况制订本管理制度。

2. 适用范围与分发部门

（1）适用范围：公司各部门。

（2）适用对象：到集团实习或工作的在校生及应届毕业生。

（3）分发部门：公司各部门副主管级（含）以上人员。

3. 权责单位

（1）人力资源中心招聘部负责本制度的起草、制订、修改、废止等工作。

（2）人力资源中心总监负责本制度的审核工作。

（3）本制度经总经理批准后生效。

4. 基本原则

（1）德才兼备原则。不仅要考查毕业生的专业知识，更要考查其人品和素质。

（2）择优原则。要有敢说敢做、勤奋、能吃苦等品质。

（3）回避原则。与中层管理人员有亲属关系的，要提前书面说明。

5. 定义

校园招聘是指按照集团的招聘流程和标准，从高校引进优秀的毕业生，以解决战略性人才储备问题的一种招聘手段。

6. 职责分工

（1）人力资源中心招聘部负责管理及维护公司内部的校园招聘体系，负责管理、组织及实施公司的校园招聘。在实习生入职前、入职实习期内对其进行实时跟踪，掌握其工作状态与思想状态。针对实习生在岗位上的各类问题为用人部门提供专业性的指导，帮助用人部门管理好实习生，及帮助实习生成长。

（2）各事业部与各中心负责拟制下一年度本事业部与各中心的人才梯队建设的需求。对实习生进行轮岗培训，对实习生的工作进行辅导与指引，定期检查工作的安排与任务的完成，明确工作目标与要求，解决实习生的各种疑问并给出建议，在其他方面给予帮助。

7. 招聘实施

（1）制订招聘计划。根据事业部年度目标与人力资源计划预算出校园招聘计划，组织招聘实施。

（2）发布招聘信息。整合资源，在各品牌网站上创建链接，并在国内各招聘网站发布招聘职位信息，包括所属公司、职位名称、需求人数、所需专业、岗位任职要求、拟招聘的地域和院校。

（3）宣讲会。作为宣传公司品牌的主要手段，根据招聘计划的地域和院校分布情况，在高等院校集中进行产业分布、企业概况、品牌推广、人力资源体系、招聘政策的介绍。

（4）网络收集简历。利用网络招聘收集简历，定期将简历的基本信息按人才库标准下载保存，作为后续人才储备的渠道。

（5）简历筛选。

① 基本标准：党员、学生干部、获得奖励及称号，三者必备其二。

② 招聘部按照简历筛选的标准自行筛选简历，可以选择通过或淘汰。对于基本满足要求但与专业方向不相符的简历，推荐给各事业部，由人力资源中心进行统一的调配和处理。

③ 简历筛选标准如表 2-26 所示。

表 2-26 校园招聘简历筛选标准

类别	项目	具体细节
基本要求	学校表现	在校期间没有严重违反校规校纪或刑事犯罪的行为
	健康	身体没有重大缺陷或严重疾病
	培养方式	正规院校统分统招，获毕业证，有学位证更佳
学习指标	学习成绩	良好，在班级排名靠前
	外语	按岗位要求，一般要求过四级
	奖学金	优先考虑获得过奖学金的
职位匹配要素	学生干部、社团活动	应聘管理、销售类岗位必须有学生干部或社团活动相关经历
	专业方向、项目经验	应聘技术类岗位的，专业方向要与岗位实际需求相符
优先考虑要素	竞赛获奖	获得过如技术类的设计大赛、挑战杯等，管理、销售类的创业大赛、沙盘模拟等
	计算机等级	获各类计算机证书，如国家等级、微软认证、思科认证等
	其他奖励	获得过奖学金，或被评选为优秀毕业生、先进个人、优秀干部等
	党员	党员优先考虑

（6）组织实施招聘。包括笔试、小组面试、讨论、综合面试和技术面试环节。

（7）笔试测评。采用笔试进行第一轮筛选，提高测评的依据。

（8）测评结果分析。招聘部按照招聘计划对院校通过测评的人数、应聘岗位、学历、专业情况进行分析，将测评报告作为面试环节的依据，并根据分析结果安排后期招聘的实施。

（9）综合考评结果。综合各类测试结果及评语，决定录用与否。

（10）双向沟通。与候选人沟通确认面试结果，并且要接受候选人的咨询。

（11）签约。按照规定时间统一报批和签约。

8．录用报到事宜

（1）收取就业协议书、成绩单、推荐表。

（2）检查学生英语、计算机、各项奖励证书原件。

（3）如果学校需要，可以发放集团统一编号的接收函，并存根备查。

（4）招聘结束后，需要在每个院校学校网站发感谢信。

（5）如果需迁移户口与党员档案的，试用期满后方可办理。

（6）可接收人事档案，统一在市人才交流中心存放，招聘部协助办理，费用由当事人承担。

9．见习期待遇和福利政策

（1）为重点吸引和关注校园招聘的优秀群体，确保招聘质量，结合外部市场情况，应采用高于行业水平的待遇。

（2）实习期签订实习协议，毕业后签订3年期劳动合同。

（3）社会保险：按照国家规定缴纳各项保险（不同工作地点略有差别，根据当地的政策缴纳）。

（4）住房福利：根据工作地点，提供单身宿舍，或依各地实际情况安排。

（5）其他福利：按集团公司现行福利。

10．转正定级及定职

员工试用期满后，根据公司人事管理制度安排转正考核，并进行定级及定职。

11．附则

（1）本制度的解释权属人力资源部。

（2）本制度自颁布之日起执行。

（3）以前的文件或规定中如果有与本制度相抵触的条款和规定，按本制度执行。

4．人才推荐奖励制度

为鼓励员工推荐优秀人才，充分发挥内部员工推荐的积极性和主动性，对于推荐员工给予奖励是非常有必要的。制订人才推荐奖励制度是给予员工推荐奖励的重要保证，更是让员工持续推荐的重要保证。

下面是某公司的人才推荐奖励制度，可供读者参考。

人才推荐奖励制度

1. 目的

为了广纳优秀人才,提高人才引进工作的效率和质量,拓宽公司人才引进渠道,进一步完善公司内部人才推荐机制,特制订本制度。

2. 适用范围

(1) 本公司全体员工。

(2) 认同公司企业文化的非本公司员工。

3. 推荐原则

(1) 唯才是举原则。只要达到公司的要求就可以推荐。

(2) 遵守程序原则。严格按照推荐程序进行,不允许通过其他特殊途径推荐。

(3) 公开透明原则。推荐和选拔都要公开透明。

(4) 双重反馈原则。人才推荐后的进程及结果既要反馈给候选人,也要反馈给推荐者。

4. 推荐流程及要求

(1) 推荐流程如图2-6所示。

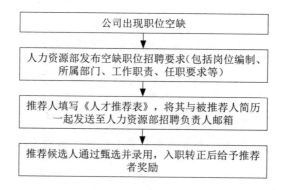

图2-6 推荐流程

(2) 推荐要求。

① 被推荐人认同公司的企业文化及人才管理理念。

② 被推荐人满足人力资源部发布的招聘要求。

③ 推荐人提供的被推荐人简历要准确真实,不能协助被推荐人做任何隐瞒和伪造,否则将取消其推荐候选人的资格。

④ 如果被推荐人员有任何刑事犯罪记录,或者其他严重影响工作的疾病或传

染性疾病，推荐人须如实向公司申明，不可故意隐瞒。

（3）奖励标准。

内部推荐的奖励标准如表2-27所示。

表2-27 内部推荐的奖励标准

岗位等级＼紧急程度	一级	二级	三级
高管及以上	4 000元	6 000元	8 000元
部门经理级	2 000元	3 000元	5 000元
专业技术级	1 000元	2 000元	3 000元
基层级	300元	500元	800元

注：招聘紧急程度由一级向三级逐级递增，分别对应岗位级别。

（4）推荐岗位信息来源。

① 以公司发布在公告栏和公司内刊专栏中的职位信息为准。

② 各分（子）公司人力资源部在每月25日前将需要招聘的职位进行汇总，然后交至集团人力资源部招聘负责人处，经人力资源部审核后发布。

③ 除以上两个渠道外，公司在官网、智联招聘和前程无忧等招聘网站上发布的职位，推荐成功的，均可获得人才推荐奖。

（5）奖励金发放。

① 被推荐人转正后（以《员工转正申请表》通过审批的时间为准），由人力资源部申领奖励金，一次性发放给推荐人。

② 奖励金将以现金形式发放，并且在公司内网和内刊予以公布，以资嘉奖。

③ 推荐人免除奖励金的情况。

a. 被推荐人未通过试用期（被辞退或者自动离职）。

b. 由人力资源部自主完成的招聘。

（6）本制度不适用的范围。

① 被推荐人已经进入人力资源面试流程。

② 被推荐人曾经为公司服务，此次录用为第二次推荐入职。

③ 集团人力资源部、分（子）公司人力资源部人员不参加推荐奖励的分配。

5. 附则

（1）本制度的解释权属集团人力资源部。

（2）本制度自颁布之日起执行。

（3）以前的文件或规定中如果有与本制度相抵触的条款和规定，按本制度执行。

2.5.2 招聘管理的相关流程

管理制度离不开流程标准的支持。设计与管理制度相符的流程标准（特别是在招聘管理规范环节上），是让制度执行畅通无阻的基础，也是保障制度落地的管理工具。招聘管理主要涉及招聘计划管理流程、外部招聘管理流程、内部招聘管理流程和校园招聘管理流程，下面详细介绍这4个流程。

1. 招聘计划管理流程

招聘计划管理流程（见图2-7）列出了实施招聘之前的步骤，人力资源部应按此流程来规范编写招聘计划。

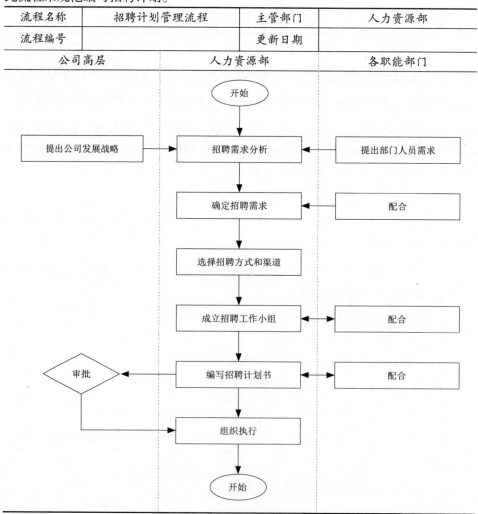

图2-7 招聘计划管理流程

2. 外部招聘管理流程

外部招聘是人才引进的主要方式，明确招聘流程，可以减少招聘过程中推诿、拖拉的现象，提高招聘效率。外部招聘流程如图2-8所示。

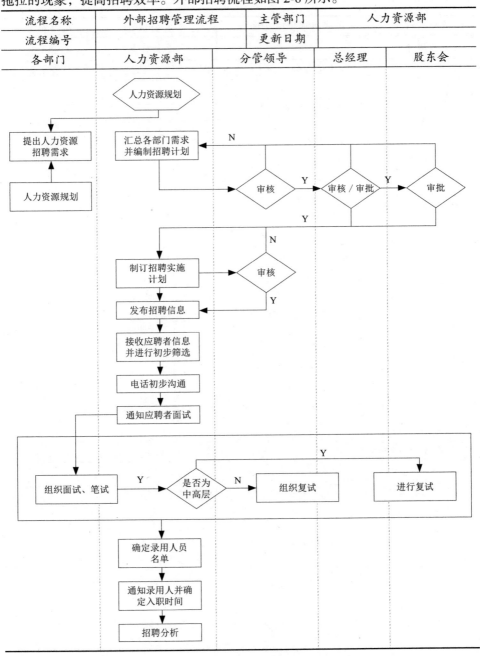

图 2-8 外部招聘流程

3. 内部招聘管理流程

内部招聘的过程繁复，容易出现抢人才现象，影响内部工作关系。明确内部招聘流程，可以有效维护内部员工关系。内部招聘流程如图2-9所示。

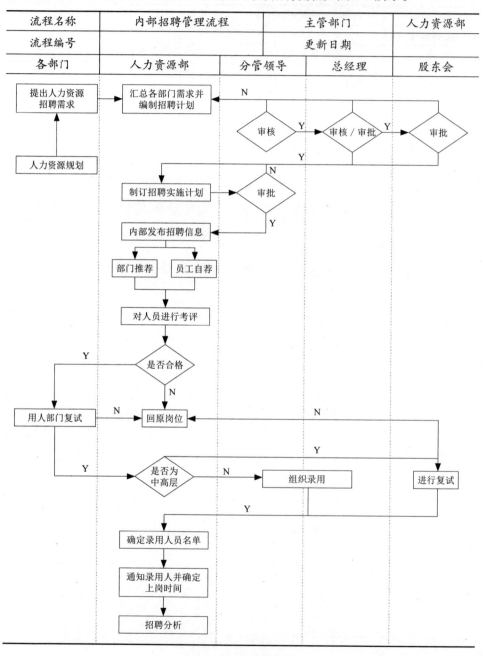

图2-9 内部招聘流程

4．校园招聘管理流程

校园招聘作为重要的招聘渠道，明确招聘管理流程，可以保障校园招聘工作的顺利开展。校园招聘管理流程如图 2-10 所示。

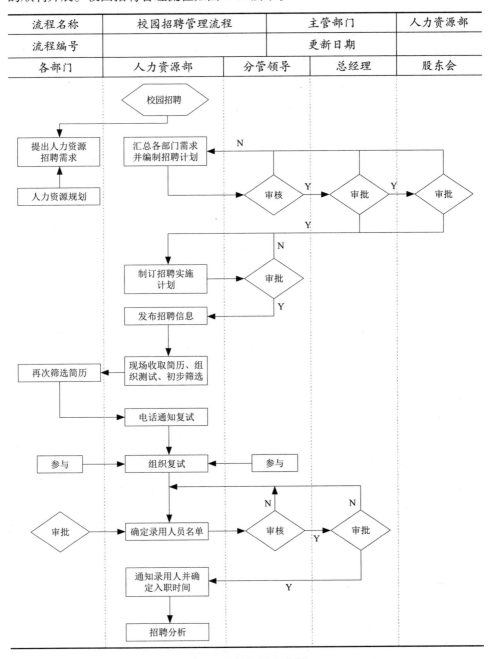

图 2-10 校园招聘流程

2.5.3 招聘管理相关表单

再准确、完善的流程标准也离不开表单的支持,设计与制度流程相符的管理表单,是保障流程畅通无阻的基础,也是保障流程落地的管理工具。常见表单及范例如下。

1. 招聘工作计划表

招聘工作计划表(见表2-28)应明确招聘岗位、人数、要求,招聘发布渠道、资金预算,以及负责招聘人员的分工等。

表2-28 招聘工作计划表

		部门	岗位名称	人员数量	招聘时间	人员要求		
招聘计划								
招聘广告发布渠道	发布方式	□报纸 □人才市场		□网站 □猎头		□专业/行业杂志 □其他		□人才中介机构
	发布安排							
招聘工作预算	项目							
	金额							
	共计							
招聘小组成员分工	职务	姓名		所属部门		工作职责		
	组长							
	副组长							
	成员1							
	成员2							

注:渠道可多选,尽量不要只选择1个渠道

2. 用人需求申请表

用人部门应按公司相关规定,在需要补充人员时填写用人需求申请表(见表2-29),并按照公司相关规定报批,批准后人力资源部才可以实施招聘。

表 2-29 用人需求申请表

申请部门		申请日期	年　月　日
职位名称			
需求人数		要求到岗日期	年　月　日
需求原因	□扩大编制 □填补岗位空缺 □填补人员空缺（如是，请标明前任的姓名：＿＿＿＿＿＿） □新增职位（如是，请标明增加该职位的原因：＿＿＿＿＿＿） □短期需求		
岗位职责	岗位职责一定要明确，有完整的岗位职责后才可以开始招聘		
任职要求	任职要求一定要具体，避免模糊招聘		
审核审批意见	用人部门责任人意见： 人力资源部意见： 总经理签批：	主管副总意见：	

注：此表由用人部门填写，报送人力资源部，经总经理签批后执行招聘。

3. 应聘人员登记表

应聘人员登记表（见表 2-30）主要用于收集应聘人员的相关信息，包括住址、联系电话、教育经历、工作经历等。

表 2-30 应聘人员登记表

姓名		性别		出生年月		照片
籍贯		民族		婚姻状况		
身高		体重		户籍所在地		
毕业院校				学历及专业		
身份证号码				参加工作时间		
联系电话				期望待遇		
现住址						

简历	起止时间	学习（高中填起）/工作单位	专业/职位	月薪	证明人

（工作从最近经历开始填写）

家庭成员情况	姓名	称谓	年龄	所在单位及职务

（家庭成员写最主要的两名）

特别提示	本人承诺保证所填写资料真实，并认真核对无误，保证它的真实性和完整性，如有虚假，本人愿意接受任何后果。 本人签字：　　　　日期：

4．内部竞聘申请表

内部竞聘首先是候选人提出竞聘申请，然后填写内部竞聘申请表（见表2-31）。

表 2-31 员工内部竞聘申请表

申请人姓名		现部门		现岗位	
到公司时间				学历	
毕业院校				专业	
联系方式					
竞聘岗位					
工作经历（含来到公司前后，注明时间、部门、岗位及职务）					

续表

在公司期间主要工作业绩描述（可另附页）

岗位工作自我评价（现工作岗位及竞聘工作岗位能否胜任评价）

申请人声明

  我自愿提出竞聘申请，并对上述填写内容的真实性、完整性负责。我同意公司对上述内容进行调查，如上述内容与实际情况不符，本人愿承担一切后果。若公司接受本人申请，我将做到：
（1）遵守岗位竞聘规则；
（2）若因客观情况发生变化或公司发展需要，以及出现本人不能胜任工作的情况时，本人愿接受公司对工作内容及工作岗位的调整和安排。

申请人签字：
日期： 年 月 日

5. 内部竞聘评定表

  公开竞聘结束后，评委要评价打分，填写内部竞聘评定表，如表2-32所示。

表2-32 内部竞聘评定表

姓名	申请岗位		竞聘日期	
竞聘考核得分及优劣势分析（人力资源部填写）	竞聘考核得分： 竞聘者优势： 竞聘者劣势： 综合意见： <div align="right">部门负责人（签名）： 年 月 日</div>			
竞聘部门意见	<div align="right">部门负责人（签名）： 年 月 日</div>			
总经理意见	<div align="right">年 月 日</div>			

6. 人才推荐表

人才推荐表（见表 2-33）主要包括三部分内容：一是推荐人信息，二是被推荐人信息，三是审核信息。

表 2-33 人才推荐表

推荐人姓名		单位／部门		职务	
与被推荐人关系	推荐关系一定要明确				
被推荐人姓名		性别		年龄	
学历		推荐职位			
推荐理由	推荐人签名： 推荐日期：　　　年　月　日				
人力资源部意见					
用人部门意见					
分管领导意见					
董事长意见					

HR 专家支招

1 避免盲目招聘的方法与技巧

（1）工作内容不明确则不招聘。

需要招聘新员工时，一定要明确该员工的工作内容，而且还要能够具体地描绘出工作内容。工作内容不明确的，可以暂时不招聘。

（2）招来的员工没有人管则不招聘。

招聘前用人部门要明确谁将是新员工的师父，师父的想法如何，如果师父不愿意或未做好准备则不招聘。

（3）能内部调配的不外部招聘。

在招聘之前，先盘点内部人员情况，是否能够通过内部调配来解决，如果可以通过内部调配解决人员需求，则不从外部招聘。

（4）不可能完成的需求不招聘。

用人部门提出不可能完成的招聘需求也不招聘。例如，用专员级的薪酬招聘经理级岗位，或者要求总监级岗位的应聘人员一周内到岗等。

（5）简单的换人需求不招聘。

对现有人员不满意，如果只是管理问题，那么在管理问题改善前，不招聘新人。

对于上述五个方面，后两个方面可能有争议，这是为了让用人部门和人力资源部门不要总想着换人、用新人；要着眼于培养人，用人长处，不断提升管理水平，将人才资源盘活。

2 在实际工作中，如何获取工作岗位分析信息？

在实际工作中，可以通过多种途径来获取工作岗位分析的信息，主要有以下方法。

（1）实践法。

实践法适用于短期内可以掌握的工作，而对于需要进行大量训练才能掌握的或有危险的工作，不宜采用此法。

实践法是通过观察、记录与核实来衡量工作负荷和工作条件；观察、记录、分析工作流程及工作方法，找出不合理之处，这样就可以了解该工作的实际任务，以及对人的体力、环境、社会等方面的要求。

（2）访谈法。

访谈法又包括个别访谈、集体访谈和主管访谈。访谈法只有做细、做专业，才能达到效果。

访谈法的原则及标准如下。

① 所提问题要与职务分析的目的有关。

② 职务分析人员的语言表达要清楚，表述的含义和所提的问题必须清晰、明确。

③ 所提问题和谈话内容不能超出被访谈者的知识和信息范围。

④ 所提问题和谈话内容不能引起被访谈者的不满或涉及被访谈者的隐私。

⑤ 与主管密切配合，找到最了解工作内容、最能客观描述工作职责的员工。

⑥ 尽快与被访谈者建立融洽的感情氛围（知道对方姓名，明确访谈目的及选择对方的原因）。

⑦ 访谈中应该避免使用生僻的专业词汇。

⑧ 访谈者只能被动地接受信息。

⑨ 就工作问题与被访谈者有不同意见时，不要与被访谈者争论。

⑩ 即使被访谈者对组织或主管有抱怨，也不要介入。

⑪ 不要流露出对某一岗位薪酬的特殊兴趣。

⑫ 不要对工作方法与组织的改进提出任何批评与建议。

⑬ 请被访谈者将工作活动与职责按照时间顺序或按重要程度排列，这样就能避免一些重要的事情被忽略。

⑭ 访谈结束后，将收集到的信息请任职者和主管阅读，以便修正。

访谈法的优点如下。

① 它是一种相对简单的收集信息的方法，而且适用范围较广，经常被用来编制工作描述。

② 经常被作为其他信息收集方法的辅助，如当问卷调查法和观察法都难以发现员工工作存在的问题时。

③ 通过访谈能探查到一些不为管理层知晓的内容，如工作态度、工作动机等较深层次的内容或一些与管理相关的问题。

④ 方式亲切，能拉近访谈者与被访谈者的距离。

访谈法的缺点如下。

① 对访谈者的谈话技巧要求较高，如果运用不当，可能影响信息收集的质量。

② 不能作为工作分析的唯一方法，因为信息有可能失真。信息失真的原因包括被访谈者担心效率革命会带来薪酬变化等。

③ 会打断被访谈者的正常工作，有可能造成生产的损失。

④ 可能会因问题不够明确或不够准确而造成双方误解或信息失真。

（3）问卷调查法。

问卷调查法适用于在短时间内对大量人员进行调查的情形，能够从众多员工处得到信息，节省时间和人力，费用低，而且员工填写工作信息的时间较为宽裕，不会影响工作。对于结构化问卷所得到的结果还可以由计算机进行快速处理。

问卷调查法的缺点是，问卷的设计需要花费时间、人力；属于单向沟通方式，部分问题可能难以被填写者理解；填写者有可能不会认真填写，从而影响调查的质量。

（4）观察法。

观察法适用于大量标准化的、周期较短的以体力活动为主的工作，如组装线工人的工作、会计人员的工作，而不适用于以脑力带动为主的工作，如设计等。而且被观察者的工作应相对稳定、工作场所也应相对固定，这样才便于观察。

用观察法获取岗位信息时，观察者应尽可能地不要引起被观察者的注意，也不要干扰被观察者的工作，否则可能引起霍桑效应。霍桑效应就是当人们在意识到自己正在被关注或者被观察时，会刻意去改变一些行为或者改变言语表达的方式。

对于不能通过观察法得到的信息，应辅以其他方法来获得，观察前要有详细的观察提纲。

观察法可以采用瞬间观察，也可以采用定时观察。

（5）日志法。

日志法就是要求员工以日志的方式详细记录工作内容及时间。

日志法若运用得好，能获得大量的、更为准确的信息，前期直接成本小。但使用日志法收集到的信息有可能会较为凌乱，整理工作量大，会加大员工的工作负担，同时也存在员工夸大自己工作重要性的可能。

3　如何确定用人部门人员需求申请的合理性？

要确定用人部门人员需求申请的合理与否，首先要弄清楚人员需求是真需求还是假需求，当出现以下几种情况时可以实施招聘。

（1）公司目标增加。比如，公司下半年增加了一个新目标，可是要完成这个目标，就需要新人进来。

（2）部门原有岗位空缺。也就是说，公司存在空缺岗位，需要对应的人来填补。

（3）通过工作分析了解到，某些岗位经常需要加班，劳动强度大，效率低，这时就需要增加人手。

（4）公司业务发生变化。比如，原来是做 A 产品的，现在想卖 B 产品，这就需要增加 B 产品销售人员。

（5）公司人员配置不合理。

通过从上述五个方面对需求进行分析，确定用人需求，然后由用人部门填写需求申请表，经过人力资源部审核、公司批准才能招人。

4 招聘广告包含的基本信息有哪些？拟定招聘广告时应注意哪两点？

一般来说，招聘广告包含工作地点、薪资待遇、学历要求、年龄要求、工作经验和能力素质要求等信息。一个好的招聘广告，既能为企业吸纳到合适的人才，也能为企业日后的劳动用工管理奠定良好的基础。

为了避免招聘广告可能会给企业带来的法律风险，企业人力资源部在拟定招聘广告时，应注意以下两方面的内容。

（1）避免就业歧视。

根据《中华人民共和国就业促进法》的规定，劳动者享有平等就业的权利，如果劳动者受到用人单位的就业歧视，可直接向法院提起诉讼。因此，招聘广告中应尽量避免包含性别、婚姻状况、民族、户籍、健康状况等方面的不合理限制。

（2）明确招聘职位的录用条件。

《中华人民共和国劳动合同法》明确规定，劳动者在试用期间被证明不符合录用条件的，用人单位可立即解除劳动合同。因此，明确录用条件是企业行使合法解除劳动合同权利的前提。

 HR 高效工作之道

1 用 Word 制作校园招聘海报

进行校园招聘时，很多企业会要求招聘者制作一份关于校园招聘的宣传海报，这样在招聘人才时，应聘人员可以直接通过招聘海报获取招聘的信息，从而得到更多应聘人员的关注。

使用 Word 制作校园招聘海报的具体操作步骤如下。

步骤① 新建一个【校园招聘海报】文档，单击【设计】选项卡【页面背景】组中的【页面颜色】按钮，在弹出的下拉列表中选择【其他颜色】选项。打开【颜色】对话框，选择【自定义】选项卡，在【红色】【绿色】和【蓝色】数值框中分别输入【0】【94】【168】，然后单击【确定】按钮，如图 2-11 所示。

步骤② 返回文档编辑区，查看设置页面颜色后的效果。单击【插入】选项卡【插图】组中的【图片】按钮，打开【插入图片】对话框，根据需要选择图片，然后单击【插入】按钮，如图 2-12 所示。

图 2-11 设置页面背景颜色

图 2-12 插入图片

步骤③ 将图片环绕方式设置为【浮于文字上方】，然后将图片不需要的部分裁剪掉，并调整图片到合适的位置和大小。在图片左侧绘制一个斜纹形状，并将形状的样式设置为【半透明 - 灰色 50%，强调颜色 3，无轮廓】，如图 2-13 所示。

步骤④ 在页面中绘制一个横排文本框，输入文字"WE NEED YOU"，将字体设置为【Arial Unicode MS】、字号设置为【32】，然后单击【加粗】按钮 B，再单击【文本效果和版式】按钮 A，在弹出的下拉列表中选择【阴影】选项，在弹出的子列表中选择【偏移：右下】选项，如图 2-14 所示。

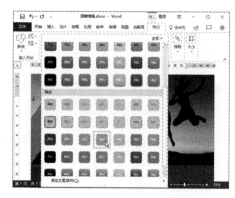
图 2-13 设置形状样式

图 2-14 设置文字效果

步骤 5 将文本框样式设置为【半透明-金色，强调颜色4，无轮廓】，然后打开【布局】对话框，选择【大小】选项卡，在【旋转】栏中的【旋转】数值框中设置文本框的旋转角度为【311°】，单击【确定】按钮，如图2-15所示。

步骤 6 选择文本框，将其移动到斜纹形状上方，部分与形状重合，插入【填充-黑色，文本色1；轮廓-白色，背景色1；清晰阴影-蓝色，主题色5】的艺术字文本框，输入【2018年校园招聘会】，将字体设置为【李旭科毛笔行书】，字号设置为【70】，艺术字颜色设置为【紫色】，如图2-16所示。

图 2-15 设置旋转角度

图 2-16 设置艺术字颜色

步骤 7 在艺术字文本框处插入一个【箭头：五边形】形状，并将形状置于艺术字下方，拖动形状上的控制点，调整箭头位置，并取消形状轮廓。接下来绘制一个矩形，将其填充为橙色【RGB:245,101,41】，取消形状的轮廓，为形状添加【偏移:下】阴影效果,如图2-17所示。

步骤⑧ 在形状中输入需要的文本,并对文本的格式进行相应的设置,然后使用相同的方法继续添加形状,如图2-18所示。

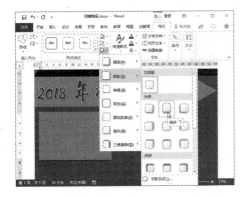
图2-17 设置形状阴影效果

图2-18 添加其他招聘岗位

步骤⑨ 在页面下方插入二维码,并在二维码的下方和右侧插入文本框,输入需要的文本内容,然后按住【Shift】键并拖动鼠标,在二维码图片和矩形形状之间绘制一条直线,如图2-19所示。

步骤⑩ 将直线粗细设置为【1.5磅】,直线类型设置为【短划线】,如图2-20所示。

图2-19 绘制直线

图2-20 设置直线

步骤⑪ 使用相同的方法绘制其他需要的直线,并根据需要对直线的长短进行调整。校园招聘海报的最终效果如图2-21所示。

图 2-21 最终效果

2 用 Excel 中的图表对招聘渠道进行有效分析

对招聘渠道进行分析，人力资源管理者在下次招聘时，便可根据之前的招聘结果来选择合适的招聘渠道，这样可以有效地提高招聘效率。使用 Excel 对招聘渠道进行分析的具体操作步骤如下。

步骤① 打开"招聘渠道分析 .xlsx"工作簿，在其中选择 A2:E8 单元格区域，插入【簇状柱形图】，调整图表到合适的大小和位置，并为图表应用图表【样式 11】，然后将标题设置为【不同招聘渠道招聘的人数】，如图 2-22 所示。

步骤② 选择 B2:E2 和 B10:E10 单元格区域，插入【饼图】，为饼图应用图表【样式 5】，将标题设置为【不同招聘渠道的占比分析】，然后单击【快速布局】按钮，在弹出的下拉列表中选择【布局 1】选项，如图 2-23 所示。

第 2 章　员工招聘管理

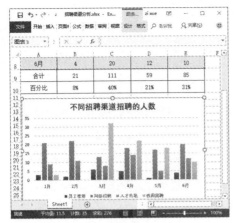

图 2-22　不同渠道招聘的人数

图 2-23　设置图表布局

步骤 ③　将饼图扇区外的数据标签移动到对应的扇区中，并加粗显示饼图中的数据标签，然后在【设置数据系列格式】任务窗格中将【饼图分离】设置为【4%】，最终效果如图 2-24 所示。

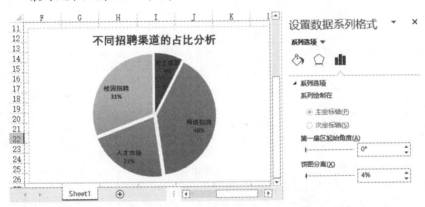

图 2-24　最终效果

3　用 H5 制作特效招聘页面

H5 全名为 HTML5，是一种编程语言，在微信中，不管是小游戏、动画，还是静止的页面，都可以用 H5 技术来实现。随着微信的迅猛发展，现在很多企业会采用 H5 界面来展示企业风采、员工活动及招聘计划等。H5 界面不仅丰富美观，而且可以动态展示，还能发布到社交圈，非常有特色，因此受到很多企业和个人的青睐。

移动端提供了很多制作 H5 页面的 APP，下载—注册—登录 APP，就可以直接采用其提供的模板，快速制作出具有吸引力的 H5 招聘页面。下面介绍使用易企秀 APP 在移动端制作 H5 招聘页面的方法，具体操作步骤如下。

步骤① 注册后登录易企秀 APP，在首页选择【企业招聘】选项卡，在界面中点击【社会招聘】，如图 2-25 所示。

步骤② 【社会招聘】界面中会显示与社会招聘相关的模板，有免费和收费两种。选择需要的模板，如选择【绚烂水彩招聘模板】，如图 2-26 所示。

步骤③ 打开的界面中将显示该模板，点击【使用】按钮即可，如图 2-27 所示。

图 2-25 选择招聘途径　　图 2-26 选择模板　　图 2-27 使用模板

步骤④ 点击界面上方的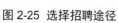按钮开启自由模式，点击模板中的二维码，图片出现蓝色的边框，然后点击图片上方出现的 按钮，如图 2-28 所示。

步骤⑤ 打开手机相册，根据自己的需要选择图片即可。此处选择【QQflie_recv】文件夹（见图 2-29）中的二维码图片，然后点击 按钮进行确认，如图 2-30 所示。

步骤⑥ 选择【高级设计师】文本框，点击 按钮，如图 2-31 所示。

步骤⑦ 在打开的界面中将【高级设计师】更改为【图书编辑】，点击 按钮确认，如图 2-32 所示。

步骤⑧ 使用相同的方法继续对模板中的其他文本进行修改，最终效果如图 2-33

所示。

图 2-28 选择需要更改的图片

图 2-29 选择图片文件夹

图 2-30 选择图片

图 2-31 选择文本框

图 2-32 更改文本

图 2-33 更改其他文本

步骤⑨ 选择界面下方的【文字】工具,在打开的界面中输入【恒图教育咨询有限公司】,并点击 ✓ 按钮。在界面中拖动文本框对文字位置进行调整,然后点击下方的【样式】工具,在打开的界面下方点击【居中】按钮 和【加粗】按钮 ,并将字号设置为【20】,颜色设置为土黄色,如图 2-34 所示。

步骤⑩ 选择【特效】工具,选择【环境】选项,然后在界面中选择需要的环境特效，此处选择【烟花】选项，如图 2-35 所示。

步骤 ⑪ 对制作的 H5 页面进行保存，即可完成 H5 招聘页面的制作。在【场景】界面中选择【分享】，在弹出的面板中可选择分享方式，如图 2-36 所示。

图 2-34 设置文本格式

图 2-35 添加烟花特效

图 2-36 选择分享方式

步骤 ⑫ 分享后，可以单击预览效果，最终效果如图 2-37 所示。

图 2-37 最终效果

4　BOSS 直聘，移动互联网的招聘神器

BOSS 直聘是一款帮助应聘者实现在线求职的免费招聘工具，专为应聘者和企业 BOSS 搭建的高效沟通平台，是现下比较流行和推崇的一种招聘方式。

面对面交流是 BOSS 直聘受到企业和应聘者青睐最主要原因，对于应聘者而言，直接与企业 BOSS 进行在线沟通，可以更好地了解企业，省去多次面试的应聘环节和所花费的时间、成本，大大提高了找工作的效率；对于企业而言，因不受地域限制，人才多，可以精准定位职位最优人选，将招聘时长缩到最短，大大减少招聘成本，提高招聘效率。

BOSS 直聘既有网页版，也有移动版，当企业需要通过 BOSS 直聘招聘人才时，需要先注册登录到 BOSS 直聘网页或 APP 中，填写公司信息并进行认证，然后就可以发布职位，如图 2-38 所示。发布职位后，可以通过选择道具帮助发布者筛选优秀的牛人，如图 2-39 所示。如果要与牛人沟通，可直接点击牛人头像或文字链接，在打开的页面中显示牛人的相关信息，点击【立即沟通】按钮，如图 2-40 所示。

图 2-38　发布招聘信息

图 2-39　筛选出来的牛人

图 2-40　与牛人沟通

当有求职者对发布的招聘岗位感兴趣，会发送信息，在【信息】界面中可查看接收的信息，打开求职者发送的信息，即可进行查看，并与求职者进行沟通，如图 2-41 所示。

图 2-41 与求职者进行沟通

第3章 员工面试与录用管理

面试既是企业对应聘人员了解与考核的过程,也是应聘人员对企业环境、形象、氛围等考察的过程。企业可以通过面试掌握应聘人员的基本情况,考查应聘人员是否符合公司用人要求,并决定是否录用;应聘人员可以通过面试多方面地了解企业,了解应聘岗位的相关信息,从而决定是否加入该企业。

3.1 面试准备

面试准备是招聘者在面试之前为获得适合应聘职位的合适人员所做的工作，面试准备所包括的内容比较多，主要有岗位信息准备、面试问题准备、面试技巧准备、面试人员准备、企业形象准备等。由于面试准备所涉及的内容较为广泛，且并没有形成一个明确的定义，因此本节在实践的基础上，详细讲解面试环境的安排、面试题目的设计、面试官的培训。只有做好这三个方面的工作，才能为面试创造良好的条件，保障面试工作有效顺利地开展。

3.1.1 面试环境的安排

成功组织一场面试，需要让面试官充分了解面试人员的简历，并布置好面试环境。

1．了解面试人员的简历

面试前应将应聘者的简历分发到每个面试官手中，以便面试官对应聘者的资料进行详细了解，发现应聘者的个性、发展潜力、社会背景、工作经历、家庭关系及对工作的态度等。

2．布置面试环境

面试环境的布置也是面试准备的一部分，良好的面试环境有利于应聘者展现自己真实的水平。

（1）面试环境应该舒适、适宜，从而有利于营造轻松的气氛。

（2）面试地点应该不被打扰，最好不要将面试地点安排在招聘者的办公室，因为办公室难免会有意外的电话、工作方面的干扰等。公司的小型会议室是不错的面试场所。

（3）面试中双方应尽量以圆桌会议的形式坐，或者面试官与应聘者斜对着坐，让视线形成一定角度，这样可以缓和应聘者的紧张情绪，有利于更好地进行面试。

3.1.2 面试题目的设计

在人才的招聘选拔中,面试提问是一个重点环节,因为在实际面试的过程中,最大的难题是怎样通过与应聘者的面谈,科学准确地考查其真实的能力水平,而提问题就成了解决这一难题的关键手段。那么,如何有效地设计面试题目呢?

(1)岗位分析。了解岗位的工作内容、工作环境,分析任职资格和要求。工作内容方面包括职责范围、工作权限;任职资格包括员工具备的素质、能力。除此之外,还要结合公司发展前景评判该职位未来的发展情况,是否具有前瞻性和可预见性。

(2)确定测试要素。确定岗位关键事件,确认关键行为并提炼归纳,建立素质胜任模型。通过各类专家或优秀在岗员工了解岗位的关键事件,如经验丰富的销售经理,从中挖掘一些比较有特点、能够反映销售岗位真实工作需求的关键点,通过多种类型案例的总结和归纳,提炼出对应岗位的素质要求,建立素质模型。

(3)设计关键要点。关键要点必须贴近实际工作,包括关键技术能力。然后按照这些关键要点进行题型设计,在设计过程中要注意技巧,首先要贴近实际生活,要能使求职者快速进入模拟的情景中,从而获取求职者最真实的想法,其次要能直接或者快速地反映出求职者的能力。

(4)验证题目。可以对在职人员进行提问,以验证题目的设计是否合适,如果有不合适的地方,则进行调整和修改。建议邀请优秀的员工和绩效成绩偏低的员工一起来回答,通过对比,综合分析问题的不足并进行相应的修改。

总之,面试题目设计完成后,还需要经过相关专家评审,并且反复验证后方可使用,切记不要随意设计面试题目。

 提示

面试题目要及时更新,应随着岗位胜任力要求的变化而变化。

3.1.3 面试官的培训

面试官面试能力的高低决定着能否选拔出合适的人才,并且直接决定着招聘活动的成功与否。同时,面试是双向选择的过程,不仅仅是面试官在面试候选人,候选人也在面试企业,面试官的表现往往决定着候选人对企业的第一印象。但企业的面试官众多，每个面试官的面试能力和对面试的理解都不一样，选拔人才的标准也不同，所以要统一面试标准，明确面试官的职责，培训面试官的面试技能。

1. 面试官的分工

根据公司招聘岗位的不同，一般会安排一位或多位面试官。如果有多位面试官，可按如下分工。

（1）主导面试官。

主导面试官就是组织面试的人，一般由人力资源部门负责人担任。主导面试官的作用是组织安排面试的前期准备工作，负责面试开场，把握面试进度和时间等。另外，主导面试官还起着调节面试现场气氛，帮助应聘者解压及控制现场秩序的作用。

（2）专业面试官。

专业面试官的作用是从不同角度对应聘人员把关。

（3）辅助面试官。

辅助面试官是与招聘岗位有工作关联的人，他们一般只偶尔发表意见。

2. 面试官培训的内容

对面试官进行培训，目的是让面试官在面试的过程中，既能够表现出合乎身份的言行举止和仪表，展现良好的企业形象，也能够采用有效的方式加深对面试者的了解，为企业选拔出在此岗位上有潜力的应试者。面试官培训的内容一般包括以下几个方面。

（1）招聘与甄选的理念。

① 企业招聘管理规制。

② 企业实现有效招聘的衡量标准。

③ 面试官的形象礼仪。

（2）招聘与甄选的基础依据。

① 素质冰山模型。

② 构建素质胜任特征的基本过程。

③ 素质胜任特征的内容及标准。

（3）如何进行面试。

① 了解广义面试的概念。

② 面试的组织与设计。

③ 面试的实施流程。

④ 提问的技巧。

（4）招聘与甄选的其他技术支持。

① 面试的 STAR（Situation、Task、Action、Result）原则。

② 心理测验：职业性向测验、能力测验、人格测验（可用自陈量表法和投射技术）。

③ 评价中心：对评价中心的认知、评价中心的设计与实施流程、评价中心的主要评价方法、公文筐测验的实施与设计、无领导小组讨论的实施与设计（相关技术会在后面的章节中进行讲述）。

 提示

面试官培训是非常重要的，不然很可能达不到期望的面试效果。

3．面试官培训的形式

面试官的培训包括三种形式：轮岗制、现场观摩、组织集中培训。

（1）轮岗制。在公司条件允许的情况下，面试官可以到招聘岗位轮流实习一天或几天，熟悉该岗位的工作内容和具体要求，增强自己的专业性，以便在面试过程中更好地理解面试试题的含义和目的，以及懂得如何获取关键信息。

（2）现场观摩。在题目设计者或较为资深的指导老师面试的现场进行观察学习，通过这种直观的方式，了解面试评测技巧。

（3）组织集中培训，即以讲师讲授为主，辅助以演示法、案例分析法、讨论法、视听法、角色扮演法等。一般情况下，公司招聘制度、面试环节、面试评价等内容以讲授为主，面试技术、面试方法等内容以演示法、案例分析法为主，并且可以现场模拟演练。

4．面试官培训过程的监控与考核

对面试官培训结果的把控，一方面是要监控培训过程，观察面试官在课堂上的表现；另一方面是培训结束后进行考核，考核合格后方可成为面试官。

3.2 面试中的具体安排

介绍了面试准备工作后，接下来的工作就是面试安排。本节将面试过程分为开始阶段、正式面试阶段、结束面试阶段、面试评价阶段，并分别介绍每个阶段

的具体内容。

3.2.1 面试开始阶段

面试开始时应从应聘者可以预料到的问题发问,然后再过渡到其他问题,这样可以消除应聘者的紧张情绪,营造和谐的面谈气氛,从而有利于观察应聘者的表现,以便全面、客观地了解应聘者。面试开始阶段又可以分为关系建立阶段和导入阶段。

1. 关系建立阶段

在关系建立阶段,面试官可以从一些比较简单的问题或应聘者能预料到的问题开始发问,如毕业院校、专业等,这样可以消除应聘者的紧张情绪,让面试氛围更轻松。

本阶段常用的是一些封闭式的问题,如"路上堵车吗""今天天气不错,是吧""是从家里直接过来的吧",等等。

2. 导入阶段

在导入阶段,面试官可以继续问一些应聘者有所准备或比较熟悉的题目,如介绍工作经历、以前工作的一些具体情况等,进一步缓解应聘者的紧张情绪。

本阶段常用的是一些开放式的问题,以给予应聘者较大的自由作答的空间。比如,"请你介绍一下之前的工作经历""请你介绍一下自己在管理方面的主要工作经验""在这家公司,你主要负责哪些工作",等等。

3.2.2 正式面试阶段

正式面试阶段应采用灵活的提问方式和多样化的信息交流形式,进一步观察和了解应聘者。此外,面试官还应该察言观色,密切注意应聘者的行为与反应,对所提的问题、问题间的变换、问话时机及对方的答复都要多加注意。所提问题可根据简历或应聘申请表中的重点,先易后难逐一提出,尽量营造和谐轻松的氛围,以考查应聘者真实的能力。

在这一阶段,面试官通常会要求应聘者讲述一些关于核心胜任力的事例,并基于这些事例对应聘者的各项核心胜任能力做出评价,为最终的录用决策提供重要的依据。

在本阶段，面试官应运用一些提问的技巧来影响面试的方向及进度。正式面试阶段主要有以下 7 种提问方式。

1．开放式提问

开放式提问是让应聘者自由发表意见或看法，面试官从应聘者的回答中获取信息，避免陷入被动，常用于缓解紧张的面试氛围，消除应聘者的紧张情绪，使应聘者正常发挥。

2．封闭式提问

封闭式提问是指让应聘者对问题做出明确的答复，一般用"是"或"否"回答。封闭式提问可以表示两种意思：一是表示面试官对应聘者的答复非常关注，一般在应聘者答复后面试官会立即提出一些与答复有关的封闭式问话；二是表示面试官不想让应聘者就某一问题继续谈论下去，不想让对方多发表意见了。

3．清单式提问

清单式提问是指对提出的问题列出多个答案，让应聘者从中选择。目的是鼓励应聘者从多种角度来看待问题，并提出问题的解决思路。

4．假设式提问

假设式提问是指为应聘者假设一种情况，让应聘者发挥想象力，进而考查应聘者的应变能力、解决问题能力和思维能力。

5．重复式提问

重复式提问是指面试官向应聘者反馈自己理解的信息，以检验获得信息的准确性，如"你是说……""如果我理解正确的话，你的意思是……"，等等。

6．确认式提问

确认式提问鼓励应聘者继续与面试官交流，表达了面试官对信息的关心和理解，如"我明白你的意思，这种想法很好"，等等。

7．举例式提问

举例式提问又称行为描述提问，是指在考查应聘者的工作能力、工作经验时，可针对其过去工作行为中特定的例子加以询问，所提问题应涉及工作行为的全过程，而不应当集中在某一点上，以便较全面地考查一个人。当应聘者回答该问题时，面试官通过应聘者解决此问题或完成此项任务所采取的方法和措施，鉴别应聘者所谈问题的真假，了解应聘者实际解决问题的能力。

3.2.3 结束面试阶段

面试结束之前，面试官在确定问完了所有预计的问题之后，应该给应聘者一个机会，询问应聘者是否有问题要问，是否有需要补充或修正的地方。不管录用与否，均应在友好的气氛中结束面试。如果对是否录用某应聘者的意见有分歧，不必急于下结论，还可以安排第二次面试。同时，要整理好面试记录表。

结束面试的时候，面试官应告知应聘者公司回复时间，并向应聘者致谢，感谢他们对公司的信任，感谢他们能来参加公司的面试活动，并亲切握手，由面试引导人员将应聘者送至电梯内挥手告别。

3.2.4 面试评价阶段

面试结束后，应根据面试记录表对应聘人员进行评估。评估可采用评语式评估，也可采用评分式评估。

评语式评估的特点是，可对应聘者的不同侧面进行深入的评价，能反映出每个应聘者的特征。但缺点是，应聘者之间不能进行横向比较。

评分式评估则是对每个应聘者相同的方面进行比较，其特点正好与评语式评估相反。

面试官应注重对评语式评估的书写，因为写好面试评语，能体现对应聘者的重视度，也能体现面试官的职业操守。另外，还可以作为企业录用评价决策与人才储备的参考依据。写好面试评语需要注意以下几点。

（1）面试评语要围绕应聘岗位的基本要求进行。

（2）面试评语要尽量精炼，表达的意思要准确、客观，不能因为应聘人员看不到就敷衍了事。

（3）面试评语是对应聘者在面试期间综合表现的全方位评价，对优缺点都需要进行客观点评。

（4）清楚表明是否录用的态度，避免模棱两可。

下面是某人力资源部面试培训主管的评语式评估，供读者参考。

（1）仪容仪表：衣着整洁干净，仪表气质端庄，形象符合岗位要求。

（2）言谈举止：语言表达清晰，有一定的逻辑思维能力和沟通能力，性格外向。

（3）岗位匹配度：非专业毕业（工商管理本科），本岗位 3 年以上工作经验，有一定管理经验。

（4）稳定度：本行业 3 年以上工作经验，跳槽次数低于 3 次，较为稳定，求职意愿坚定，愿意接受并认同公司的管理制度和企业价值观。

（5）专业技能测试：员工执行力 PPT 课件制作，满分 10 分，得分 8 分。

（6）综合评价：该应聘者仪表端正、举止有态，言谈分寸拿捏适度，语言表达能力强，性格比较外向，主动沟通能力良好。有 3 年专业工作背景，专业技能测试情况良好。作为已婚已育女性，心理较成熟，有一定的抗压能力。岗位工作经验 3 年，岗位匹配程度较好。没有大公司工作背景，但在小公司各个版块均有接触，通过培训能达到公司要求。该人员属公司内部员工推荐，薪资要求在该岗位薪资标准范围内。可以试用，建议试用期 3 个月，请人力资源部做好相关工作安排。

3.2.5　结构化面试方案

面试是比较严谨的过程，为了确保面试过程按计划进行，并达到预期的面试效果，需要提前拟定面试方案。下面就以拟定结构化面试方案为例，供读者参考。

▶ **销售主管结构化面试方案** ◀

1. 背景

根据公司人才管理科学化的要求和公司改制的整体部署，此次公司各部门经理、主管、领班的竞聘，在职位分析的基础上，面向社会公开招聘。在选拔过程中，简历筛选要做到科学化，面试要做到结构化，录用决策要做到集体讨论化，确保人才的素质和能力水平达到公司发展的要求。

2. 说明

本次竞聘面试采用结构化面试的方法。一般来说，面试按照结构化或标准化程度的高低可以分为结构化面试、半结构化面试及非结构化面试。所谓结构化面试，主要是指面试程序的结构化、面试题目的结构化和面试结果评定的结构化。结构化面试的主要优点是具备严密的测评要素和测评标准、严谨的面试程序和时间安排，以及有机的考官构成，面试的信度和效度较高。

3. 面试流程

按照结构化面试的设计规则，并结合公司的时间要求，具体流程如下。

（1）面试的前期准备。

① 确定面试时间、题量。

根据公司管理层的意见，确定完成一次面试的时间大致为10分钟，并由此决定面试的题量为4题。

② 确定测评要素。

测评要素的确立首先要建立在对目标职位进行了充分分析的基础上，确定的测评要素要具备以下条件。

普遍性：能够涵盖职位所要求的个人素质和能力。

针对性：能够反映职位对人员素质的特殊要求。

实用性：保证测评要素含义明确，杜绝含义间交叉重复。

在对公司销售主管职位进行了充分分析的基础上，确定通用管理性测评要素包括以下6个方面。

a. 言语表达能力与仪表举止。

一般没有专门的题目对应。考查要点包括：口齿清晰、言语流畅；所述内容有条理、逻辑性强；用词准确，具有感染力、说服力；仪表端庄、穿戴整洁；真诚、热情、友善、举止得体，使人感到有修养；精神饱满，让人感到精力充沛。

b. 思维与综合分析能力。

思维能力是指应聘者对考官所提出的问题进行综合分析的能力。考查的主要指标有，是否能抓住问题的实质，分析问题是否全面，思维是否具有逻辑性、灵活性、条理性，是否善于把握事物之间的联系，等等。

c. 组织管理与协调能力。

考查要点包括：提出目标，能够制订可行性计划；组织工作具有条理性、灵活性；能够充分利用和调动人、财、物等各种有关资源；能激励和团结部门成员，发挥集体的作用。

d. 人际交往能力。

主要考查应聘者的人际关系处理能力。考查要点包括：能够主动与人沟通和交往，理解组织中的权属关系；能够有效化解人际矛盾，在处理人际关系时能够将原则性和灵活性相结合。

e. 应变能力。

考查要点包括：自我控制适度，在有压力的情况下能保持情绪稳定；思维敏捷，反应迅速；面对压力能随机应变，但不丧失原则；处理问题的方法灵活、周到、得体。

f. 专业素质。

需要具备基本的专业素质，有一定的专业知识水平。

此外，除了上述一般能力或素质外，在结构化面试中还可通过设置一些专业性较强的题目来考查应聘者的专业素质能力。

③ 确定测评要素权重。

根据本公司销售主管职位的特点，赋予各类职位测评要素以不同的权重，具体如下。

思维与综合分析能力：20分

组织管理与协调能力：20分

人际交往能力：20分

应变能力：20分

专业素质：15分

言语表达能力与举止仪表：5分

合计：100分

④ 制订评分要点。

评分要点是对各测评要素的文字解释，是反映和体现面试内容或测评要素的行为表现或标志。它规定了从哪些指标、行为方面去做各测评要素的测评结论。其目的是便于各考官对测评要素达成统一的认识，故要求语言简洁流畅，准确地描述该要素全方位、各层次的含义和特点。

⑤ 制订评分等级。

评分等级是用明确的分数标记各测评要素不同的等级顺序，如优、良、中、差。

⑥ 出评分表。

评分表由表头（考试名称）、应聘者姓名、报考职位及正表组成。其中正表内容包括测评要素名称、权重分数（总分一般为100分）、评分要点、评分等级、得分栏、考官评语及签名。

（2）组织面试。

① 确定面试官。

通常面试是由各方面的专家组成的面试小组来完成的，此次面试小组成员包括用人部门主管（部门的主管领导）、有较高知识水准的相关专业人员（内、外部人事专家）、人事部门主管（集团人力资源部经理），以及与该工作有密切联系的其他部门的代表等。合格的考官应具备以下素质。

a. 良好的个人品德和修养。

b. 相关的专业知识。

c. 相关的人员测评技术。

d. 了解本公司的状况及职位要求。

e. 丰富的社会、工作经验。

一般来说,小组成员数量在5~7人,其中一名为主考官,必要时可配备一名副考官。考官组成应考虑专业知识结构、职务、年龄及性别的搭配。对于主、副考官而言,还须具备一定的心理学知识和面试技巧。

本小组设置1名主考官、2名副考官、1名核分员、1名引导员,总共5人。

② 组织考官培训。

面试前应将职位说明书、面试试题、评价标准、应聘者背景资料交到面试小组成员手中。面试小组成员应在主、副考官的带领下,对面试进行讨论,在讨论中要注意以下几点问题。

a. 查看面试试题是否存在语病、错别字或容易产生误会、歧义的地方,如果有,则对其做出修改。

b. 对面试试题可能的答案逐一分析、讨论、排列,按照可以接受的程度进行评定,形成统一的意见。

c. 对面试的评定标准进行讨论,形成统一的理解。

③ 面试的正式实施。

在实施阶段,由主考官控制面试进程。对于结构化面试而言,面试一般包括以下几个环节。

a. 宣读指导语。指导语中一般包括面试总体需要的时间、题目的数量和某些特殊的要求。指导语应由命题部门统一出具,以保障面试的标准化程度。

b. 正式提问。主考官按照面试提纲,向应聘者提出需要回答的问题,然后由应聘者对这些问题进行回答。小组成员可以简单记录应聘者回答的要点并根据其回答的内容和当时的状况,适当追加提问。

c. 结束面试,填写面试评价表。

④ 面试成绩的评定。评分过程如下。

a. 成绩汇总。

由考务工作人员将应聘者的对应各位考官的评定成绩汇总到汇总表中。

b. 成绩平均。

每个要素去掉一个最高分和一个最低分，求得平均分。各要素平均分相加得到该应聘者的总分。

c.成绩排序。

对同一职位的应聘者的得分进行排序，并登入排序表中。

至此，结构化面试基本完成。

4．面试主考官的职责

（1）以面试试题为依据，清晰、完整、准确地向应聘者提问。

（2）根据应聘者回答问题的情况，进行必要的追踪提问和关联提问。

（3）掌握面试时间，控制面试节奏。

（4）沟通考官意见，协调评分标准。

（5）观察应聘者的面试表现，依据面试测评标准，对应聘者进行客观、公正的评价，如实填写结构化面试评分表。

（6）处理面试中出现的异常情况，保证面试结果的客观、公正。

（7）监督检查面试官及工作人员的工作情况，在面试总分汇总表上代表面试考评小组签名。

5．面试副考官的职责

（1）根据应聘者回答问题的情况，协助主考官进行追踪提问和关联提问。

（2）观察应聘者的面试表现，对应聘者进行客观、公正的评价。

（3）依据面试测评标准，如实填写结构化面试评分表。

6．引导员、核分员的职责

（1）在每场面试之前，负责准备结构化面试评分表、结构化面试评分汇总表、应聘者简历、面试题本等材料。

（2）引导应聘者入场并介绍考官、应聘者。

（3）组织应聘者抽签，确定面试顺序。

（4）宣读应聘者面试须知。

（5）按照面试顺序，引导应聘者进场和退场。

（6）计分、核分，要保证认真、细致、无差错。

（7）填写结构化面试评分汇总表并签字。

（8）填写面试总分汇总表，并请主考官在表上签字。

（9）维护考场正常秩序，为应聘者和考官提供良好的服务。

7. 结构化面试题本

指导语：

你好，首先祝贺你顺利通过了初步筛选。今天的面试是希望通过面对面的交谈，增加对你的了解。我们会问你一些问题，有些和你过去的经历有关，有些要求你发表自己的意见。对于我们提出的问题，希望你认真并实事求是地回答，尽量如实地反映你自己的实际情况和真实想法。在以后的考核阶段，我们会核实你所谈的情况。至于你谈的一些个人信息和需要保密的问题，我们会替你保密。面谈的时间为10分钟，共有4个问题。回答每个问题前你可以先考虑一下，不要太紧张，注意把握好时间，祝你成功！

好，现在开始。

（1）假如你面试成功，走上工作岗位，你和本部门其他领导一同制订了一系列管理目标及部门内部的改革措施，但估计会遭到一些人的反对。如果由你负责，你会如何处理？

测评要素：组织与管理协调能力。

（2）在过去的工作中，你是否遇到过非常难打交道的客户？当时情况如何？你是如何对待他的？最后结果怎样？

测评要素：人际交往的能力、解决问题的能力。

（3）如果通过这次面试，我们录用了你，但工作一段时间后你却发现自己根本不适合这个职位，你会怎么办？

测评要素：反应能力、压力环境下解决问题的能力。

（4）请用简单的话概括一下销售的含义。

测评要素：专业素质、言语表达能力。

8. 各类附表

（1）结构化面试评分表（见表3-1）。

表 3-1 结构化面试评分

竞聘职位			应聘者姓名		
要素	分值	考查要点	评分标准		要素得分
思维与综合分析能力	20	能抓住问题实质，思路开阔；能从不同立场和角度分析、解决问题；对问题分析透彻，条理清晰；能从更广的范围、更深的层次看问题	优：18~20 良：15~17 中：11~14 差：0~10		
组织管理与协调能力	20	提出目标，能够制订具有可行性的计划；组织工作要有条理性、灵活性；能够充分利用和调动人、财、物等各种有关资源；能激励和团结部门成员，发挥集体的作用	优：18~20 良：15~17 中：11~14 差：0~10		
人际交往能力	20	能够主动地与人沟通和交往；理解组织中的权属关系；能够有效化解人际矛盾；在处理人际关系时能够将原则性和灵活性相结合	优：18~20 良：15~17 中：11~14 差：0~10		
应变能力	20	自我控制适度，在有压力的情况下能保持情绪稳定；思维敏捷，反应迅速；面对压力能随机应变，但不丧失原则；处理问题方法灵活、周到得体	优：18~20 良：15~17 中：11~14 差：0~10		
专业素质	15	具备基本的专业素质，有一定的专业知识水平	优：13~15 良：10~12 中：7~9 差：0~6		
言语表达能力与举止仪表	5	口齿清晰、言语流畅；所述内容有条理、富逻辑性强；用词准确，具有感染力、说服力。仪表端庄，穿戴整洁；真诚、热情、友善、举止得体，使人感到有修养；精神饱满，让人感到精力充沛	优：5 良：4 中：3 差：0~2		
要素得分合计					
考官评分	（对让您印象最深的地方进行评价）				
				考官签字： 年 月 日	

（2）核分员用的结构化面试评分汇总表（见表 3-2）。

表 3-2 结构化面试评分汇总

考官姓名 \ 测评要素 (竞聘职位)	思维与综合分析能力	组织管理与协调能力	人际交往能力	应变能力 (应聘者姓名)	专业素质	言语表达与举止仪表
每个要素去掉一个最高分，去掉一个最低分后的平均分						
要素得分合计：						
核分员签名						

（3）面试总分汇总表（见表3-3）。

表 3-3 面试总分汇总

名次	应聘者姓名	应聘职位	面试成绩	备注
1				
2				
3				
4				
5				
6				
7				
8				
9				
10				
11				
12				

主考官签名：

年　月　日

3.3 面试法则与方法

面试是一项技能，更是一门学问。要做好面试工作，做好企业人才的选拔，就需要懂得面试专业技术，掌握面试技巧。本节将介绍常用的面试技术及面试方法，并重点介绍 STAR 面试法、无领导小组讨论、公文筐测试等常用的面试方法。

3.3.1 STAR 面试法

面试就是面试官通过与应聘者面对面的交流，判断应聘者能否满足岗位的要求。所谓满足岗位要求，即达到岗位所应取得的工作目标，所有的目标都是通过行为实现的。那么如何判断应聘者未来的行为呢？面试过程中，最常用的一种方法是行为事件法，即用应聘者过去的行为来预测未来的行为。

行为事件法实施的关键是 STAR 法则，即情境（Situation）、任务（Task）、行动（Action）、结果（Result）。也就是说，面试官问行为事件问题时，应聘者的回答要包括事件背景、目标任务、行动措施及产生的结果，如果应聘者的回答不包括以上内容，面试官可继续追问，直到涵盖 STAR 法则包含的所有项目内容。STAR 法则是一种常常被面试官使用的工具，用来收集应聘者与工作相关的具体信息和能力。STAR 法则与传统的面试手法相比，可以更精确地预测面试者未来的工作表现。

1. STAR 法则

STAR 法则包括以下四个方面的内容。

首先是行为事件的背景，通过不断提问与行为事件有关的背景问题，可以全面了解该应聘者实施行为事件的前提，从而获知行为事件和取得的成绩有哪些与应聘者直接相关。

其次是要详细了解应聘者为了完成工作，在行为事件中都有哪些任务目标，每项任务的具体内容是什么。通过这些任务可以了解应聘者的工作经历和经验。

再次是继续了解该应聘者为了完成这些任务所采取的实际行动，即了解他是如何完成工作的，都采取了哪些行动，所采取的行动是如何帮助他完成工作的。通过这些可以进一步了解应聘者的工作方式、思维方式和行为方式。

最后是关注结果，每项任务在采取了行动之后的结果是什么，是好还是不好，好是因为什么，不好又是因为什么。图 3-1 所示为 STAR 法则包含的内容。

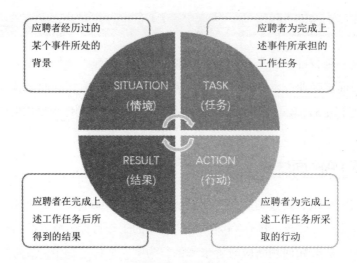

图 3-1 STAR 法则

2. STAR 面试法的运用

运用 STAR 面试法提问一般包括四个步骤（见表 3-4），通过这四个步骤可以逐渐将应聘者的陈述引向更深的层次，挖掘出应聘者潜在的信息，为做出录用决策提供正确而全面的参考。

表 3-4 运用 STAR 面试法的步骤

步骤	环节	问题示例
第一步	情境	当时的情境是怎样的 为什么会有这样的情境
第二步	任务	你当时的任务是什么 为了完成什么样的目标
第三步	行动	你在整个过程中扮演什么角色 你对当时的情况有何反应 你采取了什么行动
第四步	结果	事件的结果是什么 这一事件引发了什么问题和后果 事件对你产生了什么影响

3. 使用 STAR 面试法的注意事项

（1）必须询问真实的、应聘者经历过的行为事件，避免使用假设式和未来式的问题，如"在这样的情况下，你可能会怎么做""如果有下一次，你将会怎么做"，等等。这种类型的问话要尽量避免。

（2）避免问题转向绝对化和抽象化。面试访谈的核心目的是了解求职者过去实际做过的事情,避免使用"为什么"。因为这样的问题会引发对方的理论探讨,这样谈得更多的是他的思想,而不是事实。

(3)避免问一般性的问题,如"你一般会如何做","一般"两个字会让对方回答一般性的或理论性的做法。应该提出类似于这样的问题:"当时情况下,你是怎么做的"或"你当时实际做了什么"。

3.3.2 无领导小组讨论

无领导小组讨论是评价中心方法(评价中心方法是招聘选拔测评的方法,包括无领导小组讨论、文件筐、角色扮演等)的主要组成部分,是指由一定数量的一组应聘者,在规定时间内就给定的问题进行讨论,讨论中各个成员处于平等的地位,并不指定小组的领导者或主持人。这个小组是临时组建的,并不指定谁是负责人,目的就在于考查应聘者的表现,尤其是看谁会脱颖而出,但并不是一定要成为领导者。

评价者会观测应聘者的组织协调能力、口头表达能力、辩论的说服能力等各方面的能力和素质是否达到拟任岗位的要求,以及自信程度、进取心、情绪稳定性、反应灵活性等个性特点是否符合拟任岗位的团体气氛,由此来综合评价应聘者之间的差别。组织实施无领导小组讨论,一般步骤如下。

1. 确认考查的素质

组织无领导小组讨论是基于一定目的的,且目的越明确,实施过程越有可操作性,结果越具有可衡量性。一般而言,要考查的素质可以包括三类:第一类是和动机有关的素质,包括但不限于成就动机、价值观、影响动机、亲和动机、积极主动性等;第二类是和智力因素有关的素质,包括但是不限于逻辑思维、洞察力、分析能力、计划能力、问题解决能力、战略思维等;第三类是和社会能力有关的素质,包括但不限于自我认知、沟通能力、团队合作、人际关系处理能力等。

2. 选择题目类型

题目的类型有开放性问题、两难问题、多项选择问题、可操作性问题、资源争夺问题,一般选择两难问题和资源争夺问题的比较多。题目类型确定后,就要设计题目。设计题目有一定的要求:首先讨论题目必须具有争论性;其次题材为大家所熟悉,能保证人人有感可发;最后题目的内容不会诱发应聘者的防御心理,能让被评人尽情展现自己的风采,表现真实的自我。

例 3-1

面包销毁

假设你是某面包公司的业务员。现在公司派你去偏远地区销毁一卡车的过期面包（不会致命，无损于身体健康）。在行进的途中，刚好遇到一群饥饿的难民堵住了去路，因为他们坚信你所坐的卡车里有能吃的东西。这时报道难民动向的记者也刚好赶来。对于难民来说，他们肯定要解决饥饿问题；对于记者来说，他是要报道事实的；对于业务员你来说，你是要销毁面包的。

现在要求你既要解决难民的饥饿问题，让他们吃这些过期的面包，以便销毁这些面包，又不能让记者报道过期面包这一事实。请问你将如何处理？

说明：

（1）面包不会致命。

（2）不能贿赂记者。

（3）不能损害公司形象。

3. 组织实施

组织实施过程中，面试官要给应聘者提供必要的资料，在交代问题的背景和讨论的要求后，一定不要参与提问、讨论或者回答应聘者的问题。整个讨论过程根据需要可用摄像机监测、录像。

整个讨论大体可以分为三个阶段。

第一阶段：面试官宣读指导语，介绍规则和流程，提出时间和任务限制。

第二阶段：应聘者轮流发言阐述自己的观点。

第三阶段：应聘者自由讨论。

> **提示**
>
> 在组织实施测验的过程中，要把整个测验的过程都用录像机记录下来，以便评价时查询。

例 3-2

无领导小组讨论指导语

大家好！欢迎大家应聘我们公司的××岗位。接下来是无领导小组讨论测试，在讨论之前，先请大家注意、明确以下有关事项。

本次讨论中，大家都是以平等的角色和身份参与讨论的，不指定具体的负责人。

本次讨论的总时长约为25分钟。

讨论的具体程序如下。

（1）阅读讨论材料、准备个人观点，时间为3分钟。

（2）每个人进行观点阐述，每人阐述时间不得超过1分钟，发言过程中他人不许打断，不规定发言次序。

（3）小组进行自由交叉辩论，请大家充分发表个人意见并进行讨论。最后小组成员必须就主题得出一个共同认可的结论，并给出充分的理由予以解释，时间为10分钟左右。

（4）交叉讨论结束后，小组须选出一名成员进行讨论总结，阐述最后的小组结论，时间为2分钟左右，其他人可以补充，时间为1分钟左右。

（5）整个过程中，所有事宜均由小组自行组织，评委坐在讨论小组周围，不参与讨论，不回答任何人的疑问。

4．评价打分

（1）在讨论结束后，将组织评价打分。每个评价者评价的人数最好是2~3个，并且每个应聘者最好有2~3个评价者，至少要有2个评价者观察，以便相互检查评价结果。

（2）评价者应对照素质计分表所列条目仔细观察应聘者的各项表现并进行评分。

（3）评价者一定要克服对应聘者的首因效应和晕轮效应，不能带有民族、种族、性别、年龄、资历等方面的成见。

（4）评价者对应聘者的评价一定要客观、公正、不徇私，要以事实为依据。

表3-5所示为评分样表。

表3-5 评分样表

	优秀			一般			较差			应聘者A	应聘者B	应聘者C
	9分	8分	7分	6分	5分	4分	3分	2分	1分			
分析能力	分析问题全面透彻，观点清晰，角度新颖，概括总结不同意见的能力强			分析问题基本透彻，观点基本清晰，角度一般，基本能够概括总结不同的意见			分析问题不够透彻，观点不清晰，角度不好，不能概括总结不同的意见					
沟通能力	语言表达准确简洁、流畅清楚，能很好地表达自己的意思，善于运用语音、语调、目光和手势			语言表达一般，条理基本分明，基本能够表达自己的意思，可适当运用语音、语调、目光和手势			说话吞吞吐吐，语言表达不清，不能表达自己的意思，不会运用适当的语音、语调、目光和手势					

续表

	优秀			一般			较差			应聘者A	应聘者B	应聘者C
	9分	8分	7分	6分	5分	4分	3分	2分	1分			
逻辑能力	解决问题的思路清晰周密,逻辑性和时间观念强,能够准确把握解决问题的要点			解决问题的思路基本清晰周密,逻辑性和时间观念较强,较能把握解决问题的要点			解决问题的思路不清晰周密,逻辑性和时间观念不强,不能把握解决问题的要点					

5. 无领导小组讨论方案

在组织实施无领导小组讨论之前,要先有完整的方案,否则有可能达不到预期的效果。下面是某公司无领导小组讨论面试的方案,供读者参考。

▶ 无领导小组讨论方案 ◀

1. 目的

通过无领导小组讨论的方式,为应聘人员创造自由发挥的空间,从而更全面、更深入地对应聘者进行评估,确定合适的人选。

2. 个人加分项

(1)仔细倾听别人的意见并给予反馈。

(2)对别人正确的意见予以支持。

(3)适时地提出自己的观点并设法得到小组成员的支持。

(4)对别人的方案提出富有创造性的改进意见。

(5)在混乱中试图向正确的方向引导讨论。

(6)在必要时妥协,以便小组讨论能够在最终期限前得到结论。

(7)具有时间观念。

(8)能够对整个讨论进行领导(在讨论过程中,有些候选人会自然而然地成为小组的领导者,处理得当的领导者给予加分,处理不当的领导者则扣分)。

3. 个人扣分项

(1)完全忽略别人的论述。

(2)不礼貌地打断别人。

(3)啰唆。

(4)过激的语言表述。

(5)搬出教条的模型以期压制别人。

（6）否定一切，太自负。

（7）没有把握好领导者的角色。

4. 评价要素

无领导小组讨论面试的评价要素主要有以下几点。

（1）语言表达能力。

（2）组织领导能力。

（3）决策能力。

（4）沟通能力。

（5）应变能力。

（6）个性特征（热情度、情绪稳定、个人能力）。

评价要素如表3-6所示。

表3-6 评价要素表

评价要素	行为观察要点	权重系数	评价分数（满分10分）			
			优(9~10)	良(7~8)	中(5~6)	差(0~4)
语言表达能力	表述清楚，口齿伶俐，简单易懂	15%				
组织领导能力	善于控制局面，主动扮演领导者角色	20%				
决策能力	处事果断，善做决策，有魄力，能统一全局	20%				
沟通能力	积极参与小组讨论，能接受不同意见	15%				
应变能力	讨论结束后，积极应对考官提问，能处理紧急情况	15%				
个性特征	积极参与，情绪稳定，开朗热情	15%				

5. 无领导小组讨论的程序

（1）主考官主持会场并宣讲具体事宜。

大家好！欢迎大家参加面试，本次面试采用无领导小组讨论的形式。希望大家在讨论中就自己的看法积极发言，讨论过程中若有意见不同者，不得发生过激的言语及行为冲突。考官将根据你们在讨论中的表现，对你们进行评价打分。在讨论过程中，考官只作为旁观者，不参与讨论，不发表任何意见，完全由你们自主进行。注意在讨论开始后，请不要再向考官询问任何问题。

本次讨论时间为 50 分钟，整个讨论过程分为三个阶段。

第一阶段：面试官公布试题，应聘者了解试题，独立思考，并列出发言提纲。（10 分钟）

第二阶段：应试者轮流发言阐述自己的观点。（每人 2 分钟，合计 16 分钟）

第三阶段：应试者自由发言，不但要阐述自己的观点，还要对别人的观点提出意见，最后达成某一协议并决定由其中一人做总结陈述。（24 分钟）

（2）分发案例资料。

（3）应试者阅读并思考相关的问题。

（4）自由讨论。

（5）做出统一的方案并交给主考官。

（6）方案陈述。

（7）讨论结束。

主考官向无领导讨论小组成员致谢，宣布讨论结束并告知下一阶段人员招聘工作的安排。

6. 案例：海上自救

你们正乘坐一艘科学考察船航行在某个海域，考察船突然触礁并迅速下沉，队长命令全队立即登上橡胶救生筏。据估计，离你们的出事地点最近的陆地在正东南方向 100 海里处。救生筏上备有 15 件物品。

问题：现在队长要求你们每个人将救生筏上备用的 15 件物品按其在求生过程中的重要性进行排列。将最重要的物品放在第一位，次要的依次向后排，直至第 15 件物品。15 件物品分别为指南针、一台小收音机、剃须镜、一套航海图、饮用水、两千克巧克力、蚊帐、饮料一瓶、机油、一套钓鱼工具、救生圈若干、一箱驱鲨剂、一箱压缩饼干、一根五米长的细缆绳、一块雨布。

（1）讨论要求。

①每个人自由思考 10 分钟，并做出自己的方案。

②用 40 分钟的时间展开自由讨论，各抒己见，最后形成一份统一的意见书并交给主考官。

③派一个代表向主考官及其他考评者陈述理由，其他人最后可以补充。

（2）评分标准。

①善于消除紧张气氛，能够活跃讨论氛围。（10 分）

②有自己独到的见解并能得到小组成员的一致赞同。（15 分）

③尊重、关爱他人。（15分）

④善于协调争端，并有较强的领导能力。（30分）

⑤谈吐、行为举止有风度。（10分）

⑥用现有资源解决问题的能力强。（20分）

（3）讨论评估。

主考官和考评人员对参与讨论的成员进行评估，评估的方式是填写《无领导小组讨论观察记录表》，如表3-7所示。

表3-7 无领导小组讨论观察记录

观察内容		应试者A	应试者B	应试者C	应试者D
个人仪表					
参与有效发言的次数					
是否敢于发表不同的意见					
提出新的方案和见解					
是否善于倾听并尊重别人的意见					
协调争端					
营造和谐气氛的能力					
领导和控制能力					
决策和魄力					
快速反应能力					
分析判断能力					
情绪控制能力					
肢体语言、表情是否恰当					
语言表达能力					
综合评价	应试者A				
	应试者B				
	应试者C				
	应试者D				

3.3.3 公文筐测试

公文筐测试是评价中心技术（招聘选拔的一种测评技术，包括公文筐、无领导小组讨论、角色扮演等）中最主要的活动，在评价中心技术中的使用频率高达95%，也是经过多年实践检验的一种有效的管理人员的测评方法。公文筐测试帮助很多企业选拔和提升了大批优秀的管理人才，有着相当高的预测效度和实证效度。

公文筐测试是把应聘者置于模拟的工作情境中让其去完成一系列工作。与通常的纸笔测试相比显得更生动，较能反映应聘者的真实能力水平。与其他情境模拟测试（如小组讨论）相比，它提供给应聘者的背景信息、测试材料（文件材料及问题）及应聘者的作业（答题）都是以书面形式实现的。其考虑到了应聘者需要在日常工作中接触和处理大量文件，同时也为了让测验更便于操作和控制。

组织实施公文筐测试的一般步骤如下。

1．确认需要考查的素质

公文筐测试的测评指标归纳起来，可以分成以下两类。

（1）与事有关的能力。

公文筐测试的各种公文会涉及企业中的各种事件，被测者收集和利用信息的能力（洞察力）首先会体现出来。另外，有的事情需要被测者分析、整理、判断（分析判断能力），有的事情需要做出决策（决策能力），有的事情则需要组织、计划、协调（计划能力、组织协调能力），还有的需要分派任务（管理能力）。而且纷繁复杂的事情也需要被测者分清轻重缓急，同时在编写答案时还可以体现被测者的写作能力，等等。这些能力都可以在处理公文中得到反映。

（2）与人有关的能力。

公文中会提到各种各样的人物及他们之间的关系，设计得比较好的公文筐测试可以把人物的特点勾勒得淋漓尽致。被测者除了要处理公文中的事情外，还要对与文件有关的人和物非常敏感，而且在很多情况下，事情处理得是否得当在很大程度上取决于是否能够正确理解人的意图、愿望、性格特点及人物之间的关系。因此，公文筐测试也能很好地考查被测者与人打交道的能力。

 提示

公文筐可以测评的能力素质是比较广泛的，人力资源管理者可根据岗位的需要选择要测试的素质。

2．设计测评题目

公文筐测试的目的在于尽量模拟真实的管理情景和问题，以提高对应聘者未来工作绩效和管理能力的预测准确度。因此，人力资源管理者要根据目标岗位的工作内容、情境、面临的问题、经常接触的人和物来设计公文筐题目。

设计题目包括选择什么文件种类，如信函、报表、备忘录、批示等，确定每个文件的内容，选定文件预设的情境，等等。文件数量较多，测试时间以 2~3 小时为宜。文件的签发方式及其行文规定可以忽略，但文件的行文方向（对上与对下，对内与对外等）应有所区别。特别要注意的是对各个文件的测评要素的设计。通常情况下，处理不同的文件可以体现不同的测评要素。设计时对文件的处理方式要有所控制，并且要确定好计分规则或计分标准，尽量避免每个要素同时得分或处理的文件无法归于某一要素的情况出现。

例 3-3

关于员工关系的题目

类别：电话录音。

来件人：劳动关系主管。

电话内容：××总，您好！我是××，有件事情非常紧急。今早七点，我接到成都天府新区交通管理局的电话，六点十分，成都 213 国道上发生了重大交通事故，我公司销售部员工夏一驾车与一辆大货车相撞，夏一当场死亡，对方司机重伤，目前正在医院抢救。与夏一同车的还有公司的销售员王东、向东和周亮，三人都不同程度地受伤了，但无生命危险。目前事故责任还不能确定，我准备立刻前往天府新区处理相关事务，希望您能尽快和我联系，商量一下应对措施。

参考答案

回复方式：电话回复。

立即打电话联系劳动关系主管，并做出如下安排。

（1）立即向主管总裁汇报。

（2）根据公司应急预案组成事故处理小组。

（3）联系相关医院和成都天府新区交警部门，确保对伤员的全力救治。

（4）联系伤亡员工家属。

（5）联系天府新区交警部门，确定事故责任，全力维护公司利益。

（6）与销售部门联系，确保货物安全，做好工作交接，处理好与供应商的关系，求得理解。

（7）做好送伤亡员工家属前往医院的准备。

（8）联系保险公司，协商理赔事宜。

（9）事故处理完后，要召开一次会议，分析事故原因，修改应急预案，防止事故再次发生。

3. 组织实施

在组织实施公文筐测试时,要把整个测试的过程都用录像机记录下来。可以集体参试,但考虑到录像的效果,一组以不超过 10 人为宜。如果能单独安排在模拟的经理室里进行测试,效果更好。具体过程如下。

(1)依据预定的参试人数选择适宜的测试地点,并布置考场。考场环境应安静整洁,无干扰,采光照明良好。由于要处理大量公文,因此桌面要够大。如果有多人参加,相互之间的距离要远一些,以免互相干扰。

(2)准备好测试所用的材料,包括测试文件、答题册、铅笔、橡皮。保证每位应试者都有以上完整的测试材料,允许应试者自带计算器。

(3)安排应试者入场,并宣布测试注意事项。

4. 评价打分

公文筐测试结束之后,一般由专家和具备该职位工作经验的人(一般是招聘职位的上级主管及人事部门的领导)进行评分。除了设计测试时要制订好评分标准外,更重要的是还要对评分者进行培训,使评分者根据评分标准而不是个人的经验评分。评分的程序也要特别注意,可以考虑各自独立评分,然后交流评分结果,对评分差异各自申述理由后,再独立进行第二次评分,最后将评分结果进行统计平均(评分者比较多时,可以去掉最高分和最低分),以平均分作为最后得分。表 3-8 所示为公文筐测试的评分表。

表 3-8 公文筐测试评分

被测人员		姓名		性别	
应聘岗位		文化程度		年龄	
测评要素	胜任素质定义	满分	一次评分	二次评分	最后得分
统筹计划能力	(1)能够有条不紊地处理各种公文和信息材料,并根据信息的性质和轻重缓急,对信息进行分类处理; (2)在处理问题时,能提出及时、可行的解决方案,能系统地安排和分配工作,能注意到不同信息之间的关系,并有效地利用人、财、物和信息资源; (3)能确定正确的目标安排和实现目标的有效举措与行动步骤,制订有效的行动时间表	15			
洞察问题能力	能觉察问题的起因,把握相关问题的联系,归纳综合,形成正确判断,预见问题的可能后果	10			

续表

解决问题能力	能提出解决问题的有效措施并付诸实施，即使在情况不明朗时也能及时果断地做出决策	10			
任用授权能力	（1）能给下属分派与其职责、专长相适应的任务； （2）给下属提供完成任务所必需的人、财、物的支持； （3）能调动下属的力量，发挥下属的特长和潜能	20			
指导控制能力	能给下属指明行动和努力的方向，适时地发起、促进或终止有关工作，维护组织机构的正常运转，监督、控制经费开支及其他资源	15			
组织协调能力	能协调各项工作和下属的行动，使之成为有机的整体，按一定的原则要求，调节不同利益方向的矛盾冲突	15			
团结合作能力	可以理解、尊重下属，倾听下属意见，激发下属的积极性，帮助下属适应新的工作要求，重视并在可能条件下促进下属的个人发展	15			
合计		100			

测评人员评语	签字： 日期：　　　年　　月　　日

3.4 面试后的工作

面试结束并不代表着面试工作就结束了，面试后还有很多工作需要做。主要有候选人背景调查、录用决策及录用后的跟踪等。

3.4.1 候选人背景调查

做好候选人背景调查，可以帮助企业树起人才招聘的防火墙。背景调查已经成为招聘流程的一个重要环节，做好候选人背景调查不仅可以减少招聘风险，还可以为企业选拔合适的人才提供决策依据，从而提高招聘的有效性。

候选人背景调查就是通过各种正常的、符合法律法规的方法和途径，获得候选人背景等相关信息。将获得的信息与被调查者所提供的简历信息、面试收集的信息等进行对比，已成为企业人力资源管理者聘用员工的参考依据。

背景调查的内容通常包括教育背景、工作经历、担任职务、工作业绩、离职原因等。

背景调查作为招聘过程中的重要环节，如果操作不当，则很可能损害应聘者的利益，影响公司的企业形象，因此在进行背景调查时要注意以下几点。

（1）获得应聘者的允许和理解。

背景调查在一定程度上可能会触犯到应聘者的隐私，因此，在调查前一定要征得应聘者的允许。可以在应聘人员登记表中设计"背景调查"一栏，让应聘者提供上一家工作的单位，并提供证明人及联系电话，征得应聘者签字同意，这样也可以避免不必要的麻烦。

（2）暂不调查应聘者目前在岗单位。

如果应聘者还处于在职状态，那么在进行背景调查时，不宜贸然对应聘者正在受雇的公司进行调查，否则会给应聘者的工作带来不便。

（3）在面试过程中确定背景调查的重点。

应聘者的很多信息可以在面试过程中收集并判断，对于应聘者在面试中提供的有疑点的信息，在背景调查时需要作为重点进行核实。

（4）录用之前做背景调查。

从背景调查的内容上看，背景调查的工作量非常大。因此，背景调查最好安排在最后一轮面试结束后，并在录用决策前进行，这样可以避免对大部分不合格人选进行调查，从而能减少工作量。需要注意的是，背景调查一定要在发放录用通知前进行，以避免后期因调查发现不合适，让应聘者在试用期离职，这样不仅伤害了应聘者的利益，也增加了公司的招聘成本。

（5）调查时注意重点及礼仪。

调查人员做背景调查时应简单地进行自我介绍，要有礼貌、语言要得体，还要充分考虑信息提供者的时间，如果对方时间紧急，那么问问题也不必面面俱到，把握重点即可。

3.4.2 录用决策

录用决策是指对面试选拔评价过程中产生的信息进行综合评价与分析，确定每个候选人的素质和能力特点，然后根据预先设定的人员录用标准，选择出合适人员的过程。录用决策是依照人员录用的原则，避免主观武断和不正之风的干扰，把选拔阶段多种考核和测验结果组合起来进行评估。

录用决策的方法有很多,这里主要介绍两种:诊断法和统计法。

诊断法:主要根据决策者对某项工作和能胜任这项工作的人员资格的理解,在分析应聘者所有资料的基础上,凭主观印象做出决策。该方法简单,成本较低,但主观性强。

统计法:这种评价方法对指标体系的设计要求较高,比诊断法所做的决定更客观。首先要区分评价指标的重要性,并赋予权重,然后根据评分结果,用统计方法进行加权运算,分数高者即获得录用。统计法可分为图3-2所示的三种不同的模式。

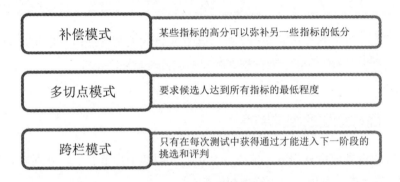

图3-2 三种不同的模式

面试测评小组做出决定后,反馈给人力资源管理部门。人力资源管理部门办理相关的录用审批,并通知应聘者有关的录用决定。

录取通知通常先经过面谈或电话告知应聘者。在口头通知后,还要以书面形式确定。通知应聘者时应充满热情,最好由招聘联系人或专人告知应聘者。如果有可能,可以回忆面试过程中的某些积极方面,如应聘者的哪些方面得到了高度评价;继续从应聘者那里了解其所关心或担心的问题,了解其何时能做出接受录用的决定,以及他们是否在考虑其他公司。最后向应聘者发录用通知,让应聘者签字确认并回复。

3.4.3 录用后的跟踪

应聘者收到录用通知并确认后,一般不会马上入职,还需要在原单位办理离职交接手续。而企业在这段时间要时刻关注应聘者的动态,让应聘者与企业保持持续沟通状态。一方面是为了增进应聘者对公司的了解，另一方面是为了让应聘者做好对公司相关要求的反馈。更重要的是掌握应聘者的情况，避免应聘者放弃入职的情况发生。所有的这些事情，都需要及时而有准备地跟踪。

提示

虽然应聘者接受了录用通知，但只要应聘者没有入职，企业就有可能面临招聘失败的风险，若失败就要继续招聘。

3.5 面试管理体系范本：制度/流程/表单

面试工作需要管理体系作为支撑，建立完善的面试管理体系是面试工作的重要保障。面试管理体系包括面试管理制度、面试流程和表单等。

3.5.1 面试管理的相关制度

制度建设方面将从面试、选拔、录用、入职四个环节着手，分别建立面试管理制度、甄选管理制度、录用管理制度等。

1. 面试管理制度

建立面试管理制度是为了规范公司面试的各个环节。下面是某公司的面试管理制度，供读者参考。

▶ 员工面试管理制度 ◀

1. 目的

为规范公司的面试程序，保证招聘质量，特制订本制度。

2. 适用范围

本制度适用于公司面试管理工作。

3. 面试要求

（1）严格考核，宁缺毋滥。

（2）公司职位说明书是面试考核的基准。

4. 面试人员管理相关规定

为保证招聘质量，面试人员由人力资源部统一管理。

（1）面试人员的选择。由人力资源部先统一培训，培训结束并进行相关考试后再确认最终人选。

（2）面试人员的增补。每半年由各部门提出候选人，经人力资源部培训考查后确认。

（3）人力资源部将跟踪面试人员的面试情况，并取消面试记录不良人员的面试资格。

（4）面试人员原则上不能授权他人代为面试，一经发现，将以违反规定通报批评。

（5）参加面试的所有人员必须准时到达面试现场，不得令应聘者的等待时间超过15分钟。

（6）面试时须着职业装，佩戴工牌，讲普通话，禁止吸烟，非特殊情况不得接打电话。

5. 面试过程

（1）面试前，由人力资源部面试工作负责人提前通知参与面试的人员。

（2）人力资源部须做好面试的接待工作，避免应聘者随意走动，影响公司正常的办公秩序，杜绝无人招呼应聘者的情况发生。

（3）人力资源部相关人员为面试组织第一责任人，负责在面试前拟定日程安排，确定面试人员，并跟进面试工作的整个实施过程。

（4）面试的地点最好选在单独的房间，房间应采光充足，通风良好，安静无噪声，以避免面试过程受到干扰。

（5）主试人员应据实填写面试评价表，严禁徇私舞弊，将不符合岗位要求的人员补充到公司员工队伍中来。

（6）根据职位的实际需要，面试可分初试（素质面试）、复试（专业面试）及综合测试。

① 初试。

初试通常由人力资源部门实施，主要考查应聘者的基本任职条件，包括形象气质、语言表达、领悟反应能力等。初试前，应聘人员须完整填写应聘登记表，交齐相关证书的复印件，并由相关人员验证相关证书原件。

② 复试。

复试主要考查应聘者的专业水平、实践能力、管理思想等。复试要确保测试的深度和广度，充分掌握应聘者的实际能力。复试后可以决定是否录用。

③ 综合测试。

对于复试后不能确定是否录用的人员及公司中高级管理人员的招聘应根据需要进行综合测试。

（7）面试人员应通过面试获得有关应聘者个人特性、家庭背景、工作经验等方面的信息，具体内容如表3-9所示。

表3-9 面试主要内容说明

序号	面试考查项目	内容说明
1	举止仪表	（1）考查应聘者的体格、健康状况、穿着、语调、坐姿和走姿等； （2）考查应聘者是否积极主动、为人随和、行动力强，以及性格内向还是外向
2	家庭背景	考查家庭背景资料，包括应聘者父母的职业、兄弟姐妹的兴趣爱好、父母对其的期望、妻子的任职情况及家庭的重大事件等
3	学校教育	考查应聘者就读的学校、院系、成绩、参加的活动，与老师、同学的关系，在校获得的奖励等
4	工作经验	（1）考查应聘者的工作经验，考查的重点是其在工作中表现出的责任心，了解其薪酬增加、职位升迁的情况，以及变换工作的原因； （2）通过对工作经验的考查，判断应聘者自觉自发的精神及理智状况等
5	与人相处的情况	从应聘的兴趣爱好、喜欢的社团及结交的朋友等方面进行了解，从而考查其与他人相处的情况
6	个人抱负	考查应聘者的抱负、人生目标及潜力、可塑性等

（8）面试人员应通过掌握提问技巧、倾听技巧来提高自身的面试水平，以便从面试过程中获得更多应聘者的有效信息。

① 提问技巧。

面试人员应围绕面试的主要内容，明确考查目的后再向应聘者提问，并根据应聘者的回答考查其理解能力、反应速度等。

② 倾听技巧。

面试人员要善于倾听，在倾听过程中要善于发掘应聘者的潜在想法，并观察应聘者在谈话过程中传递的信息。

③ 学会沉默。

面试人员问完一个问题后，应学会沉默，避免主动解释问题。然后观察应聘者的反应，并通过观察发掘应聘者对问题的应对能力。

（9）公司对应聘者面试评价的原则如下。

① 透析性原则。

面试人员应从侧面观察、分析和评价应聘者的答案，避免由于应聘者揣摩提问目的，回避不利因素作答，影响面试人员对其的评价。

② 综合判断原则。

尽可能利用多种信息，从不同角度、不同层次对应聘者进行评价，反对就能力或性格等单一方面进行评价。

③ 以点带面原则。

为确保评价的客观性和全面性，面试人员应充分利用面试评价表，对各项考查内容采用典型问题提问，最大限度地掌握应聘者的信息。

（10）各阶段主试人员应在面试过程中做好记录，并据实填写《面试评价表》，以此作为面试人员录用的依据。

（11）面试评价完成后，人力资源部向通过面试的应聘者发送录用通知，通知其已被公司录用，确认其报到时间并提醒其做好录用资料的准备。对于经决定暂时不予以录用的人员，人力资源部将其简历及面试记录等纳入公司的人才储备库，并电话告之应聘者。

6. 附则

（1）本制度的解释权属人力资源部。

（2）本制度自颁布之日起执行。

（3）以前的文件或规定中如果有与本制度相抵触的条款和规定，按本制度执行。

2. 甄选管理制度

通过对应聘人员进行统一、规范的测试，以及对应聘人员在面试过程中所犯错误的分析，从而对应聘人员进行甄选，以招聘到公司需要的具有真才实学的人才。

下面是某公司面试人员甄选应聘人员的管理制度，供读者参考。

▶ **甄选管理制度** ◀

1. 目的

为规范公司对应聘人员的甄选，保证面试及招聘质量，特制订本制度。

2. 适用范围

本制度适用于公司面试人员对于应聘人员的甄选工作。

3. 甄选基本原则

（1）以德为先，德才并重。公司用人的先决条件是个人道德品质良好，在识别应聘者道德品质的基础上确认其工作能力。

（2）思维严谨，创新开拓。选用的人员须具备严谨清晰的思维，思路具有条理性和统筹性，并且创新意识和大胆开拓的精神要强。

（3）敬业专一，激情工作。选用的人员须具有良好的敬业精神和对工作全心投入的热情。

（4）形象端庄，诚恳谦和。选用的人员须形象气质良好，且诚实守信、谦虚亲和，能与公司大集体很好地融合在一起。

（5）任人唯贤，举贤不避亲。个人的专业素质水平和其工作能力是人员任用的关键。

4．甄选约束条件

凡有下列情况之一者，不得选用。

（1）被执行有期徒刑者，或被通缉尚未结案者。

（2）被剥夺公民权利者。

（3）吸食毒品或有赌博嗜好者。

（4）亏欠公款受处罚者。

（5）患有精神疾病或传染疾病者。

（6）品性恶劣，被国有单位或私营单位开除者。

（7）体检不适合公司要求者。

（8）未满16周岁者。

（9）其他特殊要求。

5．面试人员甄选应聘人员的过程中应避免出现的错误

（1）"像我"。

面试者在甄选应聘者时，发现应聘者与自己有共同点（"像我"），这时就要警惕，避免因为"像我"而给应聘者更高的评估分数。

（2）晕轮效应。

应聘者的各方面条件都非常不错，但因为一个与工作无关的小缺点，就被忽视了真正的实力和能力。针对这一情况，面试人员在甄选应聘者时，要客观、全面地考核应聘者，避免出现晕轮效应。

（3）相比效应。

面试者甄选了几个人，只会记住一个标杆型的应聘者，并且认为其他面试者都没有那么光彩，这叫相比效应。当面试者遇上这样的情况时，需要时刻提醒自己，

最好的不一定是最合适的。同时要注意以职位对照人，以素质要求对照人，而不是与标杆相比。

（4）首因效应和近因效应。

面试者在甄选应聘者时，通常能记住的是第一个人或最后一个人，而中间的应聘者容易被面试者忽略。只记住第一个，是受首因效应的影响；记住最近的一个，是受近因效应的影响。为了避免出现这一情况，每个面试者都应做好面试计划，记好面试笔记，以便做出恰当的评价。

（5）盲点。

面试者会刻意淡化应聘者与自己一样的缺点，这就是盲点。面试者在甄选应聘人员的时候，应时刻保持清醒和理智，以便甄选出合适的人选。

6. 甄选基本程序

（1）人力资源部初试（面谈）。

① 由人力资源部相关人员与初试者进行面谈，根据甄选基本原则对应聘者进行行为识别。

② 在面谈提问时要注意一些"要"和"不要"：不要把答案暗示给应聘者或者流露出自己想要的答案；不要像审问犯人一样审问求职者；不要表现出要人领情的、讥讽的或者疏忽的态度；要问开放式的问题；要专心聆听求职者并且鼓励他们充分表达自己的想法。面试提问应围绕考查应聘者有效沟通的能力、领导能力、团队意识、工作主动性、适应能力、应变能力、继续学习的能力、决策和分析问题的能力、交际能力、服从意识等。

（2）人力资源部初试（笔试及设备操作测试）。

笔试是一种与面试对应的测试，是考核应聘者学识水平的重要方法。笔试可以有效地测试应聘者的基本知识、专业知识、管理知识、综合分析能力和文字表达能力等素质及能力之间的差异。

笔试在员工招聘中有相当大的作用，尤其是在大规模的员工招聘中，它可以一下子把员工的基本活动了解清楚，然后划分出一个基本符合需求的界限。笔试的适用面广，费用较少，可以大规模地运用。但有时应聘者会投其所好，尤其是在个性测试中更加明显。

笔试的题型主要有7种：多种选择题、是非题、匹配题、填空题、简答题、案例分析题、小论文。

公司在设计笔试试卷时，要注意以下原则。

① 自始至终符合目标。知识考试的目标是什么,在设计试卷时要从头到尾贯彻执行,这样才能得到想要的效果。

② 各种知识可以结合起来运用。比如,在一张试卷上既可以有百科知识的内容,又可以有专业知识的内容,还可以有相关知识的内容。这样可以节省时间,在较短时间内全面了解一个应聘者各方面的水平。

③ 充分重视知识的实际运用能力。设计试卷时,要尽量多用案例分析等题型。

公司组织笔试及设备操作测试的程序如下。

① 根据其实际情况由人力资源部安排应聘人员进行笔试,笔试试题由各职能部门配合人力资源部提前统一设计;有计算机应用要求的岗位须有相应上机测试题。

② 试题答卷由人力资源部及用人部门共同审阅。

③ 人力资源部与用人部门或相关职能部门须仔细审阅笔试答卷并填写面试记录表及考核评价表。

④ 人力资源部综合面谈及笔试两部分意见后对应聘者进行初选,并做好下一步面试安排。

(3) 背景调查及证件查验。

① 背景调查。

人力资源部须对通过初试的应聘人员做背景调查,原则上人力资源部的背景调查工作是针对所有招募岗位的。

背景调查所涉及的内容包括如下事项。

a. 应聘者工作时间与工作内容是否吻合。

b. 应聘者在原工作单位的表现情况及原同事对其的评价(工作能力及个人品质)。

c. 应聘者的个人习惯、工作态度及人际关系等。

d. 应聘者的原有工作业绩及个人优、劣迹等。

e. 应聘者离开原工作单位的原因。

f. 应聘者的家庭情况及其他情况。

g. 是否符合"人员甄选管理"中所述的原则及条件。

② 证件查验。

人力资源部须对通过初试的应聘人员做相关证件真实性的查验和核对,若应聘者采用虚假证件,则概不录用。

（4）专业部门复试。

① 人力资源部初试（面试）筛选通过的应聘者由用人部门进行复试，复试内容须包括如下事项。

a. 应聘者的专业等级及实际专业素质。

b. 应聘者的专业工作能力与公司要求是否匹配。

c. 应聘者的专业工作经历是否符合本公司要求。

d. 应聘者的专业潜力是否具有可塑性。

② 详细填写面试记录表及考核评价表。

③ 将面试结果交给人力资源部，由人力资源部进行人员录用安排。

（5）高级复审。

① 特殊岗位或特殊职位人员由副总经理、总经理进行后续面试。

② 做好面试记录，填写应聘面试考核表，并确认是否录用。

③ 将面试结果交给人力资源部，由人力资源部进行人员录用安排。

（6）确认。

① 将通过公司甄选程序而最终确定的人员资料进行复核。

② 通知应聘者面试结果及上岗时间。

③ 将应聘者资料建档，并做好上岗入职准备。

7. 附则

（1）本制度的解释权属人力资源部。

（2）本制度自颁布之日起执行。

（3）以前的文件或规定中如果有与本制度相抵触的条款和规定，按本制度执行。

3. 录用管理制度

录用管理制度能够规范录用管理流程，保障新员工顺利入职，引导新员工快速融入公司。下面是某企业的录用管理制度，供读者参考。

▶ **录用管理制度** ◀

1. 目的

（1）规范员工的录用工作，明确录用双方的权责。

（2）公司本着量才适用、择优录取的原则，公开、公平、公正地进行人员录用，为公司招揽适用的人才。

（3）构建专业系列的中层和基层员工的发展通道，拓展员工上升空间，强化员工专业能力。

（4）使员工的职业发展能够随着其个人能力的提升而提升，更加实用、可行。

（5）管理层级扁平化，促进管理人员的能力提升。

2. 适用范围

适用于公司管理系列及专业系列的员工的录用与提拔。

3. 定义

（1）管理系列包括中层管理职位（部门副经理、部门经理）和高层管理职位（总监/副总经理、常务副总、总经理）。

（2）专业系列：除管理系列外，其他职务均为专业系列，包括文员/见习、助理员/师、副高级员/师、高级员/师。

专业系列共分三大系列，各系列中的称谓如下。

行政/人事/计划/质量/客服系列。关键词：专员，如行政专员、人事专员、资料员。

财务/审计/成本系列。关键词：会计（审计、造价）师，如造价师、会计。

设计/工程/营销/售后系列。关键词：工程师，如电控工程师、排水工程师、营销工程师、售后工程师。

4. 职责

（1）股东会的职责。

①对公司高层人员（总监、副总经理、常务副总、总经理）及财务部经理的聘任、晋级和晋升进行评议和审批。

②对上述人员自动晋级的确认。

（2）总经理的职责。

①对非自动晋升（晋级）的员/师级及以下员工的聘任（晋级）进行审批。

②对部门经理及以上管理人员试用期定级、转正及转正定级的审批。

③其他需要审批的特殊事项。

（3）常务副总经理的职责。

①对部门经理以下员工试用期定级、转正及转正定级的审批。

②对员/师级及以下员工的聘任（晋级）进行审核。

③对员/师级及以下员工自动晋升、晋级的确认。

④对管理系列的部门经理级和专业系列的总监级人员的聘任进行提名。

（4）人力资源部的职责。

①对员工的综合素质进行评估。

②初步审查各部门提出的聘任、晋级或晋升建议，对经提议拟晋升的员工进行跟踪考查。

（5）业务分管领导的职责。

①定期对员/师级以上员工提出晋级或晋升的建议。

②不定期提出员工晋级或晋升的建议。

③审核所主管部门对员/师级及以下员工提出的晋级或晋升建议。

（6）各部门的职责。

定期对员/师级及以下员工提出晋级或晋升的建议。

5. 任用程序

（1）原则。

①任人唯贤、唯能、唯绩。

②以考核为主要依据。

③统一调配人力资源，全面促进员工能力提升。

（2）职类、职等、职级。

①所有职位分成A、B、C三类。

②管理系列共设五个职等、27个职级。

③专业系列共设五个职等、25个职级，如表3-10所示。

表3-10 管理系列与专业系列的分类

职类	职等	管理系列	专业系列	职级数
A类	一	总经理	—	2
	二	副总经理	总监	5
B类	三	部门经理	首席员/师	5
	四	部门副经理/经理助理/项目经理	高级员/师	5
C类	五	主管/组长	副高级员/师	5
			员/师/助理	5

（3）专业系列人员的任职资格及录用程序如表3-11所示。

表3-11 专业系列人员的任职资格及录用程序

专业等级	任职资格	录用程序
总监	（1）具有根据自身判断来规划、指导和推进专业范围内全盘工作的能力； （2）具备参与企业整体经营决策所需的高度专业的知识、经验及决断力； （3）业务研究、开发能力及在该业务领域的管理技能足以完成极其复杂、困难的工作	总经理提名，人事部考查，股东会评议、审批
首席员/师	（1）具有能根据自身经验来规划、指导和推进多项极其重要的工作的能力； （2）具备参与企业整体经营决策所需要的高度专业的知识及经验； （3）业务研究、开发能力及在该业务领域的管理技能足以完成极其复杂、困难的工作	
高级员/师	（1）按照上级在业务方面的主要原则及公司年度工作计划的要求，能根据个人判断指导、推进多项重要工作； （2）具有参与部门发展规划和年度计划拟定所需要的专业知识，以及推动计划执行所需要的经验和决断力； （3）业务研究、开发能力及在该业务领域的管理技能足以完成复杂、困难的工作	业务分管领导提名，人事部考查，总经理办公会评议，总经理审批
副高级员/师	（1）按照上级在业务方面的主要原则及公司年度工作计划的要求，能够指导、推进两项以上重要工作； （2）具有较高水准的专业知识，可以完成（主要是）部门范围内需要正确的判断力、理解力和协调能力的较为复杂、困难的工作	
员/师	（1）依照部门规划及年度工作计划，接受部门负责人的一般性指示，基本具有独立完成一项重要工作的能力； （2）必要时能指导经办人员或参与其他工作； （3）对一定范围内的业务可以其所具有的相当程度的知识、经验为基础，完成需要一定理解力及协调能力的工作	部门负责人提名，业务分管领导、人事部及常务副总审核，总经理审批
助理	（1）依照部门年度工作计划，按照上级的概括性指示，能主动地协助一项重要工作的进行； （2）接受若干指导可以独立完成日常性的工作业务； （3）对于上一职等的业务，可在上级人员的指导下帮助完成	
文员/见习	对于需要一定程度知识及实务经验的工作，按照上级一般性指示可起到有效的辅助作用	

（4）中层管理系列的录用。

专业人员可以选择管理职位作为发展方向，管理系列员工也可以选择向同等级或更高等级的专业职务发展。

员工担任管理职位之前，最低须具备专业系列的资深级的任职资历，并且须有3个月以上的工作团队管理经验，该工作团队必须是3人以上的跨部门工作团队，或 5 人以上的部门团队。

中层管理职位的聘任，部门经理须由总经理提名，部门经理以下须由业务主管副总提名，经人力资源部进行综合素质考查后，报总经理办公会评议，并由总经理审批。

6. 附则

（1）本制度的解释权属人力资源部。

（2）本制度自颁布之日起执行。

（3）以前的文件或规定中如果有与本制度相抵触的条款和规定，按本制度执行。

3.5.2 面试管理的相关流程

1. 面试管理流程

为明确面试环节，更好地组织实施面试，企业须制订面试管理流程，如图 3-3 所示。

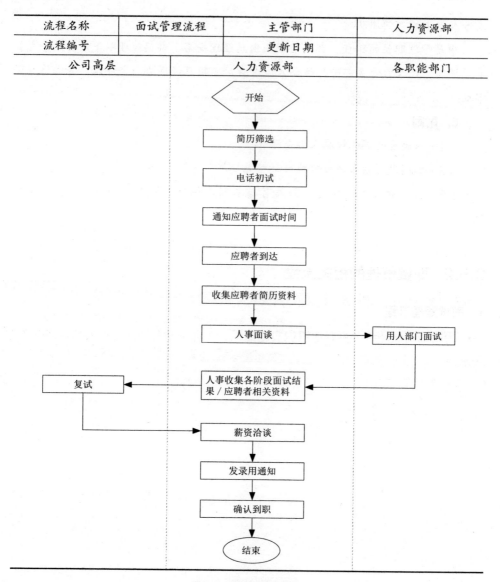

图 3-3 面试管理流程

2. 甄选管理流程

人才甄选是面试过程中的重要一环,为明确甄选过程,企业须设计甄选管理流程,如图 3-4 所示。

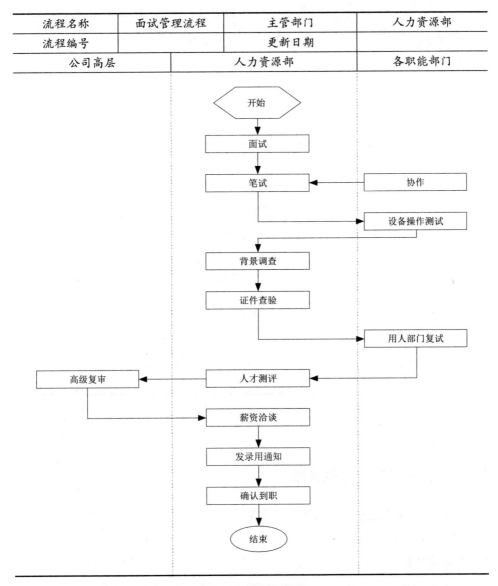

图 3-4 甄选管理流程

3. 录用管理流程

人才录用也要按照相应的流程进行，批准后方可正式录用。录用管理流程如图 3-5 所示。

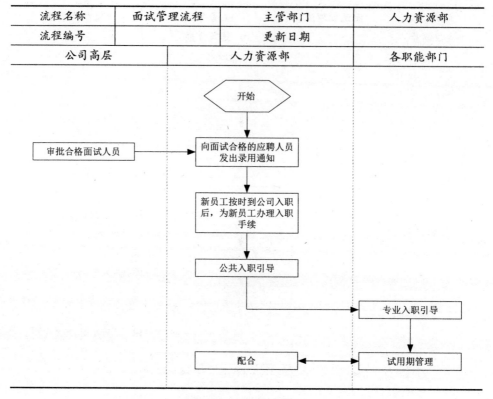

图 3-5 录用管理流程

3.5.3 面试管理的相关表单

在面试与甄选过程中,熟练使用各类表单可以提升工作效率。本节主要介绍与面试工作相关的各类表单。

1. 面试通知单

面试通知单分为初次面试通知单和复试面试通知单,面试通知单可通过邮件、手机短信的方式发送给应聘者。

(1) 初次面试通知单。

针对初次来公司面试的人员,需要发送面试通知。下面是某公司初次面试通知单的范本,供读者参考。

×××××有限公司
面试通知单

_____ 先生/小姐：

您投递我公司 _____ 职位的简历已收到，恭喜您通过简历筛选，现诚邀您到我公司参加面试。

1. 面试时间：_____年__月__日__时__分

2. 面试地址：_____

3. 乘车路线：_____

4. 联系电话：_____

注：届时请携带身份证、毕业证、技术职称证、一寸照片两张等相关材料。如有不便，请提前与本公司人力资源部联系。

×× 有限公司人力资源部
年　月　日

（2）复试通知单。

针对通过初试的人员，如果安排复试，也要有正式的复试通知。下面是某公司复试通知单的范本，供读者参考。

×××××有限公司
复试通知单

_____ 先生/小姐：

恭喜您通过我公司 _____ 职位初次面试，现诚邀您到公司参加复试。

1. 复试时间：_____年__月__日__时__分

2. 复试地址：_____

3. 乘车路线：_____

4. 联系电话：_____

注：如有不便，请提前与本公司人力资源部联系。

×× 有限公司人力资源部
年　月　日

2. 结构化面试经典问题示例

表 3-12 所示为人力资源部门经典的结构化面试问题，供读者参考。

表 3-12 结构化面试经典问题示例

问题 1	
题目	"刺猬理论"认为，冬天刺猬彼此将身上的针状刺靠拢防寒，刺与刺之间保持一定距离，距离太小就会伤对方；距离太大就起不到防寒的作用。这形象地说明了上下级之间的交往，必须把握好一定的"度"。你认为应如何把握这个"度"
出题思路	智能性问题，考查应试者的综合分析能力
观测要点	（1）透过现象把握实质的能力； （2）是否对问题分析透彻，条理清晰，阐述全面，论证合理； （3）是否有基本的理论素养
评分参考	（1）领导者应注重与下属的沟通与往来。若领导者与下属之间甚少往来，则领导会逐步失去影响力。但若与下属的交往流于庸俗，那么领导者的威信会大受影响； （2）领导者应与下属加强感情沟通，但又必须防止被私人感情所左右； （3）上下属之间要多些"君子之交"，少些"酒肉之交"，亲而不见，近而有节，让领导者在下属心目中保持一种可亲可敬的形象
评分标准	好：能深刻、辨证地分析问题，论证合理充分，有说服力； 中：能结合实际谈观点，论述问题较清晰，但分析不够透彻； 差：泛泛而谈，没有自己明确的见解，或持偏激的观点而没有相应的论据支持
问题 2	
题目	市环保局一行七人一周后将来我司进行考察调研，组织决定让你来承办这次接待的具体联络工作，请谈谈你的计划
出题思路	情景性问题，考查应试者的计划组织协调能力
观测要点	（1）方案的全面性，可行性； （2）组织工作的条理性、灵活性，能否充分利用资源； （3）能否有效协调控制活动
评分参考	（1）做好接待前的准备工作，了解来公司考察调研人员的基本情况、调研目的、日程安排及忌讳事项等； （2）拟定接待方案，包括被接待人员的食宿安排、考察调研内容、接待场地、陪同人员安排接待车辆及行程安排； （3）将接待方案报领导审定后予以印刷。组织相关工作人员召开协调会，明确并落实接待人员的工作职责，做好接待场地的布置等工作； （4）协助领导做好接待工作，及时联络各环节工作，做好会议记录，并根据情况适时组织新闻媒体进行报道
评分标准	好：有周全的计划安排，能组织协调多方有效率地开展工作； 中：有计划，有一定的组织协调能力； 差：方案简单，缺乏可操作性，组织协调能力差
问题 3	
题目	在工作中，假如主要领导对你的工作不支持，甚至处处与你为难，你该怎么办
出题思路	情景性问题，考查应试者的应变能力、自我情绪控制能力、主动协调人际关系的意识及解决问题的能力

续表

观测要点	（1）思维是否敏捷、情绪是否稳定、反应是否迅速； （2）能否随机应变，表情和言语自然； （3）人际合作的主动性，处理人际关系的原则性与灵活性； （4）人际的适应性，沟通的有效性，改变的适当性
评分参考	（1）冷静对待，首先从自己身上找原因； （2）调查研究，找出症结所在； （3）若属自己工作失误，应及时调整工作思路； （4）若是主要领导失误，应讲明情况，求得支持； （5）若遇特殊情况，可及时向领导反映
评分标准	好：态度积极，处事稳妥，沟通顺畅； 中：有较好的沟通意识，基本掌握人际交往的意识与技巧，但方法欠妥； 差：固执己见，盲目跟从，缺乏沟通

3．应届毕业生结构化面试示例

由于应届毕业生没有工作经验，因此在设计其结构化面试题时，一般应重点了解其基本情况、求职动机和态度、对应聘岗位的了解、自知力和自控力、工作关系、职业规划、事业心、进取心、自信心等。

应届毕业生结构化面试题目示例如表 3-13 所示。

表 3-13 应届毕业生结构化面试题目示例

题目类别	题目	观测要点
基本情况了解	请自我介绍一下	了解应聘者的基本信息，同时观察其表达能力、概括能力
	在你朋友眼里，你是一个怎样的人	人际交往能力的侧面考查
	你有什么业余爱好	业余爱好可以反映应聘者的性格倾向、观念和心态
求职动机、态度	为什么选择来我们公司工作，对这个行业、对我们公司你有多少了解	应聘者的了解程度反映了对该职位的重视程度及求职的态度
	你喜欢什么样的公司	判断应聘者在本公司的适应程度和稳定性
	你在学校喜欢什么样的老师和同学	喜欢什么样的人，自己也将成为那种人
	你为什么喜欢这种工作	了解应聘者的职业倾向，以判断应聘者是否适合应聘的岗位
岗位了解	你觉得你所应聘的职位，其工作内容主要有哪些	考查应聘者对应聘职位的了解程度
	对这份工作，你有哪些可预见的困难	心理预期
	对于这份工作，你的优势、劣势在哪里	自我认知

续表

题目类别	题目	观测要点
自知力、自控力	你认为自己的优点和缺点有哪些	关注应聘者对自己短处的描述
	你听见有人在背后说你的坏话,你怎么处理	关注应聘者思维的出发点
	老师和同学批评你时,你如何对待	观察应聘者是否言不由衷
	老师在班会上当众批评了你,你如何处理	应聘者无法回答时可举出包含具体情形的例子
职业规划	谈谈未来3~5年你的职业规划	个人职业目标、职业规划
	如果有选择的机会,你最有兴趣做的工作是什么?并说明理由	职业倾向、工作稳定性的考查,应聘者是否把这份工作仅当作一个过渡
事业心、进取心、自信心	你对自己的工作有什么要求	如"追求完美"或"追求效率",或"对得起这份薪水"等一般性回答,判断对方的职业追求
	假如你进了公司,你所在部门中有应付工作、混日子的现象,你怎么看待	考查应聘者的进取心,可追问"你有什么改善的建议"
	领导交给你一个很重要又很艰难的工作,你怎么处理	理想情况是应聘者在表述中找到解决问题的思路
工作态度、组织纪律性、诚实可靠性	你认为公司管得松一些好还是紧一些好	无标准答案,关键在于对方的思路
	在工作中看见别人违反规定和制度,你怎么办	"挺身制止"并非最佳答案
	你如何看待工作超时和周末、休息日加班的现象	理想情况是既能接受加班,又不赞成加班

4. 面试评价表

面试结束后要做面试评价,并根据应聘者在面试中的表现如实填写面试评价表,如表3-14所示。

表3-14 面试评价表

应聘人员姓名		应聘部门/职位	
人力资源部初试评价			
	评价内容	综合评价	
教育背景	学校、专业、培训经历	□优秀 □良好 □一般 □较差	
工作经历	同业、同岗位工作经历及时间	□优秀 □良好 □一般 □较差	

续表

个人素质	性格特点	☐优秀 ☐良好 ☐一般 ☐较差	
	自我认识能力		
	语言表达能力		
	逻辑思维能力		
	团队意识		
	学习能力		
	适应能力		
	责任心		
	进取心		
	个人行为习惯		
	与企业文化的匹配程度		
求职动机	离职原因	☐优秀 ☐良好 ☐一般 ☐较差	
	工作兴趣		
	稳定性		
	薪金要求		
	对企业的期望和要求		
综合评价			
面试意见	☐达到复试要求,建议用人部门面试 ☐未达复试要求,终止招聘。原因: 招聘主管: 　　　　　　　　　　　日期:　　年　月　日 人力资源部经理意见: 　　　　　　日期:　　年　月　日		

用人部门复试评价		
专业技能	工作经验	表达能力
☐优秀 ☐良好 ☐一般 ☐较差	☐优秀 ☐良好 ☐一般 ☐较差	☐优秀 ☐良好 ☐一般 ☐较差
沟通能力	应变能力	仪态仪表
☐优秀 ☐良好 ☐一般 ☐较差	☐优秀 ☐良好 ☐一般 ☐较差	☐优秀 ☐良好 ☐一般 ☐较差

续表

综合评价	
面试意见	□符合录用条件，建议分管领导面试 □有条件录用：1.待比较，择优录取；2.人才储备 □不录用。原因： 面试负责人意见： 　　　　　　　　　　　　　　　　日期：　　　年　月　日
分管领导意见	
总经理意见	

5. 背景调查授权书

在对应聘人员进行背景调查之前，必须取得应聘人员的书面授权。

下面是背景调查授权书范本，供读者参考。

▶ 背景调查授权书 ◀

我同意授权公司对本人最近就职的公司于 × 年 × 月 × 日后进行背景调查：

1. 公司名称：

联系人（人力资源部）：　　　　　　　职务：

办公电话：　　　　　　　　　　　　　手机：

联系人（直接主管）：　　　　　　　　职务：

办公电话：　　　　　　　　　　　　　手机：

2. 公司名称：

联系人（人力资源部）：　　　　　　　职务：

办公电话：　　　　　　　　　　　　　手机：

联系人（直接主管）：　　　　　　　　职务：

办公电话：　　　　　　　　　　　　　手机：

　　　　　　　　　　　　　　　　　　授权人（签名）：

　　　　　　　　　　　　　　　　　　授权日期：

6. 背景调查表

背景调查应按设定好的内容与项目进行,尽量详细,并如实填写背景调查表,如表 3-15 所示。

表 3-15 背景调查表

应聘者姓名		应聘职位		
调查内容	情况核实			
基本信息核实	姓名:			
	性别:			
	出生年月:			
	联系方式:			
教育背景核实	(从最高学历经历开始)			
履历核实	单位名称:			
	证明人:	与被调查者关系:		
	核实情况(包括任职起止时间、任职岗位、工作评价、同事关系、离职原因): 调查对象一般是人力资源部负责人和员工直接上级			
	单位名称:			
	证明人:	与被调查者关系:		
	核实情况(包括任职起止时间、任职岗位、工作评价、同事关系、离职原因):			
聘用风险提示		□基本无风险	□有一定风险	□有风险
调查日期		调查部门	调查人	

7. 员工录用审批表

确定录用候选人后,按照员工录用流程,填写录用审批表(见表 3-16),报相关领导审批。

表 3-16 员工录用审批表

拟录用员工姓名		录用部门	
岗位		计划入职时间	
最高学历		专业	
毕业学校		籍贯	

续表

毕业时间			工作年限		
招聘渠道	□网站 □猎头 □同事推荐 □校园招聘 □招聘会 □媒体广告 □其他				
招聘周期	年　　月　　日至　　　　年　　月　　日				
招聘依据	□年度计划内 □填补人员离职空缺 □其他因素				
薪酬待遇					
面试记录	面试官姓名	主要意见		面试日期	
	（填写主要面试官）				
录用审批栏	直接主管经理意见：				
	人力资源部意见：				
	主管副总意见：				
	总经理审批：（不是所有岗位都需要总经理审批，根据权限而定）				

8. 录用通知书

批准录用后，要向候选人发正式录用通知书。下面是录用通知书范本，供读者参考。

▶ **录用通知书** ◀

＿＿＿＿＿＿先生/女士：

你好，××公司决定聘用您任＿＿＿＿＿＿部门＿＿＿＿＿＿职位。此函由公司人力资源部发出，发出时间为＿＿＿＿＿＿年＿＿月＿＿日。如果您同意此函的所有条款并接受上述职务，请于＿＿＿＿＿＿年＿＿月＿＿日＿＿＿时前签署确认，扫描后以电子邮件或快递邮件方式寄到我公司。逾期则此函自动失效，除非经我公司特别书面确认。

1. 薪资福利

（1）薪酬。

您试用期综合月薪酬为税前_____RMB，具体构成执行我公司薪酬制度。

转正后综合月薪酬为税前_____RMB，具体构成执行我公司薪酬制度。

年度收入（含月度工资、年度绩效奖金等）约_____RMB至_____RMB。具体将根据公司经营状况、年度奖金政策、您的业绩表现、年度绩效考核情况进行计算。

注：年度收入是指在我公司工作满一个自然年度的收入，如2016年1月1日至2016年12月31日均在我公司工作。如果不满一个自然年度，月薪按以上月薪约定，年度绩效奖金则根据年度绩效考核情况而定。

（2）社会保险和住房公积金。

公司依法为您在_____缴纳社会保险费和住房公积金，社会保险费和住房公积金依法由个人缴纳的部分由公司依法每月在月薪中代扣代缴。

2. 聘用条款

（1）合同期为____年，其中试用期为____个月，如果试用期经公司考核不合格，公司有权无条件解除劳动关系。

（2）本聘用通知书的内容是保密的，请您不要同其他员工（除您的部门负责人和薪资福利成员外）讨论。（薪酬福利成员是指企业里管理薪酬福利的工作人员，如薪酬福利专员、薪酬福利经理等。）

3. 其他事项

（1）必须保证您的资历及向公司提交的资料和证明材料的真实性，如果公司通过对您进行背景调查，证明您提供给公司的任何关于您个人的信息（包括但不限于资质证书、工作履历、工作业绩、工资情况）是虚假的，此录用函即时失效，且公司将不给予任何补偿；如果已经入职，公司有权利以您本人过失为由无条件解除劳动合同，且不给予任何补偿，由此给公司造成的损失，公司有权追偿，同时保留追究您相关法律责任的权利。

（2）员工入职后按相关程序与公司签订正式书面劳动合同，与公司建立劳动关系。

4. 须提供的资料

近期一寸免冠彩色照片1张；学历证明及其他相关专业资质证明原件和复印件；身份证原件和复印件2份；户籍证明（户口首页及本人常住人口登记卡复印

件）；原单位离职证明；其他必要证件。

签署人：
××公司
年 月 日

本人＿＿＿＿，身份证号码为＿＿＿＿＿＿＿＿＿＿＿＿＿＿＿＿＿，同意接受上述职务和此函有关条款的约定。本人承诺遵守公司的规章、制度（依照国家法律、法规随时更新），并于＿＿＿＿年＿月＿日遵照此函有关要求规范携带要求文件前往公司报到（此份文本回签后存档）。

签名：＿＿＿＿＿＿ 日期：＿＿＿＿＿＿＿

 HR 专家支招

1　如何提高面试达成率？

很多时候人力资源工作看简历觉得应聘者非常合适，但面试之后发现差距甚远，浪费了大把的时间，怎么避免这样情况的发生呢？答案就是电话面试，即在面谈之前通过电话沟通，相互交流了解情况。

电话面试可分为人力资源部初试和用人部门的专业面试。人力资源部先通过电话面试初步了解应聘者的情况，包括学历、专业、工作情况、求职动机、薪酬期望、工作意愿等。在此沟通的基础上，如果认为应聘者比较合适，则可安排用人部门进行专业电话面试，进一步了解应聘者的专业技术能力，同时也让应聘者了解企业的基本情况。在人力资源部和用人部门电话面试都通过之后，再安排面谈，这样便可以提高面试的达成率。

2　网络视频面试要做哪些准备工作？

为了避免出现"企业花了成本和时间，却招不到人才；求职者花了时间却找不到工作"这一现象，网络视频面试应运而生。人力资源工作者既可以通过视频了解求职者的基本技能及意向，也可为求职者节约出行费用。彼此沟通确定意向后，再进行下一步面谈。

网络视频招聘虽然有诸多优点和便利，但如果准备不充分，不仅不会吸引到优秀的人才，还会浪费彼此的时间，给应聘者留下不好的印象，损害公司形象。

网络视频面试须做好以下准备工作。

（1）整理好视频的环境。视频面试前，人力资源工作者须选择一个独立且安静的办公室作为视频场地，而且出现在视频中的背景要整齐洁净，并且最好有公司名称和LOGO。

（2）提供稳定的网络接入，保证视频面试过程的流畅性。为了避免出现技术上的问题，一定要在面试一开始的时候就询问应聘者是否能清楚地看到并听到。如果出现技术问题，建议面试暂停，否则应聘者必将会因为听不清问题而难以答复，从而导致面试失败。

（3）准备清晰度较高的网络视频设备。要保证网络视频面试的质量，人力资源工作者一定要准备清晰度良好的视频设备，并稳妥地做好固定处理，保证整个面试过程的连贯性。

（4）准备好沟通的素材与问题。通过应聘者的简历，并结合公司招聘岗位说明书，列出需要了解的内容。

（5）统筹好面试时间，并且要确保中途不被打扰。

（6）注意个人形象。人力资源工作者应注意个人职业形象，着工装，给应聘者展示并宣传公司形象。

3 如何面试公司需要的高职位人员？

作为人力资源部负责招聘的一员，常常会遇上面试公司高职位人员的"尴尬"事，如招聘专员面试经理甚至总监，招聘主管面试技术总监等。低职位面试高职位需要很多的技巧，否则既容易引起应聘者的不理解与反感，也会让自己觉得很沮丧。

面试高职位人员需要从以下这些方面入手。

（1）面试比自己职位高的人，在面试前一定要对所招聘的职位有正确的认识，弄清楚该职位的主要职责和需要的能力及素质。这样在面试的时候，才能尽可能地向应聘者解释清楚这个职位的工作职责。

（2）面试开始前一定要认真研究面试提纲或试题，面试中按照既定的程序有序进行，不要因其应聘的职位高就自乱阵脚。

（3）面试时首先要向应聘者说清楚，自己代表公司人力资源部，主要是介绍公司的概况、部门情况、职位职责及接下来的面试程序等，应以介绍为主。

（4）在面试过程中，主要注意核实应聘者的基本资料是否属实，观察应聘者的行为举止，记录应聘者的综合表现。

4　人力资源部门在面试中主要关注应聘者的哪些方面？

在进行人员面试的过程中，人力资源部门与用人部门对应聘者的关注面是不一样的。具体来说，人力资源部门在面试中主要关注应聘者以下几个方面。

（1）举止仪表：应聘者要有良好的体格外貌、穿着举止、精神状态。

（2）言语表达：应聘者的言语表达要流畅、清晰，组织能力、逻辑性和说服力要比较强。

（3）综合分析能力：对于面试者所提出的问题能够抓住本质、要点，并充分、全面、透彻而有条理地加以分析。

（4）动机与岗位的匹配性：对职位的选择是源于对事业的追求，有奋斗目标，积极努力，兢兢业业，尽职尽责。

（5）人际协调能力：有人际交往方面的倾向与技巧，善于处理复杂的人际关系、调和各种利益冲突。

（6）计划、组织、协调能力：能清楚设定要完成工作所需的步骤，并能够对工作的实施进行合理安排，妥当协调工作中所需要的各方面的支持。

（7）应变能力：在实际情景中，具有解决突发事件的能力，能快速、妥当地解决棘手问题。

（8）情绪的稳定性：情绪的自我控制能力要强，语调、语速的控制力要强，言语措辞理智且有节制，有耐心和韧性，并且对压力、挫折、批评的承受能力要强。

5　录用通知书是正式的合同吗？如果单位没有如期招用劳动者应当承担怎样的责任？

现在很多企业在与劳动者签订正式合同之前，都会先向劳动者发送录用通知书，说明企业的聘用意向及岗位、薪酬等情况。然而正确的做法是，人力资源工作者不能轻易向劳动者发出录用通知书。具体原因如下：

（1）很多人力资源工作者觉得，录用通知书仅仅是企业向劳动者发出的聘用意向，不是正式的劳动合同，没有法律效力。需要注意的是，尽管录用通知书并不是正式的合同，但对用人单位而言同样具有法律约束力。

（2）只要劳动者同意并符合录用通知书中的约束条件，用人单位就应当按照录用通知书中承诺的内容如期与劳动者订立劳动合同。如果用人单位违反录用通知书中的内容，未与劳动者订立劳动合同，则需要承担"缔约过失责任"。

（3）录用通知书发出后，用工双方仍处于劳动合同的订立过程中，此时，如果劳动者在充分信任用人单位的基础上已经为签订劳动合同做了必要的准备和投入，而最终因用人单位的过错未正式订立劳动合同，那么用人单位应当承担赔偿责任。

综上所述，对用人单位而言，如果不能百分百确定录用某求职者，最好不要发录用通知书，否则，用人单位很有可能会因缔约过失而承担赔偿责任。

6 面试提问时应注意哪些问题？

（1）在面试中最忌讳先入为主，提带有面试者本人倾向的问题，如以"您一定……"或"您没……吧"开头的问题，以免应聘者为迎合面试官而掩盖他真实的想法。所以，面试者应避免提出引导性的问题。

（2）可以提一些相互矛盾的问题，以判断应聘者是否在面试中隐瞒了真实情况。

（3）面试中，一些应聘者总是掩盖自己的真实动机，这时面试官需要通过对应聘者的离职原因、求职目的、个人发展、对应聘岗位的期望等加以分析，再与其他问题联系起来综合判断，从而了解应聘者真正的求职动机。

（4）面试考官所提问题要直截了当，语言简练，有疑问可马上提出，并及时做好记录。不要轻易打断应聘者的讲话，待对方回答完一个问题后，再问第二个问题。

（5）面试中除了要倾听应聘者回答的问题，还要观察他的非语言行为，如面部表情、眼神、姿势、言谈举止，从而判断对方是否诚实，是否具有自信心等。

HR 高效工作之道

1　用 Word 批量制作并发送面试通知单

筛选简历时，如果符合任职资格的面试人数只有两三个，人力资源管理者一般会打电话直接通知面试；如果招聘任务重，符合任职资格的面试人数较多，打电话通知会比较麻烦，这时就可采用发送电子邮件的方式来通知面试，这样效率更高。

使用 Word 批量制作面试通知单并通过邮件的形式批量发送给面试人员的具体操作步骤如下。

步骤 1　新建一个 Word 文档，将其命名为【面试通知单】，在【页面布局】选项卡下的【页面设置】组中，将纸张大小设置为宽【25】、高【15】，页边距均设置为【1.5】。输入面试通知内容，将光标定位到文档最后，单击【插入】选项卡【文本】组中的【日期和时间】按钮，打开【日期和时间】对话框。在【可用格式】列表框中选择【2018年5月28日星期一】（这个日期会根据电脑时间的改变而改变）选项，单击【确定】按钮，如图 3-6 所示。

步骤 2　设置标题的字体格式和对齐方式，将文档落款段落的对齐方式设置为【右对齐】。选择除标题外的所有段落，单击鼠标右键，在弹出的快捷菜单中选择【段落】命令。打开【段落】对话框，将【特殊格式】设置为【首行缩进】，将【行距】设置为【1.5 倍行距】，然后单击【确定】按钮，如图 3-7 所示。

图 3-6 插入日期和时间

图 3-7 设置缩进和行距

步骤③ 为面试时间、公司地址、乘车路线和携带资料相关的段落添加编号。单击【邮件】选项卡【开始邮件合并】组中的【选择收件人】按钮；在弹出的下拉列表中选择【键入新列表】选项，如图 3-8 所示。

步骤④ 打开【新建地址列表】对话框，单击【自定义列】按钮，打开【自定义地址列表】对话框。在【字段名】列表框中选择【称呼】选项，单击【删除】按钮，然后在打开的提示对话框中单击【是】按钮，如图 3-9 所示。

图 3-8 【选择收件人】按钮

图 3-9 删除字段

步骤⑤ 使用相同的方法删除其他不需要的字段，然后选择【名字】选项，单击【添加】按钮，打开【添加域】对话框，在【键入域名】文本框中输入【应聘岗位】，单击【确定】按钮，如图 3-10 所示。

步骤6 选择【单位电话】选项,单击【重命名】按钮,打开【重命名域】对话框,在【目标名称】文本框中输入【联系电话】,然后单击【确定】按钮即可。使用相同的方法将【名字】更改为【姓名】,操作完成后单击【确定】按钮,如图 3-11 所示。

图 3-10 添加域　　　　　　　　　　图 3-11 设置域名称

步骤7 返回【新建地址列表】对话框,在字段下方的项目中输入面试人员信息,单击【新建条目】按钮,新建一个条目,然后在新建的条目中输入相应的信息。继续使用相同的方法新建条目,输入所有面试人员信息后,单击【确定】按钮,如图 3-12 所示。

步骤8 打开【保存通讯录】对话框,在地址栏中设置保存位置,在【文件名】文本框中输入【面试人员名单】,然后单击【保存】按钮对数据源进行保存,如图 3-13 所示。

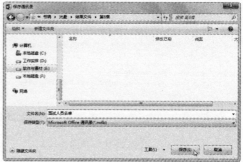

图 3-12 输入面试人员信息　　　　　图 3-13 保存通讯录

步骤9 在【选择收件人】下拉列表中选择【使用现有列表】选项,打开【选取数据源】

对话框，选择需要的数据源【面试人员名单】，然后单击【打开】按钮。将鼠标光标定位到【先生/女士】文本前，单击【编写和插入域】组中的【插入合并域】按钮，在弹出的下拉列表中选择【姓名】选项，如图 3-14 所示。

步骤 ⑩ 继续插入需要的合并域，单击【完成】组中的【完成并合并】按钮，在弹出的下拉列表中选择【发送电子邮件】选项，如图 3-15 所示。

图 3-14 插入合并域　　　　　　　　图 3-15 执行合并

步骤 ⑪ 打开【合并到电子邮件】对话框，在【主题行】文本框中输入邮件主题【恒图科技有限公司面试通知单】，其他保持默认设置，然后单击【确定】按钮，如图 3-16 所示。

步骤 ⑫ 开始配置文件，启动 Outlook 程序，【发件箱】中将显示所有合并的邮件，并自动向关联的邮件地址发送邮件。待邮件发送完成后，【已发送】中将显示发送的邮件，并且在右侧显示发送的面试通知单，如图 3-17 所示。

 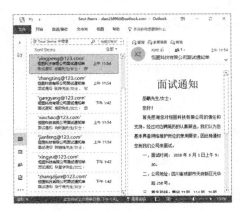

图 3-16 合并到邮件　　　　　　　　图 3-17 查看发送的邮件

2 用 Excel 制作员工应聘登记表

员工应聘登记表是应聘人员到公司参加面试时必须填写的表格，它是招聘面试的流程之一，也是公司自我保护的手段之一，能有效防止因员工提供虚假信息而给公司造成人为损失的情况发生。一旦出现不真实信息，公司可提出因员工与登记表中的个人信息不符合，予以辞退。

使用 Excel 制作员工应聘登记表，并将其以网页的形式发布，这样就可以通过后台链接将其上传到公司网站或其他网站，方便其他人员浏览或下载，具体操作步骤如下。

步骤① 新建一个 Excel 工作簿并将其命名为【应聘登记表】，在表格中输入需要的数据，然后选择 A1:K1 单元格区域，单击【开始】选项卡下【对齐方式】组中的【合并后居中】按钮合并单元格，并设置单元格中文本的字体格式。将鼠标指针移动到第 1 行和第 2 行交界处，按住鼠标左键进行拖动调整行高到合适的高度，如图 3-18 所示。

步骤② 选择第 2~21 行，单击【开始】选项卡下【单元格】组中的【格式】按钮，在弹出的下拉列表中选择【行高】选项，打开【行高】对话框，在【行高】文本框中输入【25】，然后单击【确定】按钮，如图 3-19 所示。

图 3-18 输入表格内容　　　　　　　　　图 3-19 设置行高

步骤③ 根据需要合并表格中的单元格，设置 A2:K21 单元格区域的字体为【Time New Roman】。选择 A3:K21 单元格区域，右击鼠标在弹出的快捷菜单中选择【设置单元格格式】选项，打开【设置单元格格式】对话框，选择【边框】选项卡,单击【内部】按钮,在【样式】列表框中选择粗一点的线条,单击【外边框】按钮,再单击【确定】按钮,如图3-20所示。

步骤④ 根据需要拖动鼠标调整表格列宽。然后选择J3单元格,单击【方向】按钮,在弹出的下拉列表中选择【竖排文字】选项,如图3-21所示。

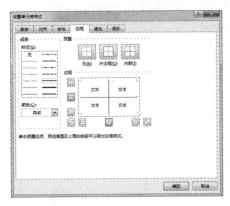

图3-20 设置边框

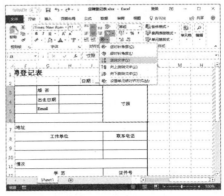

图3-21 设置文字方向

步骤⑤ 单击【开始】选项卡下【字体】组中的【边框】按钮,在弹出的下拉列表中选择【擦除边框】选项,此时鼠标指针变成 形状,在第20行与第21行交界边框线上单击鼠标,将边框线擦除,如图3-22所示。

步骤⑥ 根据需要设置表格中文本的对齐方式和部分单元格的行高,按【Ctrl+P】组合键切换到打印界面,将鼠标指针移到对应列间距控制线上,分别调整宽度,让登记表的所有字段全部显示在同一页中(见图3-23),然后进行打印。

图3-22 擦除边框

图3-23 调整打印区域

步骤7 打印完成后,在打印界面左侧选择【另存为】选项,然后选择【浏览】选项,打开【另存为】对话框,设置保存位置、保存名称,将保存类型设置为【网页(*.htm;*.html)】,然后单击【发布】按钮,如图3-24所示。

步骤8 打开【发布为网页】对话框,对发布内容、发布形式进行设置。选中【在浏览器中打开已发布网页】复选框,然后单击【发布】按钮,如图3-25所示。

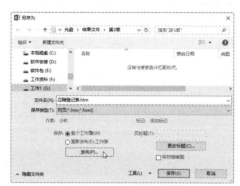

图 3-24 设置保存为网页

图 3-25 发布为网页

步骤9 即可将当前工作表中的内容发布为网页形式,随后会自动启动浏览器打开发布的网页,效果如图3-26所示。

图 3-26 发布后的效果

3 用 Excel 制作面试评估表

面试评估是人事招聘专员每次招聘必做的重要工作,也是对面试过程的一次再现。面试评估表的形式多种多样,常见的有两种:文档报告式和列表式。招聘专员可以根据公司的实际情况和部门的使用情况决定。下面将介绍使用 Excel 制作一份文档报告式面试评估表的方法,具体操作步骤如下。

步骤① 新建 Excel 工作簿并将其命名为【面试评估表】,在表格中输入相应的数据,然后将鼠标光标定位在 A4 单元格的"前"和"中"文本之间,单击【插入】选项卡下【符号】组中的【符号】按钮,打开【符号】对话框,将字体设置为【Wingdings】,并选择正方形选项,单击【插入】按钮,如图 3-27 所示。

步骤② 复制正方形符号,将其粘贴到相应的位置。由于 A10 单元格中的数据字体为【等线】,正方形便变成了引号。选择该引号,在【字体】文本框中输入【Wingdings】,按【Enter】键确定,选择的引号即可变成正方形,如图 3-28 所示。

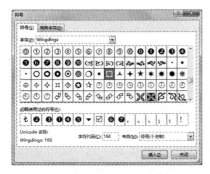 

图 3-27 插入符号　　　　　图 3-28 复制符号

步骤③ 对表格格式进行相应的设置,并为表格添加粗外侧框线。在【边框】下拉列表中选择【线型】选项,在其子联列表中选择较粗的线条选项,如图 3-29 所示。

步骤④ 此时鼠标光标变成 ∅ 形状,在第 2 行和第 3 行之间绘制黑色直线,并以同样的方法在表格中绘制其他直线,如图 3-30 所示。

图 3-29 设置边框线

图 3-30 绘制边框

步骤 ⑤ 根据需要对表格的行高进行设置，然后单击【开发工具】选项卡中的【插入】按钮，在弹出的下拉列表中选择【复选框（窗体控件）】选项，如图3-31所示。

步骤 ⑥ 在表格中绘制复选框并在其上右击，在弹出的快捷菜单中选择【编辑文字】命令，进入复选框控件名称编辑状态。删除原有的名称内容，输入【较好】，然后单击表格中其他任一位置退出文本编辑状态，如图3-32所示。

图 3-31 选择控件

图 3-32 编辑控件

步骤 ⑦ 复制粘贴控件，将复选框控件名称设置为【可以】，通过复制粘贴的方法制作其他评估选项。选择【仪表形象】对应的3个选项复选框，单击【对齐】按钮，在弹出的下拉列表中选择【垂直居中】选项（见图3-33），让选择的3个控件垂直对齐。

步骤⑧ 继续选择【横向分布】选项,让选择的3个复选框控件之间的水平间距相等。选择需要左对齐的复选框控件,在【对齐】下拉列表中选择【左对齐】选项,让选择的复选框控件与第一个复选框的左边对齐,如图3-34所示。

图 3-33 垂直居中对齐

图 3-34 左对齐

步骤⑨ 以同样的方法对齐表格中的复选框控件,单击【开始】选项卡下的【查找和选择】按钮,在弹出的下拉列表中选择【选择对象】选项,然后在表格中选择所有的复选框控件,如图3-35所示。

步骤⑩ 在任一复选框控件上右击,在弹出的快捷菜单中选择【组合】→【组合】命令,如图3-36所示。

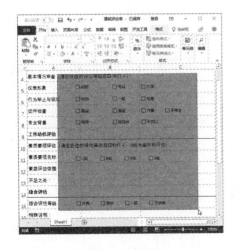

图 3-35 选择控件

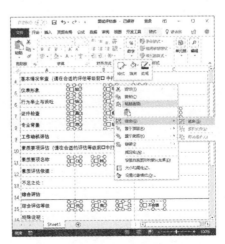

图 3-36 组合控件

步骤 11 选择【视图】选项卡,取消选中【网格线】复选框,隐藏表格中的网格线。完成整个操作后,最终效果如图 3-37 所示。

面试评估表

应聘人姓名：		应聘职位：		应聘来源：	
资格审查					
基本情况审查（请在合适的评估等级前□中打√）					
仪表形象	□较好		□可以	□欠佳	
行为举止与谈吐	□恰当		□一般	□较差	
证件检查	□真实		□假证	□齐备	□不完全
专业背景	□符合		□较符合	□不对口	
工作动机评估					
素质要项评估（请在合适的评估等级前□中打√，S级为最好的评估）					
素质要项名称	□C级	□B级	□A级	□S级	
素质评估依据：					
不足之处：					
综合评估					
综合评估等级	□优秀	□良好	□一般	□不合格	
特殊说明：					
建议推荐部门：					
评估人：		部门职位：			
		年 月 日			

图 3-37 最终效果

第4章 新员工入职与转正管理

员工入职与转正具有非常重要的意义，它既是确立企业与员工之间法律关系的重要环节，也是双方履行法律义务与责任的重要节点。员工入职，无论双方是否签订劳动合同，都已建立事实上的劳动关系；员工转正，就意味着其已成为正式员工，要享受正式员工的待遇。本章重点介绍新员工入职准备、新员工入职管理、试用期管理及转正管理。

4.1 入职准备

良好的入职准备是吸引和留住员工不可忽视的重要环节。新员工入职前，公司应当做好充分的入职准备工作，以体现公司管理的规范性和对新员工的尊重，可以给新员工留下良好的印象。

4.1.1 新员工入职准备

入职准备是指为新员工即将入职所做的各项准备工作，通常包括提前告诉新员工入职时所需提交的资料，预先安排办公座位并提供办公用品和办公设备，准备办理入职手续所需资料等。

1. 新员工需要提交的资料

新员工办理入职手续需要提供的资料一般会在录用通知书里详细说明，但有些公司会将其分为两个文件发送，先发送录用通知书，待候选人接受录用后再发送入职所需提交的资料。因企业不同，入职需要的资料也不一样，一般新员工入职所需资料如下。

（1）身份证或户口本原件及复印件。

（2）毕业证、学位证原件及复印件（本科以下学历不提供学位证），实习生提供学生证原件。

（3）资格证书、荣誉证书等各种证件原件及复印件。

（4）一寸免冠照片2张。

（5）与原单位解除或终止劳动合同的证明，应届生提供报到证。

（6）体检合格证明（一般体检费先由员工垫付，入职后公司报销）。

2. 公司级准备

公司负责新员工入职准备的一般是人力资源部，除了安排办公位置，提供办公设备和文件资料等，还需要协调用人部门和其他相关部门给予支持。具体内容如下。

（1）至少提前三天通知用人部门新员工报到入职信息，以便用人部门提前做好工作安排。

（2）协调安排办公工位，并提前整理干净。

（3）协调 IT 部门提供办公电脑等设备，并且电脑要接入网络。

（4）准备好办理入职需要的资料、表格、文件。

（5）协调行政部门提供工作笔记本、工作证、公司员工电话联络表等办公用品。

（6）与合作医院确定入职体检时间及项目。

 提示

准备工作要尽量全面、充分，让新员工体会到公司的人文关怀，给新员工留下良好的入职印象。

3．部门级准备

除了公司级准备外，用人部门也要做好新员工入职的准备。部门级准备是指用人部门为新员工入职所做的准备工作，具体包括以下几项工作。

（1）准备好新员工到岗资料、公司制度。

（2）提前选定新员工入职后的导师，并落实岗位及新员工的上岗培训计划，同时也要对导师提出明确要求。

（3）做好新员工的工作分配。

（4）做好新员工试用期考核的准备。

提示

人力资源部一定要跟踪用人部门的准备工作，以免用人部门忘记或有所遗漏。

4.1.2 制订入职基本流程

企业一般会根据需要制订新员工入职基本流程，规范入职手续的办理程序，并形成固定入职模式。企业提前确定入职基本流程，不要等新员工入职后再手忙脚乱地办理，或者想起什么就办理什么，这样给新员工的印象会很差。新员工入职流程会涉及各职能部门、人力资源部、公司领导等，如图 4-1 所示。

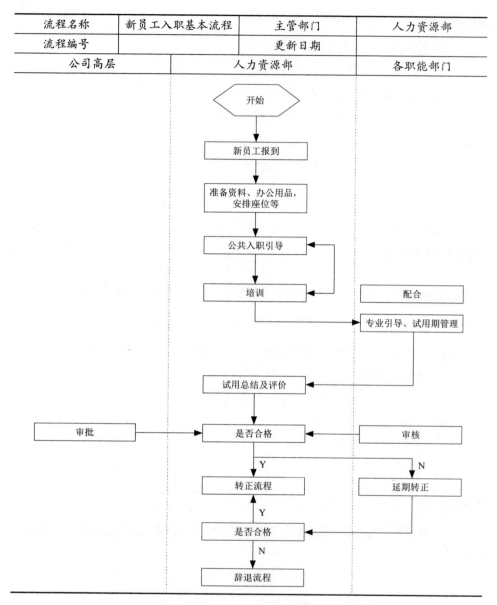

图4-1 新员工入职基本流程

4.1.3 编写新员工入职指导手册

为了进一步确保新员工能够顺利办理入职手续，避免新员工不知道如何办理手续或该找谁办理相关手续，更为了避免办理手续时出现遗漏，企业一般会编制新员工入职指导手册。下面是某公司的新员工入职指导手册，供读者参考。

▶ 新员工入职指导手册 ◀

×××：

你好，欢迎加入×××公司。为帮助你熟悉公司办公环境，了解公司的组织架构，知晓必要的办事流程，让你更快地融入公司，请仔细阅读该指导手册，愿你工作愉快。

1. 入职手续办理

（1）提交各类证件、证明的原件及复印件。

（2）填写《员工档案登记表》，签订劳动合同及保密协议。

（3）登记指纹：公司的考勤使用指纹打卡，正常上班时间为 8:30—12:00 和 13:00—17:30。早上上班、下午下班或外出须打卡考勤，考勤机设置在一楼前台大厅。

（4）申请办理工作证。

（5）领用办公用品、工作鞋、工作服、储物柜，进入生产区域须穿工鞋、着工作服。

（6）公司提供免费工作餐，新员工转正前就餐使用餐票，转正后使用就餐卡。

（7）如果你需要申请公司宿舍，请填写住宿申请表。

注：第 1~4 项在人力资源部×××处办理（一楼人力资源部办公室，电话：××××××××）；

第 5~7 项在行政部×××处办理（二楼行政部办公室，电话：××××××××）。

2. 各职能部门分布情况

一楼：人力资源部、采购部、生产部。

二楼：行政部、质量部、研发部。

三楼：公司办、市场销售部。

3. 岗位情况

你所在的一级部门是人力资源部，二级部门是招聘培训组；你的直接主管是×××，联系电话是××××××××；你在公司遇到的疑问可咨询你的主管。

以上都是入职当天的小提示，还有更多的精彩内容，敬请期待新员工培训！再次欢迎你的加入，祝你在公司生活开心、工作开心、玩得开心、一切开心！

4.2 新员工入职管理

通过入职引导，可以帮助新员工快速融入公司，较快地进入工作状态。

4.2.1 入职手续办理

入职手续的办理过程并不复杂，但对于刚入职的新员工来说并不那么容易。由于对公司的情况、人员等不熟悉，工作过程中容易出现阻碍和一定的误解。因此，为新员工办理入职手续也是人力资源管理的一项重要工作。入职手续办理的内容如下。

（1）审核新员工入职时所需的离职证明、学历证件、职称证件、身份证、照片，并留存复印件存档。

（2）给新员工发放入职引导手册及员工手册。

（3）与员工签署社保、公积金缴纳确认单。

（4）负责安排新员工录入指纹、采集相片（企业文化主管协助），并在公司办公系统的员工异动信息栏发布欢迎新员工入职的信息，发布内容包括姓名、部门、岗位、照片，并且可以加入新员工的座右铭、兴趣、爱好等。

（5）人力资源部负责协调行政部同事给新员工发放相关办公用品及安排工位等，告知员工办理对应工资卡并提供工资卡复印件（附开户银行信息）。

（6）人力资源部负责带新员工到就职部门，介绍给部门负责人。

（7）与员工签署《劳动合同》和《保密协议》。《劳动合同》应于入职后7个工作日内签署完成，合同截止日期应以入职时间为准。对于试用期限，应根据劳动合同的期限来确定：劳动合同期限三个月以上不满一年的，试用期不得超过一个月；劳动合同期限一年以上不满三年的，试用期不得超过两个月；三年以上固定期限和无固定期限的劳动合同，试用期不得超过六个月。

（8）所有入职相关的文档、物资、合同均须员工签字确认，并由员工关系专员存档。

除签订《劳动合同》外，以上工作必须在新员工入职当日全部完成。

> **提示**
>
> 发给新员工的《员工手册》《岗位说明书》及其他规章制度，一定要员工签字确认。

4.2.2 入职资料审核

新员工提交入职资料后,为维护企业的合法权益,人力资源部要对入职资料一一进行审核。尤其是一些关键的资料,更要着重检查。

(1)离职证明。入职资料中需要员工提供离职证明材料,该资料证明新员工已经与上一家单位解除劳动合同关系,并办理完相应的离职交接手续,不存在劳动纠纷和法律纠纷。根据《中华人民共和国劳动合同法》第九十一条的规定,如果企业雇用了与其他用人单位尚未解除或者终止劳动合同的劳动者,给其他用人单位造成损失的,应该承担连带赔偿责任。员工提供的离职证明材料需要检查清楚,避免引起不必要的劳动纠纷。有些员工为了入职而伪造离职证明,针对这样的情况,人力资源部负责人可以打电话到原单位核实员工离职的情况。

(2)学历证明和身份证明。目前社会上有部分虚假证件,特别是学历证书,人力资源部要高度重视,仔细检查,并且可以通过中国高等教育学生信息网进行查询。

(3)体检证明。虽然2010年1月中华人民共和国卫生部等三部委发布了《关于进一步维护乙肝表面抗原携带者入学和就业权利的通知(征求意见稿)》,明确规定取消入学、就业体检中的乙肝五项检查,同时,各级医疗卫生机构也不得在入学、就业体检中提供乙肝五项检查服务。但是在新员工入职时,人力资源部还是要查验新员工是否有其他传染病(除乙肝外)或者重大疾病隐患。如果国家对该岗位规定了健康要求或者职业危害,那么体检就必须按照国家标准执行。

上述三项是企业在新员工入职时普遍要重点查验的证明资料。除此之外,企业根据自身情况,还可对新员工提供的工资证明、社保缴费证明、照片、户口本等其他资料进行审核。

4.2.3 入职风险防范

新员工入职后就是企业的员工,与企业存在劳动关系,受《劳动法》和《劳动合同法》等相关法律的保护。如果员工提供了虚假信息甚至隐瞒了关键信息导致企业利益受损,那么企业应该如何保护自身利益,并且避免这些现象再次发生呢?

1. 明确录用条件

录用条件可以作为新员工试用期不合格的重要依据。根据《劳动合同法》的

规定,劳动者在试用期间被证明不符合录用条件的,用人单位可以解除劳动合同,且无须支付经济补偿金。那么录用条件是什么呢?

录用条件是企业对新员工的试用要求,当企业通过试用考核发现新员工不符合要求,就可以终止对新员工的试用。需要注意的是,在制订录用条件时,企业需要做到明确化、清晰化、可量化。

在判断是否符合录用条件时要注意,首先不能有就业歧视的内容,如年龄、性别、民族等歧视;其次在要求上要尽量具体化,比如,是否具有岗位所需要的相应资格证书、岗位技能等。最重要的也是容易被企业忽视的一个环节,就是向新员工公示,以尽到告知义务,让新员工确认已知晓录用条件,并在录用条件的相关文件上签字确认,或是在劳动合同中明确约定录用条件。这样操作的目的是避免出现不必要的劳动纠纷。

2. 确保入职信息真实有效

由于新员工入职资料比较多,审核时又很难全部验证,所以为了有效规避风险,在入职登记表上可以加上这样一段话:员工填写的以上信息是真实有效的,如果其中存在不实的内容,本人愿意承担一切后果,甚至终止试用期或解除劳动合同。这样做的目的是让新员工了解如果其用虚假信息骗取企业的信任,与企业签订劳动合同,导致的后果也将由其本人承担。

3. 核实并确保新员工没有负有竞业限制的法定义务

企业最难招聘的是关键性核心人才,但也是这部分人才最容易出现用工风险。新招聘的关键性技术人才或管理人才,往往也是原单位的核心员工,掌握原单位一定的商业机密。对于这类员工,原用人单位有可能会跟其签订竞业限制协议书,限制就业的条件。录用这样的人才,企业一定要谨慎,因为一旦企业录用了负有竞业限制义务的员工,就有可能会受到牵连,原用人单位可以将员工和员工现就业的公司一起告到法院,要求赔偿因该员工泄露其商业机密给其造成的经济损失,该员工和该员工现就业的公司要一起承担赔偿责任。

在招聘高管或是核心技术人才时,企业要进行必要的核查。一方面,在新员工入职之前,核实其是否属于负有竞业限制义务的员工,如果有,则提供竞业限制协议书原件。另一方面,如果新员工不提供竞业限制协议书或有意隐瞒,企业可以通过背景调查,核实其是否负有竞业限制义务。一旦核实,确定其负有竞业限制义务,那么企业就不能录用该员工;如果没有负有竞业限制义务,或竞业限制义务务已经结束,那么企业可以放心录用该员工。

为安全起见，企业可以要求新员工签署一份保证书，保证的主要内容是，"本人未负有竞业限制义务，若本人有意隐瞒实情，将承担一切责任，给公司造成的经济损失也将由本人承担"。当然，这个保证书不是所有新员工都要签署，只有高管级或是技术岗位级别的新员工才需要签署。

4．及时签订劳动合同

要及时、合法地与员工签订劳动合同，否则会有一定的用工风险。《中华人民共和国劳动合同法》第十条规定，"建立劳动关系，应当订立书面劳动合同。已建立劳动关系，未同时订立书面劳动合同的，应当自用工之日起一个月内订立书面劳动合同。"所以用人单位应在一个月内与劳动者签订劳动合同，不按照法定形式在法定时间内与劳动者签订书面劳动合同的，应承担相应的法律风险，超过一个月未签订劳动合同，则需支付双倍劳动报酬。

此外，还要防止劳动合同无效的情况，《中华人民共和国劳动合同法》第二十六条规定，"下列劳动合同无效或者部分无效：（一）以欺诈、胁迫的手段或者乘人之危，使对方在违背真实意愿的情况下订立或者变更劳动合同的；（二）用人单位免除自己的法定责任、排除劳动者权利的；（三）违反法律、行政法规强制性规定的。对于劳动合同的无效或者部分无效有争议的，由劳动争议仲裁机构或者人民法院确认"。比如，有些劳动合同上写道，"合同期内不得结婚或生育"，这是无效的。

5．在身份证、资格证等复印件上签字

让新员工在身份证、资格证等复印件上签名确认。在司法实践中，劳动者借用他人身份证入职会被认为存在欺诈行为，因此关于其经济补偿金、两倍工资等请求可能会不被支持。而且万一发生工伤，社保部门对于这种情形是不予赔偿的，巨额的工伤费用会由用人单位全部或部分承担。在难以确认身份的情况下，公司可要求新员工提交户口本等，并详细询问其家庭情况，通过对身份证件的核对，避免相应风险。

让新员工在入职资格等相关证书上签字确认，一旦发现员工资格证书作假，便为主张员工在欺诈的情况下订立劳动合同无效或单方解除劳动合同提供了重要的客观证据。

以上只是常见的入职风险防范措施，各单位要根据企业的具体情况做好入职风险防范工作，减少各种劳动纠纷。

4.3 员工试用期管理

试用期是指从新员工入职第一天开始，经过岗前培训、岗位熟悉到正式胜任工作岗位所需的时间。试用期管理则是从系统的角度出发，对试用期内员工的工作内容、绩效考核、薪酬定位等进行设计、规划和控制，以最大限度地减少新员工与企业之间的猜疑和内耗，通过整体最优来提高新员工与企业的竞争力和福利水平，实现共赢。

4.3.1 试用期管理

企业虽然通过简历筛选、初试、复试、测评、背景调查等环节最终确定了候选人，但是仅仅依靠这些环节还不能判断新员工是否真的适合企业、是否能胜任岗位。所以试用期的管理就成了一个必要的环节。试用期试什么、怎么试、谁负责、试多长时间、如何评估等，这些都是企业试用期管理的重要工作。

1．试用期管理的作用

（1）试用期的有效管理，能够为招聘评估工作提供主要依据。试用期是企业与员工之间通过招聘过程初步了解后进一步深入了解的阶段。通过深入了解的过程以及试用期满后对员工的留用评价，回归到前期招聘工作的实施，可以得出招聘渠道、人才测评手段的选择、招聘实施的细节等方面值得吸取的经验和教训，有利于招聘工作的持续优化及改进。

（2）为留用人才提供支持。员工试用期的有效管理，能够为企业留用适合企业的优秀人才。有时会听到用人部门反映某些新入职员工无法胜任领导安排的工作，但该员工已过了试用期。出现这种情况的根本原因就是用人部门不重视新入职员工试用期考核工作，也没有很好地配合人力资源部门做好员工试用期考核工作。

（3）员工试用期的有效管理，能够降低员工试用期内的离职率，降低招聘成本。试用期阶段属于企业与员工互相了解，再次选择的过程，企业在选择员工，员工也在选择企业。如果在试用期内对新入职员工不闻不问，或者不加以引导、关心和有效管理，新入职员工会产生不安全感、不被重视感、无发展空间感等，最终在试用期内选择离职。

（4）员工试用期的有效管理，能够让新入职员工更快更好地融入企业，迅速适应工作岗位及工作氛围。

2．新员工入职管理

（1）制订计划。

制订计划是新员工试用期管理的首要内容。计划是所有管理职能中最基本的职能，是事先对未来应采取的行动所做的规划和安排。计划工作包括选择任务和目标，以及完成任务和目标的行动。具体到试用期的工作计划，包括确定目标（确定考查要点，重点考核员工的哪些素质和能力）、安排试用期间的工作进程、制订考查方案（如何实现考查目标，包括选择考核方法、确定考核人员等内容）。

（2）试用期关怀。

新员工进入公司面对全新的环境，会产生比较大的文化差异（前后工作企业的文化是不同的），所以新员工一般都存在"入职焦虑症"。为了最大限度地降低这种焦虑症所带来的负面影响，除了员工本身的自我调节外，更需要企业做好新员工的入职关怀，帮助新员工缓解不适感。

试用期关怀一般以人文关怀为主，物质关怀为辅。人文关怀要求企业能够及时敏锐地洞察新员工的心理活动，注意新员工的情绪与言行变化等，及时发现关怀点，创新关怀方式，缓解新员工的入职焦虑，让其能够从内心深处尽快融入新环境。真诚的微笑与问候、平易近人的指导与交流，这些简单易行的关怀方式都能达到很好的效果。试用期关怀比较关键的工作就是新员工入职引导，这方面内容将在下一节详细阐述。

（3）试用期培养。

试用期培养对于新员工来说是非常重要的，也是培训的重点工作。试用期是企业向新员工传递价值观与行为规范、知识体系与业务经验的黄金时机。无论是职场达人还是职场新人，为了能够尽快融入新的工作团队，基本上都会最大限度地接受或者遵守新的"游戏规则"，表现出的谦虚与开放的心态是其他老员工所不能及的。如果错过这个时机，企业将要花费相当大的代价去塑造他们成为理想中的"企业人"。

试用期培养常用的方式是建立"导师带徒"机制，让员工迅速胜任岗位。新入职员工被分配到相应部门和岗位后，人力资源部门要指定一名专业能力强、富有责任心并且热心的师父指导新入职员工，并签订"导师带徒"协议。协议期限可以是试用期满，也可以是更长时间。

（4）试用期考查。

试用期考查是试用期管理的重要一环，也许有些人会问："能够通过面试成功应聘的人基本上都是合格的,只要不出什么大问题,几乎都可以转正,有必要做细致的考查吗?"答案是肯定的。人力资源工作者不是神仙,可以直接把人看透,虽然有些企业的人力资源工作者阅人无数,但谁也不敢保证能够在短暂的面试时间内把应聘者了解得清清楚楚。试用期考查实质上就是招聘面试的一种延续。古人云:路遥知马力,日久见人心。试用期虽然仅有几个月,但如果能够精心运用,那么是可以完成对新员工深入考查这项任务的,如了解新员工的求职态度、性格、成就动机、为人处世及专业等。

总之,试用期管理是非常重要的,是决定新员工长期服务于公司的重要前提之一。所以接下来还将单独展开对如何做好新员工引导、试用期考核与转正管理的介绍。

4.3.2 新员工辅导

为什么试用期的员工离职率最高?为什么新入职员工几天后就提出离职?甚至还有些新员工刚办完入职手续就要离职?每个新员工刚入职时,面对周围的陌生面孔、全新的工作,心中一定会充满不安和不适应感。如何帮助他们驱走这种负面情绪?如何使新员工更好更快地融入团队?如何留住新员工?本节将从新员工入职引导着手,分析新员工普遍遇到的问题,并针对问题提出引导的方法。

1. 新员工经常遇到的问题

(1)工作范围不清晰。这是新员工普遍会遇到的问题,他们积极性很高,经常会在完成自己"范围内"工作的同时参与其他的工作,在其他员工看来叫"多管闲事"。

(2)遇到问题不知道找谁解决。新员工面对新的环境及新的同事,需要一个熟悉的过程,在熟悉之前,有些问题或困难不知道应该找谁解决,就算主动找同事问也不知道应该问谁,这个问题是比较突出的。

(3)受到老员工的歧视与欺负。老员工利用自己的经验和对企业的了解,往往会让新员工替自己干一部分工作等,这在很多企业都是一个不好的文化氛围。

(4)生活上的不适应。毕竟进入新企业后生活环境变了,甚至连食堂在哪儿都需要同事亲自带着他们去熟悉,何况其他的诸如在企业的衣、食、住、行等生活问题。

(5)领导比较多,不知道该听谁的指挥。新员工"好欺负"是各个企业的共性,所以一些非新员工直接领导的领导往往也会指挥一下工作,这样会导致新员工不知道应该听谁的、不知道谁是自己的直接领导。

（6）新旧习惯过渡综合征。不管过去是在其他企业还是在学校，现在都必须适应新的环境，有些习惯就得改掉。这样的一个适应过程对于新员工来讲是很痛苦的，经常引起新员的失落和烦躁感，又叫新旧习惯过渡综合征。

2. 新员工入职引导内容

针对以上新员工遇到的问题，企业应该如何做好入职引导，规避这些问题的出现呢？新员工的困难期一般是半年的时间，半年后基本就融入企业团队了，所以新员工入职后的半年时间是非常关键的。新员工入职引导也将按照半年时间来划分，共分为4个阶段。

（1）第一阶段：入职7天以内。

这个时间是比较关键的，企业首先要让新员工知道他是来干什么的。为了让员工在7天内快速适应企业，人力资源工作者可以从以下几个方面开展入职引导工作。

① 开一个欢迎会或组织一次聚餐，介绍部门里的每个人，让新员工与他们相互认识。

② 直接上司与新员工单独沟通，让新员工了解公司文化、发展战略等。上级也可以了解新人的专业能力、家庭背景、职业规划与兴趣爱好。

③ 明确并详细地向新员工讲解其工作职责，给新员工规划发展空间。

④ 对于新员工日常工作中的问题及时发现、及时纠正，并给予及时肯定和表扬；检查每天的工作量及工作难点在哪里。

⑤ 让老员工（工作1年以上者）尽可能多地和新人接触，消除新人的陌生感，让其尽快融入团队。关键的工作点包括一起吃午饭，多聊天沟通，尽量不要在第一周谈论过多的工作目标或者给予新人工作压力。

（2）第二阶段：入职第8~30天。

这个阶段是新员工的过渡阶段，人力资源部的工作目标是让新员工知道如何把工作做好。转变往往是痛苦的，但又是必须的，企业需要用较短的时间帮助新员工完成角色过渡，具体的引导工作包括以下几方面。

① 带领新员工熟悉公司环境和各部门的人，让他知道怎么写规范的公司邮件，怎么发传真，电脑出现问题时应该找哪个人，如何接内部电话等。

② 最好将新员工安排在老员工附近，方便观察和指导。

③ 及时发现新员工的负面情绪，并及时调整，通过询问发现其是否存在压力。

④ 适时地把一些经验教给新员工，让其在实战中学习，边学边做是新员工十

分看重的。

⑤对新员工的成长和进步要及时给予肯定和赞扬，并提出更高的期望，这里需要撑握反馈技巧。

（3）第三阶段：入职第 31~90 天。

这个阶段可以让新员工接受挑战性任务，并在适当的时候给予其一定的压力，这样往往能促进新员工的成长，但要谨防错误地施压。具体的引导工作包括以下几方面。

①知道新员工的长处及掌握的技能，帮忙新员工理解工作的要求及考核的指标要求。

②多开展公司团队活动，观察新员工的优点和能力，扬长避短。

③新员工犯错误时要给其改过的机会，观察其在逆境时的心态与行为，探查其培养价值。

④如果新员工实在无法胜任当前岗位，那就看其是否适合其他部门，多给其机会。管理者很容易犯的错误就是"一刀切"。

（4）第四阶段：入职第 91~180 天。

本阶段可以赋予新员工一定的使命，并适度授权。过了前 3 个月，一般新员工会转正成为正式员工，真正成为公司的一分子。随之而来的就是新的挑战，这时可以从以下几个方面开展引导工作。

①帮助新员工重新定位，让新员工重新认识工作的价值、工作的意义、工作的责任、工作的使命、工作的高度，找到自己的目标和方向。

②时刻关注新员工，当新员工有负面情绪时，要及时调整，要对新员工的各个方面有敏感性；当新员工提出负面的、幼稚的问题时，要转换方式，从积极的一面去解决其问题，帮助其转换思维。

③让新员工感受到企业的使命，放大公司的愿景和文化价值、战略决策和领导意图等，聚焦凝聚人心和文化落地、方向正确和高效沟通、绩效提升和职业素质。

④当公司有了重大的事情或者振奋人心的消息时，要跟大家分享，做到随时随地激励新员工。

⑤适度放权，让新员工自行完成工作，发现工作的价值，享受工作成果带来的喜悦。但需注意，放权不宜一步到位。

新员工的引导工作非常重要，关系到新员工融入工作岗位、融入公司环境的速度。为了确保对新员工的引导达到预期效果,可以制订新员工引导计划书,如表 4-1 所示。

表 4-1 新员工引导计划表

员工姓名		员工岗位		导师姓名		导师岗位	
总体计划(描述引导计划的总体目标和方向)		(1)帮助新员工熟悉公司企业文化及规章制度,让新员工感受到公司对他的欢迎并找到归属感; (2)帮助新员工了解部门岗位职责,让新员工了解公司给他提供的工作平台及公司对他的期望; (3)培训新员工完成工作的能力并提供寻求帮助的方法,培养团队意识					
第一阶段		引导内容				进展情况	
文化/业务学习		(1)帮助新员工熟悉公司企业文化、发展战略等; (2)帮助新员工了解公司规章制度及福利; (3)帮助新员工熟悉公司产品及主要特点					
岗位		(1)欢迎新员工到来,帮助其认识本部门人员及了解部门同事,介绍部门组织结构、功能和部门内的特殊规定; (2)让新员工初步熟悉工作职责,给新员工规划发展空间; (3)岗位技能培训					
第二阶段		引导内容				进展情况	
文化/业务学习		(1)及时观察新员工的情绪状态,并及时帮助其调整,通过询问发现其是否存在压力; (2)对其成长和进步要及时肯定和赞扬,并提出更高的期望; (3)适时地把一些经验教给新员工,让其在实战中学习					
岗位		(1)引导新员工配合团队完成工作任务,按照要求执行各项任务; (2)进一步了解其职责要求,加强工作强度、扩大职责范围					
第三阶段		引导内容				进展情况	
文化/业务学习		(1)多开展公司团队活动,观察其优点和能力,扬长避短; (2)犯了错误时给其改过的机会,观察其处在逆境时的心态,探查其培养价值					
岗位		(1)厘清工作的要求及考核的指标要求; (2)新员工对部门团队建设提出自己的想法与建议					
第四阶段		引导内容				进展情况	
文化/业务学习		(1)帮助新员工重新定位,让新员工重新认识工作的价值、工作的意义、工作的责任、工作的使命、工作的高度,找到自己的目标和方向; (2)时刻关注新员工,当新员工有负面情绪时,要及时帮助其调整,要对新员工的各个方面有敏感性;					

续表

文化/业务学习	（3）让新员工感受到企业的使命，放大公司的愿景和文化价值、战略决策和领导意图等	
岗位	（1）新员工总结几个月的工作内容及表现； （2）开始适度放权，让新员工自行完成工作，发现工作的价值，享受工作成果带来的喜悦。但注意放权不宜一步到位	

4.3.3 试用期考核与转正管理

转正是对新员工试用期的表现进行考核并决定继续留用该员工的过程，是员工试用期管理中的重要一环。就现状而言，虽说大多数企业都建立了自身的业绩考核体系，但试用期考核的独特性并没有引起部分企业管理者的重视。新员工试用期临近结束，在人力资源部的催促下，用人部门负责人在转正表上大笔一挥——"同意转正"，人力资源部经理写下转正后工资便呈给总经理签字确认，新员工的试用期就算"尘埃落定"了。新员工到底符合不符合岗位的任职标准，新员工的哪些能力需要加强，在公司未来的发展空间如何，这些没人能说清楚，他们的标准就是不犯错误就可以了。

随着人才流动性的加大，新员工在企业工作的平均时间也在缩短。有调查表明，难以融入企业是新员工离职的主要原因之一。合理的试用期考核能够引导员工行为，使其顺利地与企业磨合，进而融合。做好试用期考核应当注意以下几点。

1. **明确试用期考核的内容**

很多企业都约定了试用期考核，但对试用期考核的内容并不清楚，甚至很多人力资源工作者对此也是一知半解。通俗点讲，试用期就是考查劳动者是否适合企业、适合岗位的过程。要判断劳动者是否为企业所需要，试用期要重点考核以下三方面素质。

（1）工作态度。

工作态度是员工工作的内在动力，可以分为积极程度、责任程度、努力程度三项，如表4-2所示。企业可以通过试用期间一些关键事件的行为来考查新员工的工作态度。比如，经理层级的新员工考核可以采用多角度考评，由上级、下级、同事及内部客户从不同的维度设计考评指标，这样更有利于企业有的放矢地对试用期员工的工作态度进行考查。

表 4-2 工作态度考核表

考核维度	关键行为
积极程度	（1）工作力求准确可靠，不会提交粗略甚至错误的结果； （2）始终保持进取的精神状态，以积极心态面对压力、困难
责任程度	（1）对待工作尽心尽力，想尽一切办法积极完成制订的目标或计划； （2）出现问题时敢于承认并承担过失，不找借口、不推脱
努力程度	（1）不满足团队现有的成绩，为团队制订挑战性目标； （2）为了达成更好的工作结果，付出更多的时间和精力

（2）工作能力。

工作能力和工作方法不是面试时的几句谈话就能体现的，它需要通过工作业绩来直接地展现出来。在实际工作中，有很多企业以"没有完成工作任务"来证明新员工不符合岗位要求。

如何衡量工作能力或工作方法呢？企业可以为试用期员工安排具体的工作任务，然后关注其如何完成、工作成效如何。工作能力、工作方法也可以通过关键行为能力来进行考查。在考查新员工的工作方法时，对工作任务和目标的描述要尽可能做到量化，如表4-3所示。

表 4-3 工作能力考核表

考核维度	关键行为
组织协调	（1）善于组织、发动和调配相关资源开展工作； （2）善于合理授权和有效地使用权力； （3）善于进行组织诊断，重视组织建设； （4）善于协调关系和解决矛盾，团队工作氛围良好
领导决策	（1）经常调动下属的工作积极性； （2）注意了解下属的想法、能力、特点、希望，重视培养教育下属，进行指导帮助，提高其技能素质； （3）指导下属制订工作目标与计划，使工作协调进行； （4）注意对下属的工作做出客观、公正的评价与反馈，与下属保持良好的信息交流与沟通
计划执行	（1）工作计划性强，目标明确，能根据企业战略目标提出合理的年度和月度工作目标与计划； （2）善于整合资源，有效组织实施和完成计划，执行情况良好； （3）注重及时有效地检查、监督、评估计划执行情况，若发现问题，则制订相应的措施及时改进； （4）认真执行公司有关经营管理的制度、流程、决策和决议

（3）工作习惯。

从职业的角度来看，工作习惯主要包含价值观和行为习惯。世上没有十全十美的人，每个人或多或少都有不足，观察员工的工作习惯，就是为了观察其不良行为习惯。比如，财务岗位上的工作人员，在试用期经常因粗心而犯错，这时企业就要慎重考虑为其转正。

不论是内隐的价值观还是外显的行为习惯，都可以通过工作场景中的具体行为来加以衡量。比如，针对团队负责人，可以从公平公正、学习创新、领导决策、高效执行、团队合作、团队建设等维度考查其职业习惯，如表4-4所示。

表4-4 工作习惯考核表

考核维度	关键行为
诚信正直	（1）为人正直，发现撒谎或不信守承诺等行为时会提出批评； （2）言行一致，不会说一套做一套； （3）处事公平，不徇私
学习创新	（1）根据组织需要和个人发展，不断完善知识结构； （2）分管范围内倡导和推行学习型组织文化； （3）在创新思路、制度、方法、工作上有新成果； （4）重视团队创新激励机制的建立，利用并优化资源为创新创造条件
团队建设	（1）具有良好的领导影响力和个人魅力； （2）善于激励和调动下属积极性； （3）善于交流沟通、听取意见，能吸纳专家的建议； （4）善于综观全局、审时度势，决策果断

2. 考核要有理有据

既然约定了试用期，也明确了考核内容，为什么很多企业的试用期考核仍然形同"走过场"？原因就在于没有制订一个较为完备的试用期考核方案和考核制度。企业既然与劳动者约定了试用期，就应做好对劳动者的考查和考核工作，并就评估结果与对方达成一致，否则劳动纠纷难以避免。

3. 试用期绩效面谈

试用期的考核不是最终程序，除了对新员工试用期的表现进行考核外，还要就新员工试用期的表现情况与其进行绩效面谈，对其在试用期内所参与的工作进行回顾，对其突出的表现给予鼓励，指出其表现欠佳之处并给出中肯的意见。根据考评结果，对于需要解除劳动合同的员工，要做好相关的解释和安抚工作。

4. 转正审批与反馈

试用期考核结果出来后，需要按照制度流程进行员工转正审批。一般由员工本人提出转正申请，由用人部门考核并评价，人力资源部负责审核，最后提交总经理审批。转正批准后的结果要及时反馈给员工，如果通过了转正，则对员工转正表示祝贺，并提出以后的工作期望；如果没有通过转正，则要做好对员工的安抚工作。

5. 建立员工试用期考核制度

要将员工试用期考核制度纳入企业的整个人力资源绩效管理工作当中，成为员工绩效管理体系中必不可少的一部分。考核制度中要明确包括人力资源部门、用人部门、导师、新员工间接或直接领导等部门和个人的职责，阐明新员工试用期考核合格的标准，规范试用期考核程序、考核结果反馈等各个方面的管理，让相关部门清楚考核职责所在，并清楚其考核内容，积极参与新入职员工的考核工作中来，不让试用期考核流于形式。

> **提示**
>
> 试用期考核要分阶段进行，而不是等到试用期结束的时候再评价。评价既要关注过程，更要关注结果，评价结果要及时告知新员工。

4.4 新员工入职转正管理体系范本：制度/流程/表单

新员工入职转正工作需要形成固定的管理模式，避免存在因人而异的情况。建立新员工入职、转正的管理体系，优化管理制度，完善管理流程，对新员工管理有非常重要的意义。

4.4.1 新员工入职转正相关制度

新员工入职转正制度包括新员工入职引导管理制度、员工转正管理制度。不同的入职、转正管理制度有不同的适用对象和范围，关键是要选择与企业总体发展战略及实际情况相适应的制度。

1. 新员工入职引导管理制度

建立新员工入职引导管理制度，有利于帮助新员工快速融入企业氛围，使新员工入职引导成为标准性工作，促成新员工入职文化的规范性。新员工入职引导包括公共部分和专业部分，下面是某公司的新员工入职引导管理制度，供读者参考。

新员工入职引导管理制度

1. 目的

为保障新员工尽快了解、适应、融入公司企业文化，认同公司的价值观及企业理念，熟悉公司规章制度并了解本岗位工作流程及标准，特制订本制度。

2. 适用范围

适用于公司新员工入职引导工作的开展。

3. 职责规划

（1）人力资源部。

①负责新员工入职引导公共部分的培训实施。

②协同各用人部门完成入职引导专业部分的培训工作。

（2）其他部门。

①负责指定入职引导人，由引导人负责新员工入职引导专业部分的培训。

②负责对新员工入职引导工作的实施情况进行监督、指导。

4. 入职引导的内容及要求

（1）新员工入职引导培训工作按照内容可划分为公共部分及专业部分两大部分，并且可以通过讲授、讨论、案例学习、自学、跟岗实习等形式开展。

（2）公司人力资源部门负责入职引导公共部分教材的编制与修订，其他部门负责对入职引导专业部分教材的修订及管理。公司及各项目部应严格按照入职引导工作要求执行。

（3）入职引导的公共部分是对公司现有情况的概况及描述，主要包括公司简介、公司发展历程、企业理念、企业文化、公司项目简介与参观、公司组织架构、公司各部门的职能及相关领导、公司规章制度、办公环境介绍及办公区域指引、公司办公设备操作、公司网站介绍和企业管理系统熟悉等。

（4）入职引导的专业部分是对部门业务层面及本岗位工作相关内容信息的详细介绍，主要内容包括部门职能及整体情况的详细介绍、部门领导与相关部门领导介绍、部门内部同事介绍、业务关联部门相关同事介绍、部门内部管理制度及业务流程的培训、部门内部管理与工作关系介绍、本岗位相关工作流程的培训、工作相关的知识与技巧培训等。

5. 入职引导人的资格及要求

（1）各部门根据部门人员情况负责指派入职引导人，入职引导人应满足以下要求。

① 司龄1年以上的正式员工。
② 熟悉本部门业务管理制度及流程。
③ 责任心强，有较强的业务能力、组织能力和管理能力。
④ 性格豁达开朗，善于沟通，有进取心。

（2）新员工入职引导人应严格按照入职引导工作的要求对新员工开展培训工作，如果发现其在入职引导过程中未按公司要求执行，公司人力资源部门有权降低其本周期绩效评估等级。

6. 入职手续办理

（1）公司人力资源部门应提前通知拟录用员工来公司办理入职手续，同时将员工入职信息通知用人部门。

（2）公司人力资源部门及用人部门准备好办公座位、办公设备、工卡、OA（办公自动化）账号等。

（3）新员工入职时，公司人力资源部门应当引导新员工办理入职手续，办理完后，公司人力资源部门将启动新员工入职引导工作。

7. 入职引导实施

（1）新员工入职后，公司人力资源部门应按照《新员工引导计划表》对新员工进行入职引导公共部分的培训，新员工要对培训内容进行确认。

（2）各部门指派的入职引导人应协同公司人力资源部门按照《新员工引导计划表》实施入职引导专业部分的培训，新员工要对培训内容进行确认。

（3）在入职引导专业部分实施期间，公司人力资源部门应与新员工及入职引导人进行持续沟通，了解新员工入职引导工作的开展情况，监督和检查入职引导人专业部分的实施情况。

（4）新员工通过学习和培训，将以前的工作经验与本岗位工作结合起来，努力提高专业技能，以满足公司的需要。

（5）部门经理或者人力资源部门可以随时向入职引导人了解新员工的培训情况，新员工也可随时与部门经理或人力资源部门沟通。

8. 入职引导工作评价

（1）入职引导结束后，入职引导人应向公司人力资源部门和部门直接领导沟通新员工整体的学习培训情况，该评定将作为员工转正及员工定岗定级的重要依据。

（2）公司人力资源部门在转正前应当进行入职引导效果考评，以面谈为主要考核方式，考核内容应当覆盖入职引导主要内容。考核结果应作为新员工转正的重要参考依据，同时应作为评定部门内部管理工作效果的重要依据。

（3）新员工应在转正之前提交《员工转正申报表》，交由公司人力资源部门作为转正考评档案存档。

9. 附则

（1）本制度的解释权属人力资源部。

（2）本制度自颁布之日起执行。

（3）以前的文件或规定中如果有与本制度相抵触的条款和规定，按本制度执行。

2. 员工转正管理制度

为了规范试用期员工的转正管理工作，明确公司用人标准，满足公司用人需求，健全公司人才选用机制，企业需要建立员工转正管理制度。员工转正管理制度规范了员工从试用期到转正的程序，明确规定转正可根据试用期间员工的表现予以提前或延迟。下面是某公司的员工转正管理制度，供读者参考。

▶ **员工转正管理制度** ◀

1. 目的

为加强对员工转正工作的管理，确保员工转正程序的透明性、公正性和公平性，特制订本制度。

2. 适用范围

公司全体员工。

3. 转正条件

（1）试用期间参加过公司新员工培训。

（2）试用期间参加过部门新员工上岗辅导，并通过了考核。

（3）试用期间通过公司转正考核，且被判定能胜任本职工作。

（4）试用期间未受到警告级以上的行政处罚。

（5）试用期满且满足以上条件，经部门主管签字和总经理批准后转正。

4. 试用期

新员工试用期为三个月，正式到岗时间在每月15日以前的，试用期从到岗当月起算为一个月，正式到岗时间在每月15日之后的，试用期从次月算起。

5. 员工转正程序

（1）正常转正。

新员工工作满三个月时，由人力资源部安排对其进行转正评估。具体程序如下。

① 由员工关系专员在新员工试用期届满前10天向员工发放《新员工转正评估表》。

② 由新员工本人填写《新员工转正评估表》并附已填写完毕的《新员工入职引导手册》，将其交入职引导人、部门负责人、分管领导签字审批。

③ 审批完成后汇总，由新员工本人将上述两份纸质文档交给人力资源部员工关系专员进行后续转正审批流程。

④ 集团五等以下员工的转正由人力资源部经理、人力行政中心总经理负责签字审批；五等及以上员工的转正由人力资源部经理、人力行政中心总经理、对应分管中心领导、董事会分管领导、董事长签字审批。

⑤ 分（子）公司五等及以上员工的转正审批与集团同级转正手续一致，五等以下员工则由分（子）公司自行审批。

⑥ 审批完成后由员工关系专员将新入职员工的所有资料、审批文档归入专用档案袋并做好标识，存放于员工档案柜。

⑦ 员工关系专员应在当月工资结算日前将员工转正日期告知薪酬福利专员，以便及时结算转正后薪酬。

⑧ 员工关系专员应在手续完成后及时在电子人力资源管理系统里更新转正员工基本信息（转正日期、在职状态）。

⑨ 五等及以上员工转正完毕后，应由总部员工关系专员在电子办公系统中发起通用审批流程，终审人为董事长，审批完成后转发流程至行政部负责人，由行政部梳理发文。

⑩ 审批任命完成后，应由人力资源部经理进行转正后沟通。

完成时限要求：以上流程应在新员工转正前一日全部完成。

（2）提前转正。

新员工试用期间表现非常出色者，可由所在部门申请提前转正。具体程序如下。

① 由新员工本人向直接上级提出提前转正申请，由其直接上级与新员工中心分管领导、人力资源部经理（四等及以下）、人力行政中心总经理（五等及以上）沟通后进入提前转正流程。

② 由员工关系专员发放《提前转正业绩报告》至新员工，由新员工本人按表格要求填写并交部门负责人、中心分管领导签字审批后，交员工关系专员进行后续审批。后续审批流程为人力资源部经理、人力行政中心总经理签字审批。

③ 《提前转正业绩报告》审批通过后，由员工关系专员发放《新员工转正评

估表》，由新员工本人填写后附《新员工入职引导手册》，并将其交由入职引导人、部门负责人、分管领导签字审批。

④ 审批完成后汇总，由新员工本人将上述三份纸质文档交由人力资源部员工关系专员进行后续转正审批流程。

⑤ 所有提前转正员工的审批均须由人力资源部负责人、人力行政中心总经理、董事会分管领导、董事长签字审批。

⑥ 分（子）公司所有员工提前转正的审批手续与集团手续一致。

⑦ 审批完成后由员工关系专员将新入职员工的所有资料、审批文档归入专用档案袋并做好标识，存放于员工档案柜。

⑧ 员工关系专员应在当月工资结算日前将员工转正日期告知薪酬福利专员，以便及时结算转正后薪酬。

⑨ 员工关系专员应在手续完成后及时在电子人力资源管理系统中更新转正员工基本信息（转正日期、在职状态）。

⑩ 五等以上员工转正完毕后应由员工关系专员在电子办公系统发起通用审批流程，终审人为董事长，审批完成后转发流程至行政部负责人，由行政部梳理发文。

（3）延期转正。

新员工入职期间表现不甚理想的，试用期满后可考虑延期转正，但延长后的试用期限不得超过劳动合同规定的最长期限，具体流程如下。

① 由员工关系专员发放《新员工延期转正申请表》至新员工本人，由其本人填写并交部门负责人、分管中心领导签批延期转正意见。

② 由员工关系专员收取批示后的《新员工延期转正申请表》，报人力资源部经理、人力行政中心总经理签批延期转正意见。

③ 由员工关系专员告知新员工延期时间，由人力资源部经理与新员工本人进行延期转正沟通。

④ 期满之后若满足转正要求，则按照正常转正流程办理。若仍不满足转正要求，则解除劳动合同。

完成时限要求：新员工转正前一日必须全部完成。

6. 附则

（1）本制度的解释权属人力资源部。

（2）本制度自颁布之日起执行。

（3）以前的文件或规定中如果有与本制度相抵触的条款和规定，按本制度执行。

4.4.2 新员工入职转正相关流程

新员工入职转正管理体系的建立还需要相关的流程做支撑,包括员工入职流程和员工转正流程。新员工入职流程在 4.1 节中已详细讲述,此处不再赘述。本节主要详细介绍新员工转正管理的三种流程。

1. 正常转正流程

新员工正常转正是最普遍的转正情况,流程如图 4-2 所示。

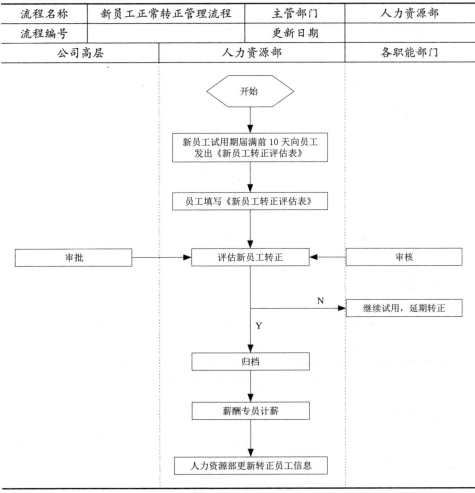

图 4-2 新员工正常转正管理流程

2. 提前转正流程

试用期表现特别优秀的员工,可以提前转正,流程如图 4-3 所示。

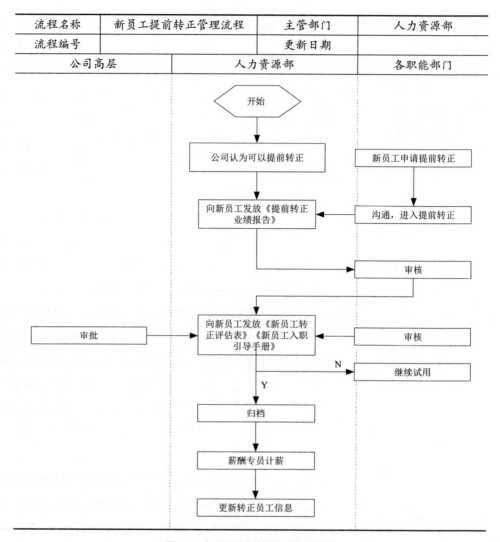

图4-3 新员工提前转正管理流程

3. 延期转正流程

新员工试用期考核过程中，存在部分员工不能按时转正，需要延长试用期的情况，延期转正流程如图4-4所示。

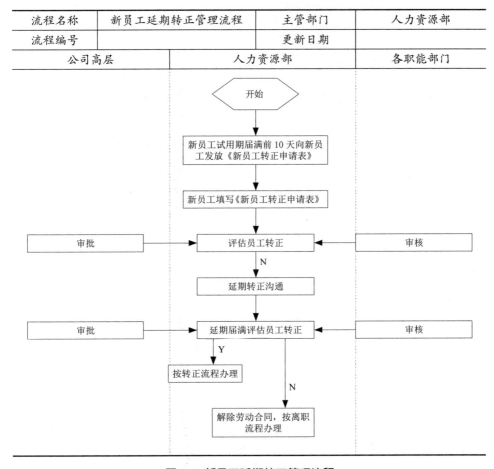

图 4-4 新员工延期转正管理流程

4.4.3 新员工入职转正相关表单

管理制度和流程最后都会通过各流程表单落实到具体事务上。

1. 新员工入职表单

新员工入职表单主要包括新员工入职确认表、社会保险购买确认单、住房公积金缴纳确认单、员工档案材料分类目录表等。

（1）新员工入职确认表。

为帮助新员工办理入职手续，确认新员工办理手续的项目及提交的资料，人力资源部须填写新员工入职确认表，如表 4-5 所示。

表 4-5 新员工入职确认表

员工姓名		岗位名称		所在部门	
身份证号码				入职时间	
事项			经办人	办理时间	备注
收取入职资料（学历、资历证明）					
收取离职证明					
发放办公用品					
电子办公系统账号设立					
录取指纹					
发放入职引导手册					
领取员工手册					
发放工作服、工作鞋					
签订劳动合同					
签订社保、公积金确认单					
组织新员工入职培训					
		员工签字：		日期：	

电子办公系统账号设立备注：视岗位而定，不是所有岗位都需要开通电子办公系统账号

（2）社会保险购买确认单。

员工入职后，企业要为员工购买社会保险，社会保险购买确认单如表 4-6 所示。

表 4-6 社会保险购买确认单

姓名		身份证号码			社保编号	
户口性质	□城镇 □非城镇	部门			职位	
参保险种	□养老保险 □失业保险	□工伤保险 □生育保险		□基本医疗保险 □大病医疗		
以下部分由人力资源部填写						
用工形式	□劳动用工 □其他	□劳务用工		□返聘用工	缴费基数	
入职时间				参保起始年月		
经办人签名				社保卡签收		

入职时间备注：入职当月就应该为员工缴纳社保，参保时间为入职当月

(3) 住房公积金缴纳确认单如表 4-7 所示。

表 4-7 住房公积金缴纳确认单

姓名		身份证号码		公积金编号	
户口性质	□城镇 □非城镇	部门		职位	
缴纳时间确认	□从未开设过住房公积金个人账户				
	□原单位已开户缴纳现为封存				
	□原单位已开户缴纳现为托管				
以下部分由人力资源中心填写					
用工形式	□劳动合同制 □临时工 □农民合同工 □其他			缴费基数	
入职时间				缴费起始年月	
经办人签名				缴费比例	

> 缴费时间应与社保时间保持一致

(4) 员工档案材料分类目录表。

所有员工入职后，企业都应该建立员工档案，以备查询。员工档案材料分类目录如表 4-8 所示。

表 4-8 员工档案材料分类目录

姓名		性别		籍贯		
婚姻状况		出生日期		身份证号码		
毕业学校		专业		最高学历		
职称		其他证书		紧急联系电话		
户口所在地		民族		本人联系电话		
任职情况						
入职部门		入职职位		入职日期		
转正后职位		转正时间		员工号		
序号	资料名称	有无	序号	资料名称		有无
入职资料 (A)			培训资料 (B)			
1	员工入职申请表		1	员工培训记录登记表		
2	员工录用审批表		2	员工培训评价表		
3	毕业证书		3	员工职业发展规划表		
4	职称证书		4	员工能力开发需求表		
5	其他证书		5			
6	体检表		6			
7	健康证		7			

续表

序号	资料名称	有无	序号	资料名称	有无
入职资料 (A)			培训资料 (B)		
8	身份证复印件		8		
9	特岗人员担保书		9	预留空白是为了方便以后添加	
10	新进员工入职接收单		10		
11	食宿及制服领用申请单		11		
12	离职证明(原服务公司)		12		
13			考核资料（C）		
			1	月度考核评分表/统计表	
人员异动及薪资福利资料 (D)			2	年度考核评分表/统计表	
1	人员变动及工资调整表		3	年度考勤登记表	
2	人员异动通知单		4		
3	人员薪资标准调整通知单		5		
4	奖惩申报单		6		
5	奖惩通知单		合同资料 (E)		
6			1	劳动试用合同	
7			2	保密协议书	
调动/借调资料 (F)			3	试用员工试用评核表	
1	员工借调/调动审批单		4	试用结果通知单	
2	员工借调/调动通知表		5	聘用合同	
3	员工借调/调动工作移交		6	劳动合同续约申报表	
4	借调/调动人员人事资料		7	变更劳动合同通知书	
5	员工基本情况及档案材料分类目录表		8		
6			9		

2. 员工转正管理表单

员工转正管理表单主要包括经理级及以上转正评估表和经理级以下转正评估

表、提前转正业绩报告表、转正通知单。

（1）经理级及以上级别新员工转正评估表。

经理级及以上级别员工转正要根据转正流程填写转正评估表，批准后方可享有正式员工待遇。经理级及以上级别新员工转正评估表如表4-9所示。

表4-9 经理级及以上级别新员工转正评估表

选择所归属系统，请打勾：□集团总部 □房地产 □物业管理 □建筑工程

公司名称					
部门		职位名称		入职时间	
姓名		性别		试用期限	
最高学历		专业		引导导师	
个人评价	可以另附个人工作总结				
	请根据以下评核内容进行评分				
项目名称	评核内容	评分标准	自评	导师评分	部门负责人评分
工作能力（80%）	工作任务完成情况	20			
	工作质量	20			
	工作效率	15			
	部门管理	15			
	成本控制	10			
工作态度（20%）	责任心	10			
	主动性	10			
	总分	100			
导师评估意见	□优秀　　　　　　　　□超满意（超过要求）　　□满意（符合要求） □不满意（部分不符合要求）　　□差（完全不符合要求） 评价： 待改进的方面： 　　　　　　　　　　　　　　　　　　签名：　　　　　　年　月　日				
部门意见	试用期为：　　　年　月　日至　　　年　月　日，共　　个月， 拟建议　□正式录用　□辞退 　　　　□延长试用，延长试用期至：　　　年　月　日，共　　个月 部门负责人评价： 　　　　　　　　　　　　　　　　　　　　　　　　　　年　月　日 分管领导评价： 　　　　　　　　　　　　　　　　　　　　　　　　　　年　月　日				
被评估人确认	签名：　　　　　　年　月　日				

续表

集团人力资源部意见						
集团人力资源部意见：						
试用期工资总额	职等	档次	月固定工资	月绩效工资	年终考核工资	月效益工资
转正后工资总额	职等	档次	月固定工资	月绩效工资	年终考核工资	月效益工资
试用期考评结果建议	□正式录用 □辞退 □延长试用，延长试用期至：　　　年　月　日，共　个月					
拟建议转正时间	年　月　日					
分管领导审核						
人事行政总经理审核						
副董事长批准						
总裁批准						
董事长批准						
备注（由HR填写）	最后核定转正后工资总额： 转正时间为：					

（2）经理级以下级别新员工转正评估表如表4-10所示。

表4-10 经理级以下级别新员工转正评估表

选择所归属系统，请打勾：□集团总部　□房地产　□物业管理　□建筑工程

公司名称					
部门		职位名称		入职时间	
姓名		性别		试用期限	
最高学历		专业		导师	
个人评价	可以另附个人工作总结				

续表

项目名称	请根据以下评核内容进行评分				
	评核内容	评分标准	自评	导师评分	部门负责人评分
工作能力 （70%）	工作品质	10			
	工作效率	10			
	工作态度	10			
	工作方法	10			
	工作执行力	10			
	理解力及判断力	10			
	学习能力及精神	10			
学识 （20%）	专业知识	10			
	专业技能	5			
	管理技能	5			
其他 （10%）	配合性	2			
	遵守规章制度	2			
	个人品行、操守	2			
	责任感	2			
	可塑性、发展潜力	2			
	总分	100			
导师评估意见	□优秀　　　　　　　□超满意（超过要求）　□满意（符合要求） □不满意（部分不符合要求）　□差（完全不符合要求） 评价： 待改进的方面： 　　　　　　　　　　　　　　签名：　　　　　　年　月　日				
部门意见	试用期为：　　　年　月　日至　　　年　月　日，共　个月， 拟建议□正式录用　□辞退 　　　　□延长试用，延长试用期至：　　　年　月　日，共　个月 部门负责人评价： 　　　　　　　　　　　　　　　　　　　　　　　年　月　日 分管领导评价： 　　　　　　　　　　　　　　　　　　　　　　　年　月　日				
被评估人确认	签名：　　　　　　年　月　日				

续表

集团人力资源部意见					
集团人力资源部意见：					
试用期工资总额	职等	档次	月基本工资	月绩效工资	福利
转正后工资总额	职等	档次	月基本工资	月绩效工资	福利
试用期考评结果建议	□正式录用 □辞退 □延长试用，延长试用期至： 年 月 日，共 个月				
拟建议转正时间	年 月 日				
人力行政中心 总经理审核					
总裁批准					
副董事长批准					
董事长批准					
备注（由HR填写）	最后核定转正后工资总额： 转正时间为：				

（3）提前转正业绩报告表。

针对表现优秀的员工，可以准许其提前转正，但需要提供相应的业绩报告，如表4-11所示。

表 4-11 提前转正业绩报告表

姓名		部门		职务	
业绩报告	主要填写关键业绩情况，以及取得的成绩				
部门/单位审核	部门评语： 直接领导： 部门/单位负责人： 日期： 日期：				
集团人力资源部审核	签字： 日期：				
集团人力行政中心总经理审批	签字： 日期：				

注：业绩报告内容栏中请准确描述试用期内新员工所做出的典型事迹及业绩产出的数据说明

（4）员工转正通知单。

员工转正申请审批通过后，人力资源部要正式反馈给新员工。员工转正通知单范本如下。

_____先生/女士：

您于_____年__月__日加入本公司，试用期至_____年__月__日。根据您在试用期内的工作能力和工作表现，符合公司录用条件，经试用期考核及领导审批，恭喜您的转正申请获批，特此通知您。

您将从_____年__月__日起转正为公司正式员工，按照公司相关规定享受正式员工的全部待遇，财务部门将根据转正评估表上获批工资标准给予调整工资。

希望您继续努力工作，为公司的发展做出贡献。

公司人力资源部

年 月 日

注：本通知由人力资源部及员工本人留存并抄送财务部。

HR 专家支招

1 录取不能开具离职证明的员工时应注意什么？

新员工入职时不能递交离职证明，对用人单位来说存在较大的法律风险。但有些员工由于离职时间过长，与原公司无法取得正常联系；或者用人部门从别的企业挖了墙脚，导致矛盾激化后，原雇主根本不配合入职员工办理离职手续；另外也有可能是员工自身的问题，如之前履历存在虚假导致原雇主不配合等。新员工入职时不能递交离职证明，人力资源部应注意以下几点。

（1）做好入职员工的背景调查。向员工原单位核实该员工已离职、离职时间、离职原因、是否有竞业禁止协议等。

（2）及时转入社保。如果该新员工的社保不能正常转入公司，则该员工很可能与原单位还有关系，此时要慎重录取。如果能正常转入，就说明问题不大，注意竞业禁止协议就好。

（3）要求员工写份免责声明。对不能提供离职证明的员工，应让其写份免责声明给公司。免责声明内容包括，员工本人已与前单位解除劳动关系、无竞业禁止条款。若员工提供虚假信息，则由此导致的责任由员工本人承担，且公司有权解除劳动合同并不支付经济补偿金，同时公司被追究责任时有权向其追偿等。

2 新员工入职后拖延签订劳动合同怎么办？

我国《劳动合同法》第八十二条规定，用人单位自用工之日起超过一个月不满一年未与劳动者订立书面劳动合同的，应当向劳动者每月支付二倍的工资。可见，如果新员工入职后拖延签劳动合同，对用人单位来说，就会存在法律风险。对于员工本人拖延签订合同的，人力资源部门可以通过以下几种方式解决。

（1）在员工入职时，明确要求员工同时签订书面劳动合同，不签订书面劳动合同的不予录用。这主要是从源头上预防后期发生争议。从合理性上讲，在招聘面试等环节中，应聘者已基本了解企业的情况及相对详细的劳动待遇，此时签订劳动合同也是比较科学的。即使发生由于双方虚假陈述导致合同订立的情况，也可以通过行使法定解除权予以解除。

（2）由于种种客观原因，不是所有的应聘者都能在录用时签订劳动合同，特别是需要办理相关认证审核等前置程序时，劳动合同可能确实需要延后签订。但是企业可以在入职须知中明确规定，一个月内必须签订劳动合同，否则视为试用期不符合录用条件，企业可以解除劳动关系。

（3）若员工入职超过一个月还不愿意签订劳动合同，建议按第二条予以辞退，宁愿不录用，重新招聘，也不要冒违法的风险。

3 企业能拒绝录用乙肝抗原携带者吗？

根据《劳动合同法》的规定，用人单位对劳动者的身体状况有知情权，尤其是如果员工患有潜在的疾病或职业病，这将给未来的用工带来巨大的风险和成本。因此，用人单位有权要求应聘者提供正规的体检报告，或者要求应聘者到指定医院参加体验。但国家为了规范和避免用人单位滥用知情权，2010年2月10日，教育部和原卫生部出台了《关于进一步规范入学和就业体检项目维护乙肝表面抗原携带者入学和就业权利的通知》，明确规定用人单位在就业体检中，不得要求乙肝项目检测，不得因应聘者是乙肝抗原携带者而拒绝招用或辞退。

在实际工作中，除非用人单位能够书面证明拟聘用的员工将在本单位从事国家法律法规和前卫生部规定禁止乙肝抗原携带者从事的工作，如餐饮、医疗、保育等服务行业的相关工作，否则，用人单位不能在入职体检中强制要求员工参加乙肝项目检测，也不能拒绝录用乙肝抗原携带者。

4　试用期不合格者可以延长试用期吗？

劳动合同中的试用期一般是指在劳动合同期限之内，劳动者和用人单位为了互相了解和考查而特定的时间。试用期条款是劳动合同的条款之一，合同条款的修改、变更必须经合同主体协商一致。所以如果试用期要延长，需经合同双方协商一致，并且延长的期限需在劳动合同年限对应的试用期内。

5　哪些劳动合同不能约定试用期？

企业与劳动者签订的劳动合同中约定试用期时，要注意以下三类劳动合同不能约定试用期。

（1）以完成一定工作任务为期限的劳动合同。

（2）期限不满三个月的劳动合同。

（3）非全日制用工的劳动合同。

这三类劳动合同之所以不得约定试用期，是因为这三类合同有个共同的特性，那就是时间比较短，如果在这种短时间的劳动合同中再约定试用期，显然有失公平，所以法律对其作了特殊规定。

 HR 高效工作之道

1　用 Word 制作入职流程图

当应聘者面试通过被录用后，就会收到录用通知，要求其在某个时间到公司报到。到公司报到并不代表其到公司就可以正式上岗工作，还需要办理相关的入职手续。很多公司为了使新员工能快速办理完相关的入职手续，一般会为新员工制作一个入职流程图,然后让新员工按照流程图到相关的部门进行办理,这样可以提高入职效率。

使用 Word 制作流程图一般有两种方法:一种是通过 SmartArt 图形来制作具有一定规律且层次内容较少的流程图;另一种是通过形状制作没有规律且流程顺序较多的流程图。下面将介绍如何使用 Word 的 SmartArt 图形来制作员工入职流程图,具体操作步骤如下。

步骤① 新建一个文件名为【入职流程图】的空白文档,在文档内输入标题【入职流程图】,并对标题格式进行相应设置。单击【插入】选项卡【插图】组中的【SmartArt】按钮,打开【选择 SmartArt 图形】对话框,在左侧选择【流程】选项,在中间选择【分段流程】选项,然后单击【确定】按钮,如图 4-5 所示。

步骤② 删除 SmartArt 图形中不需要的形状,然后选择最后一个形状,单击【SmartArt 工具 - 设计】选项卡【创建图形】组中的【添加形状】下拉按钮,在弹出的下拉列表中选择【在后面添加形状】选项,如图 4-6 所示。

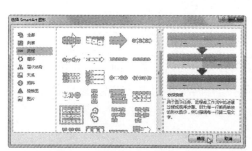

图 4-5 选择 SmartArt 图形　　　　图 4-6 添加形状

步骤③ 此时将在选择的形状后面添加一个形状,使用相同的方法继续在形状后面添加 3 个形状。将光标定位到 SmartArt 图形的形状中,输入需要的文本,并设置字体格式,如图 4-7 所示。

步骤④ 调整 SmartArt 图形的大小和位置,使形状中的文本全部显示出来,并居于页面中间对齐。选择 SmartArt 图形,单击【SmartArt 工具 - 设计】选项卡【版式】组中的【更改布局】按钮,在弹出的下拉列表中选择【垂直流程】选项,如图 4-8 所示。

图 4-7 输入文本

图 4-8 更改布局

步骤 5 选择 SmartArt 图形中需要调整形状宽度的多个形状，将光标定位到图片中间左侧或右侧的控制点上，按住鼠标左键不放进行拖动，即可调整形状宽度，如图 4-9 所示。

步骤 6 选择 SmartArt 图形，单击【SmartArt 工具 - 设计】选项卡【SmartArt 样式】组中的【更改颜色】按钮，在弹出的下拉列表中选择【深色 2 轮廓】选项，如图 4-10 所示。

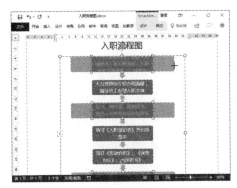
图 4-9 调整形状大小

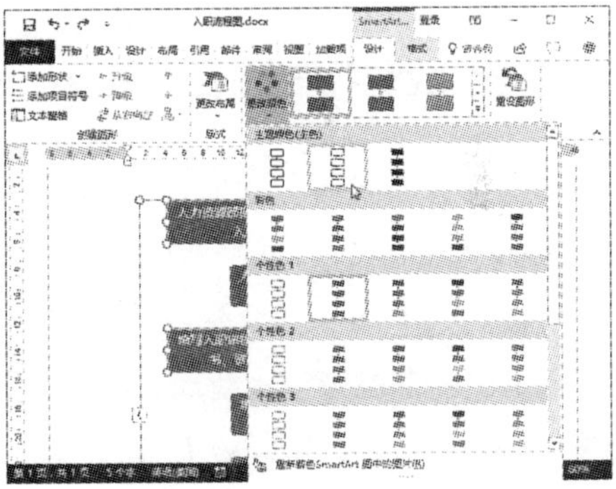

图 4-10 更改颜色

步骤 7 本例制作完成，最终效果如图 4-11 所示。

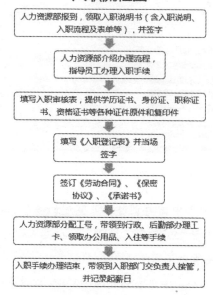

图 4-11 最终效果

2 用 Excel 制作员工入职登记表

虽然新员工进入公司后都会填写员工入职登记表，但很多企业为了方便对新进员工的个人信息进行统一管理，会要求人力资源工作者制作员工入职记录表，将员工姓名、学历、毕业院校、入职时间、职位、实习时间和实习结束时间等记录下来，进行存档管理。使用 Excel 制作员工入职登记表的具体操作步骤如下。

步骤① 新建一个文件名为【员工入职记录表】的工作簿，在 A1:L1 单元格中输入表字段，在 A2 单元格中输入【KC-1014101】，将鼠标指针移动到该单元格右下角，按住鼠标左键拖动控制柄至 A19 单元格，填充有规律的数据，如图 4-12 所示。

步骤② 调整列宽，让工号数据全部显示出来，然后输入员工姓名。

步骤③ 选择 C 列单元格区域，单击【数据】选项卡下【数据工具】组中的【数据验证】按钮，打开【数据验证】对话框。在【设置】选项卡中设置【允许】条件为【序列】，【来源】为【男,女】，单击【确定】按钮，如图 4-13 所示。

图 4-12 填充有规律的数据

图 4-13 设置序列

步骤 ④ 此时 C 列的所有单元格都添加了一个下拉按钮。选择 C2 单元格，单击右侧的下拉按钮，在弹出的下拉列表中选择【男】，如图 4-14 所示，然后使用相同的方法继续填入 C 列数据。

步骤 ⑤ 选择 D 列单元格，打开【设置单元格格式】对话框，在【数字】选项卡中将【分类】设置为【文本】，然后单击【确定】按钮，如图 4-15 所示。

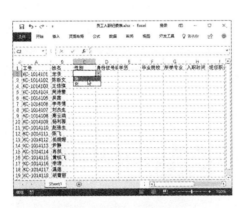
图 4-14 选择下拉选项

图 4-15 设置数字格式

步骤 ⑥ 输入身份证号码、学历、毕业院校、所学专业、入职时间、现任职务、所属部门等信息。

步骤 ⑦ 选择 K2:K19 单元格区域，在编辑栏中输入公式【=H2】，按【Ctrl+Enter】组合键，计算出结果，如图 4-16 所示。

步骤 ⑧ 选择 L2:L19 单元格区域，在编辑栏中输入公式【=DATE(YEAR(K2),MONTH(K2)+3,DAY(K2))】，按【Ctrl+Enter】组合键，计算出结果，如图 4-17 所示。

图 4-16 引用日期

图 4-17 计算转正时间

步骤 9 对表格中的文本的字体和对齐方式进行设置，然后选择 A1:L19 的单元格区域，单击【套用表格格式】按钮，在弹出的下拉列表中选择需要的表格样式，如图 4-18 所示。然后在打开的对话框中单击【确定】按钮即可。

步骤 10 单击【表格工具-设计】选项卡【工具】组中的【转换为区域】按钮，在打开的提示对话框中单击【是】按钮，如图 4-19 所示。应用图表样式后添加的筛选下拉按钮将全部取消。

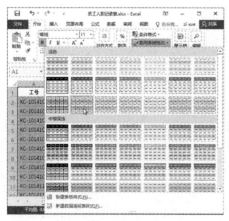

图 4-18 应用表格样式

图 4-19 转换为普通区域

步骤 11 本例制作完成，最终效果如图 4-20 所示。

	A	B	C	D	E	F	G	H	I	J	K	L
1	工号	姓名	性别	身份证号码	学历	毕业院校	所学专业	入职时间	现任职务	所属部门	试用开始时间	转正时间
2	KC-1014101	龙浩	男	511720199000000000	本科	西华大学	企业管理	2017/3/5	总经理助理	总经办	2017/3/5	2017/6/5
3	KC-1014102	陈新文	男	445744198300000000	专科	商务学院	市场营销	2017/3/28	主管	销售部	2017/3/28	2017/6/28
4	KC-1014103	王佳琪	女	523625198000000000	本科	西南大学	机械工程	2017/5/8	销售员	销售部	2017/5/8	2017/8/8
5	KC-1014104	周诗雯	女	410987198200000000	专科	信息工程学院	信息管理	2017/5/8	销售员	销售部	2017/5/8	2017/8/8
6	KC-1014105	吴菁	女	251188198100000000	专科	农业大学	园艺学	2017/8/12	销售员	销售部	2017/8/12	2017/11/12
7	KC-1014106	李寻情	女	381837197500000000	专科	经济学院	计算机应用	2017/9/10	销售员	销售部	2017/9/10	2017/12/10
8	KC-1014107	刘杰生	男	536351198300000000	本科	理工大学	金融学	2018/1/6	经理	市场部	2018/1/6	2018/4/6
9	KC-1014108	高云瑞	男	127933198000000000	本科	经济商务学院	市场营销	2018/3/2	主管	市场部	2018/3/2	2018/6/2
10	KC-1014109	杨利蓉	女	123813197200000000	专科	民族大学	商务管理	2017/8/12	市场专员	市场部	2017/8/12	2017/11/12
11	KC-1014110	赵强生	男	536411198600000000	本科	电子科大	系统工程	2017/9/11	市场专员	市场部	2017/9/11	2017/12/11
12	KC-1014111	陈飞	男	216382198700000000	专科	成渝科技大学	工商管理	2017/5/25	市场专员	市场部	2017/5/25	2017/8/25
13	KC-1014112	岳姗姗	女	142868198800000000	本科	西南大学	会计	2018/4/1	主管	财务部	2018/4/1	2018/7/1
14	KC-1014113	尹静	女	327051198800000000	本科	西华大学	会计	2017/8/12	会计	财务部	2017/8/12	2017/11/12
15	KC-1014114	肖熊	女	406212198400000000	专科	交通学院	出纳	2017/3/6	出纳	财务部	2017/3/6	2017/6/6
16	KC-1014115	黄桃飞	男	275116199000000000	本科	农业大学	行政管理	2017/8/9	经理	行政部	2017/8/9	2017/11/9
17	KC-1014116	李涛	男	512011199200000000	专科	纺织专科学院	档案学	2018/3/2	行政员	行政部	2018/3/2	2018/6/2
18	KC-1014117	温莲	女	510112198800000000	专科	艺术职业学院	新闻采编	2017/8/12	行政员	行政部	2017/8/12	2017/11/12
19	KC-1014118	胡馨丽	女	512116199000000000	专科	四川旅游学院	旅游专业	2017/9/11	前台接待	行政部	2017/9/11	2017/12/11

图 4-20 最终效果

3 制作新员工入职培训 PPT

新员工入职培训是员工进入企业工作后的第一个环节，是企业将聘用的员工从社会人转变为企业人的过程，同时也是员工从组织外部融入组织或团队内部并成为团队一员的过程。成功的新员工入职培训可以起到传递企业价值观和核心理念、塑造员工行为的作用，它在新员工和企业及企业内部其他员工之间架起了沟通和理解的桥梁，并为新员工迅速适应企业环境，与其他团队成员展开良性互动打下坚实的基础。

公司对新员工进行培训时，一般会以 PPT 的形式呈现培训的内容，这样不仅可以让新员工快速了解培训的大致内容，还能让培训变得更生动、形象、有意义。制作新员工入职培训 PPT 的具体操作步骤如下（本节所有的素材均可在附赠的学习资源中找到）。

步骤① 新建一个文件名为【新员工入职培训】的空白演示文稿，单击【设计】选项卡【自定义】组中的【幻灯片大小】按钮，在弹出的下拉列表中选择【自定义幻灯片大小】选项，打开【幻灯片大小】对话框，将【宽度】设置为【25.4】，【高度】设置为【14.2】，单击【确定】按钮（见图 4-21），然后在打开的对话框中单击【确保合适】按钮。

步骤② 打开【设置背景格式】任务窗格，保持选中【纯色填充】单选钮，将填充颜色设置为【（RGB：226,234,236）】，单击【全部应用】按钮（见图4-22），为整个PPT应用相同的背景颜色。

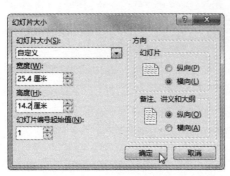

图4-21 设置幻灯片大小

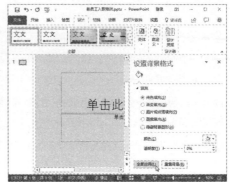

图4-22 设置背景颜色

步骤③ 在幻灯片占位符中输入标题，并对文本格式和占位符进行设置。在标题和副标题占位符之间绘制一个矩形，将矩形颜色设置为【（RGB：0,118,218）】。在公司名称前面插入LOGO图片，选择图片，单击【颜色】按钮，在弹出的下拉列表中选择【设置透明色】选项，如图4-23所示。

步骤④ 在图片白色背景上单击，删除图片背景，在幻灯片右侧绘制一个菱形，单击【形状样式】组中的【形状填充】按钮，在弹出的下拉列表中选择【图片】选项，如图4-24所示。

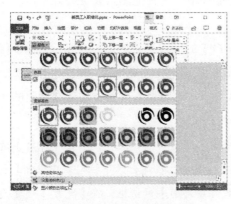

图4-23 设置透明色

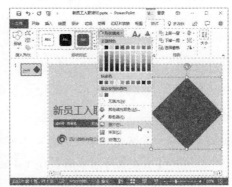

图4-24 选择填充方式

步骤⑤ 选择需要的图片填充菱形，单击【图片工具-格式】选项卡【大小】选项组中的【裁剪】下拉按钮，在弹出的下拉列表中选择【调整】选项。此时，菱形中的图片呈可编辑状态,将图片调整到合适的位置和大小,使图片填满形状,效果如图4-25所示。

步骤⑥ 在菱形周围绘制3个小菱形和一个直角三角形。在菱形中输入相应的文本,然后使用【图片2】填充直角三角形。

步骤⑦ 新建一张幻灯片,删除幻灯片中的占位符,插入【图片3】,然后在图片右侧绘制一个平行四边形,将形状的旋转角度设置为【339°】,如图4-26所示。

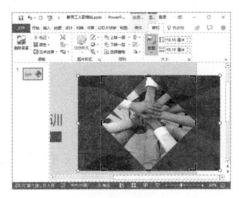

图4-25 裁剪图片

图4-26 旋转形状

步骤⑧ 先选择图片,再选择平行四边形,在【合并形状】下拉列表中选择【组合】选项,将图片和形状组合成一张不规则的图片。然后设置图片亮度为【亮度:-20% 对比度 0%(正常)】,并在幻灯片中绘制需要的形状和文本框,输入需要的文本内容,如图4-27所示。

步骤⑨ 执行复制幻灯片操作,删除不需要的内容,绘制需要的形状,并在幻灯片中输入需要的文本内容,效果如图4-28所示。

图4-27 制作目录幻灯片

图4-28 制作过渡页

步骤⑩ 使用前面介绍的步骤制作第 3 张和第 4 张幻灯片，在第 4 张幻灯片中插入【圆形图片层次结构】SmartArt 图形（单击【插入】选项卡【插图】组中的【SmartArt】按钮，在打开的对话框左侧列表中选择【层次结构】选项，在中间区域选择【图形图片层次结构】选项，单击【确定】按钮），然后根据需要输入文本，添加形状。选择【销售部】形状，单击【创建图形】组中的【降级】按钮，如图 4-29 所示。使形状下降一个级别，并对形状中部分形状位置、文本框位置和文本格式进行设置。

步骤⑪ 单击【董事长】圆形中的图片，打开【插入图片】对话框。选择【自图标】选项，打开【插入图标】对话框，然后在右侧选中需要插入的图标，单击【确定】按钮，如图 4-30 所示。

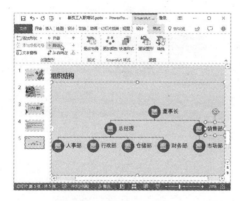
图 4-29 调整形状级别

图 4-30 插入图标

步骤⑫ 使用相同的方法将其他圆形中的图片设置为图标，并对图标颜色进行相应的设置。用前面制作幻灯片的方法制作第 6 张至第 12 张幻灯片，在第 12 张幻灯片中添加需要的文字内容并插入饼图。打开【Microsoft PowerPoint 中的图表】窗口，选择需要在饼图中展现的数据，如图 4-31 所示。

步骤⑬ 在图表中添加需要的元素，并对图表进行设置，然后使用前面制作幻灯片的方法制作其他幻灯片，选择第 1 张幻灯片右侧的形状，单击【动画】组中的【动画样式】按钮，在弹出的下拉列表中选择【进入】栏中的【浮入】选项，如图 4-32 所示。

步骤⑭ 选择幻灯片左侧的形状和文本框，为其添加【擦除】进入动画，选择标题文本框，单击【动画】选项卡【高级动画】组中的【添加动画】按钮，在弹出的下拉列表中选择【强调】栏中的【画笔颜色】选项，如图 4-33 所示。

步骤⑮ 选择LOGO图片,为其添加第2个进入动画【旋转】,单击【高级动画】组中的【动画窗格】按钮,打开【动画窗格】任务窗格。选择标题的第2个动画效果选项,按住鼠标左键不放,向上拖动至标题的第1个动画效果选项后,出现的横线表示移动的目标位置,如图4-34所示。

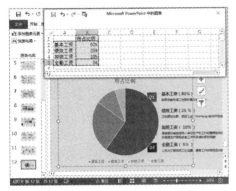

图4-31 插入饼图

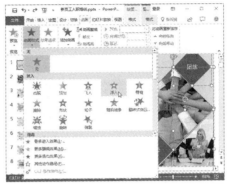

图4-32 添加进入动画

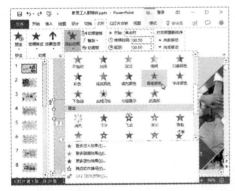

图4-33 添加强调动画

图4-34 调整动画顺序

步骤⑯ 使用相同的方法将公司名称动画效果选项移动到最后,然后选择标题的第1个动画效果选项,将效果选项设置为【自左侧】,使用相同的方法将其他擦除动画效果选项都设置为【自左侧】。在动画窗格中选择需要设置开始时间的多个动画效果选项,在【动画】选项卡【计时】组中的【开始】下拉列表框中选择【上一动画之后】选项,在【持续时间】数值框中输入【01.00】,如图4-35所示。

步骤⑰ 右击第2个【图片6】动画效果选项,在弹出的快捷菜单中选择【计时】

命令,打开【旋转】对话框,设置【开始】为【上一动画之后】,【延迟】为【0.5】,【期间】为【中速(2秒)】,【重复】为【直到幻灯片末尾】,然后单击【确定】按钮,如图 4-36 所示。

图 4-35 设置动画开始和持续时间   图 4-36 设置动画计时

步骤 18 使用相同的方法为目录页、过渡页和结束页幻灯片中的对象添加相应的动画效果,并对动画的效果选项、播放顺序、开始时间、持续时间等进行设置。PPT 最终效果如图 4-37 所示。

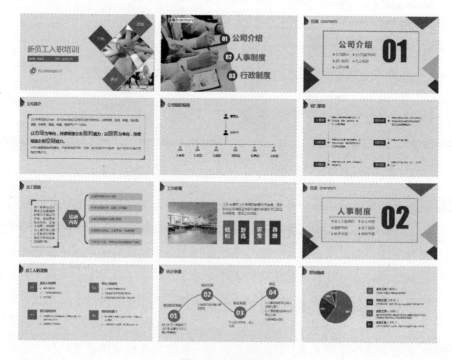

图 4-37 最终效果

第4章 新员工入职与转正管理

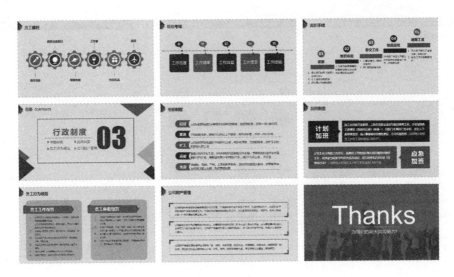

图 4-37 最终效果（续）

4 用钉钉对员工转正申请进行管理

钉钉是阿里巴巴集团推出的一款跨多平台（提供了 PC 版、Web 版和手机版）使用，支持手机和电脑间文件互传，全方位提高企业沟通和协同效率的软件，它可以让工作更简单、高效、安全，使企业进入智能化移动办公时代。

钉钉包含的功能比较多。其中，钉钉的审批功能融合了移动办公，可以随时随地对请假、补卡、报销、出差、外出、物品领用、加班、转正、离职、离职交接、录用、调岗及合同等进行申请和审批，从而快速完成各项审批工作，提高企业的办公协同能力。

下面将介绍使用钉钉对员工的转正申请进行管理的方法，具体操作步骤如下。

步骤① 启动钉钉 APP，在首页点击【常用应用】栏中的【审批】按钮，如图 4-38 所示。

步骤② 在打开的审批界面中点击【转正】按钮，如图 4-39 所示。

步骤③ 在打开的转正界面中如实填写申请转正需要填写的内容，如入职日期、试用期岗位及试用期内的工作总结等。填写完成后，点击【提交】按钮进行提交，如图 4-40 所示。

图 4-38 钉钉移动端首页　　图 4-39 审批首页　　图 4-40 转正申请页面

步骤④ 负责转正审批的人员在【待我审批的】列表中可看到员工发送的转正申请，如图 4-41 所示。

步骤⑤ 点击待审批项，在打开的转正审批界面中对员工的转正申请进行查看和审批。同意转正，就点击【同意】按钮，不同意就点击【拒绝】按钮，如图 4-42 所示。

步骤⑥ 同意转正后，申请同意的页面将显示【审批通过】的章，表示完成审批，效果如图 4-43 所示。

图 4-41 待审批的记录　　图 4-42 对转正申请进行审批　　图 4-43 审批通过

第 4 章 新员工入职与转正管理

> **提示**
>
> 如果要查看某段时间内入职员工的转正记录,那么需要用管理后台密码来登录,进入钉钉管理后台。在首页单击【试用期转正】按钮,如图 4-44 所示。在打开的界面中选择好需要查询的员工转正记录的开始时间和终止时间后,系统会自动显示查询结果,如图 4-45 所示。

图 4-44 钉钉后台管理首页

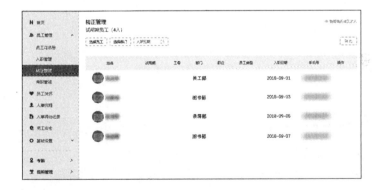

图 4-45 查看转正记录

5 用打印机扫描证件照片

新员工入职时,企业都会要求新员工上交一张或多张证件照,用于存档和办理工作证等。但如果要将证件照上传到企业办公化系统或电子存档,就需要将证

281

件照扫描出来。扫描既可以通过带扫描功能的打印机设备完成，也可以通过扫描仪完成，不管是通过哪种方式进行扫描，都需要先将设备连接到电脑，然后启动设备，将证件照放置在扫描区域，最后在电脑中执行扫描即可。下面将介绍使用打印机进行扫描的方法，具体操作步骤如下。

步骤① 启动电脑和打印机，将证件照放置在扫描区域，在控制面板中单击【设备和打印机】选项，打开【设备和打印机】窗口。在电脑连接的打印机图标上右击，在弹出的快捷菜单中选择【开始扫描】命令，如图4-46所示。

步骤② 打开【新扫描】对话框，对扫描的颜色格式、文件类型、分辨率等进行设置，然后单击【扫描】按钮（见图4-47），开始扫描。

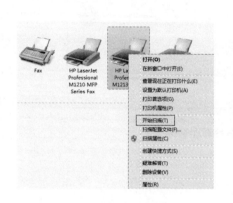

图 4-46 选择扫描选项

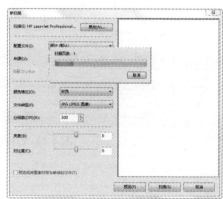

图 4-47 开始扫描

提示

在扫描证件照时，也可在【新扫描】对话框中单击【预览】按钮，先预览扫描的效果，再执行扫描操作，如图4-48所示。

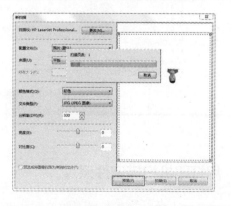

图 4-48 预览效果

步骤③ 扫描结束后，打开【导入图片和视频】对话框，左侧将显示扫描的证件照。在【标记这些图片】下拉列表框中输入保存的名称，然后单击【导入】按钮，如图 4-49 所示。

步骤④ 开始导入证件照，如图 4-50 所示。导入结束后，即可打开扫描证件照。

图 4-49 设置保存名称

图 4-50 导入证件照

第3篇 培训篇

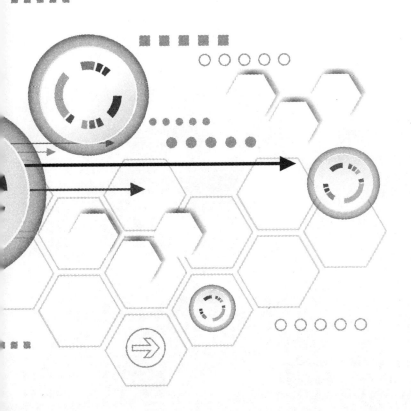

第 5 章
员工培训设计、实施与评估

员工培训是企业有计划、有组织地针对员工的需要而开展的一系列提升员工基础知识、专业技能、职业素养等能力的系统活动,是改变员工知识技能水平及职业工作素养的重要手段。培训是一种对知识、技能的训练,也是企业整合人、财、物等资源的重要途径。

培训管理是企业培训的综合性工作,是以企业人力资源管理部门为主体的服务于企业培训的综合性管理工作。培训管理不能仅仅依靠人力资源部门单独完成,还需要其他部门的通力协作。培训管理的目的是提高员工的工作能力,改善员工的工作积极性,进而为企业营造优良的经营氛围,以适应企业当前或未来的发展需求。培训管理是根据员工的具体情况提供培训计划,并且组织、实施和评估,以期达到培训目标的管理活动。无论是国内还是国外,大型企业都能充分认识到培训管理对于企业可持续发展的重要意义,都把培训管理作为企业管理中的重要内容。

5.1 培训项目开发

培训项目设计是指将确定的培训需求转化为培训目标、教材说明、测试细则及讲授策略的过程，它包括培训前期的培训目标及培训内容的设计，培训期间的培训项目监督与实施的设计，培训后期的培训效果评估的设计等。

培训项目设计就像是一根主线，将整个培训项目从开始到结束贯穿了起来。培训项目设计是整个培训项目的先行者、指导者、监管者及评估者，在培训工作中起着非常关键的作用。

既然培训项目设计如此重要，那么如何能够很好地设计培训项目呢？培训项目设计不能凭空想象，设计前需要充分调研，分析需求分析，并制订详细的培训计划，然后再设计培训项目。

5.1.1 培训需求分析

为什么培训总是达不到预期效果？其中一个主要的原因就是没有掌握真正的培训需求，没有进行有效的培训需求分析。

培训需求分析是培训管理活动的首要环节，影响着培训目标的制订及培训课程和培训形式的设计，因而对培训的有效性起着至关重要的作用。如果没有组织有效的培训需求分析，势必会造成企业培训目标不准确，缺乏针对性，导致人力资本投资失败，造成企业资源的浪费。

在当今社会，企业越来越重视人力资本投资，加大培训的投入非常重要，但前提是必须进行有效的培训需求分析。本节将通过对培训需求分析内容的认识，探讨培训需求分析的方法和步骤。

企业培训需求分析是指在企业规划与设计培训工作之前，由培训部门、主管负责人、培训工作人员等采用各种方法与技术，对参与培训的所有组织及个人的培训目标、知识结构、技能状况等进行系统的鉴别与分析，以确定这些组织和个人是否需要培训及如何进行培训的一种活动。培训需求分析是一个复杂的过程，它涉及人员、工作、组织及其组织所处的环境。

1. 培训需求分析的内容

（1）战略层面的分析。

在传统的培训需求分析中，人们常常着眼于组织、任务、个体这三个传统要素，并以此为培训计划的制订提供依据。但培训最终的目标是服务于企业战略，只有仔细分析企业战略，以企业战略为指导，培训才能发挥应有的作用。

（2）组织层面的分析。

组织分析的目的是在收集与分析组织绩效和组织特质的基础上，确认绩效问题及其原因，并寻找可能的解决办法，为培训部门提供参考。组织层面的分析主要是分析组织拥有的资源、所处的环境、组织的目标。资源分析是分析组织是否有足够的人力、物力、财力及时间来组织培训，确定培训人员的数量及安排恰当的时间；所处环境的分析是指培训规划要与组织的结构、企业文化相匹配；组织目标的分析是指对组织的经营目标、管理目标、行业地位目标等进行分析；要深入分析企业现阶段的组织结构及企业文化。

（3）任务层面的分析。

任务分析又称工作分析，主要是确定工作的具体内容，即描述工作由哪些任务组成，完成这些任务需要做哪些具体的工作，以及完成它需要哪些知识、技能或能力。任务分析的目的是确定培训内容。任务分析的结果也是将来设计和编制相关培训课程的重要资料来源，它需要富有工作经验的员工积极参与，以提供完整的工作信息与资料。

（4）人员层面的分析。

对员工的分析关键在于评价工作人员所拥有的工作技能及相关的工作绩效。分析的内容主要有员工的自我评价、员工的绩效考核结果，以及员工的技能、工作态度测评结果。通过分析员工的技术能力、人际关系、组织认同方面存在的问题，来制订对应的培训方案。

准确、科学地对不同行业、不同岗位、不同年龄、不同经历的员工进行培训需求分析是非常困难的，首先判断员工需要更新什么知识，然后确定培训需要达到的效果，最后选择最适合员工的培训。

对这四个层面的分析，不采用单一方向的分析，而采用 PDCA 方法循环分析，一轮分析的结束意味着下一轮分析的开始。

2. 培训需求分析的方法

针对不同的需求分析层面，要选择不同的分析方法。培训需求分析的方法有很多，主要介绍以下几种。

（1）访谈法。

访谈法是通过与被访谈人进行面对面的交谈来获取关于培训需求的有价值的信息。访谈的对象可以是企业管理层，也可以是相关部门负责人。

（2）调查问卷法。

调查问卷法是以标准化的问卷形式列出一系列问题，要求调查对象回答或针对某些项目打分。这种方法最为常用，关键是要把问卷设计好，既要使问题合理，易于回答，能体现问卷的意图，又要使被调查人乐于回答。

培训需求问卷的设计看似是一项简单的工作，但是要设计出一份高水平的问卷，并不是一件容易的事。在设计调查问卷的时候，要参考企业培训现状，结合培训需求调查计划来设计。

下面是某公司的培训需求调查问卷，供读者参考。

▶ 员工培训需求调查问卷 ◀

尊敬的员工：

公司正在进行企业内部培训需求调研，人力资源部专门设计了这份调查问卷，目的是了解您对企业培训的看法和您本人对培训的需求，以便进行准确的分析，从而更好地完善公司的培训工作。调研结果将成为公司制订未来培训方案的重要依据。

调查问卷也为您提供了一个能表达自己的建设性意见的平台，您的建议将有助于实现您对培训的需求，同时也能帮助我们构建和完善公司的培训体系，为公司的发展奠定坚实的培训基础。

此次调查采用匿名方式进行，恳请您坦率而自由地发表意见。非常感谢您的合作与支持！

第一部分：背景资料调查

1. 您在公司工作的时间（　　）

A. 1 年及以下　　　　　　　B. 1~3 年 (含 3 年)

C. 3~5 年 (含 5 年)　　　　D. 5~10 年 (含 10 年)

E. 10年以上

2. 您现在的任职部门（   ）

A. 销售部门　　　　　　　　　B. 职能部门

3. 您从事本职位的时间（   ）

A. 1年及以下　　　　　　　　　B. 1~3年（含3年）

C. 3~5年（含5年）　　　　　　D. 5~10年（含10年）

E. 10年以上

第二部分：培训基本问题

4. 您愿意选择的培训时间[单选题]（   ）

A. 周一至周五　　　　　　　　B. 周六、日

C. 无偏好，依培训需求而定　　D. 其他

5. 您认为每次培训多长时间合适[单选题]（   ）

A. 两小时　　　B. 半天　　　C. 一天

D. 两天　　　　E. 无偏好，依培训需求而定

6. 您愿意接受的培训频率[单选题]（   ）

A. 一周一次　　　B. 一月一次　　　C. 一季度一次

D. 半年一次　　　E. 一年一次　　　F. 无偏好，依培训需求而定

7. 您希望的培训地点[多选题]（   ）

A. 工作现场　　　　　　　　　　B. 公司会议室

C. 公司外（如宾馆、休闲中心等）D. 高校

E. 社会专职培训基地　　　　　　F. 其他

8. 您愿意选择的培训方式[多选题]（   ）

A. 在职期间公司内培训　　　　　B. 在职期间到社会培训机构接受培训

C. 脱产一段时间培训　　　　　　D. 公司专业培训

E. 其他

9. 您希望培训师资来源是[多选题]（   ）

A. 公司内部培训师　　　　　　　B. 公司各部门经理

C. 高校教师　　　　　　　　　　D. 培训机构讲师

E. 公司专业人士　　　　　　　　F. 社会知名人士

G. 其他

10. 您乐于接受的培训方法[多选题]（   ）

A. 讲授法　　　　B. 讨论法　　　　　C. 案例教学法
D. 经验交流　　　E. 角色扮演　　　　F. 竞赛法
G. 游戏法　　　　H. 情景模拟　　　　I. 声像视听法
J. 实地参观　　　K. 拓展训练　　　　L. 其他

11. 您认为对培训效果影响最大的是 [单选题]（　　）
A. 培训老师　　　B. 学员心态　　　　C. 培训内容
D. 培训时间　　　E. 培训方式　　　　F. 其他

12. 过去12个月里，您参加公司培训累积时间是 [单选题]（　　）
A. 1周及以下　　　　　　　　B. 1周~1个月（含1个月）
C. 1个月~3个月（含3个月）　　D. 3个月以上

第三部分：培训现状调查

13. 您认为公司有完善的培训制度 [单选题]（　　）
A. 非常不符合　　B. 基本不符合　　　C. 不清楚
D. 基本符合　　　E. 非常符合

14. 您认为公司有系统科学的员工培训体系 [单选题]（　　）
A. 非常不符合　　B. 基本不符合　　　C. 不清楚
D. 基本符合　　　E. 非常符合

15. 您认为公司有定期的员工培训需求调查 [单选题]（　　）
A. 非常不符合　　B. 基本不符合　　　C. 不清楚
D. 基本符合　　　E. 非常符合

16. 您认为公司重视基层员工的合理化建议 [单选题]（　　）
A. 非常不符合　　B. 基本不符合　　　C. 一般
D. 基本符合　　　E. 非常符合

17. 您认为公司给员工的培训机会比较多 [单选题]（　　）
A. 非常不符合　　B. 基本不符合　　　C. 一般
D. 基本符合　　　E. 非常符合

18. 您认为公司能够从实际需求出发，安排需要的培训 [单选题]（　　）
A. 非常不符合　　B. 基本不符合　　　C. 不清楚
D. 基本符合　　　E. 非常符合

19. 您认为公司安排的培训课程数量合理、实用 [单选题]（　　）
A. 非常不符合　　B. 基本不符合　　　C. 一般

D. 基本符合　　　　　　　E. 非常符合

20. 您认为公司培训费用投入比较充足 [单选题]（　　）

A. 非常不符合　　　　　B. 基本不符合　　　　C. 一般

D. 基本符合　　　　　　　E. 非常符合

21. 您认为公司安排的培训能够达到较高的质量 [单选题]（　　）

A. 非常不符合　　　　　B. 基本不符合　　　　C. 一般

D. 基本符合　　　　　　　E. 非常符合

22. 您认为参加过的培训课程能够在实际工作中得到有效应用 [单选题]（　　）

A. 非常不符合　　　　　B. 基本不符合　　　　C. 一般

D. 基本符合　　　　　　　E. 非常符合

23. 您认为公司培训现场的组织工作做得很好 [单选题]（　　）

A. 非常不符合　　　　　B. 基本不符合　　　　C. 一般

D. 基本符合　　　　　　　E. 非常符合

第四部分：培训课程

24. 您认为目前最急需哪些方面的培训 [多选题]（　　）

A. 公司发展史、现状及展望　　　B. 企业文化

C. 薪酬福利　　　　　　　　　　D. 工作流程

E. 心态调适　　　　　　　　　　F. 公司制度

G. 公司产品知识　　　　　　　　H. 工作专业技能

I. 异动制度（如转正、轮换、晋升、降职、辞退等）

J. 管理技能（如□非财务人员的财务管理、□有效沟通技巧、□授权与激励技巧、□辅导下属技能、□员工职业生涯规划、□高绩效团队建设、□经理人的问题解决方法和决策、□领导行为与艺术、□压力调节与情绪控制等）

K. 其他

25. 您懂得商务礼仪的基本技巧 [单选题]（　　）

A. 非常不符合　　　　　B. 基本不符合　　　　C. 一般

D. 基本符合　　　　　　　E. 非常符合

26. 您可以很快适应周围环境的变化 [单选题]（　　）

A. 非常不符合　　　　　B. 基本不符合　　　　C. 一般

D. 基本符合　　　　　　　E. 非常符合

27. 您与别人的沟通不存在问题 [单选题]（　　）

A. 非常不符合　　　　　B. 基本不符合　　　　　C. 一般
D. 基本符合　　　　　　E. 非常符合

28. 您能够很好地处理与上下级和同事之间的关系 [单选题]（　　）
A. 非常不符合　　　　　B. 基本不符合　　　　　C. 一般
D. 基本符合　　　　　　E. 非常符合

29. 您容易说服他人采纳自己的意见 [单选题]（　　）
A. 非常不符合　　　　　B. 基本不符合　　　　　C. 一般
D. 基本符合　　　　　　E. 非常符合

30. 您能够娴熟地在公众面前做报告、宣讲和演说 [单选题]（　　）
A. 非常不符合　　　　　B. 基本不符合　　　　　C. 一般
D. 基本符合　　　　　　E. 非常符合

31. 您对自己的时间安排很满意 [单选题]（　　）
A. 基本不符合　　　　　　　　　　B. 一般
C. 基本符合　　　　　　　　　　　D. 非常符合

32. 您能够熟练地使用办公设备（计算机、复印机、传真机、投影仪等）[单选题]（　　）
A. 非常不符合　　　　　B. 基本不符合　　　　　C. 一般
D. 基本符合　　　　　　E. 非常符合

33. 您能够很好地进行工作流程管理 [单选题]（　　）
A. 非常不符合　　　　　B. 基本不符合　　　　　C. 一般
D. 基本符合　　　　　　E. 非常符合

34. 您总是有办法提高工作绩效 [单选题]（　　）
A. 非常不符合　　　　　B. 基本不符合　　　　　C. 一般
D. 基本符合　　　　　　E. 非常符合

35. 您的专业水平能够适应工作的需要 [单选题]（　　）
A. 非常不符合　　　　　B. 基本不符合　　　　　C. 一般
D. 基本符合　　　　　　E. 非常符合

36. 您具有不断进取的创新能力 [单选题]（　　）
A. 非常不符合　　　　　B. 基本不符合　　　　　C. 一般
D. 基本符合　　　　　　E. 非常符合

37. 您能够很好地制订工作计划 [单选题]

A. 非常不符合　　　　B. 基本不符合　　　　C. 一般
D. 基本符合　　　　　E. 非常符合

38. 您能够应对管理者之间的摩擦或分歧 [单选题] （　　）

A. 非常不符合　　　　B. 基本不符合　　　　C. 一般
D. 基本符合　　　　　E. 非常符合

39. 您的计划在执行过程中经常被迫改变 [单选题] （　　）

A. 非常不符合　　　　B. 基本不符合　　　　C. 一般
D. 基本符合　　　　　E. 非常符合

40. 您经常参加会议，但没有解决实际问题 [单选题] （　　）

A. 非常不符合　　　　B. 基本不符合　　　　C. 一般
D. 基本符合　　　　　E. 非常符合

如果您是普通员工，请直接跳至第59题；如果您是部门主管及以上管理者，烦请您继续：

41. 您的会务组织能力很强 [单选题] （　　）

A. 非常不符合　　　　B. 基本不符合　　　　C. 一般
D. 基本符合　　　　　E. 非常符合

42. 您具备良好的组织协调能力 [单选题] （　　）

A. 非常不符合　　　　B. 基本不符合　　　　C. 一般
D. 基本符合　　　　　E. 非常符合

43. 您能够进行合理的财务预算和费用控制 [单选题] （　　）

A. 非常不符合　　　　B. 基本不符合　　　　C. 一般
D. 基本符合　　　　　E. 非常符合

44. 您可以有效地辅导和激励下属 [单选题] （　　）

A. 非常不符合　　　　B. 基本不符合　　　　C. 一般
D. 基本符合　　　　　E. 非常符合

45. 您能够有效地授权 [单选题] （　　）

A. 非常不符合　　　　B. 基本不符合　　　　C. 一般
D. 基本符合　　　　　E. 非常符合

46. 您在决策时总是很果断 [单选题] （　　）

A. 非常不符合　　　　B. 基本不符合　　　　C. 一般
D. 基本符合　　　　　E. 非常符合

47. 下级缺乏主动工作的态度和意识 [单选题]（   ）

   A. 非常不符合　　　　　　B. 基本不符合　　　　　　C. 一般

   D. 基本符合　　　　　　　E. 非常符合

48. 您能镇定自若地处理危机和突发事件 [单选题]（   ）

   A. 非常不符合　　　　　　B. 基本不符合　　　　　　C. 一般

   D. 基本符合　　　　　　　E. 非常符合

49. 您能有条不紊地进行信息处理 [单选题]（   ）

   A. 非常不符合　　　　　　B. 基本不符合　　　　　　C. 一般

   D. 基本符合　　　　　　　E. 非常符合

50. 您能够对本部门工作进行合理的规划 [单选题]（   ）

   A. 非常不符合　　　　　　B. 基本不符合　　　　　　C. 一般

   D. 基本符合　　　　　　　E. 非常符合

51. 您能够保证计划的有力推进 [单选题]（   ）

   A. 非常不符合　　　　　　B. 基本不符合　　　　　　C. 一般

   D. 基本符合　　　　　　　E. 非常符合

52. 设定的组织目标常常无法实现 [单选题]（   ）

   A. 非常不符合　　　　　　B. 基本不符合　　　　　　C. 一般

   D. 基本符合　　　　　　　E. 非常符合

53. 您要直接监督下级以保证工作质量 [单选题]（   ）

   A. 非常不符合　　　　　　B. 基本不符合　　　　　　C. 一般

   D. 基本符合　　　　　　　E. 非常符合

54. 您了解行业的最新动态 [单选题]（   ）

   A. 非常不符合　　　　　　B. 基本不符合　　　　　　C. 一般

   D. 基本符合　　　　　　　E. 非常符合

55. 您熟悉前瞻性的管理理念与实务 [单选题]（   ）

   A. 非常不符合　　　　　　B. 基本不符合　　　　　　C. 一般

   D. 基本符合　　　　　　　E. 非常符合

56. 您能够组建一个运作高效的领导团队 [单选题]（   ）

   A. 非常不符合　　　　　　B. 基本不符合　　　　　　C. 一般

   D. 基本符合　　　　　　　E. 非常符合

57. 您能根据实际情况制订正确的战略 [单选题]（   ）

A. 非常不符合　　　　　B. 基本不符合　　　　　C. 一般
D. 基本符合　　　　　　E. 非常符合

58. 您能够带领自己的团队出色地完成既定任务 [单选题]（　　　）

A. 非常不符合　　　　　B. 基本不符合　　　　　C. 一般
D. 基本符合　　　　　　E. 非常符合

第五部分：开放性问题

59. 出于现在的岗位需要，您希望参加的培训是：_____
_____

60. 出于今后个人职业发展的需要，您希望参加的培训是：_____
_____

61. 您希望手下员工参加的培训是（限部门主管及以上员工填写）：_____
_____

62. 您认为公司应该如何改进现行培训工作（如培训内容、重点、规模、时间安排、频率、费用、方式等）：_____
_____

（3）绩效分析法。

培训的最终目的是提高工作绩效，减小或消除实际绩效与期望绩效之间的差距，因此对个人或集体的绩效进行考核可以作为分析潜在需求的一种方法。

（4）观察法。

所谓观察法，就是指由负责观察的人员制订好记录表格，然后到工作现场记录下员工的行为，以此来收集信息。这种方法的优点在于，通过观察比较能较容易地发现优秀员工与普通员工在行为上的差异，客观真实地获得工作资料，同时可以将评估活动对正常工作的影响降到最低。观察法最大的缺陷是，一旦被观察对象发现，他们就会刻意做出合理的举止，导致结果出现偏差。

（5）头脑风暴法。

头脑风暴法是指由相关人员在不受限制的气氛中以会议形式进行讨论，打破常规、积极思考、畅所欲言、充分发表意见的方法。头脑风暴法可以让相关人员相互启发、相互感染，进而找到培训的新思路、新需求。在选择头脑风暴对象时，尽量寻找那些分析能力很强的人。

3. 培训需求分析的步骤

根据选定的需求分析方法及其特点，结合岗位分析评价过程，就可以具体实施需求分析了。一般包括以下几个步骤。

（1）制订分析计划。为了确保需求分析的信度和效度，在实施培训需求分析之前，要制订可执行的分析计划。分析计划包括选择分析方法、安排工作进度、考虑各项具体工作在执行时可能会遇到的问题及需要采取的应对方案等。

（2）实施需求分析。培训需求分析的实施要按照事先制订的工作计划依次进行，但也要根据实际工作情况或遇到的突发情况灵活地进行调整。例如，培训计划中选择的分析方法在实施时遇到阻力或不能反映调查对象的真实需求，就要及时增加或更换调查方法。

（3）分析总结需求。通过各种方法收集的培训需求信息往往会因受到外在或内在因素的影响而真伪共存。因此，需要对收集来的培训需求信息进行数据分析，加以鉴别。同时，由于企业的培训资源有限，难以满足所有的培训需求，因而也需要对培训需求做优先程度的排序，加以取舍。

（4）撰写需求报告。培训需求分析报告是培训需求分析工作的成果表现，目的在于对培训需求做出解释和评估，并最终确定是否需要培训以及培训内容。因此，培训需求分析报告是确定培训目标、制订培训计划、设计培训项目的重要依据和前提。

下面是某公司 2019 年度的培训需求分析计划，供读者参考。

▶ 2019 年培训需求分析计划 ◀

1. 目的

2018 年即将过去，本年度培训工作总体上进行得有条不紊，也取得了一些成就，但仍然存在许多不足与问题。为了改进本年度培训工作中的不足，切实做好员工培训工作，提升员工工作技能和培训满意度，制订出与公司发展方向、部门建设契合的年度培训计划，现制订 2019 年度培训需求分析计划，以使培训工作在 2019 年度更上一个台阶。

2. 流程

年度培训计划将分三个阶段进行：培训需求调查阶段、培训需求评估及课程配置阶段、年度培训计划审批及管理阶段。其中，培训需求的调查阶段是最关键的一个阶段，需要公司各部门做好本部门培训需求的调查与归纳。

（1）培训需求调查阶段（2018 年 11 月 15 日之前）。

① 培训需求调查的内容。

a. 公司层面：公司发展战略、产品与服务定位、公司经营战略、年度经营目标及经营改善重点等内容。

b. 岗位层面：岗位的任职要求和关键知识技能。

c. 个人职业发展层面：绩效短板、职业纵向或横向发展所需技能。

② 培训需求调查的方法。

a. 原则：自下而上调查，逐级汇总。

b. 方式：问卷调查法、访谈法。

c. 分工：人力资源部负责后勤部门培训需求的调查及各事业部培训需求的审核工作；各事业部人事员负责本事业部培训需求的调查及年度培训计划的制订。

d. 调查程序：基层问卷调查：各部门人事员须向各科室员工发放《问卷调查表》，并负责问卷的回收工作，并按科室汇总调查结果。

e. 科长访谈：根据《科室级培训需求访谈表》，与各科室科长进行访谈，甄选、补充本科室培训需求，填写《科室级培训需求申报表》。

f. 部门经理访谈：结合《科室级培训需求申报表》对部门经理进行访谈，明确部门培训需求，并填写《部门级培训需求申报表》，明确培训内容、培训对象、需求程度、培训方式、培训课时等内容。

（2）培训需求评估及课程设置阶段（2018年11月16—22日）。

① 培训需求评估。人事员负责组织召开本部门年度培训需求评估交流会，科级以上干部参加，对《部门级培训需求申报表》中的培训需求进行沟通确认，根据课程需求评估的结果，按照课程优先级别首先考虑将必修课归入课程计划，其他课程酌情考虑。

② 课程设置及年度计划的制订。课程内容确定后，须落实课程的其他要素，确保培训课程列入年度计划时具有可操作性和可实现性。主要包括培训课时数、预计开课时间、讲师或负责部门、效果评估形式、课程开发计划、单项课程费用，并填写《部门级年度培训计划表》。

③ 对于事业部无力解决的培训需求（主要是计时人员或者管理干部的培训），以及按照职责分工需公司负责的培训项目，由部门人事员汇总后，填写《公司级培训需求申报表》，报送人力资源部。

（3）年度培训计划审批及管理阶段（11月23日—12月15日）。

各事业部年度培训计划由部门经理审批，需将《部门级年度培训计划表》纸制审批版，连同Excel电子表格一并报人力资源部。

人力资源部将各部门上报的培训需求进行汇总分析，并征求各部门的意见，综合平衡后制订公司 2019 年度培训计划。公司级年度培训计划经人力资源部经理审核后，提交公司分管副总、总经理逐级审批。批准后的年度培训计划表与培训管理程序一并发布，让员工知悉整个年度的培训工作政策与课程规划。

> **提示**
>
> 培训需求是动态的，它会根据企业发展战略需求的变化而变化，因此要实时调整培训需求。

5.1.2 培训计划的制订

培训计划可以分为年度培训计划、月度培训计划、具体项目培训计划。年度培训计划既是其他培训计划的统领者，也是最普通的培训计划，下面将以年度培训计划的制订为例进行解讲。

1. 前提条件分析

制订培训计划时首先要考虑企业的现有情况，包括企业的培训资源、企业人才管理策略及企业的发展阶段三个方面。

（1）企业培训资源分析。

培训资源是指培训计划里具体课程的教师资源、教具资源、资料资源、费用资源等，尤其以教师资源最为重要。要确保培训效果，企业培训课程必须根据企业实际情况配置培训师。培训师的来源包括外部专业培训机构提供和内部选拔。如果依靠前者，则要求对方在对企业深入了解的基础上开发相应课程，费用较高；如果选择后者，则需要盘点内部培训师资源或者潜在资源。

（2）企业人才管理策略分析。

企业的人才管理策略通常有两种：人才吸引策略与人才投资策略。前者是利用高薪将竞争对手培训好的人才挖到自己公司。实行此策略的企业极少招聘新手，对培训需求较少。相反，有些公司实行的是人才投资策略，这样的公司有着完善的人才储备计划，对内部培训要求较高。企业采用的人才管理策略直接决定了企业培训计划的导向。

（3）企业发展阶段分析。

在制订培训计划时，最容易犯的错误是照搬先进同行的培训内容。由于企业所处阶段不同，培训内容与重点以及采取的方式也会有所区别，如果简单套用，只会浪费培训资源，很难达到预期的效果。因此，在制订培训计划前，一定要认清企业目前处于哪个阶段。

2．制订培训计划的具体步骤

（1）确定培训需求。

根据需求分析，确定培训需求。在确定培训需求的过程中，为了确保培训需求的可靠性，要采用一定的方法来检验需求结果。比如，对比需求分析结果与现实工作绩效之间的差距。

（2）制订培训预算。

根据确定的培训课程，结合市场行情制订培训预算。在制订培训预算时要考虑多种因素，如公司业绩发展情况、上年度培训总费用、人均培训费用等。

一般培训费用包括讲师费、教材费、差旅费、场地费、器材费、茶水餐饮费，等等。在预算得出后，可在总数基础上上浮10%~20%，留些弹性的空间。

（3）落实具体培训课程及培训形式。

根据确定的培训需求，选择合适的课程，列出培训目标、培训课程、培训课时、培训时间等。在设计培训课程时，要注意课程内容的先后顺序，做到循序渐进、有条不紊。在培训方式的选择上，也要根据参训人员的不同，选择最合适的方式。例如，中层管理人员的培训重点在于管理者能力的开发，通过培训，激发中层管理人员的潜能，增强团队活力、凝聚力和创造力，加深中层管理者对现代企业经营管理的理解，以及对企业内外部形势的了解，提高中层管理者的计划、执行能力。培训方式可以选择内训或外出参加公开课、集中讨论与自学相结合、部门经理负责为下属提供学习和管理的机会，等等。又如新员工岗前培训，该培训包括公司级培训、分（子）公司进行的二级培训、所在部门或生产车间进行的三级培训。对新招聘员工的培训，采用课堂学习与户外体验式培训相结合的方式，使新员工逐步认识公司，加深对公司企业文化的理解，获得新感觉、新动力。

（4）编写年度培训计划。

制订培训计划要本着有利于公司总体目标的实现，有利于公司竞争能力、获利能力提高的原则，以员工为中心点，切实增加员工的知识和技能，改善员工的行为模式和态度。

初步制订出的培训计划首先要在内部进行审核，由人力资源部的负责人和主管一起分析、讨论该年度培训计划的可执行性，找出存在的问题，进行改善，然后确定一个最终版本，提交给培训工作的最高决策机构——总经理办公会（或者董事会）进行审批。公司最高领导者要从公司长远发展的角度出发，制订公司员工培训的长远规划，并将其写进公司的年度计划中。

（5）年度培训计划的管理。

培训是一把"双刃剑"，提高员工素质的同时也面临着员工因此而离职的风险。为了规避此风险，在制订年度培训计划时要做好应对和防范工作。比如，可以完善劳动者法律合同关系及培训关系等，尽可能降低培训的风险。

 提示

培训计划是培训工作的指导方向，企业要根据自身实际情况实时调整培训计划。

5.1.3 培训项目的设计

培训计划审批通过后，接下来就是落实培训计划。培训计划要落地，就需要把计划一一分解，把每项培训当作一个项目来做，进而设计具体的培训项目。培训项目的设计包括明确培训目标、选择培训内容、设计培训方案、培训项目目的沟通与确认四个方面。

1．明确培训目标

培训目标是培训项目设计与实施的指明灯。要设计培训项目首先要明确培训目标，培训目标并不是一个大而空泛的概念，而是一定的具体要求，比如，希望员工通过培训能够做什么、有哪些改变等。培训目标越具体越具有可操作性，越有利于总体目标的实现。

2．选择培训内容

培训的对象是员工，培训的内容自然也要围绕员工的需求来选择。员工必须具备一定的知识、技能，才能做出相应的行为，所以要对员工的主要行为进行相关性、重要性、难度和使用频次的分析，并对员工所需要学习、掌握的内容进行梳理。一般来说，培训内容包括三个层次，即知识培训、技能培训和素质培训，究竟该选择哪个层次的培训内容，应根据各个层次的特点和培训需求分析来确定。

（1）知识培训，这是组织培训的第一层次。员工只要认真听课，或者看一本书，就可能获得相应的知识。同时，要系统地掌握一门专业知识，也必须进行系统的知识培训。知识培训有利于理解概念，增强员工对新环境的适应能力，减少企业引进新技术、新设备、新工艺的障碍。

（2）技能培训，这是组织培训的第二个层次。技能又包括技术和能力两个方面。所谓的技术是指能使某些事情发生的操作能力。招进新员工、采用新设备、引进新技术都不可避免地要进行技术培训，因为抽象的知识培训不可能立即适应具体的操作，无论员工多么优秀，能力有多强，一般来说都不可能不经过培训就能立即操作得很好。能力培训包括专业能力培训、管理能力培训、沟通能力培训等。

（3）素质培训，这是组织培训的最高层次。此处的"素质"是指员工的观念、态度及价值观。素质高的员工应该有正确的价值观、积极的态度、良好的思维习惯、较高的目标。素质高的员工可能暂时缺乏知识和技能，但他会为实现目标而有效地、主动地学习知识和技能；而素质低的员工，即使已经掌握了知识和技能，也可能不用或不知道如何使用。

究竟选择哪个层次的培训内容，视不同受训者的具体情况而定。一般来说，对管理者的培训偏向于知识培训、素质培训、技能培训，而对一般职员的培训则倾向于知识培训和技能培训，这是由受训者的"职能"与预期的"职务"之间的差异所决定的。

3. 设计培训方案

一般情况下，培训方案的设计须考虑成人学习的特点，为了将培训项目真正落到实处，还须借鉴行动学习的相关理论和思维。应基于理论与实践的结合，统一培训与自主学习的平衡，按照各项课程需求的紧迫度与课程的重要性，将项目有侧重、有层次地展开，在阶梯形的学习架构中，系统性地提升培训效果。完整的培训方案包含以下内容。

（1）培训目的：说明为什么要对员工进行培训。

（2）培训目标：确定员工在培训后应达到什么样的标准。

（3）受训人员和内容：明确培训谁以及培训什么。

（4）培训范围：包括四个培训层次，即个人、基层班组、部门、企业。

（5）培训资源：包括培训时间安排、培训地点选择、培训费用额度、培训师资源。

（6）培训方法：选择什么样的培训方法来培训，包括讲授法、讨论法、案例分析、角色扮演、网络培训、自学等。

4. 培训项目的沟通与确认

培训项目设计完成后,要与相关部门进一步沟通,需要获得培训相关部门、管理者和员工的支持,以落实培训项目。在沟通过程中,各部门可能会提出增加培训内容和培训预算等建议,培训组织者要严格控制培训预算,根据企业实际情况调整培训内容。

 提示

培训项目设计除了要考虑企业的需求外,还需要充分考虑员工自我发展的需要。

5.2 培训组织实施

培训组织实施是指把具体的培训项目付诸实践的过程,是达到预期课程目标的基本途径。培训项目无论设计得多么完美,如果在实践中不能有效实施,那么也没有任何意义。培训组织实施是整个培训过程中的一个实质性阶段。

5.2.1 做好培训前的功课

"不怕准备得太多,就怕准备得不够细。"培训前的准备工作是越细越好,考虑得越周到,就越能保证培训的顺利开展。培训前的准备主要包括培训讲师的选择、培训课程的设计、培训方法的选择、培训所需设备与物料的准备、培训场地的布置等,其中讲师和课程是关键,尤其是课程的设计内容和质量。在实际操作时,要注意分工协作、提前协调确认,列出准备计划时间表和清单等,逐一准备,以防遗漏。

1. 培训讲师的选择

培训讲师是培训的授课主体,其知识丰富程度、语言表达方式、授课形式等均会对培训效果产生影响。培训管理部门应根据每个培训项目的目的、要求、内容等特点,选择既有对口专业知识,又有丰富实践经验的培训讲师。

培训讲师主要有两类:企业外聘培训师和企业内部培训师。培训管理人员应根据企业实际情况,确定适当的内部培训师和外部培训师的比例,尽量做到内外搭配、相互学习、相互促进。无论培训讲师来自企业内部或是外部,培训组织者对于培训讲师的备课、培训内容的讲授等方面都要进行适时监督，并制订相应的规范对培训讲师实行科学、严谨的管理。

2．培训课程的设计

培训课程的设计包括两部分，一部分是培训内容的设计（主要涵盖PPT讲义、案例的印刷装订等），让学员按照此内容学习；另一部分是培训教案的设计，主要针对学员的情况设计培训内容的讲授方式，以使学员更好地理解课程内容。

培训讲师或培训机构设计完培训内容和教案后，培训组织者要认真审核，征询相关人员意见，对课程中不恰当之处及时要求对方修改。对企业内部讲师来说，可以采用小规模试讲的方式，由相关人员对其课程提出有针对性的改进意见。

3．培训方法的选择

培训方法种类繁多，主要有讲授法、工作轮换法、工作指导法或教练法、研讨法、视听技术法、案例研究法、角色扮演法和网络培训。每种培训方法都有不同的侧重点，因此必须根据培训目的、对象的不同，选择合适的培训方法。培训方法的选择除了要考虑人员特点外，还要看企业的客观条件。

在这里主要介绍比较有特点的讲授法、工作轮换法、工作指导法这三种方法。

（1）讲授法属于传统的培训方式，是指培训师通过语言表达，系统地向受训者传授知识，期望这些受训者能记住其中的重要概念与特定知识。采用这种方法时，培训师应具有丰富的知识和经验；讲授要有系统性，条理清晰，重点、难点突出；讲授时语言清晰，生动准确；必要时运用板书；应尽量配备必要的多媒体设备，以加强培训的效果；讲授完应保留适当的时间让学员与培训师进行沟通，用问答方式获取学员对讲授内容的反馈。

讲授法的优点在于运用方便，可以同时对许多人进行培训，经济高效；有利于学员系统地接受新知识；容易掌握和控制学习的进度；有利于学员加深理解难度大的内容。

讲授法的缺点在于学习效果易受培训师授课水平的影响；由于主要是单向的信息传递，缺乏培训师和学员间必要的交流和反馈，学员学过的知识不易被巩固，故常被运用于一些理论性知识的培训。

（2）工作轮换法是一种在职培训的方法，是指受训者在预定的时期内变换工作岗位，获得不同岗位的工作经验，一般主要用于新进员工。

现在很多企业采用工作轮换法是为了培养新进入企业的年轻管理人员或有管理潜力的普通员工。在为员工安排工作轮换时，要考虑培训对象的个人能力及其需求、兴趣、态度和职业偏爱，从而为其选择合适的工作岗位。工作轮换的时间取决于培训对象的学习能力和学习效果，而不必机械地规定某一固定的时间。

工作轮换法的优点在于能丰富培训对象的工作经历；识别培训对象的长处和短处，企业能通过工作轮换了解培训对象的专长和兴趣爱好，从而更好地开发其特长；能增进培训对象对各部门管理工作的了解，并扩展其知识面，为受训对象以后完成跨部门、合作性的任务打下基础。

工作轮换法的缺点在于如果员工在每个轮换的工作岗位上停留时间过短，那么所学的知识就会不精。由于此方法鼓励"通才化"，因此适合一般直线管理人员的培训，而不适用于职能管理人员。

（3）工作指导法（或教练法）是由一位有经验的技术能手或直接主管人员在工作岗位上对受训者进行培训，如果是单个的一对一的现场个别培训，则称为师带徒培训。负责指导的师父的任务是教给受训者如何做，提出如何做好的建议，并对受训者进行鼓励。

这种方法并不一定要有详细、完整的教学计划，但应注意培训的要点：第一，关键工作环节的要求；第二，讲授做好工作的原则和技巧；第三，讲授须避免、预防的问题和错误。这种方法应用广泛，可用于基层生产工人。培训前要准备好所有的用具，搁置整齐；让每个受训者都能看清示范物；教练一边示范操作一边讲解动作或操作要领。示范完毕，让每个受训者反复模仿练习，并对每个受训者的试做给予即时反馈。

工作指导法的优点在于培训者与培训对象之间会形成良好的关系，有助于工作的开展。一旦师父调动、升职、退休或辞职，企业能有训练有素的员工顶上。

工作指导法的缺点在于不容易挑选到合格的教练或师父，有些师父因担心"带会徒弟饿死师父"而不愿意倾尽全力。所以应挑选具有较强沟通能力、监督和指导能力以及宽广胸怀的教练。

 提示

培训方法的选择并不是一次培训选用一种方法，而是可以几种培训方法相结合。

4. 培训所需设备与物料的准备

在培训实施前要根据培训课程的要求准备所需物料，培训项目不同，需要准备的物料也不同，具体内容如下。

（1）纸质资料：教材印刷资料、签到表、培训评估表、培训心得表。

（2）电子资料：培训前期的宣传片（如前期培训的效果等）。用 PPT 就可以实现，素材可以找公司之前的照片，做一个公司形象展示片。

（3）基本物品：白板擦、白板、白板笔、积分贴、座位台签、奖品、笔记本、水性笔、横幅、X 展架。

（4）电子物品：音响、音频线、无线耳麦、投影仪、电脑。

5．培训场地的布置

在培训实施前应根据课程要求进行会场布置，并进行会场设备的现场调试，具体内容如下。

（1）所有宣传资料布置到位，包括老师的 X 宣传展架、签到台 X 展架、企业文化展架、培训主题横幅。

（2）桌位的摆放。常用的桌位摆放方式有小组讨论形、普通课桌形、回形、马蹄形、扇形。重要的培训对象可以按照小组讨论形摆放（见图5-1），非重要人员的桌位就按照普通课桌形摆放，具体视培训情况而定，也可以几种摆放方式结合使用。

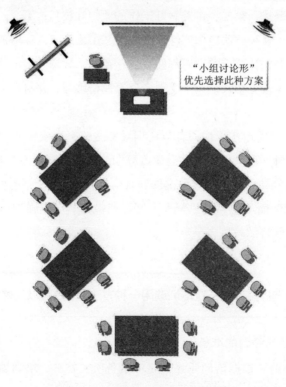

图 5-1 "小组讨论形"的桌位安排

5.2.2 培训中的具体安排

培训中的具体安排是保证培训成效的关键，也是培训的重点工作之一。为了保证培训的有效实施，要做好课前准备工作、授课前的介绍工作及过程中的控制工作等。

1. 课前准备工作

为保障培训效果，要充分做好上课前的最后确认与准备，确保培训按计划进行，具体包括以下几个方面。

（1）在上课前再次确认音响设备是可使用状态。

（2）在开场前可以播放几首振奋人心的歌曲来营造气氛。

（3）组织的所有培训都需要准备好签到表，学员上课之前必须在签到表上签到，并由工作人员现场督导。签到表由工作人员保管，若有迟到或请假的人员，则由工作人员在签到表上标注说明。签到表作为学员培训出勤的记录资料，频次为每半天签到一次。

（4）培训前10分钟确认参训人员名单，如仍有未到者，马上联系，督促其按时到达。

（5）开课前10分钟循环播放公司宣传片，让学员接受企业文化的熏陶。

2. 培训介绍工作

课前准备工作就绪后，就要进入真正的授课阶段。无论培训什么课程，授课前要做的第一件事都是介绍工作，具体内容如下。

（1）介绍培训目的及主题。

（2）培训者的自我介绍，包括培训组织者与培训讲师的介绍。

（3）学员自我介绍。如果参训学员相互不熟悉，可以安排每人1~2分钟的自我介绍时间，介绍时可以不限内容，也可以给予参照内容。为了让大家记住彼此的名字，经常用的方法是名字接龙，就是每位学员介绍自己的时候都要先报前面介绍过的人的名字。

（4）简要介绍培训课程。

（5）学员心态引导，宣讲培训纪律。

 提示

以上培训介绍工作一般是由培训主持人或培训班主任负责的。

例 5-1

开场介绍

大家早上好！（语气加强，吸引大家注意力）

非常高兴大家在百忙之中抽出时间来参加今天的×××培训。今天我们的授课讲师是××老师。我是本期课程的班主任，很高兴认识各位。在授课的过程中大家有什么事情可以来找我。

这次的培训只有1天，课程时间安排是上午09:00—12:00 下午13:00—17:00，午餐时间是12:00—13:00，上午和下午各有一次课间休息。

课程开始前再次提醒各位，请关闭自己的手机或将其调为振动状态，以免影响他人听课。现在给大家5分钟时间准备一下。

接下来我介绍一下这次课程的讲师：×××老师，×××任×××培训经理多年，擅长商务演讲和×××培训，目前是××公司的专职培训讲师、管理顾问。相信这次课程，×××老师能为大家的工作带来新的思考和启发。现在让我们用热烈的掌声欢迎×××老师。

3. 过程控制

在培训过程中，培训组织者要做好过程控制工作，确保培训课程保质保量完成。具体包括以下几方面。

（1）课堂配合。在培训过程中要积极配合讲师分发资料，组织小组讨论，维护学员纪律，维护音响设备等，以确保课程的顺利开展。

（2）课堂控制。在培训过程中应积极观察学员对课程内容及对讲师讲授方式等方面的反馈，若有需改进的地方，应及时与讲师沟通并进行调整。

（3）做好拍照工作。从各个角度进行拍照，这些照片既可以作为反映公司文化的素材，也可以作为年度工作汇报的素材。培训结束后最好照一张合影。

（4）处理异常情况。如果培训中出现异常情况，如学员与讲师观点对立、课堂骚动、学员让讲师尴尬，这时培训组织者就要站出来进行调节，通过转变培训方式、与学员沟通、相互研讨交流等方式，帮助讲师解决这类问题。

另外，在课程开始时，培训组织人员最好不要坐在正对着讲师的位置，而要坐到角落里或靠门的位置。如果有学员出去接打电话，要提醒他动静不要过大、不要大声说话。如果有新到的学员，要引导其坐到人少的位置上，尽量保证各小组人数均等，不要让学员自己找位子，这样会对讲师和学员造成不必要的干扰。

> **提示**
>
> 在讲师授课时,培训组织者不能在旁边一味地玩电脑或手机,这样会干扰周围的学员。要随时关注讲师的情况、学员的情况、现场的情况,为培训做好服务。

5.2.3 培训后的工作

做任何一件事情都要有始有终,培训也是一样。但培训组织者通常会比较重视开始阶段和整个培训过程,而忽略了培训后的工作。好的开始可以给学员和培训组织者带来信心,而好的结束工作更是培训工作价值的体现。培训后的工作包括以下几个方面。

(1)培训结束后,要向讲师和学员表示感谢,并希望学员能多提意见或建议。

例 5-2

> 致谢
>
> 让我们再此感谢×××老师的精彩课程!同时也感谢大家对我们工作的支持和积极的参与。请大家填写这份《内训评估表》,对我们的课程和工作有什么建议和意见的,也请写在上面。来自您的声音是对我们最大的鼓励和帮助,在此预祝各位步步高升。真心期待着与您的再次相会!谢谢!

(2)整理培训资料。培训完后要对各类资料进行收集整理,如培训签到表、培训评估表、试卷心得等,并将这些作为学员的培训档案存档,为学员今后的晋升、调动提供依据。另外,培训过程中的讲义、问卷资料、培训录音、录像等资料,也要作为今后继续培训和学习的资料妥善保存。

(3)评估培训成果。培训结束后,通过学员对培训讲师的评价、对培训组织者的评价等,了解学员对讲师及培训组织者的满意度。通过培训现场测评、会后交流分享,结合工作写培训心得等形式,让培训组织者了解学员的掌握程度,加深学员对培训内容的理解。

(4)培训跟踪服务。要让学员把培训内容及时地用于工作中,以强化吸收。如果是关于工作技能的培训,就要把培训对于学员工作的实际帮助和学员参训后解决问题的效果作为检查依据。如果是关于销售技巧的培训,就要通过模拟实战演练来趁热打铁。另外,要把学员在实际应用中遇到的问题及时反馈给讲师,让其及时解决，如提供相应工具、培训回访等。

（5）培训总结。针对本次培训的优点、缺点、疏漏及不足之处，要及时进行总结检讨。通过项目组会议、撰写培训报告等形式，积累好的经验。针对不足之处，也要提出重点改进措施，这样可以为今后的培训做好铺垫。

培训总结分为项目培训总结和年度培训总结。下面是某公司人力资源部2018年度的培训工作总结，供读者参考。

▶ 年度培训工作总结 ◀

1. 年度培训工作情况

截至2018年12月，人力资源部在人力资源管理、企业管理务实、非财务经理人的财务培训、职业经理人培训、商务礼仪、新员工培训等方面，共组织了7个专题的大中型培训，举办培训课程12次，共计380人次参加。无论是培训的课程范围还是参与培训的人员规模都取得了一定的突破（详见表5-1）。

表5-1 2018年度与2017年度培训情况对比

项目	2018年度	2017年度	同比增长
培训项目数	7	5	40%
举办培训课程次数	12	8	50%
培训人次	380	318	19.5%

2. 培训工作分析

（1）取得的成绩。

①2018年度的培训工作与2017年度相比，在培训项目数、举办培训课程次数、接受培训的人次等方面，都取得了一定的增长。

②建立了制度性培训体系。公司以往的培训工作缺乏系统性制度，培训管理幅度和力度很弱，培训资金无保证，员工培训意识差，培训工作开展十分困难。2018年度人力资源部投入大量精力，在总结公司以往培训经验的基础上，优化了培训管理流程，完善了培训制度，重点加强了培训需求分析和培训项目审批流程。在多次征求各单位意见后，在2018年年底，由人力资源部制订的《员工培训制度》（试行稿）经总经理办公会通过后，已下发各单位、各部门学习。近期，人力资源部还设计完成了配套表格，初步建立起一套完整的制度性培训体系。预计通过2019年的全面执行，会全面提升公司培训工作的制度化管理。

③ 改进了新员工培训课程。对新进员工培训课程进行调整后,加大了培训中心态篇的授课比重,通过公司主要领导亲自授课及会后组织的交流,学员们不但建立起了良好的职业心态,对企业的发展也更具信心。通过培训效果调查显示,学员们的培训满意度及企业忠诚度大幅提升,截至2018年年末,新员工仅自主离职4人,离职率10%,远远低于往年同期水平。

④ 加强了培训针对性。由表5-1可以看出,2018年的培训课程比2017年多出了50%,而培训人次仅仅提升了19.5%。这主要是因为2017年公司的培训主要以内训为主,没有借助外部培训讲师的力量。2018年公司开始尝试聘请外部讲师,还积极与各类专业培训机构接触,在课程设计、培训合作等方面加强沟通,培训课程设计求"专"、求"精",强化针对性,职工的培训满意度得到大幅提高。

(2)存在的困难。

① 培训工作执行力弱,工作开展困难。

公司培训基础薄弱,员工自主学习意识不强,培训工作开展困难。其中,指定授课讲师、安排人员培训、后勤保障等工作多依靠一级人员自主与多方沟通,缺乏制度的有力支持,因而培训课程的开展受到的影响较大,很难形成系统性和连续性培训。

② 讲师资源匮乏、能力欠缺,内部资源不足。

由于缺乏相关的培养和训练,公司内部讲师资源匮乏,讲师能力良莠不齐。公司内虽然也有很多专业人才和行业专家,但并不适合做讲师。另外,公司内部资源不足,缺乏一些必要设备,无法满足更多人员的培训需求。

3. 改进措施

(1)有利条件。

① 企业机构改制及人员调整后,企业员工综合素质和工作技能的提高,以及企业文化的再建,必然是下一阶段的工作重点,培训任务必将增加,良好的培训效果和质量也会越来越得到公司领导的重视。

② 《职工教育培训制度》文件已下发,公司教育培训体系正在初步建立,培训工作有了相关制度的指导和约束,将大大有利于今后工作的展开。

(2)具体措施。

① 做好培训基础工作。

《职工教育培训制度》虽已下发,但在执行过程中一定会遇到各种困难,还需要人力资源部不断总结教训并及时调整。在具体工作流程上需要作进一步梳理,在管理制度上需要多方面补充,还要进一步加强培训资料的收集和培训器材的配备,加强相关工作人员的专业素质培训。

② 建立培训资源网络,进一步丰富企业培训资源。

公司业务的广泛性也决定了公司各单位、各部门培训需求的广泛性。为了更好地满足广大干部职工的培训需求,企业必须选择合适的培训课程、培训讲师,配备合适的培训资源,取得大量及时、准确的培训信息,扩大培训业务联系,建立起有效的培训资源网络。特别是要积极地与比较强势的专业机构保持好战略合作伙伴关系,及时掌握前沿的动态信息,并横向了解业界相关的热门需求,调整思路,并就某些具体项目达成合作协议。

③ 重点建立一支富有实践经验、熟悉现实情形的内部讲师团队。

培训需求的多元性和企业内培训资源的有限性之间的矛盾已经越来越突出,建立一支富有实践经验、熟悉现实情形的内部讲师团队也变得越来越重要。培养公司内部的讲师团队,首先,可以节约公司有限的培训经费;其次,可以为公司培养一批各个领域的专家;最后,可以在广大职工中树立起学习的榜样,培养广大员工的自主学习意识。

以往的实践表明,听过公司内部领导讲课的员工都能感觉到,企业高级主管对企业经营的认识越深刻、解释越透彻,就越容易让大家接受和理解,所以应该积极倡导高级主管为公司培训工作做出良好的表率。在具体措施上,要在重点加强对管理人员各项培训的同时,从制度上明确选拔优秀管理人员作为企业内部讲师,并建立起一套对企业内部讲师的日常管理、激励、考核制度。

5.3 培训效果评估

培训效果是指学员在培训过程中所获得的知识、技能、才干和其他能力应用于实际工作的程度。培训效果评估是指系统地收集必要的描述性和判断性信息,以了解培训达到的状态,并帮助企业做出修改培训项目或继续使用培训项目的决定。

培训效果评估的作用如下。

第一,评估结果为培训组织部门提供了有关培训项目的反馈信息,从而有利于培训组织部门为下一阶段的培训制订更有效的培训方案。

第二,通过培训效果评估,培训组织部门对下一步培训的需求确定、培训计划的调整、培训资源的合理分配以及培训经费的使用等工作有了更明确的方向和目标。

第三，增加员工学习与自我提升的动力。鼓励员工将所学技能应用到实际工作中，使员工清楚自己培训前后的差距，从而产生参与下一阶段培训的愿望。

第四，有效的培训可以促进员工人力资本和组织人力资本的增值，从而在企业中引起更多的关注与重视，吸引更多的员工加入培训中。培训组织部门也会随之获得多方面的支持，从而使员工培训工作步入良性的发展轨道。

5.3.1 培训效果评估的主要内容

培训效果评估的主要内容是培训成果。培训成果包含五种：认知成果、技能成果、情感成果、效果性成果和投资回报率。培训效果评估要始终围绕这五个部分开展。

（1）认知成果用于衡量受训者从培训中学到了什么，一般应用笔试方法来评估。

（2）技能成果包括技能的获得与学习，以及技能在工作中的应用两个方面，可通过观察受训员工在工作抽样中的绩效来评估其掌握技能的水平。

（3）情感成果包括态度和动机，评估情感成果的重要途径是了解受训者对培训项目的反应。

（4）效果性成果包括员工流动率或事故发生率的变化对成本、产量及产品质量或顾客服务水平的改善，效果性成果可以用来作为培训计划预算费用的决策依据。

（5）投资回报率是指培训收益和培训成本的比例。培训成本包括直接成本和间接成本，培训收益是指公司从培训计划中获得的价值。

5.3.2 培训效果评估的方法

在进行评估前，首先要选择合适的评估方法，包括如何考核培训的成果，如何进行中间效果的评估，如何评估培训结束后受训者的学习效果，如何考查受训者在工作中对所学技能的运用情况等。

1. 培训评估的方法

（1）观察法。一般由培训管理者担任观察者，按照事先拟定的提纲对观察对象进行观察。

（2）问卷调查法。培训结束后，针对培训内容、讲师授课技巧、课堂气氛、组织者的工作等进行现场问卷调查。由于这种方法简便实用，因此得到广泛应用。这种方法可以在很短的时间内将本次培训的效果评价出来，而且学员没有压力且乐于配合。不过这种方法往往不能真实地反映学员的学习成果，学员只是凭借现场的第一感受，对培训活动给出自己的评价，而且会受现场气氛或周围同学的影响。这种方法采用过多容易使培训评估流于形式。

（3）测试法。这是培训过程中普遍采用的评估方法，简便且易于操作，主要是通过闭卷形式测试学员对培训知识的了解和吸收程度，有一定的实际意义。但也有一定的局限性，因为在工作中太多的能力与技巧是无法用试卷"考"出来的，常常出现培训考试成绩不错的员工，回到工作岗位后工作绩效并没得到明显改善的现象，因此这种方法只适用于培训时间较短的情况，否则评估结果的意义不大。

（4）情况模拟测试，包括角色扮演和公文筐测试等方法，通过在最接近实际工作环境的情境下进行测试，来了解受训者的真实水平。

（5）绩效考核法。收集受训者的绩效资料，对其在受训前后一段时间内绩效的变化进行考查。

（6）前后对照法。选取两个条件相似的小组，对两个小组进行测验，分别得到两组成绩。然后让一个小组参加培训，另一个小组不参加培训，在培训结束后，再对两个小组进行测验，比较每个小组的测验成绩，看培训对小组起的作用。

（7）收益评价法。从经济角度综合评价培训项目，即计算出培训为企业带来的经济收益。

2. 培训评估的技术模型

评估的实施仅有评估方法还不够，还需要评估技术模型的支持。培训评估模型有泰勒模式、柯氏四级评估模式、菲利普斯五层评估模式、考夫曼五层评估模式、目标导向模型等。国内外运用得最为广泛的是柯氏四级评估模式，它是由柯克帕特里克提出的培训效果评估模型。至今仍是培训经理人经常使用的经典培训评估模型。柯克帕特里克将培训效果分为4个递进的层次——反应、知识、学习、结果。

（1）反应评估。反应评估主要是获取学员对培训项目的反应，这个反应包含对培训的设计和实施的看法、对培训的满意度，等等。如果学员对培训的反应是不满意，那就不可能获得好的培训效果。因此，获得学员积极、肯定的反应是极其重要的。这一层次的评估大多采用问卷调查的形式，但是积极正面的反应并不能确保学员掌握了培训的内容，这就要求培训组织者进行下一层次的评估。

（2）学习评估。学习评估主要是衡量学员对培训内容的掌握程度，主要包括学到了什么知识，掌握了哪些技能，态度发生了哪些转变。如果实现了其中一个或多个目标，就有可能引发行为的改变。

该层次评估建议使用对照组进行分析，如果条件有限，不能进行对照组分析，可以利用测试的形式来衡量学员知识的增长和态度的转变，并利用实际操作来衡量技能的提升情况。学习评估还可以通过培训后学员的变化，判断培训在哪方面取得了成功，哪方面存在不足，从而对后续同样的培训做出有针对性的改善。

（3）行为评估。行为评估主要是衡量培训后学员在工作中行为的转变，考核知识的迁移。如果培训后学员在行为上有了明显的转变，那么可以认为培训取得了良好的效果。但是，如果学员在行为上没有任何转变，就判定培训没有任何效果，这样的结论可能是不正确的。因为学员行为除了受培训的影响，还受其他因素的影响，比如，学员本身想实现转变的欲望、工作氛围等。

工作氛围可以分为5种：竭力反对型、不予提倡型、置之不理型、积极鼓励型、明确要求型。显然，如果学员处于前两种氛围下，那么实现行为转变的希望就很渺茫；如果学员处于后面两种氛围下，那么其行为发生转变的概率便会比较大。在衡量学员的行为转变时，应留出充足的时间，一般建议留出半年的时间。在评估时，采用较多的方法是360度评估法，也就是对了解学员行为的人都进行调查或访谈，以获得较为全面的评估。

（4）结果评估。结果评估主要是衡量培训给公司带来的经济效益，这是整个评估过程中最重要、最难以处理的环节。之所以最重要是因为评估结果能直接明确地表明培训取得的效果，甚至决定培训再开展的可能性；最难处理是因为培训结果难以衡量，难以有充足的证据证明积极的结果是由培训带来的。

提示

对于以上四个层次的评估，应在不同时间段进行。比如，反应评估在培训中进行，学习评估在培训结束时进行，行为评估一般在培训结束3个月之后进行，而结果评估则应在培训结束半年甚至一年后从工作绩效考核中衡量。

5.3.3 培训效果评估的实施

培训效果评估的实施分为三个步骤，一是确认评估目标；二是制订培训评估计划，即制订数据收集计划；三是实施效果评估，本节以柯氏四级评估模式为例进行讲解。

1. 确认评估目标

培训评估始于培训目标，因为有了培训目标才需要培训评估，通过培训效果评估来检验培训是否达到了预期的培训目标。所以培训评估目标是基于培训目标而确定的，评估目标在培训项目设计时就已经确定了。

2. 制订培训评估计划

培训评估目标确定后，就是制订数据收集计划，这一步必须在实施评估之前进行。数据收集（见表 5-2）的方法可以根据培训目标的不同来确定，但要考虑收集到数据的可能性，尽可能避免出现由于时间冲突而无法收集数据等问题，还要综合考虑实施评估的理想时间、收集数据的便利性等问题。需要注意的是，一般而言，第一级、第三级、第四级的数据由培训负责人进行收集，而不是由讲师收集，这样可以避免出现不客观的判断，增加评估的可信度。

表 5-2 数据收集计划

级别	目标	数据收集方法	时间	责任人
一	确定学员对培训的最初反应：他们对此次培训满意吗	反应问卷	第一天结束	培训组织者
二	确定学员在培训后学到了什么新知识	对比法	培训结束	讲师
三	确定学员在经过培训后行为的变化，以及此次培训对学员的工作行为产生的影响	行动计划表	培训后三个月	培训组织者
四	确定此次培训项目对公司产生了什么影响	访谈法	培训后三个月	培训组织者

3. 柯氏四级评估模式在培训效果评估中的运用

（1）反应评估。

反应评估是对培训效果最基本的评估，主要测评受训者对培训的感受，一般采用问卷调查法。

在设计培训反馈表时，一般会从培训内容、培训讲师、讲师讲解、课堂呈现、培训案例、培训环境、培训组织等多个角度来考察培训的效果。这些方面通常都设计在一份培训问卷中,但为了有针对性地对某一方面进行评估,也可以分别设计评估问卷,但问卷总数不宜超过三份。

进行反应评估时需要注意以下事项。

① 应当将受训学员对培训课程的主观感受进行量化,以反映受训学员的评价(主观)。

② 反应评估是最容易实现的评估,所有培训课程都可以采用,这也是反应评估得到广泛运用的原因。

③ 如果受训学员的反应涉及多个维度,通常用加权法进行数据汇总。加权法比平均法更能反映真实情况,也更能反映培训成功的关键点。

④ 反应评估会因为不同时间去做调查而出现不同的结果,通常随着时间的推移,大部分培训课程的反应评估分数会逐渐下降,主要原因是培训结束时收集反馈,学员还停留在对培训讲师的第一印象或者热烈的教学气氛中,而一旦回到工作岗位,受训学员会反思所学技能是否能真正用到工作上,是否能推动绩效提高。如果能,评估的分数往往会比培训刚结束时要高;否则就会低于培训刚结束时。

⑤ 反应评估要进行多时间段、多阶段的信息收集。

以下是反应评估的调查问卷范例。

培训满意度调查表

亲爱的学员:

您好!感谢您全程参与我们的培训。为了了解本次培训的效果,知晓您的培训感受,进一步改进和完善培训工作,特进行问卷调查。您的意见和建议,会让我们在培训的组织、课程发掘、培训技巧等方面更具有科学性、针对性和实操性。请您认真填写问卷,谢谢您的支持与配合。

针对每个题目,可打 1~5 分(5:非常认同/非常满意/非常好;4:比较认同/比较满意/比较好;3:一般认同/还可以;2:比较不认同/不太好/不太满意;1:不认同/不好/不满意),请根据您的真实感受和实际情况进行选择,在您认为的分数上打"√"。

一、课程满意度评价(25分)

请在表5-3中进行课程满意度评价。

表 5-3 课程满意度评价

序号	测评指标	5	4	3	2	1
1	您认为课程目标明确					
2	您认为课程整体架构合理					
3	您认为课程内容前后连贯					
4	你认为课程案例丰富					
5	您认为培训内容满足您的工作需要					

二、课堂讲授满意度测评（25分）

序号	测评指标	5	4	3	2	1
1	您认为培训讲师备课充分					
2	您认为培训讲师对课程掌握得非常熟练					
3	您认为培训讲师的语言清晰、丰富、幽默					
4	您认为培训讲师对课堂氛围的营造与把握做得非常好					
5	您认为培训讲师对学员的上课状态把握得非常好					

三、培训组织安排满意度测评（25分）

序号	测评指标	5	4	3	2	1
1	您对培训议程（包括时间、顺序、内容）安排的满意度					
2	您对培训地点安排的满意度					
3	您对教具准备情况的满意度					
4	您对学习材料准备情况的满意度					
5	您对培训工作人员的服务质量和服务态度的满意度					

四、课程综合满意度测评（25分）

序号	测评指标	5	4	3	2	1
1	您认为培训效果超出您的预期					
2	您对本次培训总体的情况满意					
3	您认为通过本次培训能更好地了解公司					
4	您认为本次培训可以让您更快地融入公司					
5	您希望公司经常组织此类培训					

五、您认为本次培训的内容给您留下的最深印象是什么？

六、您认为本次培训给您带来的最大收获是什么？为什么？

七、您认为此次培训还需要改进和提升的地方有哪些?

八、在今后的工作中,你最希望接受哪些方面或哪些课程的培训?

(2)学习评估。

学习评估与反应评估最大的不同就是,学习评估通过测试(考试)来反映学员在培训后能力的提升情况,而不仅仅是评估受训学员的直观感受。在实践中,不同的培训课程,其评估的方式也不同。

① 知识类培训的学习评估。

知识类培训是指培训内容主要是一些概念或事实、制度、流程、标准、规范等,如公司企业文化、规章制度、安全生产、产品知识等。知识类培训大部分以理论或事实为主,其学习评估多以试卷测试(考试)为主。

评估结果直接取受训学员测试的分数平均值进行汇总测算。如果说评估结果是良好的,那么不但可以认定培训课程是合格的,还可以用此结果考量对课程内容、培训管理及培训技巧进行优化和改进。

② 操作类培训的学习评估。

操作类培训泛指一些设备操作类、技能提高类培训,比如打字、机床操作、办公软件操作培训等。与知识类培训学习评估不同的是,操作类培训学习评估的结果反映的是学员技能提高的程序,多以百分比衡量。

③ 素质类培训的学习评估。

素质类培训泛指综合素质、领导能力、管理能力、态度或价值观这类培训,比如,沟通技巧、时间管理、团队建设、阳光心态、领导力、执行力、性格与领导力等培训。参加这类培训后,能力是否有提高无法在培训结束后直接测试,而是要在实际工作岗位上才能看得出学员是不是发生了变化。因此对于这类培训通常建议不要做学习评估,可以从反应评估直接过渡到行为评估。

进行学习评估时应注意以下事项。

① 测试是关键点。学习评估需要进行测试,这是其显著特征。能进行测试的,

必须进行测试，理论考试或是实操测试都可以。

② 建立函数关系。需要在受训学员学习评估的结果与培训效果评估结果之间建立起函数关系，企业可以根据自身的情况定义和设计函数公式。

③ 评估值不仅可以反映学员对培训知识的掌握程度，也可以反映学员的学习能力，还可以映射出学员的学习态度。这些数据的提取，有助于人力资源管理相关政策的改进和优化。

④ 培训前测试。学习评估反映的是培训前后学员能力的变化情况，因此要进行学习评估，就需要在培训前和培训后对学员的能力进行测定。如果是新知识、新技能、新概念类的培训，那么可以测试，也可以不测试。如果测试的话，就应将受训前的能力值设置为零。对新知识、新技能、新概念培训进行学习评估测试，可以反映整体学员的学习能力，以及新知识、新技能、新概念的难易程度。

⑤ 对于操作类培训的学习评估，如果测试的只是某一个方面的技能，则用平均算法；如果测试的是多项技能，则可以采用加权算法。加权算法比平均算法更能反映真实情况，也更能反映培训成功的关键点。至于加权系数，企业可以根据自身情况来定义。

学习评估的打分准则如表5-4所示。

表5-4 学习评估的打分准则

分值	说明
0	学员未能完成学习任务
1	培训前后的知识基本没有区别
2	培训后的知识比培训前稍有改善，但不够明显
3	培训后的知识比培训前有明显改善，基本能将所学原则进行应用
4	培训后的知识比培训前有很大提高，能将所学原则充分运用
5	培训后的知识明显提升，达到专业水平

（3）行为评估。

通过前两个层面的评估可以了解学员在培训中是否学习到了重要的技能，相关的知识水平是否提高了。但在掌握新知识、新技能后，员工有没有将其应用到实际工作中呢？员工在工作中的行为是否发生了改变呢？行为评估就是回答这些问题的，它主要考查学员学习知识、技能后引起的行为变化，即考查学员在后续的工作中，当遇到实际问题时，将所学内容加以应用的情况。

如何考查学员对所学内容的应用情况呢？首先要掌握课程知识点在工作中哪

些地方可以应用。获得课程知识点的方法是，首先分析培训需求与课程大纲。课程大纲是课程内容的浓缩，体现的是整个课程的设计、逻辑和脉络。培训课程大都有什么（What）、为什么（Why）、怎么做（How）、什么人（Who）、在哪里（Where）、什么时候（When）等内容，也就是人们经常讲到的七问分析法（5W2H法）。其次从"怎么做"中列出可以在工作中运用的知识点。至于"是什么""为什么""什么人""在哪里"等内容是概念或意识层面的，而"怎么做"则是行为层面的，所以行为评估就需要从"怎么做"中找到可以运用到工作中的知识点。

行为评估同时评估了培训课程的有效性和受训学员在工作上的实际运用情况，因此在进行行为评估的时候，不仅要看总体评估的平均值，更要看学员个体的行为改变值。学员个体行为改变值比平均值更能反映培训的实际效果。为了更好地研究个体的行为改变值，可将各受训学员的个体行为改变值以曲线图的形式呈现并进行分析。所有受训学员的个体行为改变值越高，表明培训课程的实用性越强；受训学员的行为转变得越好，培训内容运用到工作中的情况就越好。

进行行为评估时需要注意以下事项。

① 行为评估反映的是培训内容的实用性和学员的实践应用能力，因此其反映的是培训内容与实际工作相结合的效果，是真正意义上的培训效果评估。而反应评估、学习评估仅仅是表象上的培训效果评估。

② 准确地挑选出行为改变观察点并对改变的程度进行观察，是行为评估关键的步骤和核心要素。

③ 选择的行为改变观察点越多，评估结果就越全面。但为了减轻行为评估的工作量，必要时可以减少行为改变的观察点，甚至可以根据企业战略或绩效需求只考查关键点即可，其他的非关键点可以指导受训学员采取"自省法"进行自我改进。

④ 培训内容可以应用到工作中的知识点的数量，直接决定了培训的成果。有针对性的培训一定会有许多的知识应用点，如果培训课程找不到可以运用到工作中的知识点，则培训有效性肯定是有问题的。

⑤ 培训课程中可以应用到工作上的知识点是需要通过七问分析法中的"怎么做"分析获得的。一个效果好的培训课程，其内容的核心应该是"怎么做"，整个课程设计也应该是把重心放在"怎么做"上。

⑥ 如果运用到工作中的知识点和工作行为的改变点都找不到的话，就说明培训课程对企业而言是没有价值的。

（4）结果评估。

在培训结束后，通过对学员的反应评估、学习评估、行为评估，可以掌握学员对培训的反应、学习到了哪些知识与技能，以及在工作中的行为变化情况。接下来面临的最后一个问题就是，此次培训对组织结果产生了什么影响？这就是需要进行结果评估。

结果评估是所有评估中最难的，收集数据困难，评估的周期较长，其主要的难点是找出绩效提高和培训课程的直接关联性到底有多大。绩效的提高有多方面的原因，除了与个人能力和个人行为的改变有关外，还受组织流程、市场环境、产品品牌、同行竞争、顾客需求、市场环境、技术环境、国家行业政策等多种因素的影响。

在实际工作过程中，还要确认绩效的提高是否是因为培训。有些员工的绩效虽然提高了，但不一定是因为培训，这时就需要考查绩效的提高跟培训有多少直接关系。在考查这方面内容的时候，可以从以下几方面着手。

① 选定要评估的课程。由于结果评估是要和绩效挂钩的，所以要进行四级量化评估，就要选择和绩效有直接关联的课程。并不是所有课程都适合做四级量化评估，一些与绩效没有直接关联的课程就不适合做四级评估，不仅评估起来有难度，而且评估也没有效果。

② 先进行行为评估。由于是要评估培训给绩效带来的改进，因此在做结果评估前，一定要先进行行为评估。只有行为改变了才会有结果，也印证了"行为产生结果"这一结论。行为评估的结果直接影响到结果评估，因此结果评估的结果一定要和行为评估相结合。

③ 对培训前后绩效数据进行对比。只有当培训前后的绩效数据有变化时，才能说培训有效果，如果培训前后的绩效数据没有变化，则培训肯定没有效果。

在实际工作过程中，绩效的改变来自两个方面：一是由培训行为转变带来的改变；二是由非培训因素带来的改变，比如，产品、市场、人员、流程、环境、技术、行业、顾客需求的变化等。在进行结果评估时，要尽量剔除非培训因素，或是分别计算相关或不相关因素对绩效改变的影响程度。但在实际工作中，人力资源工作者很难确定绩效改变究竟是因为培训的因素还是因为非培训的因素，以及它们两者所占的比重是多少。这时人力资源工作者可以转变思维，不必纠结于非培训因素给绩效带来的改变，因为结果评估的核心只是评估课程的有效性以及培训给绩效带来的变化。当然，也可以构建相应的曲线图对相关数据进行对比分析。

进行结果评估时要注意以下几点。

① 不是所有培训课程都适合做结果评估，一些对绩效没有直接影响的课程，无须做结果评估。

② 要使结果评估有效，绩效管理要科学，绩效目标要符合 SMART 原则（Spedific、Measurabl、Attainable、Relevant、Timebased，即具体的、可衡量的、可达到的、与其他目标有相关性的、有明确期限的）。

③ 结果评估的核心是评估课程的有效性，以及培训给绩效带来的变化，而非区分绩效改变中培训驱动力占了多大的比重。

④ 做结果评估的前提是对反应、学习、行为层面进行了评估，特别是行为评估已取得了相应的数据。

⑤ 四级量化评估值是根据学员行为改变和绩效差异之间的函数关系所得到的结果。

⑥ 对于结果评估的结果，个体评估结果的意义要大于群体平均值的意义。

通过以上对柯氏四级培训评估模式的阐述可以发现，很多培训项目的效果是可以进行量化测量的，但并不是所有的培训项目都适合做四级评估，也并不是所有的差距都能用培训来解决，企业还需要考虑到管理成本的因素。不过当企业的人力资源管理成熟度较高的时候，培训效果评估也就很容易实现了。

5.3.4 培训效果评估报告

撰写培训效果评估报告是整个培训评估工作的最后环节。培训评估报告应当客观、公正，要综合所有评估意见和观点，在上报之前一定要召开评估小组会议，反复修改，以确保真正发挥培训评估的重要作用。

培训效果评估报告一般包含培训背景说明、培训概况、培训评估的过程说明、培训评估的总结与分析、培训评估结果与培训目标的比较、关于培训项目计划调整的建议等内容。下面是某公司营销部的培训效果评估报告，供读者参考。

▶ 营销部培训效果评估报告 ◀

1. **受训人员**：营销部全员
2. **培训时间**：2018 年 7 月 31 日至 2018 年 8 月 1 日
3. **培训地点**：公司第二会议室

4. 培训讲师：张三经理

5. 培训主题

（1）集团品牌文化的理念及产品的概况。

（2）销售管理。

（3）"像麦当劳一样运作"的标准化作业流程。

（4）与代理公司的工作对接。

（5）营销部各成员的工作安排及任务布置（明确分工）。

6. 培训目标

（1）使受训者充分了解集团的企业文化、品牌文化及项目的详细情况。

（2）使受训者充分了解房地产开发建设流程，掌握营销方案及调研报告的撰写方法，熟悉市场调研及日常广告设计管理，学会卖点梳理及核心卖点提炼。

（3）充分了解企业标准化运营的精髓。

① 总结项目中的经验、教训并在新项目中推广或改进。

② 增强企业在规模上的承载力，保证规模扩大后的风格统一。

③ 强力整合价值链，打造紧密的部门协同、精细的标准化动作，以充分保证企业运营的效率和均衡协调，从而保证客户认知的高度统一和产品服务的高质量。

（4）推进受训者与代理公司的良好对接。

（5）使受训者了解个人的工作职责、工作要求及近期的工作安排。

（6）使受训者认可企业，融入企业，以加入这样一个企业为荣，为实现企业和个人的目标而努力奋斗。

7. 培训效果评价

（1）此次培训历时两天，培训讲师对集团内新组建的销售团队进行了从企业文化到专业知识方面的全方位培训。培训内容全面、丰富，准备充分，既抓住了受训群体是新入职员工的特点，同时也抓住了受训群体是营销部成员的特点。通过企业文化和专业技能两方面的培训，使受训者在充分认识企业、了解企业、认同企业的同时，也提升了自身的专业技能和专业素养，迅速掌握了项目的特性，树立了实现企业目标和个人目标的信心。

（2）培训内容完全以受训群体为切入点，生动易懂，切合实际，课题与受训者岗位结合紧密，此次培训能够在受训者今后的工作中发挥实际效用。

（3）培训讲师在培训之前做了大量的准备，课题内容有很强的专业性，培训方式灵活多样，易于接受，培训讲师思维清晰、有条理，语言流畅、富有吸引力，属于专业级的培训讲师。

（4）培训的参与度很高，能够达到百分之百的参训率。培训结束后，受训者普遍认为能够学以致用，希望以后能够多一些这样的学习机会，不断提升自己，打造自己，使自己成为一名合格的员工。

（5）在培训过程中，培训讲师与受训者之间建立了良好的互动关系，调动了整个受训群体的积极性和参与度，从而充分实现了培训的目标，达到了培训的效果。

（6）以案例分析的授课方式进行培训，使培训课程灵活、生动，易于掌握和接受。

（7）把握培训的时长，培训讲师及受训群体在一个相对宽松的氛围中授课和学习，一是有利于讲师的正常发挥，二是有利于受训群体对所学课程的吸收和理解。

8. 培训的意见和建议

此类培训实操性强，有利于受训者今后的工作，建议多举办类似的培训，提高员工的专业素质和技能。

5.4 培训管理体系范本：制度/流程/表单

企业的培训管理体系是企业员工培训健康发展的根本保证，是企业在开展培训工作时要求员工共同遵守并按一定程序实施的规定、规则、流程和单据。企业培训管理体系的根本作用在于为培训活动提供一种制度性的框架和依据，促使培训沿着规范化、标准化轨道运行。培训管理体系包括培训管理制度、培训管理流程及相关表单等。

5.4.1 培训管理制度

培训是企业培育人才的一种重要手段，而培训管理制度则是维护培训工作顺利开展的一种管理制度。下面是某公司在职人员的培训管理制度，供读者参考。

培训管理制度

1. 目的

为了建立、健全公司培训体系，确保公司员工知识、能力的提高与公司的发展相匹配，确保公司战略目标的实现，特制订本制度。

2. 原则

（1）战略原则：公司培训必须服务、服从于公司战略的需要。

（2）统一体系分类管理原则：在公司统一的培训体系中，各类培训的具体实施流程不同，各岗位的权责不同。

（3）效益原则：公司进行的各类培训都必须有明确、可评估的效果。

（4）在职培训为主，正规教育培训为辅；内部培训为主，外部培训为辅。

3. 适用范围

本制度适用于公司总部员工及分公司区域经理级以上（含区域经理级）员工，各分公司参照本制度制订相关实施细则后执行。

4. 培训管理定义

公司有计划地对新员工或现有员工传授其完成本职工作所必需的基本技能的过程，目的是提高员工的各项技能。

5. 权责

（1）人力资源部负责公司年度培训规划的制订、培训项目的组织实施、培训有效性的评估、培训跟踪与校正、培训制度的修订及培训资源的日常开发与管理。

（2）受训员工按计划接受培训、参加测试、反馈培训效果、进行再次培训或转训。

（3）相关单位按培训规划协助人力资源部进行专业培训教材的编撰与培训讲师资格的审查，提供受训员工转训所需条件与支持，反馈培训效果及成果等。

6. 培训流程

（1）制订培训计划。

要制订培训计划，首先要分析培训需求。培训专员根据公司培训计划的整体要求，对各种培训需求进行分析。

① 需求分析的依据。

a. 公司的战略规划。

b. 市场竞争的需要与核心竞争能力培养的需要。

c. 公司年度经营目标。

d. 员工年度绩效考评。

e. 流程运行状况、部门管理状况和人员任职能力状况。

② 培训需求分析方法。

a. 重大事件分析法。通过分析本年度关键绩效领域发生的重大不良事件，发现企业运营管理方面存在的不足，从流程、制度、能力三方面分析原因，如果是能力不足的原因，则安排相关培训。

b. 绩效考核分析法。分析员工绩效不佳的原因，有针对性地提出个人能力提升计划；分析员工行为表现，得出文化、制度、技能等方面的培训需求。

c. 访谈法。通过访谈公司领导、各部门负责人、业务骨干，了解业务实际运行状况和员工个人需求，从而筛选培训需求。

d. 问卷法。设计培训需求调查问卷，调查流程、部门运作状况和员工职业发展信息，从而筛选培训需求。

e. 观察法。通过观察培训对象的现场表现，了解其与期望标准的差距，以确定培训需求。

③ 拟定培训计划。

人力资源部在综合分析公司年度培训需求的基础上，拟定年度员工培训计划，作为公司人力资源规划的一部分，上报审批。

④ 审定培训计划。

公司董事长审定培训计划。

⑤ 修改培训计划。

由人力资源部或受训员工所在部门或分公司提出修改意见，经人力资源部负责人同意，上报分管副总裁、总裁批准。增补培训计划的，应补报培训费用预算。

（2）实施培训。

① 培训专员根据年度员工培训计划的执行进度及具体培训项目，拟定培训项目实施计划，报人力资源分管副总裁批准后实施。

② 组织培训。

a. 培训专员根据公司年度培训计划，与受训员工所在部门或分公司协商确定具体的培训时间、地点、参加培训人员及培训讲师等事项。内部培训讲师由取得公司内部培训师资格证的各部门负责人、专业技术人员担任；内部人员无法胜任的课程由培训专员接洽外部讲师授课。

b. 培训专员应于培训前一天准备好培训资料（培训教材、签到表、考核登记表、测试问卷等）、培训所用器材，落实培训场地。

c. 培训专员于培训前七天通过网络或电话方式向受训员工及其所在单位负责人发出培训通知。通知内容包括培训的主要内容、时间、地点、培训讲师、参加培训的人员等。

（3）培训评估。

培训过程中及结束后，培训专员负责对培训效果进行评估，具体评估依据包括培训现场的考核情况（出勤率、纪律和态度）、受训员工的心得报告、培训笔记、案例分析，受训员工进行的培训内容转训或主持汇报会等。

（4）培训跟踪与校正。

① 受训员工在培训结束后即进行再次培训或转训，受训员工的直接上级、所在单位提供所需支持和条件。转训期一般为两个月。受训员工的直接上级评估转训并在转训结束后三日内向培训专员反馈。

② 培训专员根据培训效果和转训效果，改进培训内容和培训过程，并起草培训评估报告，供日后修改培训规划参考。

③ 人力资源部与受训员工所在单位共同关注受训员工的工作态度、工作能力及绩效考核结果。

7. 培训的日常管理

（1）培训费用管理。

① 培训费用的管理由人力资源部负责。在制订年度培训计划时，由人力资源部分别确定各项培训所需的具体费用，并汇总为年度的培训预算，按审批权限和流程报批。

② 培训费主要包括培训讲师的授课费，音、像、图片、资料费；食宿、交通费、差旅费、场地租赁、学费，培训设施购置费。

③ 计划内的培训费用由财务部门负责审核，按公司财务制度由人力资源部负责人/分管副总裁/总裁批准开支。计划外的培训费用须报总裁批准。

（2）培训师资管理。

① 内部讲师。

a. 内部讲师来源：各级管理员工皆负有培训下属的责任，是内部培训的主要承担者；业务骨干与技术尖子是员工专业技能培训的主要师资来源。

b. 内部讲师的分类：内部讲师按授课范围不同，分为公司级讲师和部门级讲师。

c. 内部讲师的职责：内部讲师负责所讲授课程的资料收集、内容优化、教材编写、教学水平的提高等。

d. 内部讲师的培训：内部讲师的培训以自学和在岗培训为主。公司对内部讲师的离岗培训、工作时间方面给予一定的优惠和支持。公司每年将不定期地为内部讲师举行"讲师技能训练"，并提供课件开发、教材编写、课程讲授方面的资源与支持。

e. 内部讲师的申报：公司员工将内部讲师申请报告交由人力资源部负责人、申报者所在部门负责人、人力资源部分管副总裁、总裁联合评审，资历、课件、讲授水平达到要求者，可聘为公司内部讲师，每半年组织一次评定。

f. 内部讲师的授课奖励：内部讲师在所在部门或分公司以外进行授课时按工作时间 80~250 元 / 课时、非工作时间 100~300 元 / 课时领取奖励。每 60 分钟为一个课时。

② 外部讲师。

a. 外部讲师的来源：高等学校、科研单位；培训机构、顾问公司；优秀企业的高级管理人才和技术人才。

b. 外部讲师的资格审查：由人力资源部负责资格审查，审查内容包括专业背景、从事职位、教学内容、教学水平等。

c. 聘请外部讲师或派员参加外部培训程序：凡聘请外部讲师到公司进行培训或派员参加外部培训的，必须由受训员工所在单位提交外聘讲师或派员参加外部培训申请报告，资格审查通过后，由人力资源部统一聘请或办理报名手续。

d. 外部讲师课酬或派员参加外部培训费用标准及支付方式：根据授课时间、内容等由受训员工所在部门或分公司、培训专员与外部讲师协商，或由培训单位确定，并按审批权限和流程报批，在授课结束后由财务部支付。

（3）培训教材管理。

① 内部教材来源：工作提升的经验分享与教训总结；企业本年度重大事件（成功或失败）的案例；内部培训师组织开发；人力资源部组织开发。

② 外部培训教材引入和消化。

a. 凡公司聘请外部机构进行培训的，外部机构必须提供教材，教材由培训专员统一归档管理。

b. 员工外出参加培训的，应在培训结束一周内将教材的原件或复印件交培训专员存档，需用教材原件的则应出具借条，并在两个月内对其下属和相关岗位员工进行转训。

③培训教材的载体包括但不限于书面文字、电子文档、录音、录像等。

（4）培训设备、设施管理。

公司培训设施设备的建设、购置、维护和管理依照"资源共享、充分利用"的原则，由人力资源部统筹管理。

（5）培训纪律。

①受训员工因特殊原因不能参加培训的，应提出书面申请，经所在部门负责人批准，交培训专员备案，否则按旷工处理。

②学习期间，学员应当遵守如下培训纪律。

a. 按时上课，认真听讲。

b. 关闭手机等通信工具或将其调为振动模式，上课期间不允许接听电话。

c. 如果出现迟到、早退等违纪行为，按《考勤管理规定》处理，由讲师或培训组织者监督执行。

（6）培训记录的保存与管理。

①培训专员对员工培训的记录予以建档、保存与管理。

②员工参加管理培训及专业技能培训须记录于《个人培训记录表》，作为人事调动、晋升或工作分配的参考。

8. 培训操作规定

（1）入职培训：由公司人力资源部依据公司相关规定，对新进公司员工不定期进行企业文化、公司基本管理制度、岗位职责和主要工作程序与规定的培训。

培训专员在新进员工报到后一周内组织入职培训。培训专员准备公司基本管理制度、相关岗位说明书等资料，在入职培训结束后，新进员工在员工入职表单上签字确认已接受相关培训、已了解公司相关制度。

入职培训内容如下。

①公司的历史、概况、业务、发展规划、产品及技术等；公司的经营理念、核心价值观、员工道德规范和行为准则。

②公司的机构设置及各部门、分公司的基本职能，业务范围和生产经营情况等。

③公司的绩效管理模式。

④公司的规章制度，主要包括员工行为规范、考勤制度、人事管理制度、薪资管理制度等。

⑤员工所在部门的主要职能、权责、工作流程及制度。

（2）上岗培训：以员工掌握岗位所需技能或素质为目的的培训。

①员工的直接上级负责对其进行上岗培训。

②上岗培训内容为岗位职责介绍、业务操作流程和作业指导。

③上岗培训可采取讲授、演示、实际操作等方式进行。

④上岗培训必须在员工上岗工作前进行。上岗培训结束后，员工在上岗表单上签字确认已接受上岗培训，已了解职责、流程，其直接上级签字确认员工已具备上岗所需技能。

（3）岗位变动培训：为员工适应岗位变动（包括但不限于晋级、降级、同级调动等）所进行的培训。

①培训专员对岗位变动员工进行培训需求分析，针对员工能力差距和变动后的岗位职责确定培训内容。岗位变动培训的内容包括但不限于员工拟任职岗位的关键素质与能力、岗位职责、业务流程和作业指导。

②人力资源部负责组织实施岗位变动培训。员工新岗位的上级对其进行岗位职责和基本流程培训。岗位变动培训必须在员工正式上岗前进行，并由被培训者、培训者双方签字确认。

（4）专业技能培训：以提升在岗员工专业知识、技术与技能为目的的培训。

①培训专员与部门负责人根据员工绩效现状和提升要求，共同确定专业技能培训内容。

②培训专员组织实施专业技能培训，员工的直接上级负责提供参加培训的时间和条件，并在绩效管理过程中进行指导和监督，确保培训成果的转化。

③专业技能培训的师资以部门级内部讲师为主，各单位承担相关讲师培训或外聘讲师费用。

（5）管理能力培训：以提升在岗员工管理知识和技能为目的的培训。

①人力资源部对在职管理员工及其下属的绩效现状和提升要求进行培训需求分析，确定管理能力培训内容。

②培训专员负责组织实施管理能力培训。

③管理能力培训的师资以公司级内部讲师为主，公司承担相关讲师的培训费用或外聘讲师的费用。

（6）专业必备证件资格教育：员工现任职岗位说明书所要求必备的专业证件，包括但不限于各级建造师资格证、预算资格证、安全员资格证、注册会计师资格证、注册审计师资格证、注册资产评估师资格证、ISO内审员资格证、电工及登高特种操作证等。

① 各单位均须于每年11月30日前将专业资格必备证件教育计划交公司人力资源部审核，并列入公司培训计划，报总裁批准。

② 员工本人书面申请，经单位负责人同意，人力资源部负责人、人力资源分管副总裁、总裁审核批准后，方可参加培训。

③ 公司承担员工参加专业资格教育的学费/培训费用，需到外地参加培训的员工的交通费及住宿费，按《差旅管理办法》执行，不享受伙食补助。

④ 员工参加公司付费的外出培训，双方须签订培训协议，并约定服务期限，此协议一式两份，双方各持一份。

（7）学历/学位教育：员工接受的以获得国家承认的学历/学位为目的的教育。

① 公司鼓励员工在职参加与所任岗位、职位相关的学历/学位教育，以便员工不断提高自身素质。

② 员工经公司批准且参加与工作岗位有关的学历/学位教育的，应到人力资源部备案，公司将在工作时间安排等方面尽力予以配合。

③ 员工如果在教育服务期内主动离开公司，则必须依照培训协议退还由公司承担的教育费用。

④ 因参加学历/学位教育必须脱产培训的，须报总裁审批，并在培训前将职务代理人安排妥当。脱产期间考勤按出勤计，员工薪资以薪酬管理制度及培训协议为准。

⑤ 员工获得国家承认及公司认可的相关职称后，其职称补贴按《薪资管理规定》执行。

9. 培训积分管理

（1）公司针对年度培训工作实行积分管理，并按照各部门及人员的培训记录计算得分，同时建立并更新培训积分档案，并在每季度公布一次。

（2）公司将针对各部门及员工培训积分完成情况进行考核，考评结果将作为绩效考评的一部分由公司人力资源部执行。

10. 附则

（1）本制度的解释权属人力资源部。

（2）本制度自颁布之日起执行。

（3）以前的文件或规定中如果有与本制度相抵触的条款和规定，按本制度执行。

企业还需将培训管理制度进一步细化，比如建立内部培训师管理制度和培训积分管理制度。

1. 内部培训师管理制度

规范内部培训师的管理有助于公司有效利用培训资源，建设强有力的培训师资队伍。下面是某公司的内部培训师管理制度，供读者参考。

▶ 内部培训师管理制度 ◀

1. 目的

培养和激励企业讲师，提升培训讲师的工作水准，有效利用培训资源，建设培训师资队伍。

2. 范围

适用于公司内部培训师的管理。

3. 定义

能为公司员工实施培训授课的高级管理人员、基层管理人员、技术骨干等。公司内部培训师皆为兼职。

4. 职责规划

（1）人力资源部负责培养和激励培训讲师，提升培训讲师的工作水准，有效利用培训资源，建设培训师资队伍；组织内部讲师评定和晋升的评审工作。

（2）各部门参与内部讲师评定和晋升的评审工作；负责内部讲师的推荐。

（3）总经理按权限审批内部讲师的评定和晋升。

5. 内部讲师管理原则

（1）分级聘任管理原则：内部讲师按照师资的水平等级从高到低分为高级讲师、资深讲师、中级讲师、初级讲师四个等级。

（2）立足内部培养激励原则：以内部员工为培养对象，建立以内部员工为核心力量的师资队伍，以多种形式培养、选拔、激励，逐步扩大内部讲师队伍，提升内部讲师的授课水平。

（3）公平、公正、公开原则：无论职务高低，公平竞争，公正评定，公开选拔。

（4）优胜劣汰原则：定期评价考核，优者上，劣者下，保证内部讲师队伍的能力和水平。

6. 讲师选拔

（1）公司员工熟悉公司实际运作情况，可将理论知识与多年实际经验结合起来，做到理论与公司实际情况的完美融合。为此，公司将在内部选聘优秀的员工担任企业内部培训讲师。

（2）中高层管理人员是公司内部培训讲师的主力，公司应充分挖掘中高层管理人员丰富的工作经验，以辅助公司员工得到更大的能力提升。中高层管理人员开发和讲授课程每年不可低于10课时，每课时为60分钟。

（3）公司鼓励广大优秀员工开发培训课程，各部门可自由推荐本部门专业人员应聘公司培训讲师。各部门专业人员应将本岗位或本部门业务知识作为主要课程开发方向。

7. 课程判定流程及评估标准

（1）公司人力资源部应制订本年度内部培训计划，各部门应制订本部门专业培训工作计划，下达至本部门培训师，请其开发相关课程，并按时间将培训计划上报公司人力资源部。

（2）培训师在规定时间内按要求完成培训课程的开发工作，并将培训课程资料上报部门经理审核，然后报部门分管领导审批。审批通过后，递交公司人力资源部门评审。课程资料包括授课讲义、PPT演示稿、测试题及答案、相关教学辅助参考资料、教学工具等。

（3）人力资源部门负责培训课程评审的组织工作，并将相关评估意见反馈给培训师。培训师应根据评审意见对课件进行修改并形成定稿。

（4）课程评估筛选标准如下。

① 开发的课程有一定的信息量和系统性，结构框架及条理较清晰。

② 课程具有一定的理论高度，所引用的材料准确客观，与培训目的关联性较强。

③ 能把理论与实践结合起来，对部门业务开展有着较强的针对性和指导意义。

④ 表达生动，教学效果好，学员接受培训后可以实现"学以致用"。

⑤ 具有较强的调动气氛的能力、互动能力及案例分析能力，能运用课堂讨论、答疑解惑、案例分析等各种手法实现学员对课程内容的良好吸收。

8. 内部培训激励

（1）课程开发奖励：公司培训讲师开发的课程经公司评定合格后，对应的讲师可享受公司给予的200~2000元不等的课程开发奖励。

（2）课程讲授奖励：公司针对培训讲师授课的时间发放内部讲师课酬。课程讲授奖励标准如表 5-5 所示。

表 5-5 课程讲授奖励标准

讲师	非工作时间	工作时间
高级讲师	300 元 / 小时	250 元 / 小时
资深讲师	220 元 / 小时	180 元 / 小时
中级讲师	150 元 / 小时	120 元 / 小时
初级讲师	100 元 / 小时	80 元 / 小时

（3）公司内部培训讲师的课酬由公司人力资源部门统一申请，如果公司邀请其他讲师来公司授课，讲师课酬也由人力资源部门申请并支付。

（4）讲师如需出差授课或在出差期间兼有授课任务，可领取出差补贴，但课酬一律按工作时间计算。

（5）公司培训专员在取得中级以上讲师资格前，如果在工作时间内授课，则不支付课酬；如果在非工作时间授课，按规定领取课酬。如需出差授课，则同时享受出差补贴。如课程时间同时跨工作和非工作时间，按非工作时间计算课酬。

（6）课程时间不足 1 小时的按 1 小时计算，超过半小时按 1 小时计算，超过 6 小时按 1 天计算。

（7）课程时间按课程安排时间计算，不以实际授课时间计算。

（8）课程结束后，由公司人力资源部门培训专员填写文件申请审批表为内部讲师申请课酬，并附上相关培训方案和培训记录表等资料，再由人力资源部门分管领导、总经理审批之后交由财务部支付课酬。所有内部讲师课酬审批结束后，统一交复印件给人力资源部门备案存档。

9. 培训讲师评价

（1）在每次培训课程结束后由员工对培训讲师的培训效果进行评估，公司员工以匿名的方式填写培训效果评估表，由人力资源部门汇总统计。

（2）每年人力资源部门制订年度讲师等级评定方案，在公司内部以调查问卷形式开展内部讲师评级工作。人力资源部门根据问卷调查结果、开发课程数目、授课课时数、授课满意度等情况，形成公司内部讲师评价结果，报公司领导审批后公布。

（3）每年人力资源部门根据全年度培训讲师开发课程数目、授课课时数、授课满意度情况，评选出当年度公司年度优秀讲师一、二、三等奖，并给予一定的物质奖励。

（4）获得公司年度优秀培训讲师荣誉的员工可优先获得加薪机会及职务晋升机会。

10．附则

（1）本制度的解释权属人力资源部。

（2）本制度自颁布之日起执行。

（3）以前的文件或规定中如果有与本制度相抵触的条款和规定，按本制度执行。

2．培训积分管理制度

采用培训积分制可以促进公司培训工作的持续性与系统性，激励各个培训利益主体参加培训的积极性。下面是某公司的培训积分管理制度，供读者参考。

▶ 培训积分管理制度 ◀

1．目的

规范和促进公司培训工作持续、系统地进行，通过知识、经验、能力的积累、传播、应用与创新，提升员工职业技能与职业素质，使之适应公司发展的需要。

2．适用范围

适用于公司培训积分管理工作的开展。

3．职责规划

（1）人力资源部制订公司培训积分管理制度并统计积分。

（2）各部门组织部门人员参与公司组织开展的培训并取得积分。

（3）总经理审批公司相关培训积分制度。

4．制度内容

（1）获得学习积分的渠道。

① 参加公司内部培训。

② 参加公司外部培训。

③ 分享培训心得。

④ 外出参观交流考察。

⑤ 提交个人发展报告、工作总结。

（2）学习积分的计算方法。

① 积分渠道1~3项按课时计算，即学习积分＝学习课程积分系数 × 课时数（1小时为1课时）。

② 积分渠道4~5项按次数计算，即学习积分＝学习课程积分系数 × 次数。

（3）学习积分系数标准。

① 参加制度流程宣讲、日常业务操作训练的学习课程，积分系数为0.5。

② 参加除制度流程宣讲、日常业务操作训练外的内部培训的学习课程，积分系数为1.0。

③ 参加外部培训的学习课程，积分系数为1.0。

④ 分享参加外部培训或外出考察交流的心得、感悟，积分系数为2.0。

⑤ 外出交流考察（不包括对供应商、施工单位、监理单位的考察）后提交考察报告、个人发展报告的学习课程，积分系数为2.0。

（4）学习积分的使用和申请。

① 员工每年度的学习积分不得低于对应等级的分数线（见表5-6），否则薪酬调整和职级晋升不予考虑。年度学分低于20分的（注：入职不满一年的，根据实际入职时间折算学分），在公司范围内部通报批评；对于超额完成学习积分的员工，公司将给予一定奖励。每年将评选出优秀讲师2名和优秀学员3名，按公司奖励制度颁发证书和奖金。

表5-6 各层级员工积分要求

序号	层级	最低积分要求/分
1	公司高管（总经理助理级以上）	20
2	中层（各部门经理级以上）	30
3	公司主管级	36
4	普通员工	40

② 参加公司组织的培训，公司人力行政部根据签到与培训要求的完成情况记录学习积分。无故中途退场、未按要求参加培训效果测试或测试成绩不合格、未按要求提交学习心得或心得不合格者，不记录学分。

③ 参加外部培训或外出考察交流后，员工需在15天内向公司人力行政部提交学习材料、学习心得或考察报告，审核通过方可获得学分。部门领导或公司人力行政部建议组织分享，则需在一个月内组织专题分享，分享完成后方可申请分享授课的学习积分。

④ 个人职称晋级、学位提升后，15天内向总经办提交相关证明，方可申请相应的学习积分。

⑤ 提交个人发展、工作总结报告经部门经理确认后，报公司人力行政部审核，审核通过后方可申请相应的学习积分。

（5）学习积分的记录及公布。

① 公司人力行政部会为每位员工建立员工学习档案，并为每位员工制作一张年度学习记录卡，每次培训完毕将学习积分记录至学习卡中。学习记录卡将成为员工学习档案中重要的组成部分之一。

② 公司人力行政部会定期在公司内部网站上公布本季度的所有员工学习积分情况。

5. 附则

（1）本制度的解释权属人力资源部。

（2）本制度自颁布之日起执行。

（3）以前的文件或规定中如果有与本制度相抵触的条款和规定，按本制度执行。

5.4.2 培训管理流程

培训管理体系的建立还需要相关的流程做支撑，来进一步细化培训管理制度。培训管理流程包括培训需求分析流程、员工培训管理流程和外派培训管理流程。

1. 培训需求分析流程

培训需求分析是培训的首要环节，培训需求分析流程（见图5-2）也是培训管理流程中的首要流程。

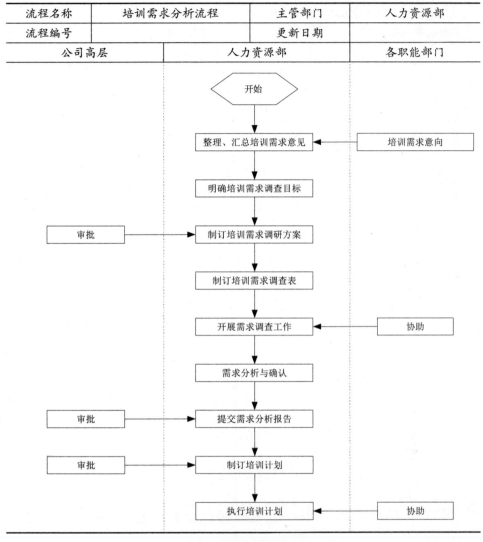

图 5-2 培训需求分析流程

2. 员工培训管理流程

培训实施是培训管理的重点，为了确保培训实施按计划进行，以及规范实施过程中的各环节，故须制订培训管理流程，如图 5-3 所示。

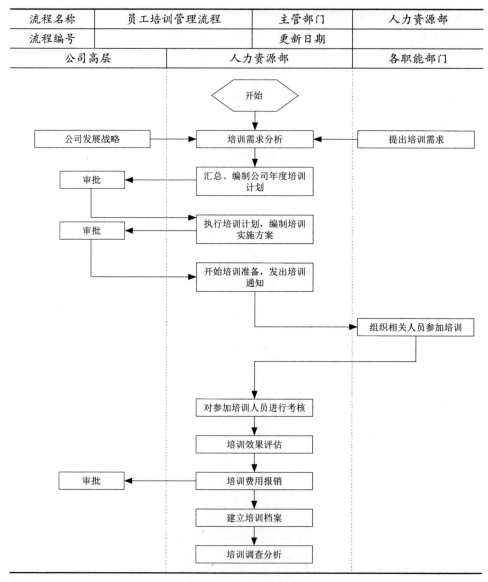

图5-3 员工培训管理流程

3. 员工外派培训管理流程

除了可以安排员工在企业内部培训外，还可以安排员工外出培训。外派员工培训也要有相应的管理流程，如图5-4所示。

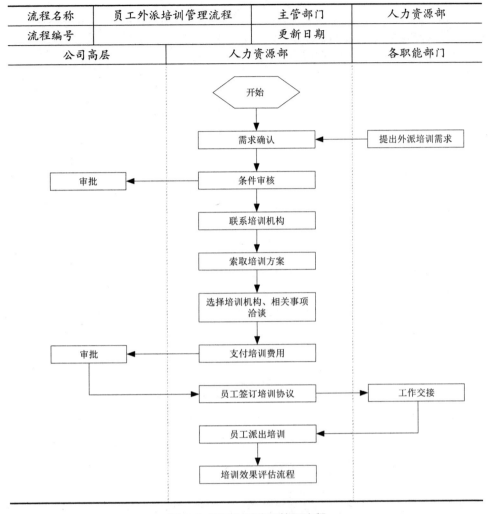

图 5-4 员工外派培训管理流程

5.4.3 培训管理表单

培训管理表单是培训实施的各种记录与依据,包括年度培训计划表、培训需求调查表、培训申请表、培训签到表等,企业可根据自身情况绘制不同的表单。

1. 年度培训计划表

企业的年度培训计划需要列出明细,形成培训计划表,如表 5-7 所示。

表 5-7 年度培训计划表

序号	培训类别	课程名称	课程目标	培训对象	培训时间	参训人数	培训课时	培训方式	讲师	费用预算		备注
										讲师费用	行政费用	
1												
2												
3												
4												
5												
6												
7												
8												
9												
10												
11												
12												

2．培训需求调查表

一般采用问卷调查的方式掌握员工的培训需求，如表 5-8 所示。

表 5-8 培训需求调查表

培训是企业经营管理中不可缺少的重要环节，为了配合公司战略发展需要以及更好地提升公司员工的职业技能，公司将组织开展员工培训，请您根据实际情况填写调查问卷，感谢您的配合。

姓名		性别		年龄	
部门		职务		入职时间	
您认为培训对于自身发展的作用	□开阔视野 □端正态度 □增强沟通 □其他（　　　　）		□提高技能 □增加知识 □可升职、加薪		
如何有效激励员工积极参与培训	□与绩效考核挂钩，直接影响其绩效工资 □建立奖励机制，对于积极参与培训的员工进行奖励 □让员工感受到参与培训对工作能力提升等方面的实际价值 □其他（　　　　）				
您认为过去一年为员工设计的培训最让您满意的是	□培训组织与服务 □培训时间的安排 □培训讲师的水平 □培训的频率 □其他（　　　　）		□培训内容和教材 □培训方式和手段 □对实际工作的帮助 □每次培训时间的长短		
您认为培训安排在什么时候比较适宜	□双休日 □下班后		□上班期间 □其他（　　　　　　）		

续表

您期望的具体培训时间	☐上午 ☐其他（	☐下午 ）	☐晚上
您喜欢哪种培训方式	☐课堂讲授 ☐模拟培训 ☐专门指导	☐操作示范 ☐多媒体试听 ☐其他（	☐游戏培训 ☐案例研讨 ）
您希望参加的培训课程	☐质量管理培训 ☐管理与领导能力培训 ☐职业素养培训		☐自我发展类培训 ☐专业技能培训 ☐其他（　　）
您认为合适的培训频率	☐每月一次 ☐每季度一次		☐每两月一次 ☐每半年一次
您对培训需求大吗	☐很大 ☐很小	☐大 ☐小	☐一般
您经常参加培训，但没有解决实际问题吗	☐非常不符合 ☐符合	☐不符合 ☐非常符合	☐一般
您认为每次培训课多长时间最适宜	☐4个小时 ☐1个小时	☐3个小时	☐2个小时
您乐意接受的方法	☐讲授法 ☐经济交流 ☐其他（	☐讨论法 ☐游戏法 ）	☐案例教学法 ☐情景模拟
您希望培训的地点	☐公司大厅 ☐其他（	☐公司会议室 ）	☐公司办公室

在您当前的工作中，您面临的最大问题是什么，急需参加哪些类型的培训？与职务要求相比，您还欠缺哪些方面的知识与技能，需要借助哪些培训来提高自己？

您对个人未来发展有什么计划（近期/中期/远期）？

您对公司开展培训有哪些建议？

3. 培训申请表

每个培训项目的实施都需要先提出培训申请，批准后方可实施。培训申请表如表5-9所示。

表5-9 培训申请表

课程分类	课程内容	课程时间	授课地点	培训机构	培训费用	拟参训员工
申请部门意见				签字：　　年　月　日		

续表

申请部门分管领导意见		签字： 年　月　日
人力资源部意见		签字： 年　月　日
总经理意见		签字： 年　月　日
培训注意事项	1. 参训人员须承诺参训后回公司做本门课程的内训讲师，组织相关培训知识的分享 2. 计划外培训人员须遵守相关培训规定 3. 培训金额在 _____ 元以上者须签订培训协议	

> 不是所有培训都需要总经理签字，可以设置审批权限

签名：_____　　时间：_____

4．培训签到表

培训的实施要有培训记录，所有参训员工都需要签到确认。员工培训签到表如表 5-10 所示。

表 5-10　员工培训签到表

培训课题：
培训时间：　　年　月　日　时　分—　时　分
培训讲师：

序号	参加人员	部门	签到	备注
1				
2				
3				
4				
5				
6				
7				
8				
9				
10				
11				
12				
13				
14				
15				

5. 新员工培训计划表

新员工培训不是一门课程,而是一系列课程,故需要制订新员工培训计划,如表 5-11 所示。

表 5-11 新员工培训计划

培训项目	培训内容	培训时间
公司整体培训 (人力资源部)	(1) 公司的历史与愿景、公司的组织结构及主要业务 (2) 人事制度:作息时间、休假、请假、晋升、培训、奖惩及为员工提供的其他福利等 (3) 行政制度:主要有公司进出工作牌办理、考勤卡使用、劳保领用、工作午餐安排、车辆停放等 (4) 行为规范和礼仪知识:包括保守商业秘密、工作纪律、员工仪表、电话礼仪等知识 (5) 安全教育:包括安全制度和程序,消防设施的正确使用,安全卫生、劳动保护、6S 知识等 (6) 心态培训	入职后一个星期内完成
部门岗位培训 (用人部门)	(1) 部门的概况介绍:人员的引见、部门承担公司的主要工作,带领员工现场参观 (2) 工艺(作)流程介绍:包括工序划分、生产知识、技能要求 (3) 部门制度:包括工作安排、服从分工、提案建议、劳动纪律要求 (4) 安全和卫生工作:包括安全常识、防护知识、注意要点、典型案例教育等	入职后第 1 天
	(1) 一周内,部门经理与新员工进行非正式谈话,重申工作职责,谈论工作中出现的问题,回答新员工的提问 (2) 对新员工一周的表现做出评估,并确定一些短期的绩效目标 (3) 设定下次绩效考核的时间	入职后第 5 天
	部门经理与新员工面谈,讨论试用期一个月以来的表现,填写评价表	入职后第 30 天
	(1) 知识培训:讲解本岗位的理论知识 (2) 技能培训:确定培训指导人、学习期限、技能要求、培训进度等	不定期

6. 新员工培训评定表

新员工培训合格后方可上岗,对于培训的情况需要填写新员工培训评定表,如表 5-12 所示。

表 5-12 新员工培训评定表

姓名		岗位		所属部门	
学历		培训时间		培训机构	

受训心得（培训启发下想到的对公司的一些建设性意见或对本次培训内容的个人收获，15分）：

可以另附心得体会

签字／日期：

考核说明：1. 请根据新员工实际回答及评定项目内容描述，在对应的选项内填写分数
2. 评定等级分为优、良、中、差四个标准，在分值15的项目中，15~12为优，12~9为良，9~6为中，6以下为差；在分值10的项目中，10~8为优，8~6为良，6~4为中，4以下为差

评定项目	内容描述	分值	评定等级			
			优	良	中	差
对企业基本情况的了解	（1）了解公司经营理念 （2）能随口说出公司理念 （3）对经营理念认同 （4）能就公司理念谈谈自己的感想	15				
对公司价值的了解	（1）了解公司存在的意义 （2）了解公司的社会使命 （3）了解公司利益与社会利益的关系 （4）了解自己的利益与公司利益的关系	15				
对公司概况的了解	（1）能画出公司组织架构图 （2）了解各部门的工作职能 （3）了解公司产品特征、优点 （4）了解并接受公司LOGO及形象识别标识	10				
对公司规章制度的了解	（1）基本了解公司一些规章制度 （2）了解公司的大部分规章制度 （3）明白公司规章制度的内容及要求的流程 （4）清楚并知悉规章制度的适用范围及各项规定	10				
对所在岗位的了解	（1）了解工作流程 （2）了解公司上下关系的重要性 （3）了解公司横向的联系、合作关系 （4）认识到做一件工作必须有始有终	10				
对指示、命令的重要性的了解	（1）了解上司的指示、命令的重要性 （2）指示、命令若有不明了之处，确认到懂为止 （3）复诵指示、命令，加以确认 （4）遵守指示、命令	10				
培训过程中的整体表现	（1）了解培训的目的与意义 （2）在培训过程中，能保持较积极与认真的态度 （3）积极参与，并能提出自己的见解 （4）对所施予的培训项目均理解清晰	15				
分值及对应等级	A：80分以上　　B：70~79分 C：60~69分　　D：60分以下	合计得分				

7. 外派培训申请表

外派员工参加培训,需要按照外派培训流程填写申请表(见表5-13),待批准后方可外出参加培训。

表5-13 外派培训申请表

申请人		出生日期		性别		
所在单位		部门		职务		
入职时间		学历		专业		
培训内容						
培训时间	年 月 日至 年 月 日		培训安排	□单次 □分期		
培训机构				培训地点		
申请理由:						
培训目标: (培训目标包括取得证书、成绩、掌握技能等)						
培训期间工作任务安排:						
培训费预算	培训费		资料费		合计:	
	交通费		食宿费			
单位/部门意见				签字: 年 月 日		
分管副总意见				签字: 年 月 日		
总经理意见				签字: 年 月 日		

8. 员工培训档案表

针对组织的培训,要为每位员工建立档案(见表5-14),便于以后查询。

表5-14 员工培训档案表

姓名		性别		文化程度		入职时间			
部门				职务					
培训情况记录									
序号	培训时间		培训地点	培训内容		学时数	费用	证书	备注
1									
2									
3									
4									
5									
6									
7									

续表

8									
9									
10									

9. 外派培训协议书

企业外派员工培训，如果费用达到一定额度，则需要与员工签订培训协议书，约定服务的期限。下面是某公司的外派培训协议书，供读者参考。

▶ 外派培训协议书 ◀

甲方：A公司

乙方：张三　　身份证号：××××××××××××××××

为提高员工的基本素质和职业技能，公司鼓励并支持员工参加职业培训。为确保员工圆满完成培训学业，并按时返回公司工作，甲乙双方订立如下协议。

一、甲方安排乙方赴__北京__市参加由__北京××__公司/学校/机构举办的__中层干部领导力__培训，培训期自__2019__年__3__月__1__日至__2019__年__3__月__31__日，共计__31__天；培训费用合计__50000__元（其中学费__40000__元、教材费__1500__元、食宿费__4000__元、交通费__500__元、其他费用__4000__元）。

二、培训期间，甲方须按时支付乙方工资，乙方的绩效工资按当月实际出勤天数计算，其他工资执行原工资标准；社会保险及其他福利按集团统一标准执行；乙方的学习时间计入工作时间，连续计算工龄。

三、若乙方受训合格，培训期间学费、教材费由甲方承担__100__%，乙方承担__0__元；餐饮费、住宿费、往返公司的交通费按公司出差相关管理办法执行。乙方须按甲方财务管理制度提供有效票据方可报销。

外派培训结束后，如果员工因个人原因而没有取得学历证书或相关证件，那么培训期间所有费用由员工自行承担。

四、乙方接受培训后，同意在以前签订的服务年限的基础上，继续为甲方服务__4__年，续增的服务年限为__2020__年__1__月__1__日至__2023__年__12__月__31__日，合计__48__个月。

五、乙方如在服务年限（含续增）期间离职，须按以下办法向甲方补偿由甲方承担的培训费用，包括乙方报销的学费、教材费、食宿费、交通费等。

1. 未履行服务义务或服务年限未满6个月（含）的，补偿全部费用。

2. 超过6个月的，按剩余服务月份乘以月补偿金额计算应补偿费用，具体计算如下。

培训补偿金额=（约定的服务月数-已履行的服务月数）×月补偿金额

月补偿金额=甲方承担的培训费用÷约定的服务月数

3. 若乙方多次参加培训，则分别计算培训费用，培训补偿金等于历次培训补偿金额的总和。

六、本协议一式两份，甲乙双方各执一份。

甲方盖章：　　　　　　　乙方签字：
　　年　月　日　　　　　　年　月　日

 HR 专家支招

1 签订培训协议应注意哪些方面？

培训对企业和员工双方都是有利的事情，但是受训员工在培训后就另谋高就的现象比比皆是，使得企业的培训投入全部付诸东流。对此，企业人力资源工作者应做好防范工作，尤其是要与员工签订书面的培训协议，对培训费用、服务期和违约责任等做出明确规定，以最大限度保护企业的利益。企业人力资源工作者在签订培训协议时应注意以下五个方面。

（1）确定受训人员。

对企业哪些员工提供出资培训，需要企业综合考虑各方面的情况后做出决定。人力资源工作者需要注意的是，试用期的员工应当尽量排除在外，以避免其违反服务期约定，企业却索赔无门的尴尬。

（2）明确培训费用。

培训协议中应明确约定培训费用的数额和包括的项目，如果培训前无法确定，那么应明确费用的支付依据和支付标准，并规定由劳动者先行垫付，培训结束后凭有效票据报销。

（3）约定合理的服务期限。

企业在订立培训协议时，切忌约定过长的服务期，否则，过长的部分将会因有失公平而被认为无效或可撤销，对劳动者丧失约束力。例如，有的企业提供了3个月的出资培训，却为员工约定10年服务期，这显然是不合理的。一般来说，服务期以3~5年为宜。

（4）约定培训期间的待遇。

法律对于培训期间员工工资和福利的支付没有做出强制性规定，因此，企业可以根据具体情况，与劳动者协商培训期间的工资和福利的支付标准。例如，员工脱产培训期间，由于未向企业提供正常劳动，因此可以约定企业仅支付基本工资。

（5）明确违约金标准。

企业应当利用好法律赋予的权利，明确劳动者违反服务期约定的违约责任。在确定违约金的数额或计算方法时，应严格遵守法律关于违约金上限的规定，不能随意提高。

2　工资和福利待遇能计入培训费用吗？

根据《劳动合同法实施条例》的规定，培训费用包括用人单位为了对劳动者进行专业技术培训而支付的有凭证的培训费用、培训期间的差旅费用以及因培训产生的用于该劳动者的其他直接费用。

至于企业在劳动者培训期间支付的工资和其他福利，能否计入培训费用则需要具体分析。一般来说，上述费用是基于双方之间的劳动关系而产生的，与培训无关，不应计入培训费用。但是在现实中，在用人单位同意员工参加为期较长的学历教育，并承担了培训费且正常支付了工资的情形下，员工受训后违反服务期约定的，一般要求其承担包括用人单位已支付的工资和福利在内的全部费用。

3　菲利普斯五层评估模式

菲利普斯五层评估模式在柯氏四级评估模式的基础上增加了一个第五级评估。表5-15为菲利普斯五层评估模式。

表 5-15 菲利普斯五层评估模式

评估层次	评估名称	评估内容
一级评估	反应评估	评估培训对象对培训组织、培训讲师、培训课程的满意程度
二级评估	学习评估	测定培训对象通过培训所获得的收获
三级评估	行为评估	考查培训对象在工作中行为方式的变化和改进
四级评估	结果评估	计算培训创造出的经济效益
五级评估	投资回报率	评估培训结果的货币价值以及培训项目的成本

投资回报率是一个较为宽泛的概念,有多种定义和计算公式。这里将投资回报率看作将培训项目的成本和收益进行比较后所得出的实际数值。最适合用于对培训项目进行评估的公式是用培训项目净收益除以成本,即:

投资回报率 =(项目净收益 ÷ 项目成本)× 100%

该模式也是一个分级评估的模式,弥补了四级评估不对培训收益进行定量计算的不足。但由于对培训进行定量分析时变量很多,又很难区分工作改进到底是由什么因素带来的,因此对其的具体运用存在很大的困难。

HR 高效工作之道

1 用 Word 制作培训会议通知

培训会议通知的内容包括时间、地点、参加人员和培训标题等,是围绕着培训工作展开的。使用 Word 制作培训会议通知的具体操作步骤如下。

步骤① 新建空白 Word 文档并将文件名设置为【员工培训会议通知】,输入标题和正文内容,并设置段落样式为【首行缩进,2 字符】。单击【开始】选项卡【段落】组中的【编号】下拉按钮,在弹出的下拉列表中选择一种编号样式,如图 5-5 所示。

步骤② 在编号后输入文本,按【Enter】键将自动键入下一个编号。如果需要在编号下输入下一级编号,则按【Enter】键后再按【Tab】键,即可自动创建下一级编号。将下一级编号样式更改为阿拉伯数字,然后继续输入需要的内容,如图 5-6 所示。

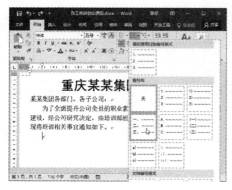
图 5-5 添加编号

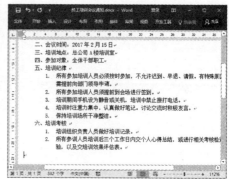
图 5-6 输入文本

步骤 3 在通知的末尾处输入发出通知的部门名称,按【Enter】键切换到下一行,单击【插入】选项卡【文本】组中的【日期和时间】按钮,打开【日期和时间】对话框,在【可用格式】列表框中选择一种日期格式,然后单击【确定】按钮,如图 5-7 所示。

步骤 4 右对齐落款部门和日期后,将光标定位到标题段落中,单击【开始】选项卡【段落】组中的【行和段落间距】按钮,在弹出的下拉列表中选择【增加段落后的空格】选项,如图 5-8 所示。

图 5-7 插入日期   图 5-8 增加段落后的空格

步骤 5 将正文的行距设置为【1.5】,增加落款和日期段落前的空格。在【文件】选项卡中选择【信息】选项,然后单击【保护文档】按钮,在弹出的下拉列表中选择【标记为最终状态】选项,在弹出的提示对话框中单击【确定】

按钮,如图 5-9 所示。

步骤⑥ 在打开的提示对话框中单击【确定】按钮,然后返回文档中,可以看到菜单栏下方显示的【标记为最终版本】提示框。如果此时需要更改文档内容,可单击【仍然编辑】按钮继续编辑,如图 5-10 所示。

图 5-9 选择保护选项

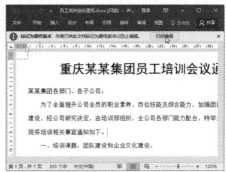
图 5-10 标记为最终版本

2 用 Excel 制作培训需求调查问卷

为了使培训工作更具针对性和实用性,企业决定对员工进行培训之前,一般会要求人力资源部门对全体员工进行培训需求调查,以快速了解哪些员工需要培训、为什么要培训以及培训什么等问题。然后根据调查的结果来制订培训计划,这样可以使培训工作的准确性、及时性和有效性得到保障。使用 Excel 制作培训需求调查问卷的具体操作步骤如下。

步骤① 新建一个空白 Excel 工作簿并将其文件名设置为【培训需求调查表】,在工作表中输入相应的内容,并对格式进行相应的设置。选择 A3 单元格,在【边框】下拉列表中选择【其他边框】选项。打开【设置单元格格式】对话框,在【边框】选项卡中单击▤、▤和▤按钮(见图 5-11),为单元格添加左框线、右框线和下框线。

步骤② 选择【填充】选项卡,然后选择需要的颜色,再单击【确定】按钮(见图 5-12),即可为选择的单元格添加底色。

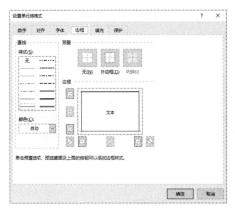
图 5-11 添加边框

图 5-12 设置填充颜色

步骤③ 在第 4 行和第 5 行中输入相关的信息，选择【姓名：】文本后的空格，单击【字体】组中的【下画线】按钮，为空格添加下画线，然后使用相同的方法为其他空格添加下画线。在第 7 行和第 8 行单元格中输入相应的内容，单击【开发工具】选项卡【控件】组中的【插入】按钮，在弹出的下拉列表中选择【选项按钮（窗体控件）】选项，如图 5-13 所示。

步骤④ 拖动鼠标在 A9 单元格中绘制窗体控件，选择控件中的文本，将其更改为【非常重要】。在窗体控件上右击选择窗体控件，按住【Shift+Ctrl】组合键不放，然后水平向右拖动复制窗体控件，如图 5-14 所示。

图 5-13 选择窗体控件

图 5-14 复制控件

步骤⑤ 复制窗体控件后更改控件中的文本,使用相同的方法制作第 1 个问题的选项。如果在制作选项按钮窗体控件时,不小心单击选中了选项按钮,则需要在选项按钮上右击,在弹出的快捷菜单中选择【设置控件格式】命令,如图 5-15 所示。

步骤⑥ 打开【设置控件格式】对话框,在【控制】选项卡中选中【未选择】单选按钮(见图 5-16),单击【确定】按钮,即可取消选中状态。

图 5-15 【设置控件格式】命令　　图 5-16 设置控件格式

步骤⑦ 在 A10 单元格中输入第 2 个问题,单击【插入】按钮,在弹出的下拉列表中选择【复选框(窗体控件)】选项,如图 5-17 所示。

步骤⑧ 在问题下方拖动鼠标绘制复选框窗体控件,并输入相应的文字。选择同一列中的选项按钮控件和复选框窗体控件,然后单击【绘图工具 - 格式】选项卡【排列】组中的【对齐】选项,在弹出的下拉列表中选择【左对齐】选项,如图 5-18 所示。

图 5-17 选择复选框控件

图 5-18 设置对齐

步骤 ⑨ 左对齐选项按钮和复选框后，在【形状】下拉列表中选择【直线】选项，按住【Shift】键不放，拖动鼠标在表格的相应位置绘制一条直线，并为直线应用样式，效果如图 5-19 所示。

步骤 ⑩ 继续制作第二部分的问题和选项。当问题可以选择多个选项时，就用【复选框窗体控件】；当问题只有一个答案时，就用【选项按钮（窗体控件）】，制作的效果如图 5-20 所示。

图 5-19 绘制直线

图 5-20 继续制作调查表

步骤 ⑪ 继续制作调查问卷的第三部分和第四部分，制作完成后的最终效果如图 5-21 所示。

2019年培训需求调查问卷（全员）

为制订有效的培训管理机制，提高工作绩效。特附上本调查问卷，敬请惠予宝贵意见。调查结果和相关资料信息将仅用于制订2019年度培训计划。请于1月18日前填妥交还至人力资源部，以便整理统计。感谢您的协助与支持，并祝工作愉快！

第一部分：个人基本信息

姓名:＿＿＿＿ 性别:＿＿＿＿ 年龄:＿＿＿＿

部门:＿＿＿＿ 职位:＿＿＿＿ 在本公司工作时间＿＿＿月

第二部分：培训现状信息

1．对于培训的重要性，您的态度如何？

○非常重要 ○重要 ○一般 ○不重要 ○没必要

2．您认为下列课程类别中的课程哪些对您开展或胜任目前的工作最重要？

□职业规划 □沟通技巧 □时间管理 □客户管理 □专业知识

□团队建设 □其他（请说明）：＿＿＿＿

3.对于学习，您的态度是什么？

○有需要时在学习 ○不需要学习 ○没有时间学习 ○需要学习

4．目前您所接受的公司或部门组织的培训在数量上您认为怎么样？

○非常不够 ○不够 ○还可以 ○绰绰有余

5.2018年您参加过除公司安排以外的哪些方面的培训？

请写出：＿＿＿＿

第三部分：培训需求信息

1．您认为您的部门和团队成员整体专业技能如何？有哪些方面需要进一步加强？

2．您认为自己所在职能部门必须具备的核心能力是什么？

3．您认为针对本部门人员的培训内容应该侧重在哪些方面？

4.您今后的职业发展目标是什么？为达到该目标，您认为需要哪方面的培训？

第四部分：对培训的评价和期望

1.您认为，最有效的教学方法是什么？

□课堂讲授 □案例分析 □情景模拟 □现场参观 □在职指导

□小组讨论 □拓展训练 □自学 □电子教学

□其他方式（请说明）：＿＿＿＿

2.您认为目前阻碍您工作绩效的主要因素是什么？请圈出您认为最主要的1~2个因素。

□体制问题 □公司政策与运作程度 □工作分配不合理

□缺少必要的管理培训 □专业技能滞后于岗位发展的需求 □工作比较被动，缺乏热情

□其他（请说明）：＿＿＿＿

3.您认为过去一年内参加的内部培训课程最让您满意的是：

□培训组织与服务 □培训内容和教材 □培训方式和手段

□培训讲师的安排 □对实际工作的助益程度 □培训时间的安排

□其他（请说明）：＿＿＿＿

4.您认为过去一年内参加的内部培训课程让您最不满意的是：

□培训组织与服务 □培训内容和教材 □培训方式和手段

□培训讲师的安排 □对实际工作的助益程度 □培训时间的安排

□其他（请说明）：＿＿＿＿

5.您认为过去一年内参加的外部培训课程最让您满意的是：

□培训组织与服务 □培训内容和教材 □培训方式和手段

□培训讲师的安排 □对实际工作的助益程度 □培训时间的安排

□其他（请说明）：＿＿＿＿

6.您认为过去一年内参加的外部培训课程让您最不满意的是：

□培训组织与服务 □培训内容和教材 □培训方式和手段

□培训讲师的安排 □对实际工作的助益程度 □培训时间的安排

□其他（请说明）：＿＿＿＿

7.您认为对培训效果影响最大的是什么？

□培训组织与服务 □培训内容和教材 □培训方式和手段

□培训讲师的安排 □对实际工作的助益程度 □培训时间的安排

□其他（请说明）：＿＿＿＿

8.您认为如下方法中哪些对您提高专业知识和管理技能最有效：

□接受上司的指导 □从同事那里借鉴 □在工作中学习

□看书，上网学习研究 □参加外部和内部培训课 □看有关培训的VCD光盘

□其他（请说明）：＿＿＿＿

9.您对2019年培训工作开展有何建议：（如培训体系、课程实施、培训流程等方面）

10.请说说您个人的职业发展规划。

图 5-21 最终效果

3 用 Excel 制作培训效果评估分析表

使用 Excel 制作培训效果评估分析表的具体操作步骤如下。

步骤① 打开"员工培训效果评估分析表.xlsx"文件，在A20单元格中输入【培训前】，然后选择A21单元格，单击【插入】选项卡【表格】组中的【数据透视表】按钮，如图 5-22 所示。

步骤② 打开【创建数据透视表】对话框，单击【表/区域】文本框后面的折叠按钮折叠对话框，拖动鼠标选择 A2:J18 单元格区域，然后单击【展开】按钮，如图 5-23 所示。

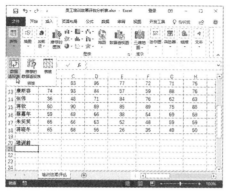

图 5-22 【数据透视表】按钮

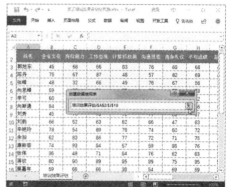

图 5-23 选择数据区域

步骤 3 返回【创建数据透视表】对话框，单击【确定】按钮，即可创建一个空白数据透视表，并打开【数据透视表字段】任务窗格。在列表框中选中【评估】复选框，使用鼠标拖动【评估】到【值】列表框中（见图 5-24），数据透视表中将统计出每个行标签的人数。

步骤 4 选择数据透视表，在【数据透视表工具 - 设计】选项卡【数据透视表样式】组中的下拉列表框中选择【浅橙色，数据透视表样式中等深浅 10】选项，如图 5-25 所示。

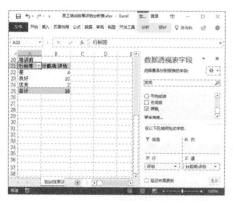

图 5-24 创建数据透视表

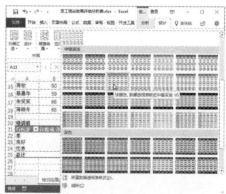

图 5-25 应用数据透视表样式

步骤 5 单击【数据透视表工具 - 分析】选项卡【工具】组中的【数据透视图】按钮，打开【插入图表】对话框。选择【折线图】选项，在右侧的区域中选择【带数据标记的折线图】选项，然后单击【确定】按钮，如图 5-26 所示。

步骤 6 在工作表中插入数据透视图,将其移动到合适的位置,并将图表标题更改为【培训前评估结果分析】。删除图例,为数据透视图应用【样式2】,将颜色设置为【彩色调色板3】。在数据透视图图表区右击,在弹出的快捷菜单中单击【填充】下拉按钮,在弹出的下拉列表中选择【白色,背景1,深色5%】选项,如图5-27所示。

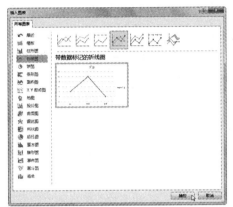

图 5-26 选择图表

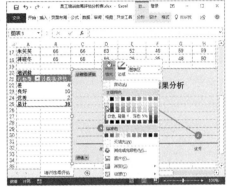

图 5-27 设置图表区颜色

步骤 7 对横坐标中的文本设置加粗效果,然后使用相同的方法制作培训后评估结果数据透视表,并创建数据透视图,对培训后的评估结果进行分析,如图5-28所示。

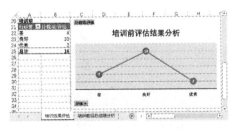

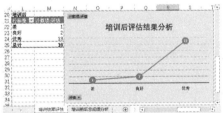

图 5-28 评估结果分析

步骤 8 复制【培训效果评估】工作表,将其文件名设置为【培训前后总成绩分析】。删除数据透视图和数据透视表,更改部分数据,复制I3:I18单元格区域,单击【粘贴】下拉按钮,在弹出的下拉列表中选择【值】选项,如图5-29所示。

步骤 9 继续对表格数据进行设置,并设置表格标题。选择A2:C18单元格区域,单击【插入】组中的【插入组合图】按钮，在弹出的下拉列表中选择【簇状柱形图 - 折线图】选项，插入组合图，如图 5-30 所示。

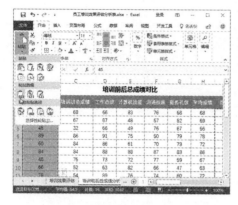

图 5-29 粘贴值

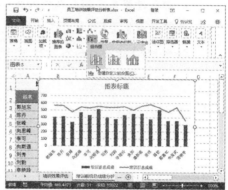

图 5-30 插入组合图表

步骤 10 调整图表大小和位置，设置标题为【培训前后总成绩对比分析】，为图表应用【样式4】，为折线数据系列添加垂直线线条。在【设置垂直线格式】任务窗格中将【颜色】设置为【橙色，个性色2】，【宽度】设置为【1.25磅】，【短划线类型】设置为【实线】，如图 5-31 所示。

步骤 11 将【箭头前端类型】设置为【圆形箭头】，将柱形图数据填充为【橙色，个性色2】，将折线图数据形状轮廓填充为【蓝色，个性色1】，如图 5-32 所示。

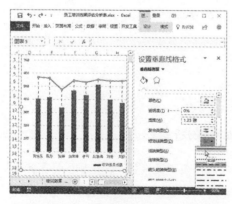

图 5-31 设置垂直线条

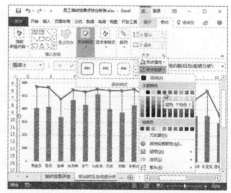

图 5-32 设置数据系列

步骤 12 在折线图上方添加数据标签，最终效果如图 5-33 所示。

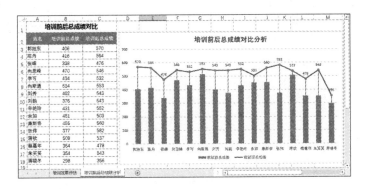

图 5-33 最终效果

4 当 Excel 中的工作表较多时如何快速切换

当一个工作簿中包含大量的工作表时,如在一个工作簿中存储 12 个月的数据,Excel 底部无法显示所有的工作表标签,这时要想快速切换到某个工作表,通过单击工作表标签的方式进行切换会很麻烦,此时可以通过下面的操作进行快速定位。

步骤① 图 5-34 所示为工作簿中包含 1~12 月的 12 个工作表,在工作表标签左侧的激活切换按钮上右击。

步骤② 打开【激活】对话框,该对话框中显示了所有的工作表,选择需要切换的工作表名称选项,单击【确定】按钮(见图 5-35),即可快速切换到需要的工作表中,效果如图 5-36 所示。

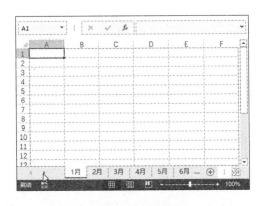

图 5-34 激活工作表

图 5-35 选择要切换的工作表

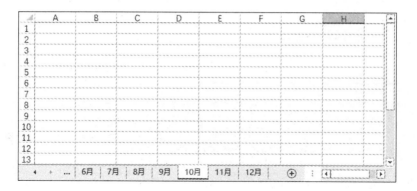

图 5-36 切换到所选工作表

第6章 员工专项培训的方法与管理

培训的实施涉及方方面面,培训的方法及形式也多种多样。为了更好地组织实施培训工作,企业需要针对培训项目实行专项培训管理。专项培训管理包括新员工入职类培训、拓展训练、脱岗与外派培训和后备人才培训计划等。通过对本章的学习,读者可以掌握各类专项培训方法。

6.1 新员工入职培训

为了帮助新员工了解企业基本情况，快速融入企业环境，在新员工入职后，企业首先要做的就是对其进行入职培训。在培训高速发展的过程中，新员工的入职培训已经由片面性向全面性发展，从低级转向了高级。国外的政府及企业对该项工作给予了高度的重视，新员工培训工作也成为企业员工培训的重要组成部分。

新入职的员工并不是在刚开始的时候便具备了企业需要的能力和专业知识，并且由于对新环境不熟悉，也缺少与企业老员工同心协力的心态。此外，企业为了保障自身的竞争优势，也需要将人力资源的优势充分发挥出来，以提升经营管理的效益。所以，为了让新员工尽快适应企业当中的各项工作，掌握相关的技术能力，企业需要对员工进行相应的培训。

6.1.1 新员工培训存在的问题

虽然培训工作在企业管理中越来越受到重视，新员工培训也逐步进入培训的舞台中心，但仍然存在一些不足，主要体现在以下几个方面。

（1）对培训工作重视不够。很多企业管理者认为新员工培训虽然能够提升员工的素质与能力，但培训活动不具有针对性，不能解决工作中的具体问题。大多数中小企业不做培训分析，只是运用发放员工手册、带领参观等方式对新员工进行培训，不做专门的技术、安全、能力等培训，新员工较难融入企业环境。造成这种现象的原因有两个：一是企业管理者对于劳动力市场预期过于乐观，认为劳动力市场比较丰富，没必要为新员工进行太多人力资本投资；二是管理者认为员工在企业中学到知识和技能后容易跳槽，培训的支出得不到应有回报，于是便放弃或者弱化了对新员工的培训。

（2）培训缺乏针对性。企业对新入职员工的技能掌握情况不了解，开展培训缺乏针对性，不仅导致培训效果大打折扣，也造成了培训资源的浪费。因此，企业组织新员工培训前必须做好培训需求分析，努力寻找企业与员工需求的结合点。目前很多企业没有完善的入职培训体系，也没有独立的培训部门和专业的培训管理人员，缺乏相应的培训制度，培训计划、培训考核、培训评估等被企业所忽视。

（3）培训方式单一。多数企业为节省成本，在对新员工展开培训时，安排的培训内容和形式较为单一，多以授课为主，效果不佳。此外，企业培训师往往只进行纯理论培训，不注重引入现代培训手段和方法，致使培训与企业实际情况脱节，员工失去参培兴趣。部分企业通过培训业务外包的方式来解决企业内部培训资源不足的问题，但培训公司和培训师水平良莠不齐的现状，也影响了企业外部培训的效果。

（4）培训效果反馈及评估体系不完善。多数企业没有认识到评估反馈工作的重要性，也没有建立完善的培训效果评估体系。这些企业对新员工培训效果的评估，也存在方法单一、主观性、随意性大等问题，仅涉及培训课程中所授知识和技能的考核，没有深入培训学员的工作行为和态度的改变、绩效的改善、能力的提高等方面，因而并不能很好地考评培训效果。

6.1.2 培训内容的设计

新员工的培训内容是根据企业现状及岗位需求来设计的。为了确保新员工的培训能达到预期效果，避免为了培训而培训，可以把新员工培训分阶段进行，并将培训内容也分为三大主题。

（1）基本概况培训。

这一部分新员工培训的内容主要包括公司的基本概况、公司的地理位置和工作环境、企业标识及由来、企业的发展历史和阶段性的英雄人物、对企业具有重要意义的标识和纪念品的解说、企业的产品和服务、企业的地位和市场占有率、企业的战略和发展前景、职位说明及职业必备、法律文件与规章制度、企业文化和管理理念、员工发展计划、介绍同事并参观实际工作场所等。总之，这一阶段的培训目标是，让新员工对企业有一个全方位的、基本的、正确的认识，并且要让新员工对企业充满信心，培养新员工的企业归属感及忠诚度。

（2）专业能力培训。

这一部分培训的主要内容是对新员工岗位的工作技巧和专业知识进行培训。以销售岗新员工的培训为例，新员工的培训课程包括营销管理课程，公司产品的营销战略、市场定位、销售策略及竞争对手分析。培训目标是，要让新员工全面而迅速地了解公司产品的营销方式和所面临的竞争压力；了解岗位礼仪及公司礼节，主要涉及着装、汇报工作等方面商务礼仪的培训和个人办公中应注意的礼仪问题；创造公司内部文明的工作环境，维护公司对外文明有序的公众形象；了解销售促销活动的基本情况；了解和认识公司各部门、各产品生产线。

（3）能力和情感培训。

这一部分主要是对新员工的团队合作能力、适应能力、学习能力、人际交往能力、压力缓解能力、受挫能力、企业归属感、企业认同感、心理健康以及工作态度进行培训。工作技巧和专业知识的培训侧重于培训员工的硬件能力，态度培训则是软实力的培训，对员工来说非常重要。这个阶段的目的是让员工的身心有所发展和提高，努力培养和发展员工的潜能，让员工和企业共同成长，实现双赢。

在这三大主题中，前两个主题是基本能力的培训，第三个主题看似与工作无关，但很多品牌企业非常重视第三主题的培训，企业也做得越来越成功。综观国内很多企业的做法，通常都只重视前两个内容的培训，只注重企业的短期利益，没考虑到长远的发展。企业怎么样对待员工，员工也将怎么样回报企业，因此企业要转变在培训方面的观念，要让企业的需求与员工发展充分结合。

> **提示**
>
> 新员工入职培训的内容不宜太过专业化，有些专业性比较深的内容可以在专业培训项目中安排。

6.1.3 培训方案设计

确定新员工的培训内容之后，开展新员工培训还需要制订培训方案。培训方案一般包括培训目标、培训内容、培训时间安排、培训纪律、培训评价等事项。下面是某公司的新员工入职培训方案，供读者参考。

▶ **新员工入职培训方案** ◀

1. 目的

新员工是企业的新鲜血液，为规范新员工入职培训管理，使新员工能够尽快熟悉和适应公司文化、制度和行为规范，了解企业情况及岗位情况，并快速地胜任新的工作，以满足公司发展需要，打造一支高素质、高效率、高执行力团队，使公司在激烈的市场竞争中有较强的生命力、竞争能力，特制订本方案。

2. 培训对象

新入职员工。

3. 培训目标

（1）使新员工在入职前对企业历史、发展情况、相关政策、企业文化等有一个全方位的了解，认识并认同公司的事业及企业文化，坚定自己的职业选择，理解并接受公司的共同语言和行为规范，从而树立统一的企业价值观念、行为模式。

（2）使新员工明确自己的岗位职责、工作任务和工作目标，掌握工作要领、工作程序和工作方法，尽快进入岗位角色。

（3）让新员工了解公司相关规章制度，培养良好的工作心态、职业素质，为胜任岗位工作打下坚实的基础。

（4）加强新老员工之间、新员工与新员工之间的沟通，缓解新员工初进公司时的紧张情绪，让新员工体会到归属感，满足新员工进入新群体的心理需要。

（5）提高新员工解决问题的能力，并向他们提供寻求帮助的方法。

4. 培训时间

第一阶段，由公司进行集中培训，起始时间为新员工入职后的第一个月，军事训练3~5天，规章制度与基础理论培训2~3天；第二阶段的培训，起始时间为新员工入职当天，为期1个月；第三阶段的培训，起始时间为新员工入职当天，为期3~6个月。第一阶段、第二阶段和第三阶段的培训时间会有重叠，但培训的内容是不同的，在第一、第二阶段，早晚要坚持军事化训练。

5. 培训内容

（1）企业的发展历史及现状。

（2）军事训练，培养服从意识、团队合作与吃苦耐劳精神。

（3）企业当前的业务、具体工作流程。

（4）企业的组织机构及部门职责。

（5）企业的经营理念、企业文化、规章制度。

（6）工作岗位介绍、业务知识及技能和技巧培训。

培训内容的具体实施分三个阶段进行：第一阶段由公司集中组织培训；第二阶段由车间组织培训；第三阶段为试用期，采用师徒制一带一顶岗培训。

6. 培训实施

（1）新员工入职培训具体由人力资源部组织实施，其他部门配合。

（2）军训方面请武警部队教员培训，理论与实操的讲师由公司管理与技术人员及一线优秀操作人员担任。

（3）每班设定一名兼职班主任、一名兼职军事教员，早晚进行军事训练。

（4）培训内容及具体安排如表6-1所示。

表6-1 培训内容及具体安排

培训部门	培训时间	培训内容	培训教师	培训方式	备注
公司集中培训	3天	军训	军事教官	集中培训	早晚培训
	1小时	公司概况	×××		具体时间由人力资源部通知
	1小时	公司文化	×××		
	2小时	公司各项规章制度	×××		
	2小时	安全生产管理	×××		
	2小时	产品设计基本知识	×××		
	2小时	产品生产工艺规程培训	×××		
	2小时	质量管理知识	×××		
	2小时	阳光心态培训	×××		
	2小时	6S管理	×××		
用人部门培训	2小时	岗位介绍与要求，部门管理程序与规章制度	部门主管领导		具体时间由用人部门安排
	2小时	安全操作规程与注意事项			
	2小时	熟悉部门工序与同事			
	2小时	本岗位影响产品质量因素与注意事项	部门主管或班长		
顶岗培训	2个月	岗位实际操作培训	师父		从入职算起

（5）培训考核方法如下。

培训后由人力资源部组织用人部门对培训对象进行综合考核与评价。理论考试结果占综合评价结果的20%，试用期员工评价占综合评价的80%。

集中培训后进行理论知识闭卷考试，具体由人力资源部组织实施。

工作态度与职业品德评价，具体由人力资源部和用人部门进行评价，以用人部门评价为主。

实际操作考核由人力资源部组织相关专业技术人员与用人部门领导组成评委组进行评价。综合评价结果为同工种、同批次培训倒数第1名或倒数第1~2名的培训对象将被淘汰。

综合评价结果为同工种、同批次培训顺数第1名或顺数第1~2名的培训对象将提前转正定级。

7. 培训管理

由公司人力资源部负责统一规划与管理。集中培训由人力资源部负责考勤，顶岗培训由用人部门考勤，班主任与早、晚班军事教官的工作量及绩效由人力资源部考核，根据考核结果计算津贴，津贴基准按20元/天计算。

8. 培训纪律

（1）培训期间不可迟到、早退，无故迟到、早退累计时间在30~60分钟者，以旷工半天论处；超过1小时，以旷工1天处理；情节严重者，记过1次。培训期间不得随意请假，如有特殊原因，须经所在部门主管领导审批，并将相关证明交至人力资源部，否则以旷工论处。旷工2天及以上视为自动离职。人力资源部每天必须做好检查记录。

（2）进入培训场所，禁止吸烟，不得吃东西，不可大声喧哗。

（3）见到上司要主动打招呼，不可当面顶撞上司。

（4）培训时要保持安静，手机要调成静音状态，不可窃窃私语，注意力要集中。

（5）在培训过程中，同事之间要互相谦让、友爱，不可发生争执、打架；不能拉帮结派，一切不利于团结的事一律禁止。

（6）培训期间必须爱护公共财物，故意损坏公共财物者除照价赔偿外，还将视情况进行处罚。

（7）服从管理，按时作息。

（8）培训时应认真听课，做好笔记，不得做与培训无关的事。

9. 培训评价

每次集中授课培训和顶岗实习培训后，由人力资源部组织学员对培训效果进行评价。顶岗操作培训由人力资源部组织用人部门和学员对师父进行评价，学员评价占评价总分的30%。师父培训津贴按公司相关制度执行。

培训结束后由人力资源部对学员成绩和评价结果进行统计，并出具书面培训评价结果报告，将其呈人力资源部主管领导和公司领导，以作为培训学员转正定级和培训讲师津贴发放的依据。

10. 培训讲师在培训过程中的注意事项

（1）确认新员工是否清楚地掌握了其工作性质、责任，真正掌握了业务知识。

（2）对新员工的责任心、效率、效能意识重点加强培训。

（3）训练新员工的礼仪修养，养成礼貌待人的良好习惯。

（4）让新员工意识到校园生活与企业生活的区别，意识到自己的责任。

（5）培养新员工尊重知识、尊重时间、严肃认真的工作态度。

（6）注意培养新员工的团队合作和集体利益优先的意识。

11. 附则

本方案的制订与修改由人力资源部负责，其修改权、最终解释权归人力资源部所有。

6.2 拓展训练

培训的形式越来越丰富，现在已经不再局限于课堂的知识传授，也不局限于现场的技能指导。团队建设培训也逐步走上培训舞台的中央，尤其是拓展训练现已成为团队建设培训中频率最高的形式。拓展训练属于态度型培训法，主要针对行为调整和心理训练。本节从拓展训练概述、拓展训练的形式、拓展训练的实施和拓展训练的实施方案等方面进行介绍。

6.2.1 拓展训练概述

拓展训练是指通过模拟探险活动进行的情景式心理训练、人格训练、管理训练。它以外化型体能训练为主，将学员置于各种艰难的情境中，在面对挑战、克服困难和解决问题的过程中，使人的心理素质得到改善。

拓展训练是一种全新的体验式学习方法和训练方式，适合现代人和现代组织。大多以培养合作意识和进取精神为宗旨，帮助企业和组织激发成员的潜力，增强团队活力、创造力和凝聚力，以达到提升团队生产力和竞争力的目的。

1. 拓展训练的起源

关于拓展训练的来源有一个故事：在第二次世界大战时期，大西洋商务船队屡遭德国潜艇袭击，大批船员落水，由于海水冰冷，又远离大陆，导致绝大多数海员牺牲，极少数人在经历各种磨难后得以生还。令人非常惊奇的是，生还下来的人不是身体强壮的年轻人，而大多数是年老体弱的人。经过一段时间的调查研究，专家们发现，他们能生还是因为有良好的心理素质，遇到灾难时，有强烈的求生欲望。当时库尔特·汉恩提议，利用一些自然条件和人工设施，让那些年轻的海员做一些具有心理挑战的活动和项目，以训练和提高他们的心理素质。随后其好友劳伦斯在1942年成立了一所海上训练学校，以年轻海员为训练对象，这是拓展训练最早的雏形。

第二次世界大战以后,在英国出现了一种叫作 Outward-Bound(OB)的管理培训,这种训练利用户外活动的形式,模拟真实管理情境,对管理者和企业家进行心理和管理两方面的培训。由于拓展训练这种非常新颖的培训形式和良好的培训效果,很快就风靡了整个欧洲的教育培训领域并在其后的半个世纪中发展到全世界,在很多国家和地区都成立了以 Outward-Bound 命名的拓展训练学校。这些拓展训练学校已经成为一个国际训练组织,它的总部设在加拿大的渥太华。国际拓展组织有一个共同的使命宣言:激发自尊、帮助他人、服务社会、放眼未来。

2. 拓展训练的发展历史

(1)国外的发展。

拓展训练在国外的发展历史如图 6-1 所示。

图 6-1 拓展训练在国外的发展历史

(2)国内的发展。

拓展训练在国内的发展历史如图 6-2 所示。

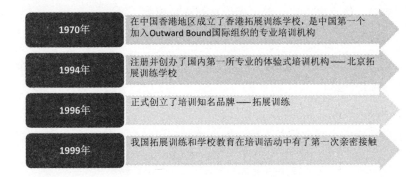

图 6-2 拓展训练在国内的发展历史

3. 拓展训练的发展趋势

拓展训练正向着企业的培训及衍生服务、学生和成人的态度教育、残障青少年的心理修复、行为偏差问题少年帮教、公务员观念和沟通调整、商务会议休闲旅游拓展、社区伦理家庭生活引导等方面发展。

4. 拓展训练的作用

拓展训练是非常受欢迎的培训方式之一，具有促进团队内部和谐、提高沟通的效率、提升员工的积极性等诸多优点，无论对员工个人还是对企业都有积极作用。

（1）对于个人，拓展训练有以下好处。

①改善身体机能，强健体魄，认识自身潜能。

②增强自信心，改进自身形象，克服心理惰性。

③完善性格结构，磨炼战胜困难的意志，调试身心。

④不浮躁、不颓废，更好地面对工作与生活的挑战，认识群体的作用。

⑤增进对集体的参与意识和责任心，启发想象力与创造力。

⑥提高解决问题的能力，学习欣赏别人。

⑦学会关心他人，助人为乐。

⑧关爱生命和自然，增强情感沟通和表达能力。

⑨人际关系趋向和谐。

（2）对于组织，拓展训练有以下好处。

①使员工进一步明确和认同组织目标。

②增强组织的凝聚力，树立相互配合、相互支持的团队精神和整体意识，改善人际关系。

③形成积极向上的组织氛围，改进组织内部的沟通与信息交流，使组织面对各种变革与挑战时更为从容有序，使员工表现出更佳的领导与管理才能，挖掘员工的内在能量，使之聚合，并在工作中全部释放出来。

5. 拓展训练的特点

拓展训练是比较特殊的培训方式，具有其他培训方法无法比拟的优势，具体有如下比较独特的特点。

（1）时尚性。

拓展训练适应了当代完善人格、提高素质和回归自然的需求。

（2）突破性。

拓展训练并非体育加娱乐，也不是魔鬼训练，而是对正统教育的一次全面提炼和综合补充，打破常规，产生新的意义。

（3）丰富性。

拓展训练的所有项目以体验活动为先导，引发认知、情感、意志和交往活动，使短暂的训练充实而丰富。

（4）挑战性。

拓展训练的所有项目都具有一定难度，是对心理、体能、智力的极限挑战。

（5）自然化。

拓展训练与大自然互动，通过自然的学习方式，达到自然的个性成长。

（6）团体性。

拓展训练实行分组活动，强调团队合作。通过面对共同的困难，使每名队员竭尽全力，既增强了团队合作的意识，同时又从团队中汲取了巨大的力量和信心。

（7）高峰体验。

在克服困难、顺利完成拓展训练的课程要求以后，队员能够体会到发自内心的胜利感和自豪感，获得人生难得的高峰体验。

（8）自我教育。

拓展训练充分尊重队员的主体地位和主观能动性。即使在课后的总结中，教员也只是点到为止，主要让队员自己来讲，达到自我教育的目的。

（9）人性化。

拓展训练是心的旅程，重视心灵的感动和感悟。

6. 拓展训练与传统培训的对比

拓展训练有自己独特的特点，并且突破了传统培训的局限性。拓展训练与传统培训的对比如表6-2所示。

表6-2 拓展训练与传统培训的对比

传统培训	拓展训练
过去的知识	即时的感受
注重知识、技能	注重观念、态度
无接触	直接接触
记忆	领悟和体认
自主学习	团队学习

续表

传统培训	拓展训练
单一刺激	高峰体验
以教师为中心	以学员为中心
标准化学习	个性化学习
理论化	现实化
强调学	强调从做中学

6.2.2 拓展训练的形式

拓展训练从训练的地点来区分,包括场地拓展训练和野外拓展训练两种形式。

1. 场地拓展训练

场地拓展训练是指借助专业的拓展设施和拓展场地,进行一些具有挑战性、互动性和趣味性的团队活动。包括高空断桥、空中单杠、巨人天梯等高空项目,以及扎筏泅渡、合力过河等水上项目,从而激发员工的潜力,提升员工的积极性,培养员工团队协作与配合的团队精神,提高团队凝聚力和沟通效率,对形成真正为大家所认同的企业文化起着重要的作用,也能作为企业业务培训的补充。

另外,场地拓展训练可以在会议厅里进行,也可以在室外的操场上进行,因此它既可以作为一次单独完整的团队培训项目来开展,又能很好地和会议、酒会、其他培训相结合。

2. 野外拓展训练

野外拓展训练是指在自然地域,通过模拟探险活动进行的情景体验式心理训练。野外拓展训练的目的就是培养队员的团队协作精神、组织学习能力和沟通技巧,增强人与人之间的理解和信任,加强员工之间的沟通与交流,培养员工自信、乐观、积极的人生态度以及良好的心理素质。从某种意义上来说,野外拓展的本质就是生存训练。

相较于场地拓展训练,野外拓展训练具有以下优点。

(1)野外拓展借助自然地域,轻松自然。

(2)野外拓展提供了真实模拟的情境体验。

(3)野外拓展使参与人员拥有开放接纳的心理状态。

(4)野外拓展使参与人员拥有与以往不同的共同生活经历。

6.2.3 拓展训练的实施

拓展训练旨在协助企业提升员工核心价值,一次有效的拓展活动的组织实施,首先需要培训部门进行调研,明确培训需求,其次结合拓展训练结构制订有效的拓展训练方案,最后由培训组织者对拓展训练的效果进行评估和总结。

1. 拓展训练的需求分析

培训需求分析是判断是否有必要进行培训的前提条件,也是决定培训是否有效的起点。培训的组织和开展必须建立在深入的需求调查和分析的基础之上。拓展训练也是如此,在开展拓展训练之前,首先要了解企业员工对拓展训练的需求,明确企业的员工管理、团队建设方面的基本情况,明确有哪些方面存在问题,需要通过拓展训练来解决,然后才能确定哪些员工需要培训、需要做哪些有针对性的训练等。

2. 界定拓展训练的目标

培训的目标是指通过培训活动需要达到的目标和预期效果。对于企业来说,拓展训练的目标在于挖掘个人潜能,提高员工的心理素质,加强沟通能力、协同能力、团队凝聚力以及发现问题、分析问题和解决问题的能力。企业性质不同,对拓展训练的需求和目标也会有所区别,所以,在进行拓展训练之前,除了明确拓展训练的需求外,还应合理界定培训目标,针对界定的培训目标来选择合适的拓展训练项目。

3. 拓展训练组织与实施

拓展训练目标和方案确定后,就由企业相关人员组织并实施拓展训练。在组织过程中要注意受训人员的出行、饮食和住宿是否符合需求,不能引起受训人员的抱怨和不满。在实施过程中要按照拓展训练方案展开训练项目,并且要注意观察员工的表现情况和项目实施效果,为拓展训练效果的评估收集信息。

4. 拓展训练结束后的评估

拓展训练后,培训组织者或培训提供者要及时对培训效果进行评估。拓展训练有别于一般的课堂培训或技能培训,它的评估应重在对参加拓展项目时的具体情况和暴露出来的问题做出评价。对于企业来说,参加拓展训练既能让员工在游戏过程中磨炼意志、陶冶情操、完善人格,又能在活动中发现问题、分析问题、解决问题。

当然,也可调查学员对拓展训练的感受,对训练方案、方式、内容的评价,对拓展训练环境、组织及硬件设施的满意度。

5. 拓展训练效果的转化

培训结束后,如果未将通过培训所获得的知识、技能、态度或解决问题的能力等转化到工作中去,那么培训就毫无意义。所以,对于员工培训过程中获取的知识、技能等要及时通过实践运用到日常工作中。

培训效果的转化分为个人转化和组织转化两个步骤。个人转化是指将培训内容转化为个人的知识和观念,员工积极性高,转化率也就较高。组织转化是指将个人将所学到的知识和观念应用于培训所期望的提高企业业绩或组织目标的活动中,干扰因素较多,转化率低,这就需要企业建立相应的机制或环境对转化过程进行跟进或强化。

 提示

拓展训练可以选择拓展公司协助实施,仅依靠企业内部安排难以达到预期效果。

6.2.4 拓展训练的实施方案

为了保证拓展训练的效果,组织拓展训练须提前制订方案。拓展训练的实施方案包括拓展训练的内容及训练方式、参训人员、拓展时间安排、费用预算等。下面是某公司的新员工拓展训练实施方案,供读者参考。

▶ **新员工拓展训练方案** ◀

1. 训练目的

通过对新员工实施拓展训练,期望达到以下目的。

(1)帮助新员工完成到公司后身份及心理的转变,彼此加强了解和沟通,培养团队精神。

(2)培养新员工的创新意识和解决问题的能力,并挖掘其潜能。

(3)培养新员工积极向上的心态和良好的心理素质。

(4)达到让新员工认同团队、融入团队的目的。

(5)减少新员工的启动成本,降低新员工在试用期内的离职率。

（6）让新员工感受到团队对他的欢迎，全面增强其归属感和融入团队的兴奋感。

（7）提高新员工自我控制能力，使其能够从容应对压力与挑战。

（8）使新员工能够更好地理解组织的愿景、使命、价值观、历史、文化及内涵。

（9）帮助新员工建立合理的工作预期、正确的工作态度和工作满意度，并使其对组织有正面的预期。

（10）培养新员工主动沟通、主动配合的工作方式；完善其人格，磨炼其个人意志，培养其毅力、勇气、责任心、荣誉感。

（11）强化新员工的探索精神与创新意识，培养其进取心。

2. 培训安排

（1）培训日期：待定。

（2）培训天数：1天。

（3）培训地点：待定。

（4）培训对象：前3个月入职的所有新员工。

（5）参训人数：47人（见培训名单）。

3. 培训内容及时间安排

培训内容及时间安排如表6-3所示。

表6-3 培训内容及时间安排

序号	项目	目的	时间
1	出发到培训基地	—	08:30—09:30
2	开营仪式	破冰、团队建设	09:40—10:30
3	有轨列车	创造融入团队的感觉	10:30—11:40
4	午餐和午休	—	12:00—13:30
5	信任背摔	信任与责任	13:30—14:30
6	挑战360	团队协作	14:30—15:30
7	毕业墙	共创高效团队	15:50—17:00
8	活动总结	大团队的意识	17:00—17:30
9	返程	—	17:30—18:30

4. 项目介绍

（1）观念导入——破冰游戏。

① 项目介绍。

通过大风吹、松鼠与大树、水的反应等肢体接触和反应力小游戏，调动受训

员工的思维、情绪。

② 项目目标。

为整个培训做铺垫,加强受训员工对课程的认同和参与积极性;加强学员对团队的凝聚力与归属感;营造良好的团队氛围,从而打破彼此间的隔膜以及男女间的尴尬氛围。

(2) 分组。

① 项目介绍。

随机分组,选出队长、队名、队号、队歌并在各组进行展示。

② 项目目标。

用特殊的形式相互了解,让团队成员"融冰",初步形成热烈的团队氛围,为接下来的训练做好心理准备。

(3) 有轨列车。

① 项目介绍。

每组所有的队员站到两条木板上,提起所有的绳子,由起点出发到达终点为一轮。活动分为有声和无声两个阶段,小组之间互为竞争对手。

② 项目目标。

掌握群体决策的方法及意义;以有限理性代替最优方案;大胆尝试,勇于付出,挑战未知领域,培养创新意识;认识统一指挥的意义与重要作用,全组队员步调一致,相互协作,有效沟通,顺利完成此任务,达到合作的最高境界。

(4) 信任背摔。

① 项目介绍。

参加实施的队员,两臂交叉、握拢、弯曲、贴紧于胸前,两脚并拢,全身绷紧成一体向后倒;后倒时,头部内扣,身体不能弯曲,两手不得向外打开。参加保护的队员,两腿成弓步且相互抵紧,两手搭于对方肩上,掌心向上,上体和头部尽量向后仰。当实施队员倒落时,参加保护的队员全身协力将实施队员平稳接住。

② 项目目标。

建立换位思考的意识,通过身体接触,实现情感的沟通、信任与责任。

(5) 挑战360。

① 项目介绍。

团队拓展的压轴项目。队员在教官的指引下规则站位围圈后坐下,然后保持此姿势有序地向前走或转圈,增强整天拓展训练的效果,培养团队协调、合作的精神。

② 项目目标。

经过团队活动的训练,参训团队已经反复演练应对难题的方法和能力,在团队内部已经出现了智者出谋划策、领导者果断决策、执行者坚决服从等一系列运行机制。通过活动后的总结,能将团队的气氛推向高潮,使同舟共济的团队精神得到最好的升华。

(6)毕业墙。

① 项目介绍。

参训队员运用搭人梯、吊拉等方式,使所有队员翻越墙高约4米的墙壁。

② 项目目标。

参与策划,合理地进行人力资源和物质资源的分工;自我管理与定位,有甘为人梯、勇于牺牲的精神;团队的协作与激励;共建高效团队。

5. 活动总结

(1)介绍。

在以上活动开展完后,各队派代表提出对本次活动的评价和感受。

(2)目的。

经验分享,理论总结,树立"大团队"观念。

6. 活动注意事项

(1)安全第一,严格按培训中规定的内容行事,发扬团队协作精神,服从培训工作人员和教练的统一安排,否则后果自负。

(2)参加者身体健康,有一定的体力保证。

(3)所有参训人员必须穿宽松的运动装或休闲装,必须穿软底运动鞋。

(4)注意环保,不乱扔垃圾,不破坏植被,不随地吐痰。

(5)活动过程中听从指挥,不要单独行动,遇到问题可与组长或负责人联系,不要擅做决定。

7. 拓展训练经费预算

培训费用:200元/人/天(费用包含包车费、场地费用、教官费用、保险、餐费、饮用水),本次共47人参训,合计费用9 400元。

6.3 外派培训

外派培训是指公司根据工作需要，派遣指定员工参加公司外部的一切培训、学习活动等，旨在利用外部资源，提高员工的专业知识、技能和技巧，更新员工观念，提高员工综合素质，提高员工绩效，促进员工个人全面发展以及公司的可持续发展。

6.3.1 外派培训的注意事项

外派培训是企业培养核心人才的一种重要方式，对企业来说非常重要。外派员工参加培训，一定要注意以下事项。

1. 正确选择受训人

选择外派培训人员时，可以从对企业的忠诚度、工作能力、学习能力、个人意愿以及转化能力等多个角度进行考查。

如果受训人对企业的忠诚度不高，那么往往是为其他企业做嫁衣；员工个人如果没有接受培训的欲望，那么培训仅仅是走个过场，对于受训人和企业均不会产生任何价值。接受培训的真正目的是将培训所学到的知识、技能以及解决问题的能力等转化到工作当中去，或转化给其他未参加培训的人，这就要求受训人有一定的学习能力、组织能力和沟通能力等。所以，在选择受训人时，要从多个角度去考虑，不能因为某一方面突出而盲目决定，要综合考虑所有的条件。

2. 培训目的要明确

企业在外派人员参加培训时，不要把培训当作对员工的福利和奖励，也不要看成留人的法宝。企业既然针对培训付出了人力和财力，那么培训就一定要有目的、有效果。因此，在外训前，需要事先明确好受训者参加培训是为了完成某项工作或提升某方面的技能，还是要胜任某个重要的岗位，以及与新岗位相匹配的待遇等。这样既满足了受训人的期望，又达到了企业的目的，不会在外派培训后出现人岗脱节的现象。

3. 外训不宜"单兵作战"

外训的费用都比较高，企业一般不会派全体相关人员参加，而是从中选择综合能力较强的人参加。但也不宜"单兵作战"，因为参加外训的人在接受培训后，需要对企业相关人员进行再培训，将培训内容转换为可持续的内部培训内容，使培训效果最大化。为了避免培训沟通中的信息不失真,如果有条件,最好派两名或两名以上人员参加,这样能保证培训内容的完整性和真实性。

6.3.2 外派培训的过程跟踪与效果评估

现在大部分公司每年都会或多或少地开展外派培训,一是内部培训无法达到培训效果,二是需要真切了解同行或其他领域的先进技术、操作或管理经验,三是为公司今后的发展储备人才。由于外派培训一般是送到外地或本市脱产进行,少则几天,多则数月,公司不易全面掌控培训过程,因此,对外派培训员工的过程跟踪及培训后的效果评估就显得尤其重要。

1. 过程跟踪

外派员工培训不能让员工自由发挥,而是要像内部培训一样,对培训过程进行跟踪与监控。跟踪可以从以下几点来进行。

(1)电话联系。与外派培训的员工应保持电话联系,随时掌握他们的学习动态。电话联系时注意时间控制,应在培训休息时间进行,同时以关怀慰问为主。

(2)网上交流。通过微信、QQ、公司内部交流平台,与外派培训员工保持密切联系,交流学习、生活情况,并做好交流记录。

(3)与外训机构联系。随时与外训机构保持联系,密切掌握外派培训员工的学习、生活情况。包括与外训机构的后勤服务人员联系,遇到可疑情况及时反馈或上报。

总之,对外派培训过程跟得紧,员工出现各种意外时,才能及时掌握真实情况,并及时化解和处理。

2. 效果评估

培训评估就是为了进一步了解受训员工是否认真学习,培训项目是否与工作有关联等情况,对培训后员工的工作态度、效率、成绩、心态等进行评估。

外派培训效果需要对以下内容进行评估。

(1)以评估表的方式来进行反应评估。

主要针对的是学员对外部培训机构和培训讲师的反应,一般以外派评估表的形式来进行,也可以采用谈话的方式来进行。此类评估的结果为后续继续选择该培训机构和老师提供参考依据。

（2）以二次培训的形式来做好学习评估。

外派培训的学习评估，一般不便于采取试题形式，但可以通过外派人员对其他员工进行二次培训或分享来评估其对培训内容的掌握程度。通过这种做法可以加深外派员工对培训内容的消化，还可以让更多员工分享培训内容。

（3）以观察评价的方式来落实行为评估。

对外派人员行为的评估，一般采取观察法、多方面评价的方法来进行。评估要结合培训的内容，如果外派员工有行为及心态上的改变，要确保其变化的确是由外派培训带来的。

（4）立足绩效考核来对结果进行评估。

结果评估一般情况都是参照绩效改善来进行的，外派培训结果评估也不例外。另外，对外派培训的结果进行评估也是建立在对培训内容了解的基础上，要保证结果的改变与培训内容的相关性。

提示

外派培训评估的内容要在培训申请时就确定好，并详细告诉受训人员。

6.3.3 外派培训的方案设计

通过外派员工参加培训，可以提高员工素质，促使企业持续发展和员工个人职业发展。在安排外派培训前，同样也需要设计培训方案。下面是某公司的员工外派培训方案，供读者参考。

▶ **员工外派培训方案** ◀

1．外派培训概述

（1）外派培训的目的。

促进员工培训有序开展，培养员工专业技能和管理能力，并保证员工在接受公司培训后能继续为公司发展贡献力量，行之有效地进行长期的、持续的、系统的学习与培训，提升员工的职业技能和职业素养。

（2）外派培训方案的适用范围：公司所有参加外训的员工。

（3）外派培训的内容。

① 政府法令规定的，由政府单位主办及核定的资格鉴定课程。

② 专业知识或技能课程。

③ 企业经理人进修培训等。

（4）外派培训的形式：全脱产、半脱产和在职培训。

（5）外派培训计划。

公司人力资源部及各部门应于新年度开始前提出外派培训计划并报批核准。临时外派项目，申请人须按正规程序提出申请，经部门负责人、人力资源总监、分管副总裁审批后执行。培训金额较大的，须报请公司总裁核准。

2. 外派培训人员资格审核

（1）参加外派培训的人员应与公司签订正式劳动合同。

（2）参加外派培训的人员应有长期服务于公司的意愿。

（3）参加外派培训的人员，外派培训的项目须与岗位需求相匹配。

（4）参加外派培训的人员，上次与此次的培训频率须进行控制，特殊需求课程除外。

（5）参加外派培训的人员，培训课程金额及其他费用总计须与岗位相匹配。

3. 外派培训处理程序

（1）外派培训人员分为指定、推荐及个人申请三种情况。

（2）凡参加外派进修培训的人员，均要提出外派培训申请，由所在部门负责人推荐，报人力资源总监、分管副总裁审批后，方可报名参加。

（3）外派培训人员与公司签订培训协议后，其人事关系归人力资源部管理，工资待遇按协议执行。

（4）外派培训结束后，外派培训人员应于返回公司7日内将外派培训期间所填写的学习日志交公司培训中心，并且须持结业证、考试成绩或其他证明材料到人力资源部备案登记。

（5）外派培训人员的费用报销须在返回公司7日内汇总明细，由培训中心部审核登记后办理报销手续。

6.4 后备人才培训

企业培训的目的是为企业培养人才，培养现在使用的人才和将来使用的人才，将来使用的人才也叫后备人才。培养企业后备人才，不仅可以确保企业能积极地应对可能的经营危机,及时满足各层次管理人才的需求,确保核心管理团队的延续性,而且可以有效地传承企业的管理价值与文化,促进企业持续地执行既定的经营战略。后备人才培训主要包括管理培训生计划、人才继任计划、人才加速储备库计划。

6.4.1 管理培训生计划

管理培训生计划(Management Trainee Program,MTP)是指企业对经过筛选的、富有管理潜能的一批新员工(通常是应届毕业生),采取系统的培训、轮岗、内部导师辅导等培养措施,快速地提升其管理技能和相应的素质,然后逐渐安排其进入企业管理类岗位承担管理职责的后备管理人才培养模式。由于管理培训生计划特别适合企业大批量地培养新人,培养那些经过本企业文化熏陶的"子弟兵",因此成为许多大型企业在后备管理人才培养竞争中的"常规武器"。

不同企业对于管理培训生计划有多种称谓,如 IBM 公司的"蓝色之路"计划,贝塔斯曼集团的"青年才俊"计划,西门子公司的"学生圈",如家连锁酒店的"新星"计划,等等。

1. 管理培训生计划的关键特点

分析企业管理培训生计划,可以概括出管理培训生计划作为企业后备管理人才培养模式的关键特点,主要包括以下几个方面。

(1)面向高等院校应届毕业生,主要包括应届本科生和应届研究生。

(2)涉及职能岗位十分广泛,几乎涵盖企业内部所有管理职能岗位。

(3)定期大批培养、集中发展,以满足企业经营的整体需求。

(4)招聘甄选的专业范围较宽,基本没有学科或专业限制,甄选标准不唯学业成绩,特别注重管理能力和发展潜力。

(5)培养开发的主要方式包括培训、轮岗、内部导师的辅导等,同时强调以企业文化去全面地熏陶、塑造他们,以期在"白纸"上培养出适合企业未来发展需要的"幼苗"。

(6)有较长周期的培养计划,快速培养新人的管理能力,然后为他们确定相应的职能方向,并逐渐安排他们进入相应的管理类岗位。

2. 管理培训生计划的实施要则

(1)分阶段进行。企业实施 MTP 一般分阶段进行,每个阶段的培训目的、培训内容、培训方法都有所不同，前一阶段的培训为后一阶段奠定基础，后一阶段的培训是前一阶段的进阶。MTP一般可以分为三个阶段，在这三个阶段的培养过程中，既有不同部门的工作轮换，也有同一部门的轮岗，培训生在1至3年内接受系统培训后，将成为不同级别的经理人才。

第一阶段是为期6~12个月的通才培训，一般受训者被派往某子公司进行工作轮换培训，岗位一般是专员或主管级的职位。目的是通过熟悉公司各个部门的运行和功能，让即使对公司业务不了解的员工也能快速融入该行业。第二阶段是为期10~12个月的专门培训，安排受训者到固定某部门，在部门内进一步进行轮岗培训。第三阶段是为期6~12或18个月的进阶培训，受训者将被安排到最终固定的岗位，并被授予管理岗位的工作。

（2）确定培训内容及方法。根据每个阶段预先设定的培训目标，制订对应的培训内容和培训方法。培训的每个阶段都要安排定期的专题培训。第一阶段以课堂教学方式进行，包括常规的入职培训、操作培训、管理培训、技术培训等。通过对受训者的在职培训，使其了解公司各部门间的相互关系及功能。第二阶段则专注于培养受训者的基本管理技能、绩效管理能力等，培训方法更加多样化，除了面对面的知识传递外，还可以采取导师辅导、管理者模拟训练、专业顾问指导、人才发展研讨班和受训者就专业问题演讲等方式，需要根据培训需求和受训者的反馈，对不同的培训方法进行管理和设计。第三阶段主要是安排受训者在相应的工作岗位进行实践训练。

（3）双重导师制。对管理培训生实行双重导师制时，"第一重"导师是业务上的教练——直接主管，直接主管可以对培训生的实际工作提供指导；"第二重"导师是资深高层经理。导师一般由业务经理或某部门经理担当，引导培训生发展自己的管理能力，思考自己的职业发展方向。

（4）全力保障。在MTP实施过程中，为确保达到预期的人才培养目标，人力资源部门与各职能部门要相互协调与配合。公司总部应充分发挥集团化运作培养人才的优势，根据管理培训生接受各阶段培训的实际反馈，动态化地规范、健全培训体系，以保证MTP的良性推进。此外，企业的人力资源培训负责人是MTP培训课程的管理者，首要职责便是协调所有的培训环节，保证各种培训进程的顺畅进行，保证受训者有效学习各个培训内容。

3. 管理培训生计划的实施方案

管理培训生计划是企业培养后备人才非常重要的方式，为确保能达到预期的目标，制订完善的培养实施方案是不可或缺的关键步骤。下面是某公司的管理培训生计划实施方案，供读者参考。

▶ 管理培训生培养方案 ◀

1. 目的

为满足公司快速发展和业务扩张所带来的人员需求，优化公司人员结构，构建公司人才梯队，特通过校园招聘选拔一批具有可塑造性的大学生。经过全方面的培养，使其成为具备合格任职技能并能独立承担岗位职责的员工，从而为集团的发展提供后备人才资源，以达到公司实现储备人才、开发人才资源的人才战略目标。

2. 适用范围

本方案适用于2019年毕业的学生。

3. 原则

（1）公平、公正、公开原则。

（2）合理选拔原则，即各品牌事业部根据业务发展规划合理的人员需求数量。

（3）共同培养原则，即各品牌事业部与人力资源部共同承担应届生的培养工作。

（4）理论与实践相结合原则，即理论培训应与实际操作相结合。

4. 培养周期及目标

（1）培养周期为三个月（第一阶段），第二阶段（一年）根据第一阶段的培训效果制订。

（2）培养目标：培训生达到独立承担相关岗位职责的任职要求，具备基础管理能力。

（3）培养目标岗位：销售精英、服务精英、行政专员、市场策划专员等。

5. 工作职责

（1）集团人力资源部负责管理培训生培养方案的制订、组织和协调工作，负责组织对岗位指导人的指导效果的评估工作，参与管理培训生的培训、考核和评估工作。

（2）集团高管、各品牌高级管理层，对实施工作提供建议、监督，并参与到与评估、筛选相关的工作中。

（3）各品牌事业部职的能部门负责人，负责岗位技能培训计划的制订、跟踪和评估，负责对岗位指导人的工作进行监督、效果评估等。

（4）岗位指导人负责实施管理培训生的岗位基础技能培训工作，负责对管理培训生的技能进行考核和评估。

（5）各品牌综合部负责管理培训生日常相关手续的办理、活动的组织和安排等相关工作。

6. 岗位指导人

（1）实行品牌总经理指导、部门总监监督、部门经理负责、岗位指导人执行的四级联动培养管理机制。

（2）选拔。

① 选拔依据：管理培训生的个人情况和基本特质；候选人熟练掌握岗位技能、熟知岗位职责、业绩中等以上；

② 备案。岗位指导人确认后，报部门经理、部门总监、品牌总经理和人力资源部备案。人力资源部建立岗位指导人评估记录档案，并将其纳入岗位指导人的奖惩、续聘以及其他相关业绩的依据。

（3）奖励。

① 根据岗位指导人所负责的人数、岗位以及新员工业绩，给予岗位指导人一定的奖励。

② 集团在年终评奖中设置"优秀指导人奖""优秀指导团队奖"，奖励在管理培训生培养工作中表现优秀的个人和团队。

7. 职业发展通道

（1）销售类：实习生—初级销售顾问—中级销售顾问—高级销售顾问—资深销售顾问。

（2）服务类：实习生—初级服务顾问—中级服务顾问—高级服务顾问。

（3）技术类：实习生—初级技师—中级技师—高级技师。

（4）职能类：实习生—专员—部门主管—部门经理—副总经理。

8. 轮岗安排

（1）轮岗前沟通。

① 沟通内容：了解应届生对轮岗的接受程度及认知程度；被轮岗人的优势和不足；轮岗后的职业发展方向。

② 沟通达到的效果：让应届生理解实施轮岗的意义，接受并能尽快适应新岗位；了解当事人对轮岗的意见或建议；减少硬性安排带来的阻力。

③沟通注意事项：沟通的保密性、及时性。

④见《轮岗确认表》。

（2）轮岗工作交接：见《轮岗工作交接单》。

（3）轮岗效果评估：见《管理培训生考核表》。

（4）定岗。

①应届生轮岗期满后，综合人力资源部、用人部门、品牌总经理对其轮岗期的评估，结合个人发展意向以及公司现有岗位空缺，对轮岗人员进行定岗定级。

②轮岗结束后，应届生向人力资源部提交轮岗报告，包含轮岗部门、工作任务及完成情况、个人工作不足及改进措施、个人意见或建议等内容。

③见《应届生定岗表》。

9. 录用和解聘

（1）在培养轮岗结束后，人力资源部将组织相关部门针对管理培训生在培养期间的表现进行考评。

（2）考核通过后，根据培训生个人意见及公司整体用人需求计划进行岗位定向，安排培训生进行岗位相关培训和实操，并依据公司流程办理入职手续。

（3）在培养期间，工作态度不佳或造成重大损失的，公司将解除聘用协议；培养结束后经考核不能胜任相关岗位的，公司将解除聘用协议。

10. 其他

对于培养期间表现突出的人员，由人力资源部组织推荐，企业高管审核，成为集团及下属公司后备人才库备选对象。

6.4.2 人才继任计划

人才继任计划（Succession Plan）也称为"企业接替者计划"或"接班人接替计划"，是指企业通过内部筛选，确定并持续跟踪那些可能成为中、高层（如营销总监、财务总监、研发总监等）管理人才的高潜质员工，并对其进行专门的培训与开发，然后通过内部提升的方式，安排其逐步接替企业重要管理岗位的后备管理人才培养模式。

企业内部任何关键岗位上的人员，都有可能因为跳槽、退休、调动、违纪而离职，或者因为其他个人原因而难以继续在本岗位工作。因此必须由合适的人员接替该岗位以确保企业的持续稳定经营。企业实施接替规划，就是为了培养高潜质的员工，以逐步接替（替代、继任）由于各种原因导致空缺的中、高层管理类岗位。

1．继任计划的作用

在企业招聘的过程中，对于企业高级管理岗位的招聘，一般采用自主培养后备管理人才的方法，并以内部选拔晋升为主。如何才能具有高级后备管理人才？继任计划是最有效的培养路径。企业实施继任计划，可以实现多方面的管理与经营价值。

（1）可以确保在组织内随时都有一批训练有素、经验丰富、善于自我激励的优秀人才，以在未来接替重要管理岗位。

（2）可以有效地优化企业未来发展的人才需要与现有人力资源之间的匹配关系。

（3）可以为企业内的核心员工设立更高的职业目标，激励内部人才努力奋斗，以便成功地留住核心人才，并确保企业重要管理岗位后继有人。

（4）可以帮助员工更好地规划职业生涯，有助于企业吸引、留住优秀人才。

（5）可以通过内部提升的方式来系统有效地获取组织人力资源，并有效避免外部招聘可能带来的一系列弊端，如空降部队与地面部队的矛盾、文化与价值观的冲突、缺乏组织忠诚度与归属感等。

2．继任计划的实施步骤

实施人才继任计划的直接成果是形成企业人才梯队，即企业不同层级现任岗位的后备人选，保证企业人才队伍的连续性，满足企业业务持续发展的需求。继任计划的具体实施步骤如下。

（1）选拔继任者。

继任计划针对关键岗位和关键人才，首先要确定哪些是关键岗位，哪些是关键人才。要想确定关键岗位及关键人才，就要对关键人才进行盘点并对其发展力进行评估。对关键人才的发展力进行评估主要从两个方面来考查：绩效和潜能。绩效是员工现在或过去的表现，而潜能是着眼于未来的发展。将绩效和潜能分别分为高、中、低三个等级，由此形成九宫格，根据员工绩效表现和潜能评估的结果确定其在九宫格中的具体位置。被列入继任者的员工在九宫格中所处位置必须是绩效和潜能评估同时在中级以上者。图6-3所示为发展力评估九宫格，灰色的区域代表可列入继任计划的员工。

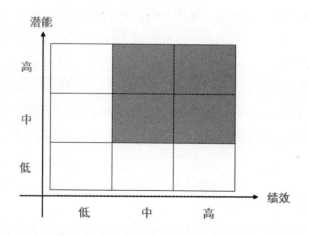

图6-3 发展力评估九宫格

（2）制订并实施培养计划。

确定了关键岗位的继任者，接下来就是制订有针对性的继任者培养计划，通过计划的实施使继任者具备担任上一级岗位的能力。企业要建立继任者个人培训与发展档案，充分运用企业现有资源，通过个别辅导、项目参与、岗位轮换、专项培训等方式帮助他们提升自身能力和素养，并加强管理沟通和过程监控反馈，使继任者按照企业既定的成长和发展路线稳步前行。在培养方面，包括领导力、团队建设、运营管理、员工管理、沟通能力、谈判能力等。此外，企业要定期安排后备人才去参与经营实践项目，接受全面的管理挑战。

（3）建立监督和沟通机制。

在执行继任者培养计划的过程中，由培养负责人对继任者的工作绩效及培训效果等进行监督，并及时与继任者进行沟通。定期召开由高层管理者参与的继任者评估会议，提供各岗位继任者详细的个人资料与调查评估报告，全面考查继任者的发展状况。同时，通过各种非正式的沟通，如企业文化活动或非正式活动等形式促进对继任者的了解，考查继任者的人际关系处理能力、价值观等深层次的内容。通过这些考查和沟通不仅联络了感情，也为以后实际工作的开展打下了基础。

（4）继任计划的评估和改进。

培养负责人要随时评估和反馈继任计划在实践中的执行情况，对于不合理的情况要进行调整和改进。对继任计划的评估，企业可以从两个角度着手，一方面是从财务角度进行评估。例如，评估通过合理的继任计划，是否为企业寻找管理者的接班人节省了费用。另一方面是从非财务角度进行评估。例如，当预期内或预料外的空缺岗位出现时，继任计划能否迅速寻找出下一任接班者，继任计划是否提升了管理者的培养效率，缩短了人才培养周期。通过对此类问题不断反思，评估继任计划的效能，不仅可以促使相关决策者制订出有针对性的、有见解的决定，同时又可以不断改进继任计划。

在实施继任计划的过程中，现有中、高层领导应在培养开发这些高潜能人才的过程中发挥独特的重要作用。企业继任计划的实施不是一个单纯的人力资源管理问题，单凭人力资源管理部门客观上无法承担起培养人才的重任，高层领导必须在这方面投入相当大的精力。

3. 继任计划的实施方案

继任计划是企业培养后备人才非常重要的方式，为确保达到预期的目标，制订完善的培养实施方案是不可或缺的关键步骤。下面是某公司的继任计划实施方案，供读者参考。

▶ **继任计划实施方案** ◀

1. 目的

（1）形成企业关键岗位人才储备库，满足集团战略发展的人力需求。

（2）保证企业关键岗位人员的连续性，尽可能缩短填补关键岗位空缺的周期，解决"人才发展跟不上公司发展""无人可用""揠苗助长"等用人问题。

（3）提升整体管理水平，为职业经理人构建明晰的职业发展规划，保持其对企业的忠诚度以及良好的工作绩效。

2. 继任者计划体系

（1）关键岗位体系。

① 集团职能部门负责人。

② 分/子公司总经理。

③ 副总/总助/财务总监。

④ 分/子公司部门经理（负责人）。

（2）能力模型/能力测评体系。

① 明确继任计划涉及职位的能力要求。

② 评估现任者与继任候选人的能力现状和潜能。

（3）培养体系。

① 为继任候选人缩短与继任职位间的差距提供各种形式的培训。

② 实行导师制度，帮助继任候选人成长。

（4）绩效考核体系。

提供绩效考核结果，为继任者评估提供事实依据。

（5）关键人才管控体系。

防止关键岗位人员及其继任者的流失，减少企业损失。

3. 实施步骤

（1）企业战略发展人才需求预测。

按照集团战略统一部署，到2019年年底，集团分/子公司将扩张到20家。平均每个分/子公司所需人员按1名总经理、2名副总/总助、1名财务总监、6名产品经理、7名职能部室经理（人力行政、安保、物管、品质、营运企划、收银、信息、财务，其中财务部由财务总监兼任负责人）计算。

（2）企业现有人员盘点。

公司现有总助及以上人员（不含集团领导班子）共计62人，其中集团部室24人，二级公司共38人。

（3）关键岗位胜任力模型建立。

集团人力资源部组织，各相关部室共同参与，建立关键岗位胜任力模型。

附件：《胜任力模型评价表》。

（4）评估现任者。

① 绩效结果评估。

根据绩效考核结果对现任者的业绩现状进行评估。

② 胜任力模型匹配度。

直接上级及分管领导通过《胜任力模型评价表》对现任者进行评价，测算匹配度。

（5）选拔继任者候选人。

① 将培养对象上报汇总。

门店领导班子成员、集团及各门店部门负责人每人选定1~3位培养对象作为"接班人"，集团人力资源部进行人员汇总。

附：《培养对象上报汇总表》。

② 培养对象评估。

a. 360度综合素质测评：通过测评系统对所有上报的培养对象进行360度综合素质测评。

b. 胜任力模型匹配度：直接上级及分管领导通过《胜任力模型评价表》对培养对象就培养岗位进行评价，测算匹配度。

c. 述职评审：组织培养对象进行述职评审会，就现岗位进行述职，对培养岗位进行设想，评委综合评分。

③ 重点培养对象确认。

经过上述测评环节后，综合全部成绩，门店领导班子成员、集团及各门店部门负责人最终每人选定1~2位重点培养对象，并与公司签定《重点培养协议书》，搭建储备人才周期滚动培养梯队。

（6）制订继任者培养计划。

① "一带一"导师辅导培养。

给每位重点培养对象指定一位导师，导师与培养对象签订培养协议，在培养周期（1~2年）内，导师对培养对象进行全方位特别是测评中凸显的薄弱环节进行定期指导，并做好指导记录，培养对象要做好总结。

② 轮岗培养。

有计划地进行岗位轮换，让培养对象全方位地接触到各个业务的流程，提升培养对象的综合素质，对每个轮换岗位做好追踪评价。

③ 专项培训。

对于培养对象的薄弱环节，有针对性地组织专项培训，弥补差距。

④ 挂职学习。

在必要的情况下，给培养人3个月以内的脱产挂职学习机会，或资助其在不影响正常工作的情况下进行在职深造学习。

⑤ 筹备项目锻炼。

安排培养对象辅助项目负责人全面或者在某一模块组织开展新店筹备工作。

⑥ 跟踪培养计划的执行。

a. 人力资源部针对每位培养对象建立培养档案。

b. 导师定期（每季度）与培养对象进行深度沟通，总结收获与遇到的问题。

c. 人力资源部定期（每半年）组织多名导师与培养对象进行座谈，对培养过程中遇到的阻力进行总结并找出改善措施。

(7)实施具体培养计划。

针对重点培养对象的不同情况,对其在培养周期内的培养方式进行最优组合,实施培养。

6.4.3 人才加速储备库计划

人才加速储备库(Acceleration Pool)计划侧重于培养高级岗位的后备管理人才,把企业选拔出的后备人才集中放入储备库,然后进行培养。与传统的接替规划有较大的不同,人才加速储备库并不是为某一个具体的高管岗位指定一两个精选的后备人才,而是从总体上为高管岗位培养一群高潜质的人才。顾名思义,储备库成员的进步是加速前进的,通过富有挑战性的工作和特派任务,为员工提供最好的学习机会和提升空间。

1. 人才加速储备库计划的优势

人才加速储备库在帮助企业发展高潜力人才方面具有更多的优势,具体如下。

(1)具有灵活性。人才储备并不只为某一岗位提供,把人才放入储备库,然后再统一调配,人才配置更具灵活性。

(2)精准可靠。让合适的人选在合适的时间就职于合适的岗位。

(3)具有发展性。能更好地分析员工个人发展需求,更专注于培养能力和知识,为企业的变革与成长提供更强有力的人才支持。

(4)公平性强。人才加速储备库的建设透明度比较高,人才选拔相对公平,任人唯贤,能够发挥更大的员工激励性。

(5)与商业计划和商业战略的联系更加紧密。着重培养能带领企业突破现状、走向未来的领导人。

(6)参与性强。员工自行决定是否要加入人才加速储备库,加入后即可参与自身发展规划的制订与执行。

(7)更具弹性。适合各类员工,如那些看似愚钝、实则大器晚成者,以及从外部招聘来的中高级管理人才,并能考虑到工作和生活之间可能发生的冲突。

(8)留住人才的方法更先进。为优秀的高潜力人才提供极具挑战性的工作以及必要的支持,使之能得到技能和职责方面的成长。

(9)更能适应特定企业的情况和需求。

2. 人才加速储备库计划的实施步骤

人才加速储备库计划的实施是人才加速储备库计划管理的重点，一般采用以下步骤实施。

（1）设立人才委员会。

人才加速储备库计划的实施不仅仅是人力资源工作者的职责，更应该由企业高管亲自"挂帅"。专门的人才评审委员会应该包括总经理、人力资源分管副总经理，以及各个部门或战略业务单元的负责人，他们负责根据遴选标准来评估候选人，并最终决定谁可以进入储备库。组织关注的应是整体长期利益，而不是加速培养一小部分人。

（2）挖掘高潜质人才。

每个企业都有一些"明星"员工，他们普遍被认为是最优秀、最聪明的人。人才加速储备库建设的真正挑战在于发掘出那些不知名的、甚至被认为是不可能的候选人。既然是人才加速储备库，就需要避免先入为主的偏见，要系统地发掘高潜质人才，为这些有才华的员工找到新位置。

（3）在任务中成长。

根据候选人的优势和劣势，适当增加工作职责，把发展任务与工作结合起来，使个人发展与组织发展相得益彰。恰当的工作任务往往能起到"一石多鸟"的作用，既能提供挑战机会，又能弥补个人知识和技能的不足。

（4）跟踪计划执行。

跟踪人才加速储备库计划的执行，确保发展计划的准确执行并及时评估进展。确保计划的连续性，任务完成后设立新任务。发现执行过种中的各种问题和阻碍，并及时协助处理或调整计划。

另外，在实施过程中对高管教练的培训也比较重要。教练是候选人个人发展和业绩提高的催化剂或助推器。高管教练有敏锐的洞察力、高超的管理能力、实实在在的实战经验等，他们的出色与否往往是候选人能否取得成功的关键所在。

总之，加强企业后备人才培养对企业后备人才队伍的建设具有非常重要的作用，有利于推动企业稳定健康地发展。因此要建立企业后备人才培养机制，构建管理培训生计划、企业继任计划、人才加速储备库计划等培养模式。加强后备人才的培养，才能更好地为企业未来的发展做好准备。

6.5 范本：专项培训管理制度

专项培训管理制度是企业员工培训计划落地的根本保证，是企业在开展培训工作时要求员工共同遵守并按一定程序实施的规定、规则、流程。专项培训管理制度的根本作用在于，为每个专项培训的实施提供一种制度性的框架和依据，促使专项培训沿着规范化、标准化轨道运行。

6.5.1 新员工培训管理制度

新员工培训管理制度就是规定员工上岗之前和任职之前必须经过全面的培训，没有经过全面培训的员工不得上岗和任职。在制度的制订过程中，人力资源有关人员要积极咨询其他部门经理的意见，这对于此制度的贯彻执行是非常有利的。下面是某公司的新员工培训管理制度，供读者参考。

▶ **新员工培训管理制度** ◀

1. 培训目的

（1）使新进员工尽快了解公司的文化、制度，逐步了解公司生产、运营等工作特点，自觉遵守企业的各项规章制度，接受并融入企业文化。

（2）规范新员工试用期培训管理，明确各相关部门负责人及人力资源部在新员工入职指导工作方面的职责与义务，为新员工通过转正考核提供保障。

2. 新岗位员工培训适用范围

（1）凡本公司新进员工都必须接受公司举办的新岗位员工培训，并依据本管理制度相关条款执行。其他分公司新进员工原则上应参加公司举办的新岗位员工培训。

（2）本制度中新进员工包括社会公开招聘的新员工、应届大中专高校毕业生、推荐招聘的新员工及其他认为应当接受新进员工入职培训的员工。

3. 新员工培训内容

培训分为两个部分：集中培训（人力资源部主要负责组织实施）和在岗培训（用人部门主要负责组织实施）。

（1）集中培训的内容。

① 公司发展史，企业文化，行业简介，公司重点业绩介绍，未来发展规划，

5年发展规划，公司组织结构，各系统、各部门重点职责。

② 公司商务礼仪、职业化训练（包括保守商业机密、员工仪表、穿着、交往、接听电话礼仪等）。

③ 公司人事制度介绍（作息与午餐时间、休假与请假流程、晋升、培训、奖惩、工资结构、发薪日、加班工资、支薪方式、社会保险及为员工提供的其他福利）。

④ 办公自动化系统（OA）与企业邮箱的使用，以及考勤、日志提交，各种常用工作流程，日常办公用品的使用与领用。

（2）在岗培训的内容。

① 岗位职责与业务流程，本部门业务流程范围。

② 本部门业务基础，工作流程、工作标准。

4. 新进员工培训使用的教材与相关资料

（1）新进员工集中培训所用材料由人力资源部负责编制，在岗培训所用材料由用人部门负责编制，并及时提交人力资源部审核备案。

（2）培训使用教材与相关资料建议使用PPT、有声视频资料、文档培训材料等。

5. 培训时间及地点安排

（1）新进员工培训原则上应当在不迟于员工报到时间后的一个月内实施。人力资源部根据新进员工名单合理安排培训场次及时间，原则上每月组织一次新进员工入职培训，特殊情况除外。例如，当月新进员工数量少于10人，满10人后组织一次新进员工培训，但距离上次新进员工培训不应超过2个月。

（2）新进员工培训的具体时间由人力资源部决定，提前一周告知用人部门，提前三天告知新进员工参加入职培训。

（3）新进员工培训地点一般为公司会议室，须进行户外拓展训练等外出培训的，提前向人力资源部申请。

6. 培训计划的制订与修订

（1）培训计划应根据企业年度重点工作制订。

（2）人力资源部与用人部门共同完成培训计划的修订与修订，使之更加贴合企业实际需求。

7. 培训的组织实施

新进员工培训由人力资源部和用人部门共同负责，其中集中培训的内容由人力资源部负责，在岗培训的内容由用人部门负责。

8. 培训讲师的组成

（1）部门培训的讲师由用人部门主要负责人兼任，也可由语言表达能力好、讲授技巧娴熟、经验丰富的老员工兼任。

（2）人力资源部负责培训的内容，由经理或培训专员担任讲师。大型毕业生入职培训中关于企业部分的内容可由相关系统副总担任讲师。

9. 培训授课过程控制

（1）人力资源部及用人部门的培训讲师应当按照相关要求及培训计划准确、及时、高效地讲授课程内容，并在授课前做好以下准备工作。

① 新进员工培训简介。

② 代表公司欢迎新员工的加入。

③ 介绍课程安排及流程，以及培训过程中的纪律要求。

（2）用人部门负责人代表本部门欢迎新进员工的加入，介绍其与本部门员工相互认识。介绍本部门组织结构、部门职责、相关规章制度、工作程序与方法，并协助新进员工迅速进入工作状态。

（3）新进员工完成集中培训后，应由其本人填写《新进员工集中培训测试题》，并统一由用人部门收集整理后上报人力资源部。新进员工完成在岗培训后，由用人部门负责人填写《新进员工在岗培训记录表》。

10. 培训考勤与纪律要求

（1）人力资源部负责记录新进员工培训的考勤情况，所有受训人员必须在培训签到表中签字，并领取讲义。

（2）培训进行过程中，所有参训人员必须将本人手机设置为静音或震动状态。

11. 新进员工培训考核

（1）培训考核主要由人力资源部负责，用人部门配合协助完成。

（2）新进员工培训考核内容：《新进员工集中培训测试题》和《新进员工在岗培训记录表》。

① 《新进员工集中培训测试题》（权重50%）以书面考核为主，由人力资源部统一编写、统一印制测试题，并组织考试、评阅试卷、公布结果。统一测试结束后，将测试题提交人力资源部。

② 《新进员工在岗培训记录表》（权重50%）由用人部门负责人填写，并提交人力资源部，人力资源部负责参与考核并监督。通过记录表来考查新进员工在试用期内的实际工作情况、业绩表现等。新员工试用期结束后，将该表格提交人

力资源部。

（3）《新进员工集中培训测试题》与《新进员工在岗培训记录表》为新员工在试用期结束后，进行转正考核的依据。用人部门负责人务必在本部门新员工转正前向人力资源部提交《新进员工在岗培训记录表》。

12. 附则

本制度解释权归人力资源部所有，自发布之日起执行。

6.5.2 外派培训管理制度

员工外派出去培训也是一种培训方式，特别适用于公司管理人员及专业技术类人员。下面是某公司的外派培训管理制度，供读者参考。

▶ **员工外派培训管理制度** ◀

1. 目的

为规范公司员工外派培训管理，特制订此制度。

2. 适用范围

本制度适用于公司全体员工。

3. 审核

集团及分、子公司应在上报年度培训计划时同时提出年度外派培训计划并报批核准。临时外派项目，申请人须按管理权限及申报程序逐级审批。

4. 外派培训的形式

（1）全脱产。

（2）半脱产。

（3）在职培训。

5. 外派培训的内容

培训内容包括专题业务研修、MBA进修培训、企业经理人培训、证件考取、参观考察等。

6. 外派培训适用的情形

（1）新管理体系、新技术、新设备引进等所需要的培训。

（2）公司重要岗位、紧缺专业等需要通过外派培训培养人才，提高企业管理能力和技术力量。

（3）集团内部没有相关讲师或讲师能力不能达到培训要求的重要课程需外派培训。

7. 外派培训人员资格

（1）外派培训人员基本要求。

① 认同集团企业文化，并且有长期服务于集团的意愿。

② 在公司任职满两年，并且年度绩效考核为合格及以上。

③ 公司管理、技术骨干人员，或被列为公司人才储备和重点培养的人员。

（2）根据外派培训项目的具体要求，制订对外派人员关于学历、能力等方面的资格要求，必要时进行考试选择。

8. 外派培训处理程序

（1）外派培训人员分为指定、推荐及个人申请三种情况。

（2）参加培训的员工均须填写《外派培训申请表》，经审批后方可报名参加，各单位行政部门须做好外派培训备案。

① 单次或年累计培训时间在7天（含）以内的培训，由公司总经理审批。

② 单次或年累计培训时间在7天以上、30天以内的培训，由公司总经理、分管副总裁逐级审批。

③ 单次或年累计培训时间在30天（含）以上的培训，以及公司出资费用超出总经理财务审批权限的培训，由公司总经理、分管副总裁、执行总裁逐级审批。

（3）由公司出资外派培训进修的员工，出资费用达到一定额度的，须与所在单位签订《外派培训协议书》，约定服务期等相关事项。

中层及以下管理人员出资金额按以下标准执行，高层及以上管理人员出资金额按以下标准翻倍执行。

① 3 000元/年，服务期延长1年。

② 3 000元/年至10 000元/年，服务期延长2年。

③ 10 000元/年至30 000元/年，服务期延长5年。

（4）费用报销。

① 外派培训费用的报销范围包括学费、教材费、往返交通费、食宿费等，培训费用由员工所在单位报销。

② 员工参加外派培训应注重节约费用，发生的交通费、食宿费，公司按照必须发生的最低标准来报销。

③ 外派培训结束后，如果员工因个人原因而没有取得学历证书或相关证件，

培训的所有费用由员工自行承担。

④ 员工须在培训结束后 7 天内凭有效票据到财务部门办理报销手续，报销手续经人力资源部对报销事项、标准等审核签字后，按财务审批权限报销。

（5）工资发放。

员工参加外派培训期间，绩效工资按当月实际出勤天数计算，其他工资执行原工资标准；培训期间社会保险及其他福利待遇按集团统一标准执行。

（6）效果评估。

① 培训结束后 7 天内，员工应向公司人力资源部递交《培训合格证书》（未办证除外）、《培训（考查）报告》、培训记录、学习笔记及相关培训资料（或复印件）。

② 培训结束一个月内，员工须整合培训重点内容，形成讲义或课件，在人力资源部的安排下针对目标对象授课。

③ 参训人员的直属上级应以适当方式考查员工接受培训的效果，员工是否可以将所学知识技能应用于工作岗位，将作为其绩效考核的依据之一。

9. 附则

（1）本制度的解释权属人力资源部。

（2）本制度自颁布之日起执行。

（3）以前的文件或规定中如果有与本制度相抵触的条款和规定，按本制度执行。

6.5.3 转岗培训管理制度

为了更好地实现人力资源配置，企业经常会根据自身的需求调整部分员工的岗位。不同岗位的需求是不一样的，因此员工转岗后需要组织安排培训，并且这样的培训模式要形成管理制度加以固定。下面是某公司的转岗培训管理制度，供读者参考。

▶ **员工转岗培训管理制度** ◀

1. 目的

为了对员工转岗培训进行有效管理，特制订本管理制度。

2. 适用范围

本制度适用于公司转岗员工的培训管理。

3. 定义

转岗培训是指为使转岗人员掌握新岗位的业务知识和工作技能，取得新岗位上岗资格所进行的培训。转岗培训的对象一般具有一定的工作经历和实践经验，但转移的工作岗位与原工作岗位差别较大，员工需要进行全面的培训，以掌握新知识、新技能。

4. 转岗培训的方式

（1）与新员工一起参加拟转岗位的岗前培训。

（2）接受现场一对一的指导。

（3）外出参加培训。

（4）接受企业的定向培训。

5. 转岗培训的程序

因组织原因或个人不能胜任工作而需要转岗的，可按以下程序进行。

（1）确定转换的岗位。员工的主管根据员工的具体条件并在征求本人的意见后提出建议，由员工本人或转出部门填写《转岗申请表》，由人力资源部确定新岗位，并办理人员内部调动单。

（2）确定培训内容和方式。培训内容根据员工将要从事的岗位的具体要求制订，培训方式则根据培训内容和受训人数等因素确定。

（3）实施培训。转岗培训与岗前培训在内容上的差别是，转岗培训更偏重专业知识、技能、管理实务的培训，主管可根据岗位要求在《新进员工培训计划表》上增加培训内容。

（4）考试、考核。培训结束后应对受训者进行考试或考核，考试、考核合格者，用人部门在转岗手续上签字。

① 人力资源部根据培训计划协助转入部门不定期以试卷、现场提问、现场操作等形式进行考核，并将考核记录填入《员工转岗培训考核表》中，以鉴定培训效果。

② 转岗期结束后，由转入部门直接主管出具评定考核意见，并将考核结果填入《员工转岗培训考核表》中，作为正式转岗凭证。

③ 转岗培训不合格者，将按照公司转岗制度，给予二次培训考核或由人力资源部重新安排转换岗位。

（5）考核合格后，由用人部门签收《人员调动存根》《新进员工（转岗）培训计划表》和《转岗考核表》交办公室存档。

6. 附则

(1) 本制度的解释权属人力资源部。

(2) 本制度自颁布之日起执行。

(3) 以前的文件或规定中如果有与本制度相抵触的条款和规定，按本制度执行。

HR 专家支招

1 企业约定服务期的法定情形是怎样规定的？

根据《劳动合同法》的规定，企业为劳动者提供专项培训费用，对其进行专业技术培训的，可以与劳动者约定服务期。可见，企业出资提供专业技术培训，是其能与劳动者约定服务期的前提条件，但是关于何为"专项培训费用"和"专业技术培训"，法律法规没有给出明确的定义。在实际工作中，人力资源工作者主要把握以下两点。

(1) 企业提供了培训费用。

一般来说，企业应当委托具有培训和教育资格的第三方单位进行培训，并且由第三方出具企业为劳动者参加培训出资的货币支付凭证；同时，这笔培训费用的数额应当是比较大的。但这个数额到底是多少，法律也没有规定一个具体的数字，在现实操作中由仲裁庭和法官根据当地的实际情况自由裁量。

(2) 企业给员工提供的是除义务性培训以外的专业技术培训。

义务性培训主要是指企业根据法律要求，为劳动者提供的安全卫生教育、岗前培训或转岗培训等。对员工进行义务性培训，是用人单位的法定义务，因此不能约定服务期。专业技术培训是指为员工提供的专业知识和职业技能的培训，一般包括委托大专院校、科研院所、培训中心、职业学校实施的培训；学历教育；专项能力培训，如外语培训、专业职称培训等；出国或异地培训、进修、研修、做访问学者等。

2 培训体系流程（PDCA 循环）包括哪些内容？

PDCA（Plan、Do、Check、Act，即计划、实施、审查和处理）循环就是按照"计划—实施—审查—处理"的顺序进行质量管理，并且不断循环地进行下去。

PDCA 循环在培训体系建立中的应用包括如下内容。

（1）培训体系之计划（P）。

① 分析确定培训需求。

② 分析数据，总结差距和根源，明确组织能力、员工技能与业务目标的差距，明确各种培训项目的信息，包括培训时间、培训类型、培训名称、参加人员范围、费用预算。

③ 确定培训解决方案。

④ 培训计划的沟通与确认。

（2）培训体系之实施（D）。

① 筹划方案。

② 课程规划。

③ 培训调查问卷的统计分析。

④ 培训总结会。

（3）培训体系之审查（C）。

① 反应层面，检查学员对课程的满意程度。

② 学习层面，检查学员到底学到了什么。

③ 行为层面，检查学员能将多少培训技能用于改变自己的行为。

④ 结果层面，判断培训后员工工作业绩的提高程度。

（4）培训体系之处理（A）。

① 总结经验、巩固成绩，把效果好的培训总结提炼，上升为"标准"。

② 处置遗留问题，将其转入下一个 PDCA 循环。

HR 高效工作之道

1 用 PowerPoint 制作 PDCA 流程图

PDCA 流程图就是用图示的方法来展现 PDCA 培训体系包含的内容，让 PDCA 循环内容更直观，便于阅读和快速传递信息，被广泛应用于企业培训、绩效管理中。使用 PowerPoint 制作 PDCA 流程图的具体操作步骤如下。

步骤① 新建一个 PPT 演示文稿并将其命名为【PDCA 培训流程图】，删除幻灯片中的占位符。单击【SmartArt】按钮，打开【选择 SmartArt 图形】对话框，选择【基本饼图】，单击【确定】按钮，如图 6-4 所示。

步骤② 删除 SmartArt 图形中的【文本】字样，单击【添加形状】按钮，在 SmartArt 图形中添加一个形状，调整 SmartArt 图形的扇形位置，然后将扇形使用不同的颜色进行填充。在 SmartArt 图形上绘制一个正圆，然后取消正圆轮廓，填充为【白色，背景 1】，如图 6-5 所示。

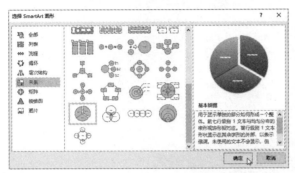

图 6-4 选择 SmartArt 图形

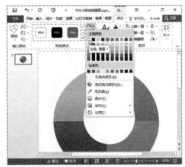

图 6-5 设置正圆效果

步骤③ 在正圆上绘制一条垂直直线和一条水平直线，为直线应用【细线，强调颜色 3】样式。再在扇形上绘制一个弧形，将其颜色填充为【白色，背景 1】，箭头类型设置为【箭头样式 2】，如图 6-6 所示。

步骤④ 复制弧形，将其粘贴到其他扇形上，并对弧形的旋转角度进行设置。在正圆上绘制一个横排文本框，输入需要的文本，并对文本的字体格式和对齐方式进行设置，效果如图 6-7 所示。

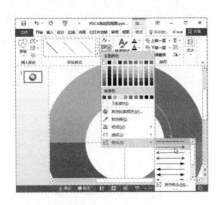

图 6-6 设置箭头类型

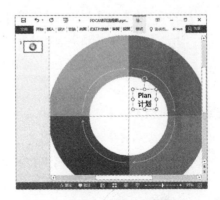

图 6-7 输入文本

步骤 5 复制文本框，将其粘贴到正圆的其他位置和扇形中。对文本框中的文本进行修改，并根据需要对文本格式进行设置。PDCA 流程图的最终效果如图 6-8 所示。

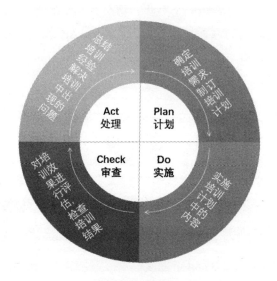

图 6-8 最终效果

2 用 Word 制作企业培训方案

使用 Word 制作企业培训方案的具体操作步骤如下。

步骤 1 打开【企业培训方案】文档，选择需要转换为表格的段落，然后在【插入】选项卡【表格】组中的【表格】下拉列表中选择【文本转换成表格】选项，打开【将文字转换成表格】对话框，对表格列数及文字分隔位置进行设置，然后单击【确定】按钮，如图 6-9 所示。操作完成后，所选段落就转换成了表格。

步骤 2 使用相同的方法将文档中其他需要转换成表格的段落转换成表格，并对表格中文本的字体格式和对齐方式进行设置。选择需要合并的单元格，单击【表格工具-布局】选项卡【合并】组中的【合并单元格】按钮（见图 6-10），即可将多个单元格合并。

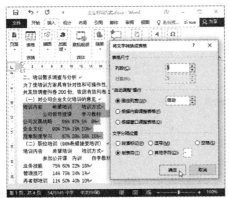
图 6-9 文字转换成表格

图 6-10 合并单元格

步骤 3 继续执行合并单元格操作，并对所有表格进行相应的设置。将光标定位到标题中，为标题应用【标题】样式，如图 6-11 所示。

步骤 4 将光标定位到第一段中，在【样式】下拉列表中选择【创建样式】选项，在打开的对话框中单击【修改】命令，打开【根据格式设置创建新样式】对话框，设置样式名称和格式，然后单击【确定】按钮，如图 6-12 所示。

图 6-11 应用内置样式

图 6-12 新建样式

步骤 5 为相同的段落应用【二级标题】样式，设置正文第二段首行缩进两个字符。双击【剪贴板】组中的【格式刷】按钮复制段落格式，拖动鼠标选择需要应用复制的段落格式的段落，如图 6-13 所示。

步骤 6 使用相同的方法继续应用复制的段落,并加粗显示部分段落。将鼠标指针定位到文档标题前方,单击【插入】选项卡【页面】组中的【封面】按钮,在弹出的下拉列表中选择【花丝】选项,如图 6-14 所示。

图 6-13 复制段落格式

图 6-14 选择封面样式

步骤 7 在文档首页插入封面,并对封面中的文本及文本的格式进行修改。再在页眉处双击鼠标,进入页眉页脚编辑状态。在【页眉和页脚工具 - 设计】选项卡【选项】组中选中【首页不同】复选框,如图 6-15 所示。

步骤 8 单击【开始】选项卡【字体】组中的【清除所有格式】按钮,清除封面页页眉上的横线。在第 2 页页眉上输入【恒图科技有限公司】,并对文本的字体格式进行设置,然后单击【页眉和页脚工具 - 设计】选项卡【导航】组中的【转至页脚】按钮,如图 6-16 所示。

图 6-15 设置页眉页脚选项

图 6-16 设置页眉

步骤⑨ 定位到页脚,在【页眉和页脚】组中单击【页码】按钮,在弹出的下拉列表中选择【页面底端】选项,然后在子联列表中选择【大型彩色2】选项,如图6-17所示。

步骤⑩ 对添加的页脚进行设置,在【位置】组中将【页眉顶端距离】设置为【1厘米】,【页脚底端距离】设置为【1.2厘米】,如图6-18所示。

图 6-17 选择页码样式

图 6-18 设置页眉/页脚位置

步骤⑪ 在页面其他位置单击,退出页眉/页脚编辑状态。最终效果如图6-19所示。

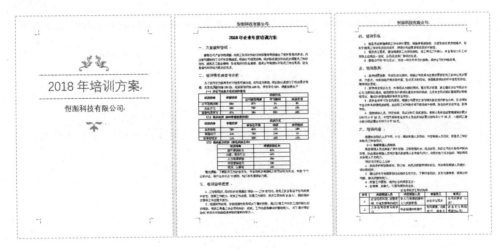

图 6-19 最终效果

3 用 Word 制作培训协议书

使用 Word 制作培训协议书的具体操作步骤如下。

步骤 1 新建一个 Word 文档并将其命名为【培训协议书】。输入需要的文档内容，对标题格式进行设置。按住【Shift】键拖动鼠标，依次选择需要添加下画线的空白字符区，然后单击【开始】选项卡【字体】组中的【下画线】按钮，如图 6-20 所示。

步骤 2 添加默认的下画线后，选择文档中间的正文段落，然后向右拖动标尺上的【首行缩进】符号，使段落首行缩进两个字符，如图 6-21 所示。

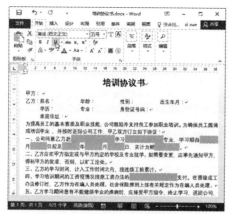
图 6-20 添加下画线

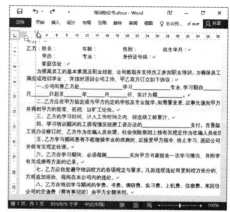
图 6-21 设置首行缩进

步骤 3 选择前面几段和后面几段文本，单击【段落】组中的【行和段落间距】按钮，在弹出的下拉列表中选择【2.0】选项，如图 6-22 所示。

步骤 4 选择文档中间的正文段落，在【行和段落间距】按钮下拉列表中选择【1.5】选项，如图 6-23 所示。

第6章 员工专项培训的方法与管理

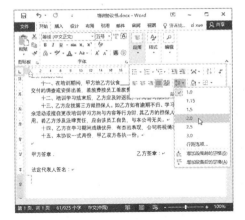

图 6-22 设置附加信息段落行距

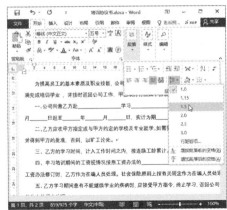

图 6-23 设置正文段落行距

步骤 ⑤ 完成本例的制作，最终效果如图 6-24 所示。

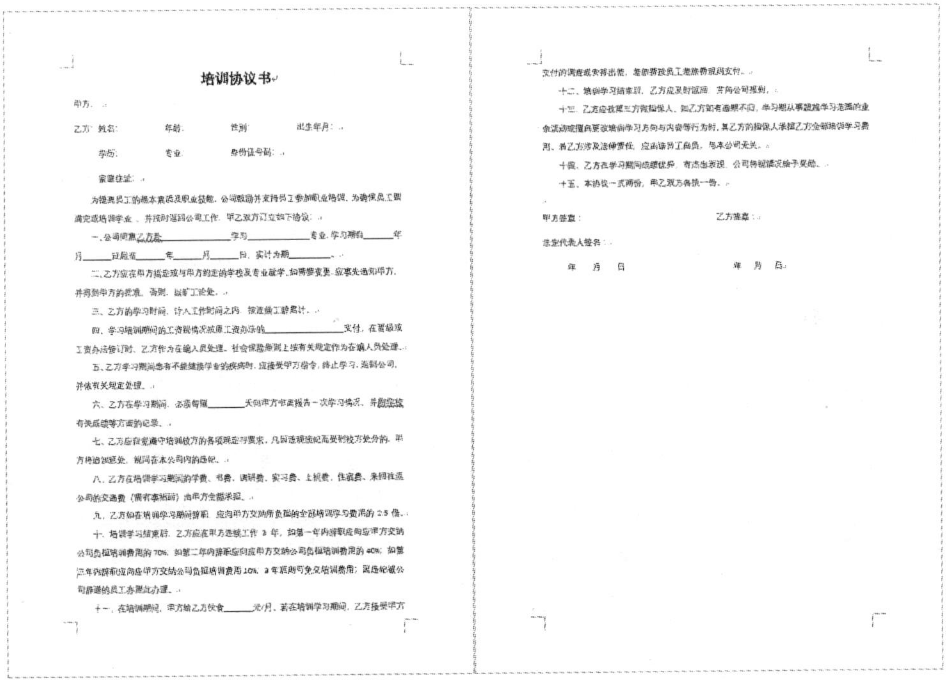

图 6-24 最终效果

第4篇 离职篇

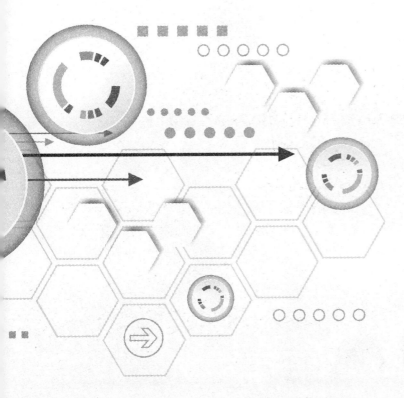

第 7 章
员工离职与关系管理

在人力资源管理过程中，员工关系管理非常重要。如果员工关系处理得不恰当，那么有可能会对企业产生巨大的影响。离职员工既可以成为传播企业优良文化的最有说服力的群体，提高企业的整体形象，促使优秀人才加入公司，也有可能成为一枚攻击企业的利器，散播企业负面信息，给公司造成负面影响。因此，在管理员工关系时，离职员工的管理既是管理的关键点，也是管理的难点。本章主要从离职管理、辞退管理两个方面介绍如何进行离职员工的管理。

7.1 离职管理

随着职场人员流动的速度明显增快,员工离职尤其是员工主动离职已经成为企业人力资源管理面临的主要问题之一。员工流动率高不仅会极大地降低企业运行的效率,也会使企业面临繁杂的员工离职管理。如果企业制度或行为不当,员工一旦离职就可能会与企业对簿公堂。所以员工离职管理是非常重要的一环,良好的离职管理可以有效地减少劳动争议事件。离职管理不仅要为员工办理离职手续,还要做好离职面谈,分析员工离职的真正原因并找到解决对策,做好员工离职风险的预防工作。

7.1.1 离职面谈管理

员工离职面谈是指员工提出离职后,企业和员工之间的沟通谈话。离职面谈是员工关系管理的重要环节,也是企业人力资源管理部门的一项重要职责。员工离职面谈不用额外支付费用,却能收到意想不到的效果。

有效的离职面谈是一种润滑剂,可以消除企业与员工之间的误会,预防员工产生对企业不利的行为,甚至可以挽留人才。对于企业不想留用的员工,通过离职谈话能有效缓解员工的紧张情绪,消除员工的不满情绪,减少他们与管理人员的对抗和冲突,避免给企业带来不良影响。

1. 离职面谈的设计

员工离职面谈一般是在收到来自员工本人或员工所在部门负责人的确切离职信息后进行。离职面谈可以参照以下五个步骤进行:面谈准备,面谈过程安排,做好面谈记录,整理、分析面谈记录,反思面谈过程。

(1)面谈准备。

① 掌握离职员工的基本信息,包括姓名、年龄、部门、岗位、入职时间、学历、专业、工作业绩情况等。

② 根据离职员工的基本信息,准备面谈的结构及具体内容。

③ 安排面谈的时间、地点,布置环境,力求让接受面谈者在一种轻松的状态

下把真实的想法表达清楚。

（2）面谈过程安排。

① 面谈开始前先请员工入座，尽量以握手、点头、微笑等开场。

② 自我介绍，表明身份，简要阐述本次面谈的内容和目的。

③ 正式面谈阶段，提出具体沟通的问题。面谈范围要尽量广，给对方充分的表达空间。

④ 在对方不拒绝的前提下深入了解情况。

⑤ 面谈过程中要注意对方的情绪变化，站在对方的角度考虑问题，提问的过程中要体现公司对员工的关怀。

⑥ 了解员工离职后的打算或去向，尽量避免提出涉及员工个人隐私的问题。

⑦ 面谈结束，感谢对方配合，以握手等方式客气地送对方离开，并祝对方有一个美好的前途。

（3）做好面谈记录。

面谈前征得对方同意，在面谈过程中及时做好记录，人力资源部门通常要提前设计好员工离职面谈记录表。如果对方不同意当面记录，人力资源工作者应用心听对方谈话的要点，于面谈后第一时间记录面谈情况。

（4）分析面谈记录。

面谈结束后，及时整理面谈记录，总结出该员工离职的原因。提交分析报告，由经理审核并保存资料。

（5）反思面谈过程。

总结自己在此次面谈中的得失，发扬优势，改正不足，以便下次面谈做得更好。

2．离职面谈的注意事项

为了更好地进行员工离职面谈，人力资源工作者需要注意以下几个方面。

（1）选择融洽的面谈环境。

面谈一般是在会议室或办公室，但这些地方都显得过于正式和严肃，会给员工的心理造成不良的影响，不利于员工放松地交谈。因此，选择一个放松的环境很重要，员工少了戒心，才能吐露真心，比如咖啡厅或者奶茶店都是不错的选择。如果条件允许，可以在非工作时间及非工作地点安排离职面谈，这样面谈会事半功倍。

（2）诚恳地交流。

人力资源管理人员需要掌握一些心理学知识与谈话技能，尤其是在离职面谈的时候，谈话技巧显得尤为重要。离职面谈和心理咨询有些类似，都是要让对方把真实的想法表达出来。在面谈时，最基本的一点就是要站在员工的角度看问题。通过前期的了解，人力资源管理者可以猜测一些离职原因。在开放式的提问和回答中，把离职原因范围不断缩小，最终得到想要的答案。如果面谈一次无法找到离职原因，那么可以给员工一些缓冲时间，多找机会，多面谈几次，也不失为一种好办法。

（3）差异化面谈。

马斯洛需求层次理论告诉我们，人的需求由低到高可分为生理需求、安全需求、情感与归属的需求、尊重需求、自我实现的需求，每个人的需求都是不同的。对应到员工身上，不同年龄阶段、不同层级的员工，各自的需求也有所不同。因此，抛开普遍性的理由，员工的离职理由也必然有其独特性。那么，离职面谈的侧重点也应有所不同。

> **提示**
>
> 尽量不要到员工离职了才面谈，应该在平时就与员工多接触、多沟通、多了解，在员工在职期间就提前发现问题、解决问题，避免人才流失。

7.1.2 离职原因分析

离职面谈管理的终极目标是通过对离职原因的分析，改进公司的人力资源管理乃至经营管理制度。因此，离职面谈最主要的服务对象仍是在职员工，通过分析员工离职原因，尽可能地减少企业与员工之间的矛盾，避免出现不必要的离职，积极地把员工的满意度作为管理的目标，为员工的自我实现和自我发展提供一个和谐的环境及宽广的平台。

下面是某公司人力资源管理者对2018年员工离职原因的分析报告，供读者参考。

▶ **员工离职原因分析报告** ◀

为加强公司与员工之间的沟通和交流，了解离职员工的真实想法，从根本上解决问题、改变现状，力争留住现有员工，为降低公司人员流失率提供依据。根据公司要求，现对2018年员工离职情况进行分析，并针对主要的离职原因提出改进建议。

1. 离职员工年龄构成

集团共有128人，2018年离职36人，其中90后有18人，占50%；80后11人，占30%；70后7人，占20%。如表7-1和图7-1所示。

表7-1 离职员工年龄构成

年龄阶段	人数	百分比
90后	18	50%
80后	11	30.6%
70后	7	19.4%
总计	36	28%（占总人数百分比）

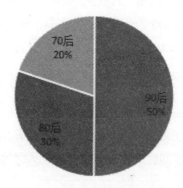

图7-1 员工离职年龄构成比例

2. 离职员工工龄构成

表7-2所示为离职员工工龄构成。

表7-2 离职员工工龄构成

工龄	人数	百分比
0~1月	10	27.8%
2~3月	14	38.9%
6月~1年	8	22.2%
6~7年	4	11.1%

由表7-2可以看出，离职员工当中大部分是入职时间不长的新员工。因此，要加强新员工管理，做好新员工的入职引导，帮助新员工快速适应企业环境。

3. 员工离职原因分析

表7-3所示为员工离职原因分析。

表7-3 员工离职原因分析

内部因素	人数	百分比	外部因素	人数	百分比
伙食不好	1	2.8%	健康因素	3	8.3%
上班时间长	8	22.2%	求学深造	1	2.8%
工作量太大	7	19.4%	转换行业	4	11.1%
工作环境不好	4	11.1%			
无晋升机会	6	16.7%			
工作无成就感	2	5.6%			

由表7-3可以看出，公司员工离职主要有两大原因：外部原因与内部原因，其中内部原因是导致员工离职的主要原因。据员工反映，过长的上班时间使他们身体疲惫，工作没有激情，从而也导致工作效率不高；工作量太大，导致经常加班，休息不好。此外，员工还反映，上级应多关注员工身体状况。

综合以上各方面数据及图表，现针对公司员工离职原因进行分类，主要有如下几个方面。

（1）不适应当前工作环境。主要是新入职的80后、90后员工，不适应公司工作环境，认为工作时间过长，工作量太大。

（2）家庭原因及个人身体状况原因。因这类原因离职的主要是老员工，因结婚、怀孕、身体不适，以及家里有急事须辞职返乡。

（3）个人发展定位与公司的晋升空间不对称。主要是80后、90后新入职的中专及高中以上学历的员工，他们表示离开公司后想换个有晋升空间的公司，或者继续求学深造。

针对以上几个方面情况，建议如下。

（1）留住老员工，及时了解新入职的80后、90后的想法及心理动态，多与新员工沟通，不仅要在工作上给予其帮助，还要在生活方面多给予些关心，从而缩短新入职员工对公司的不适应期，加强其对公司的归属感。对于新员工提出的建议，合理的部分尽量予以改善；不合理的要求也要对其讲清楚原因，不要让员工感觉部门/公司不重视他们提出的意见，提出的建议石沉大海。

（2）从2018年7月开始，各部门都在制订部门的晋升管理制度，此制度为员工的晋升提供了明确清晰的晋升标准、透明客观的选拔流程以及不同发展方向的晋升路线。员工可以根据自身条件，制订符合自己的职业规划，有侧重点地提升完善自己。希望部门能在开会时及时向员工宣导此制度，让员工对部门/公司，特别是对自己的发展充满希望，也能有针对性地对自己的职业发展方向进行规划。

7.1.3 离职风险防范

员工离职不仅会增加企业的招聘、培训等显性成本，还会给企业的生产经营带来损失，甚至导致企业职位链被破坏，员工队伍凝聚力和归属感的降低等。有效管理员工的离职，防范员工离职给企业带来的风险，是人力资源管理人员非常关键的工作。本小节将从以下几个方面讲解员工离职的管理和风险防范。

1. 建立离职管理规章制度体系

"离职"是员工与企业关系即将终结的环节，在此环节企业应着力于规范运作，从离职手续办理的各个方面建立健全的管理规章制度体系。

根据现行法律法规、司法解释的规定，企业制订离职管理规章制度须符合以下条件。

（1）必须合法，包括内容合法和程序合法。

（2）不得违反劳动合同或集体合同的约定。

（3）制度公示。任何制度在实施前，都要事先公示，让员工知晓制度内容。未经公示而在员工离职时才交予员工阅知的规章制度，对员工不具有约束力。

根据《最高人民法院关于审理劳动争议案件适用法律若干问题的解释》的规定，用人单位根据《中华人民共和国劳动法》第四条之规定，通过民主程序制订的规章制度，不违反国家法律、行政法规及政策规定，并已向劳动者公示的，可以作为人民法院审理劳动争议案件的依据。

通过建立离职环节的管理规章制度体系，企业可以加强自身管理离职行为的规范性，杜绝随意办理离职手续的情况出现，在程序上约束企业与员工离职事务的办理。

2. 离职交接事务的处理

员工离职需要办事离职手续，交接所有工作、资料、物品等，对此，员工所在的部门及人力资源部门应认真处理。在日常管理中应建立起相关工作制度与物品管理制度，对于办公物品的管理、领用、使用实行登记制度。在交接事务方面主要包括工作物品的交接和工作内容的交接。

（1）工作物品的交接。

办理员工离职手续时要认真核实员工提供的交接材料。如果员工带走公司财物，数额较大的，将构成侵占公司财产的犯罪行为，企业应及时向公安机关报案以维护企业利益，不可拖延，以免贻误了处理事件的时机。

（2）工作内容的交接。

员工办理离职手续时，应让其书面列出交接工作的内容。对于特殊人员的离职，更要做好离职交接，如财务人员。《中华人民共和国会计法》第四十一条规定：会计人员调动工作或者离职，必须与接管人员办清交接手续。根据此规定，若离职会计人员不配合办理工作交接手续，企业有权暂缓为其办理离职手续。

3．离职中的薪资处理

劳动争议产生的原因各种各样，但出现频率最高的是劳动关系双方就工资、补偿金数额等问题未达成一致意见。企业应重点关注以下几个方面的处理，以防范法律风险。

（1）工资结算。

劳动关系双方依法解除或终止劳动合同，企业应在解除或终止劳动合同时，即员工离职时，一次性结清员工工资。需要说明的是，企业向离职员工结清工资属于离职手续中的一项，这是规范的做法。有些企业习惯要求离职员工在企业下月正常发薪日来领取工资，而不是离职时予以结清，这样办理容易留下隐患。

（2）经济补偿金和赔偿金。

在员工离职时，劳动关系双方应依据劳动法律法规、政策及劳动合同的约定，明确企业需要向员工支付经济补偿金的义务，以及劳动关系一方需要向另一方支付赔偿金的义务。不论是法定义务还是约定义务，企业都不应推脱，应切实保障离职员工的合法权益，否则，容易导致劳动纠纷的发生。

（3）其他薪酬福利事项的处理。

员工在企业工作期间，企业为员工缴纳各项社会保险及住房公积金等，在员工办理离职时，企业应与员工协商确定转移手续的办理时间及双方如何配合办理等。

4．人事档案的转移

员工因与企业解除劳动合同或其他原因离职，办完离职交接手续后，企业有义务为员工办理档案转移手续，包括向员工出具离职证明、转移员工个人人事档案等。根据国家《企业职工档案管理工作规定》的规定，企业职工调动、辞职、解除劳动合同或被开除、辞退等，应由职工所在单位在一个月内将其档案转交其新的工作单位或其户口所在地的街道劳动（组织人事）部门。通过规定可知，企业无权以任何理由扣留已离职员工的档案。

5. 稳定内部员工人心

企业只要有员工离职,特别是关键岗位员工或管理人员离职,必然会对未离职的员工产生一定的影响。据统计,1名员工离职会导致5名员工有离职的想法。某些影响力大的员工离职会造成群体心理动荡、减弱组织的向心力、凝聚力,动摇员工对企业发展的信心。如果出现这样的情况,企业可以采取以下解决措施。

(1)就离职事件与在职员工进行积极的沟通,说明原因,鼓励未离职的员工努力工作,让他们对前景充满信心。

(2)做好员工职业生涯的规划与开发,提供必要的正式培训,建立一整套面向未来的培养计划。创建良好的企业沟通关系和人员关系,创造一种保持发展及激情的内部环境。

企业要依法处理法律风险,比如,若员工拒绝承担违约责任或赔偿责任,企业应通过提起劳动仲裁这种法律途径来维护自己的合法权益。

7.1.4 离职管理体系

员工离职管理体系是企业员工离职风险防范的重要保证。系统严谨的管理体系不仅使劳动关系管理和行为有章可循、有据可依,更能够创造组织内部的公平性,提高员工的满意度。制度建设是一项动态工程,在涉及员工劳动关系的问题上,种类繁多的各项制度之间应互为逻辑,互不冲突,互为补充,并随着国家法律法规、地方劳动政策的变化及时更新。离职管理体系主要包括离职管理制度、离职管理流程及离职管理表单等。

1. 员工离职管理制度

离职管理制度如果规范、合法、系统、严密、可操作性强并获得严格执行,则能有效地防范劳动争议的发生。下面是某公司的员工离职管理制度,供读者参考。

▶ **员工离职管理制度** ◀

1. 目的

为规范管理员工离职事宜,特制订本管理制度。

2. 适用范围

本制度适用于公司所有员工离职手续的办理。

3. 职责

人力资源部负责办理离职人员的离职手续，公司其他各部门负责协助办理，副总经理或总经理负责审批公司员工的离职情况。

4. 离职程序

（1）试用期员工辞职。

① 试用期员工离职必须提前三天向部门领导提出书面辞职申请，待部门负责人、分管领导分别签署意见后报人力资源部，领取《员工离职申请表》。若辞职员工为中层副职以上级别或财务等重要岗位人员的，须提前一个星期提出辞职申请。

② 离职员工将《员工离职申请表》逐级报请，经副总经理、总经理批准后，人力资源部会同其部门负责人进行约谈，并通知辞职员工部门负责人安排工作交接。

③ 离职员工按《离职员工交接手续表》的内容依次办理交接，人力资源部负责通知总经办为其办理工作服、办公用品、档案资料收回工作；通知财务部结清借款或罚单。以上内容交接完毕并经交接双方和部门负责人、监交人各方签署意见后，交接工作方视为完成。

④ 统计离职员工本月考勤，提出离职员工工资结算意见，报上级领导批示。

⑤ 人力资源部将获批的辞职申请书、《员工离职申请表》《离职员工交接手续表》汇总整理，逐级上报经总经理批示。

⑥ 将总经理批示的相关文件报送财务部，作为财务人员制订工资条和发放工资的依据。人力资源部将所有资料存档。

（2）正式员工辞职。

① 正式员工离职须提前一个月向部门领导提出书面辞职申请，待部门负责人、分管领导签署意见后报人力资源部，领取《员工离职申请表》。

② 由离职员工将辞职申请书、《员工离职申请表》等逐级报请，经副总经理、总经理批准后，人力资源部会同其部门负责人进行约谈，并通知辞职员工部门负责人安排工作交接。

③ 离职员工按《离职员工交接手续表》内容依次交接，人力资源部负责通知总经办办理工作服、工作证、办公用品、档案资料、物品的收回工作；通知财务部结清借款或罚单。以上内容交接完毕并经交接双方和部门负责人、监交人各方

签署意见后，交接工作方视为完成。

④人力资源部统计其本月考勤，提出离职员工工资结算意见，报上级领导批示。如未到绩效工资发放时间，不再结算绩效工资。

⑤人力资源部将获批的辞职申请书、《员工离职申请表》《离职谈话记录》工资结算说明、《离职员工交接手续表》汇总整理，逐级上报经总经理批示。

⑥将总经理批示的相关文件报送财务部和人力资源部，作为财务人员制订工资条和发放工资的依据。人力资源部将所有资料存档。

（3）特殊人员离职。

①财务人员。

财务人员必须提前一个月提出离职申请，且严格按照国家财经法规、公司财务制度中的要求离职，并为在职期间出现的财务问题承担相应责任，并且负有协助调查的义务。

②驾驶员。

除按照上述要求办理离职外，总经办须协助调查该员工在工作期间的出车记录、维修记录和违章记录，如有罚款和因其本人驾驶原因出现的维修，须补齐罚款和维修费用。

5. 离职管理

（1）未以书面形式提出离职、不辞而别或未按规定办理交接手续，致使公司无法办理或延迟办理相关离职手续的，由员工本人承担责任。

（2）员工在发放奖金前离职的，自动失去各种奖金评定资格，离职后不再发放任何奖金。

（3）离职谈话。

①员工申请辞职的，人力资源部应与辞职人进行面谈，了解其辞职原因。

②辞职员工如不能亲临公司会谈，应通过电话交谈。

③离职谈话记录须经员工和谈话人共同签字，存入公司员工档案。

（4）有下列情况之一时，审批人有权不予以批准或推迟批准。

①员工提交辞职申请时账务未清或阶段性工作未完成。

②根据劳动需要，特殊时间段（公司生产任务紧张时）不办理离职手续。

③未按程序逐级审批或擅自越级审批的，任何部门均不予以签批办理辞职手续。

6. 附则

（1）本制度的解释权属人力资源部。

（2）本制度自颁布之日起执行。

（3）以前的文件或规定中如果有与本制度相抵触的条款和规定，按本制度执行。

2．员工离职管理流程

明确员工离职管理的流程（见图7-2），可以确保员工离职的行为在可控范围内。

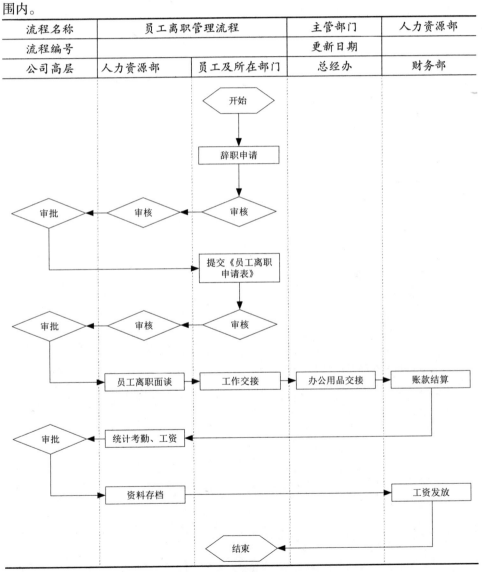

图7-2 员工离职管理流程

3. 员工离职管理表单

为了更好地执行离职管理制度，按照离职流程办理相关手续，企业须设计相应的离职表单。员工离职管理表单主要有《员工离职申请表》《员工离职移交清单》《员工离职手续会签表》等。

（1）员工离职申请表。

员工离职要按照离职流程填写离职申请表（见表7-4），待审批后方可办理离职交接手续。

表7-4 员工离职申请表

填写说明：请您在离职前30天（试用期提前3天）填写此表。

第一部分：离职员工填写					
员工编号		姓 名		入职日期	
部 门		职 位		学 历	
员工性质		□正式　□试用　□临时工　□实习			
离职申请	本人由于个人原因提出离职，希望于_____年__月__日与公司解除劳动合同 离职原因说明：（请在以下一项或多项的选择框中打√） □不满薪资现状　□不满任务分配　□不满考核评价　□不满培训机会 □不满管理方式　□寻求工作挑战　□寻求再次深造　□寻求职位晋升 □寻求创业机会　□平衡作息健康　□平衡工作家庭　□平衡交通地点 □其他 原因说明：（原因说明越详细越好） 申请人签名：　　　　　　　　　　　　　　　年　月　日				
离职申明	为合法、准确、及时地完成离职手续的办理，本人特作如下申明： 1. 本人在正式办理离职手续之前，仍将继续履行现任职务工作职责，继续履行劳动合同所规定的各项内容，执行公司的各项制度 2. 本人在办理离职手续时，将积极予以配合，妥善做好工作交接、办公用品和办公资产移交，并填写离职移交清单，保证离职过程的准确、完整和有效性 3. 本人在办理离职手续时，将不会有欺骗、故意隐瞒、散布不良信息或发表对公司有负面影响的言论或行为 4. 本人如有违反上述申明之行为，愿意承担因此而产生的一切后果 申请人签名：　　　　　　　　　　　　　　　年　月　日				
第二部分：公司各部门审核（批）意见					
部门经理 意见	签名： 年　月　日				
		分管领导 意见		签名： 年　月　日	

续表

人力资源部意见	
人力分管领导意见	
副总经理意见	
总经理意见	

（2）员工离职移交清单。

员工的离职申请被批准后，员工须办理工作交接，离职交接要填写移交清单表（见表7-5）并签字存档，以便日后查询。

表7-5 员工离职移交清单

部门		岗位名称	
类别	名称	数量	备注
文件资料类			
电脑文档类			
物资物品类			
未完成事项			

续表

我确保已将本岗位工作中保存的文件、资料、物品全部移交完毕及说明清楚未完成事项，否则愿承担责任	我已收到以上文件、资料、物品及明确工作事项，今后如发现短少，将由本人承担责任	本人证明，以上资料及工作任务均已妥善移交 证明人一般是移交人和接交人的直属上级
移交人签名： 　　年　月　日	接交人签名： 　　年　月　日	证明人签名： 　　年　月　日

（3）员工离职手续会签表。

工作移交完成后，员工才可正式办理离职手续。员工离职手续会签表如表7-6所示。

表7-6　员工离职手续会签

员工号：　　　　姓名：　　　　部门：　　　　职位：

交接部门及人员	项目	办理情况	负责人签名确认	
第一部分：离职手续办理				
直属部门	工作交接		部门确认	分管领导确认
	工作资料（图纸等）交接			
	离岗前考勤情况			
	离岗日期：　　年　月　日			
网络管理员	计算机设备/邮箱/MSS等			
办公用品管理员	公司配置的办公用品、从公司或其他部门借出或领用的物品			
财务部	个人借款、报销款、服装押金等			
特别说明：员工须办理完以上各项手续，并经相关责任人签字确认后，人力资源部才给予办理工资、福利等离职结算手续，否则不予办理				
员工申明	我已完成各项工作、物品等事务的交接，今后发生的一切事务与我无关 　　　　　　　　　　　　　　　员工签字： 　　　　　　　　　　　　　　　联系方式： 　　　　　　　　　　　　　　　　　年　月　日			
离职证明	确认离职日期：　　　年　月　日 （员工办理完所有手续后才给予离职证明） 已开具《离职证明》。经办人：　　　年　月　日			
第二部分：离职结算				
项目	办理情况及款项			
工资结算				

续表

培训费	
社保/公积金	
经济补偿金	
其他（个税等）	

特别说明：离职清算余额将于员工办理完所有手续后3个工作日内支付到员工的工资账户中

人力资源部确认	
人力分管领导意见	
副总经理意见	
总经理意见	

7.2 辞退管理

辞退管理是指用人单位主动与劳动者解除劳动合同的管理。用人单位单方解除劳动合同的情形主要有两种：一种是因劳动者存在过错而单方解除劳动合同；另一种是因非劳动者存在过错而单方解除劳动合同。人力资源管理者在实施辞退员工管理的过程中须依法办理，避免产生不必要的劳务纠纷。

7.2.1 辞退实施

辞退是指用人单位由于某种原因与员工解除劳动关系的一种强制措施。对于企业来说，辞退员工是把"双刃剑"，一方面能够优化员工结构，提升员工整体素质，降低企业用工成本，帮助企业渡过经营难关。但是另一方面，可能会使被辞退员工心生不满，让在职员工心有余悸，对企业失去应有的归属感。这样的辞退不仅辞掉了员工，也辞掉了企业的凝聚力。

辞退工作对于人力资源工作者是比较头痛的，于公是在履行工作程序，于私确实心有不忍。那么，如何顺利开展辞退工作呢？

1. 辞退的一般程序

每个企业辞退员工的程序可能不一样，但都离不开以下几个关键程序。

（1）明确辞退原因。当得到被辞退员工的信息后，人力资源部要作进一步核实。明确该员工被辞退的原因是辞退工作的第一步，也是非常重要的一步。真实的辞退原因将会给后面的工作打下坚实的基础。

（2）收集辞退员工的相关依据。在做出辞退员工的决定后，人力资源部要收集辞退该员工的相关依据。收集的资料内容要根据辞退的原因而有所有不同，如果是试用期考核不合格的辞退，则要有员工的试用期标准、试用期考核结果等；如果是员工严重违反规章制度的辞退，则要有相应的制度规定、制度制订过程资料、员工违纪的事实材料等。

（3）与员工沟通。员工被辞退是对其职业生涯发展的一次较为严重的打击，员工的心理可能会受到伤害。因此，与被辞退员工进行充分的沟通是非常关键的。在沟通前要做好充分准备，要根据具体情况确定面谈的方式、内容及重点。在沟通的过程中，要充分表现出真诚的态度，切忌居高临下、不可一世。

（4）办理手续。根据沟通的结果，按照公司的制度为员工办理离职手续。离职手续包括工作交接、结算工资、结算离职补偿金、出具离职证明、转移员工社保、转移档案关系等。

2．辞退的预防性措施

在辞退的过程中，为避免员工投诉或闹事，可以采取以下预防性措施。

（1）从员工入职的第一天起，就做好法律上的准备。对员工的发展不作长期保证，而只是明确许诺尽可能让员工发挥自己的能力。

（2）对员工进行经常性的正式评估。不管是员工过失性辞退还是非过失性辞退，正式的评估资料都是辞退员工的重要依据。非过失性辞退时，评估差的员工可以考虑优先辞退。要经常对员工进行评估，所有的评估资料都要有书面材料，并由员工签字确认。在评估过程中要避免使用任何涉及年龄、性别、种族和身体状况等方面的文字或暗示，以防成为不利的证据。

（3）做好员工思想工作。做出辞退决定后，要做好员工的安抚工作，在力所能及的范围内帮助员工解决一些难题，降低员工的负面情绪。比如，提供力所能及的福利待遇、帮助其寻找再就业机会等。

越来越多的公司已经认识到，辞退员工绝非可以随意处置的小事。如果处理妥当，公司不仅可以免去被投诉之苦，而且有益于消除在职人员对自己前途的担忧，有利于劳动力的稳定和经济效益的提高。

7.2.2 辞退员工时的法律风险防范

1. 过错性解除劳动合同时的注意事项

过错性解除劳动合同是指因员工的过错致使企业主动解除劳动合同，因员工存在过错在先，用人单位在解除劳动合同时无须提前通知，也无须支付经济补偿金。法律规定的解除劳动合同的情形如下。

（1）过错性解除劳动合同的情形。

《劳动合同法》第三十九条规定，劳动者有下列情形之一的，用人单位可以解除劳动合同：

（一）在试用期间被证明不符合录用条件的；

（二）严重违反用人单位的规章制度的；

（三）严重失职，营私舞弊，给用人单位造成重大损害的；

（四）劳动者同时与其他用人单位建立劳动关系，对完成本单位的工作任务造成严重影响，或者经用人单位提出，拒不改正的；

（五）因本法第二十六条第一款规定的情形致使劳动合同无效的；

（六）被依法追究刑事责任的。

（2）对于企业而言，过错性解除劳动合同，是风险最小和成本最低的辞退员工的方式。人力资源部在实际操作中要注意以下几点。

① 上述条款中的过错情形，法律做出的只是原则性的规定，企业要想充分利用上述规定实现有效的用工管理，还需要结合企业内部的规章制度和劳动合同进行明确和细分，如哪些行为构成"严重违反"、什么样的情形属于"不符合录用条件"，以及"重大损害"的标准又是什么，等等。只有这样，在对员工进行处罚时才有理有据。另外，企业在制订规章制度和劳动合同时，应当遵循公平合理的原则，不能滥用界定权，夸大违纪行为的性质和损害，否则，在法律上将会被认定为无效。

② 因员工从事第二职业而辞退员工时需注意，法律对员工从事第二职业并未做出禁止规定，但明确了以下两种情况下，用人单位可以解除劳动合同。

a. 员工因为从事第二职业，对完成本单位工作任务造成了严重影响。

b. 员工从事第二职业，经用人单位提出，拒不改正。

按照上述规定，企业因员工从事第二职业直接解除劳动合同的权利是受到限制的。因为在第一种情形下，必须是员工从事第二职业给本职工作造成了严重影响，在第二种情形下,员工还有至少一次的改正机会,满足这些条件时,企业才能解除劳动合同,辞退员工。

③ 企业因员工出现欺诈、胁迫等行为而要辞退员工时需注意,这种情况主要是针对员工在入职和求职过程中,提供虚假的个人信息和隐瞒真实的个人情况的。针对这一点,人力资源管理者可以明确规定,要求员工对提交的证明和材料的真实性做出书面的承诺或保证,一旦发现员工提供了虚假资料,即可根据上述规定解除劳动合同,辞退员工。

④ 可以辞退被依法追究刑事责任的员工,人力资源管理者在实际操作中应根据审判机关的生效裁判文书来判断员工是否属于"被依法追究刑事责任",进而决定能否以此为由来解除劳动合同,辞退员工。

⑤ 过错性解除劳动合同适用于企业的全体员工,即便对《劳动合同法》第四十二条规定的因处于医疗期、孕期、产期、哺乳期,或因其他情形而享有特殊辞退保护的员工,只要存在上述六种过错情形之一,企业都可以单方解除劳动合同。

过错性解除劳动合同,辞退员工,需要按以下程序来执行。

(1) 根据《劳动合同法》的规定,企业应当在解除劳动合同前,将解约理由通知工会。如果企业违反法律、行政法规规定或者劳动合同约定,工会有权要求企业纠正。企业应当研究工会的意见,并将处理结果书面通知工会。

(2) 向劳动者说明理由,并送达解除决定。在过错性解除劳动合同的情形下,企业无须提前通知劳动者即可解除。至于解除的形式,法律没有做出强制性规定,建议企业采用书面形式,告知劳动者解约理由,并将该解除决定或通知送达给劳动者本人,以避免劳动者日后主张劳动合同尚未解除的法律风险。

2. 非过错性解除劳动合同的注意事项

非过错性解除劳动合同是指不是因为员工的原因解除劳动合同,而是因为企业的原因解除劳务合同。

(1) 非过错性解除劳动合同的情形。

根据《劳动合同法》第四十条规定,有下列情形之一的,用人单位提前三十日以书面形式通知劳动者本人或者额外支付劳动者一个月工资后,可以解除劳动合同。

(一)劳动者患病或者非因工负伤,在规定的医疗期满后不能从事原工作,也不能从事由用人单位另行安排的工作的。

(二)劳动者不能胜任工作,经过培训或者调整工作岗位,仍不能胜任工作的。

（三）劳动合同订立时所依据的客观情况发生重大变化，致使劳动合同无法履行，经用人单位与劳动者协商，未能就变更劳动合同内容达成协议的。

（2）法律对于非过错性解除劳动合同，辞退员工，设定了较为严格的解除条件和程序，人力资源管理者在实际操作中必须十分谨慎，并注意以下事项。

① 对于医疗期届满或不能胜任工作的员工，仅凭一次不胜任工作或不能从事原工作的结论，是不能解除劳动合同的。应当安排调岗或培训，对同一员工应至少做出两次不胜任工作的结论，才能解除劳动合同。

② 对于医疗期届满或不能胜任工作的员工，企业可以单方调岗，而无须与劳动者协商一致。但调岗的理由必须合理，调整后的岗位不应比原岗位的劳动强度或绩效标准更高。

③ 对客观情况发生重大变化导致的劳动合同解除，需要同时具备以下3个构成要素。

a. 劳动合同订立时所依据的客观情况发生重大变化。

b. 该重大变化致使原劳动合同无法继续履行。

c. 经企业与劳动者协商，未能就变更劳动合同内容达成协议。

对于"致使劳动合同无法履行的客观情况"，人力资源管理者不能做任意扩大的解释，它仅指发生不可抗力因素或出现致使劳动合同全部或者部分条款不能履行或不必要履行的重大情况，如自然灾害、企业迁移、企业产业或资产转移、企业改制、经营方向或者经营战略调整等。企业人力资源管理者应当慎用本条款来解除劳动合同，尤其是当客观情况发生变化，但还没有达到致使劳动合同无法履行的程度时，就不能用本条款解除劳动合同。例如，企业变更名称或法定代表人、企业内部承包、企业分立或被兼并等情况虽然属于"客观情况发生重大变化"，但并不会导致劳动合同无法履行。

④ 非过错性解除劳动合同并不适用于所有员工，根据《劳动合同法》第四十二条的规定，劳动者有下列情形之一的，用人单位不得依照本法第四十条、第四十一条的规定解除劳动合同：

（一）从事接触职业病危害作业的劳动者未进行离岗前职业健康检查，或者疑似职业病病人在诊断或者医学观察期间的；

（二）在本单位患职业病或者因工负伤并被确认丧失或者部分丧失劳动能力的；

（三）患病或者非因工负伤，在规定的医疗期内的；

（四）女职工在孕期、产期、哺乳期的；

（五）在本单位连续工作满十五年，且距法定退休年龄不足五年的；

（六）法律、行政法规规定的其他情形。

本条是关于企业不得解除劳动合同的规定。根据《劳动合同法》第三十九条、第四十条、第四十一条的规定，出现法定情形时，企业可以单方解除劳动合同。为保护一些特定群体的合法权益，《劳动合同法》第四十二条同时又规定在六类法定情形下，禁止企业根据《劳动合同法》第四十条、第四十一条的规定单方解除劳动合同。

对企业不得解除劳动合同规定的理解须注意以下两个方面：一是本条禁止的是企业单方解除劳动合同，并不禁止劳动者与用人单位协商一致解除劳动合同；二是本条的前提是企业不得根据《劳动合同法》第四十条、第四十一条解除劳动合同，即使劳动者具备了本条规定的六种情形之一，但企业仍可以根据《劳动合同法》第三十九条的规定解除劳动合同。

⑤非过错性解除劳动合同应经过工会程序，并通知劳动者，送达解除决定。

⑥根据《劳动合同法》的规定，企业因非劳动者过错而单方解除劳动合同，如果未提前30日以书面形式通知劳动者本人，则应当支付经济补偿金和额外1个月的工资。经济补偿按劳动者在本单位工作的年限，每满1年支付1个月工资的标准向劳动者支付。6个月以上不满1年的，按1年计算；不满6个月的，向劳动者支付半个月工资的经济补偿。

这里的"月工资"是指劳动者在劳动合同解除或者终止前12个月的平均工资。但是，作为"代通知金"（《劳动合同法》规定，要提前1个月通知员工解除劳动合同，如果没有提前1个月通知，则须支付1个月的代通知金）的额外1个月工资的计算标准，则不是前述的"月工资"，而是按照劳动合同解除前劳动者上1个月的工资标准确定。如果企业已提前30日向劳动者送达解除通知，那么仅按上述规定支付经济补偿金即可。

3. 经济性裁员解除劳动合同

经济性裁员是指企业在濒临破产进行法定整顿期间或生产经营状况发生严重困难等情况下，为改善生产经营状况而裁减成批人员的情形。

《劳动合同法》第四十一条规定：有下列情形之一，需要裁减二十人以上或者裁减不足二十人但占企业职工总数百分之十以上的，用人单位应当提前三十日向工会或者全体职工说明情况，听取工会或者职工的意见后，裁减人员方案经向

劳动行政部门报告,可以裁减人员:

（一）依照企业破产法规定进行重整的；

（二）生产经营发生严重困难的；

（三）企业转产、重大技术革新或者经营方式调整,经变更劳动合同后,仍需裁减人员的；

（四）其他因劳动合同订立时所依据的客观经济情况发生重大变化,致使劳动合同无法履行的。

裁减人员时,应当优先留用下列人员:

（一）与本单位订立较长期限的固定期限劳动合同的；

（二）订立无固定期限劳动合同的；

（三）家庭无其他就业人员,有需要扶养的老人或者未成年人的。

4．企业裁员时不得裁减的人员

企业在进行经济性裁员时,不得裁减《劳动合同法》第四十二条规定的人员。

5．经济性裁员解除劳动合同的后果

（1）支付经济补偿金。经济补偿根据劳动者在本单位工作的年限,按每满1年支付1个月工资的标准向劳动者支付。6个月以上不满1年的,按1年计算；不满6个月的,向劳动者支付半个月工资的经济补偿。

（2）优先录用被裁减的人员。企业裁减人员之后,在6个月内又重新招用人员的,应当通知被裁减的人员,并在同等条件下优先招用被裁减的人员。

7.2.3 劳动争议预防调解工作预案

随着我国劳动法律法规的不断完善和社会主义市场经济建设的不断深入,以及劳动者维权意识的日益增强,劳资之间的劳动纠纷案件数量也呈现出不断上升的趋势。劳动纠纷如果进入仲裁或诉讼程序,既要经过严格的法律程序,还须花费大量的人力、财力和时间。因此,如何做到既保护好劳动者的合法权益,又保障劳动关系的和谐稳定发展,从而避免发生劳资纠纷,是企业在用工及生产经营过程中必须重视的中心议题。

下面是某公司的劳动争议预防调解工作预案,供读者参考。

▶ 劳动争议预防调解工作预案 ◀

1. 目的

为提升公司劳动争议预防能力,合法、合规、及时地把劳动争议解决在萌芽状态,保护职工群众的合法权益,以和谐的劳动关系保证企业生产经营秩序的有效运行,根据《中华人民共和国劳动争议调解仲裁法》(以下简称《劳动争议调解仲裁法》),特制订本预案。

2. 组织体系及相关部门职责

(1)劳动争议预防调解委员会。

公司成立劳动争议预防调解委员会,主任由公司分管副总裁担任,人力资源部、工会办公室和职代会代表(两名)担任成员,办公室设在人力资源部。

(2)工作职责。

① 调解委员会的职责。

主要负责建立预防调解的相关制度,组织召开劳动争议预警分析会,提出具体方案和建议,报公司审批。负责重大群众事件的处理,指导基层工作,及时化解矛盾。及时建立劳动争议预防工作档案。

② 各部门的职责。

负责宣传、学习《劳动争议调解仲裁法》及一切本单位内的劳动争议的预防制度,对本单位内发生的事实清楚、线索明晰、争议较小的简易案件进行调解,及时、就地调解并解决。

③ 调解信息员的职责。

负责及时做好员工思想疏导工作,发挥好"桥梁"作用,了解并汇报员工动态,及时主动地反映员工意愿,对可能发生争议的潜在问题要及时上报,维护员工队伍的稳定。

3. 常见的劳动纠纷形式

劳动纠纷是劳资矛盾上升到一定程度后的表现,直接体现了劳资双方的利益冲突。当前,企业与员工之间的劳动纠纷主要有以下几种表现形式。

(1)劳动合同方面的纠纷。

根据《劳动争议调解仲裁法》的规定,用人单位与劳动者因订立、履行、变更、解除和终止劳动合同发生的争议都属于劳动合同纠纷。主要有确认劳动关系纠纷、集体劳动合同纠纷、劳务派遣合同纠纷、非全日制用工纠纷等。

（2）劳动报酬方面的纠纷。

主要是指员工与公司在履行劳动合同期间，因劳动报酬所发生的争议，如工资核算标准与发放、企业拖欠员工工资或违规扣发、未按约定发放提成（或奖金）、加班工资的认定、女职工"三期"工资发放等。

（3）休息休假方面的纠纷。

根据《中华人民共和国劳动法》（以下简称《劳动法》）的规定，用人单位在保障劳动者休息权方面应当履行的义务具体包括，遵守法定的工作日长度，保证劳动者的每周休息日，遵守国家法定节日和带薪年休假期，保证劳动者患病和负伤期间依法享有的病假，保证女职工的生育假等。

（4）社会保险方面的纠纷。

根据《劳动法》的规定，公司依法应当为员工缴纳养老保险、医疗保险、失业保险、生育保险和工伤保险。未参加社会保险尤其是未参加工伤保险的人员，发生工伤后绝大多数情况下都会与公司发生纠纷。

（5）违约责任方面的纠纷。

《中华人民共和国劳动合同法》（以下简称《劳动合同法》）规定的违约限于两种情况：一是公司对员工进行专项培训后，员工在服务期内辞职的；二是在竞业限制期限内，员工违背与公司约定的竞业限制条款的。实践中还存在因公司一方违约，需要向员工支付经济补偿的纠纷，以及员工或公司因过错给对方造成损失，须承担赔偿责任的纠纷。

4．预防劳动纠纷的措施

（1）树立"先合同、后用工"的劳资观念。

合同是通过"君子协定"的方式，将双方的权利和义务以契约的形式先期固定下来，它是解决纠纷的最佳工具。因此，公司要严格按照《劳动合同法》的规定与员工订立劳动合同，严格保证合同内容、合同签署、用工管理和劳动合同管理的规范性，明确约定员工工作内容、工作时间、劳动保护、劳动条件和职业危害防护、在职培训、费用负担及服务期、竞业限制和保守商业秘密、补充保险和福利待遇、辞职、辞退、违约责任等条款。要制订统一的合同文本，并聘请法律顾问加以审核，切实规范劳动合同的主体、时限、责任等内容，杜绝违规签订劳动合同的现象，预防因违规而引发的劳动纠纷。

（2）严格依法保障员工的合法权益。

在签订劳动合同时，必须如实告知员工工作内容、工作地点、职业危害、劳动报酬等事项,明确加班、调休和付酬标准、办法等。

公司自身要规范用工和考勤制度,做好详细记录,严格控制加班,及时安排调休;确实不能调休的,要按《劳动法》的规定支付报酬。

公司应建立完备的休假制度,认真落实员工带薪年休假、探亲假、婚丧假、产假等国家规定的假期,避免发生劳动纠纷。

要按规定为员工缴纳养老、医疗等社会保险,自觉承担员工工伤治疗费用及补偿等。确实需要与员工解除劳动关系的,须依《劳动合同法》的规定,履行好通知及经济补偿义务,但要保存好相关合法的证据。

(3)建立健全的企业管理规章制度。

《劳动法》第四条规定:"用人单位应当依法建立和完善规章制度,保障劳动者享有劳动权利和履行劳动义务。"公司为了保障生产经营的顺利进行,必须制订各种规章制度和劳动纪律,要求员工遵守,但必须注意其合法性。对涉及员工利益的制度,一定要提交职代会审议通过,并应保留好职工代表大会或者全体职工大会讨论、协商的书面证据,同时要注意加强公示和宣传。对员工违规行为进行处罚时,要建立在合法、合规、理性、人性的基础上,既要避免激化劳资矛盾,又要有利于企业今后的管理和发展。

(4)构建有效防范劳动争议的内部机制。

公司应当本着"事前预防为主、事中控制为要、事后补救为辅"的原则,建立一套有效的劳动争议内部防范机制,一旦发生劳动纠纷,公司既可以从容应对,也可以最大限度地维护自身利益。建立员工参与或影响决策的管理机制,在公司内部创造有利的群体环境及和谐共事的交往气氛,要从物质和精神上为员工创造良好的工作、生活、学习环境,畅通员工诉求及沟通渠道,真正了解员工的心声,促进相互交流。要在企业内部建立劳动争议调解委员会,通过内部调解机制,尽量将劳动争议的扼杀在萌芽状态。

(5)做好源头牵制,畅通员工利益诉求表达渠道。

做好源头控制,尽可能地将矛盾化解在萌芽状态。劳动争议事前预防必须把"早、细、深"三字的精髓融入日常工作中,检查劳动合同、集体合同的执行与落实情况,对涉及职工切身利益的事项跟踪监察,通过职代会、企务公开等方式使员工了解公司对其关心的热点、难点、焦点和重点问题的态度、处理方法与依据。同时要依据《劳动合同法》《企业劳动争议处理条例》等相关法律法规以及企业集体合同、规章制度来调整劳动关系,逐渐形成一种相互尊重、平等协商、共同发展的态势和格局，建立和谐稳定的劳动关系；坚持定期组织职工代表对劳动保护工作的巡检工作；建立员工思想动态一季度一报制度，分别从不同方面、不同角度掌握员工的思想动态。在公司内部建立员工利益诉求表达机制、协商和解机制等预防调解措施，如设立员工信箱、征集职代会提案、召开不同层面的员工座谈会、到基层一线进行专项调研等。

（6）加强业务培训。

各调解员、信息员要积极主动地深入员工，动员员工支持此项工作，一旦发现问题，能够积极主动地联系调解小组。各小组相关人员应积极参加有关劳动保护的各项业务培训，努力提高法律素养和工作能力，同时也应进一步完善对兼职调解人员开展工作的激励和保障措施。

5. 处理程序

（1）先期处理。

公司劳动争议预防调解委员会及下属各相关工作组织应及时排查化解争议隐患，防止小问题演变成大问题，局部问题演变成全局问题。

当职工发生辞职、离职或者被辞退的情况时，工会要及时找职工本人谈话，了解原因，做好辞职或被辞退员工及其他人员的思想工作，稳定员工队伍的思想情绪，避免员工因为不了解情况而出现恐慌和猜疑情绪，通过细致入微与防微杜渐的工作作风确保员工思想状况的稳定。

人力资源部、工会要定期深入现场，了解员工所思、所想、所盼，定期研究员工的建议和要求，及时解决影响生产安全等方面的问题。

（2）应急响应。

涉及员工与企业的劳动纠纷和争议时，各级人员应及时了解情况和原因，联系相关部门做好解释、疏导工作，事后向调解小组进行汇报。情况严重时，应及时上报劳动争议预防调解工作小组处理。发生劳动争议和信访方面的群体性事件时，公司劳动争议预防调解领导小组应立即派员在2小时内赶赴现场控制事态，并将详细情况及时向公司主要领导和调解领导小组组长报告。公司劳动争议预防调解领导小组视情况召开专题会议，提出协商解决劳动争议或劳动纠纷的措施，以免事态进一步扩大甚至失控。

对于未能有效控制事态发展，发生重大和特大突发性涉及劳动争议、信访方面的群体性事件时，劳动争议预防调解领导小组办公室应根据事态的性质，按规定向上级工会及劳动保障部门汇报，启动应急措施。

（3）指挥与协调。

突发性劳动争议群体性事件发生时，由委员会或各小组统一指挥，负责处置工作的协调和保障。各职能部门按照各自职责，通力配合，共同实施应急措施和处理办法。

（4）后期处理。

突发劳动争议、信访方面的群体性事件现场应急工作完成或者相关危险因素排除后，应急处置队伍应迅速撤离现场，缓解现场气氛，并将处置结果报上级部门备案。

（5）调解回访制度。

劳动争议调解工作小组事后应该耐心地了解事件的起因和事件发生前存在的预兆和可发现的潜在危机，建立对结束调解的劳动争议当事人的回访制度。通过回访了解劳动争议调解的效果，总结调解经验；解决调解协议履行中遇到的问题；督促当事人履行调解协议；总结应急处理工作中的经验和不足，组织负责预防工作和应急处理工作的相关人员学习总结经验，提高自身工作水平。

7.2.4 员工辞退管理制度

员工辞退管理制度必须符合国家法律法规、地方劳动政策，并随着国家法律法规、地方劳动政策的变化及时更新。

下面是某公司的员工辞退管理制度，供读者参考。

▶ **员工辞退管理制度** ◀

1. 目的

本着对员工负责、保障员工的基本权益、体现公司人事管理的严肃性和公正性的原则，特对辞退员工的工作做出本规定。

2. 适用范围

本制度适用于公司全体员工。

3. 定义

符合下列条件之一的员工，部门主管可提出辞退建议。

（1）试用期未满，被证明不符合录用条件或能力较差、表现不佳而不能保质完成工作任务的。

（2）严重违反劳动纪律或公司规章制度的。

（3）严重失职、营私舞弊、贪污腐化或有其他严重不良行为，对公司利益或声誉造成损害的。

（4）对公司存在严重的欺骗行为的。

（5）因触犯法律而被拘留、劳教、逮捕或判刑的。

（6）患有非本职工作引起的疾病或非因公负伤，医疗期满后，经医疗部门证实身体不适、不能胜任本职工作的。

（7）员工能力明显不适应本职工作需求，在内部劳动力市场又找不到合适工作的。

（8）参加岗位适应性培训后考核仍不合格且在内部劳动力市场找不到合适工作的。

（9）劳动态度差，工作缺乏责任心和主动性的。

（10）经过岗位适应性培训后，上岗工作表现仍然较差的。

（11）泄漏商业或技术机密，使公司蒙受损失的。

（12）法律、法规、公司制度规定的其他情形。

4. 辞退员工的操作流程

（1）部门主管根据公司规定的辞退条件，实事求是地对照员工的现实能力、表现或某些特定的事实，提出辞退建议，填写员工辞退建议及评审报告单（以下简称报告单）。

（2）部门经理接到报告单后，调查了解相关情况，并进行条件审查，如果符合辞退条件，签署意见后报分管领导。

（3）分管领导接到报告单后，必须与拟辞退员工谈话，了解拟辞退员工的思想反应和意见，根据事实情况确认是否需要辞退。如果确认需要辞退的，分管领导签署辞退意见并报送总裁。如果属不应辞退的，与有关部门主管沟通后，协商安排工作。

（4）如果拟辞退员工为试用期员工，分管领导签署辞退意见后应将报告单送交人力资源部。人力资源部在收到报告单后，须进行适当的调查和确认，与拟辞退员工谈话，了解有关情况。如果确认需要辞退的，签署意见后送人力资源部总监核查，再报送总裁（或其授权人）审批。如果属不应辞退的，人力资源部与相关部门主管沟通，协商解决办法。

（5）总裁批准辞退建议的，则由人力资源部通知相关部门。如果总裁未批准辞退的，则由人力资源部及相关部门与员工谈话，并视情况对其工作岗位做适当的调整。

（6）对被辞退人员的处理结果要经人力资源部备案。

（7）由部门主管通知被辞退员工办理辞退手续。

（8）完成以上流程的时限要求如下。

① 部门经理收到报告单后，在 2 个工作日内做出明确答复。

② 分管领导收到报告单后，在 3 个工作日内做出明确答复，相关人员联合签署意见后，将报告单送人力资源部。

③ 人力资源部收到报告单后，在 3 个工作日内调查确认。

④ 公司总裁签署意见后，人力资源部在 5 个工作日内协调解决问题。

（9）申诉。

拟辞退的员工有权按公司规定的申诉渠道进行申诉，但不得扰乱正常秩序，不得扰乱公司领导的工作。

5. 违反上述规定的处理办法

（1）如果管理者未按公司规定而随意辞退员工，经人力资源管理部查证后，提出对管理者的考核意见。

（2）符合公司规定的辞退条件，而部门主管不及时提出辞退建议，致使造成不良后果或不良影响的，相关人员要承担相应责任。

6. 附则

本规定自签署之日起生效，此前与此相抵触的规定自动失效。本规定由人力资源部负责解释和修改。

HR 专家支招

1 对于提出辞职的员工，企业可以要求员工提前离职吗？

员工提出辞职后，企业会认为该员工不仅没了工作责任心，还会给其他员工造成负面影响，因此往往要求员工提前离职。

员工提出辞职后，在剩余 30 日的合同履行期内，双方还应按照劳动合同的约定继续正常履行，企业无权要求员工立即或提前离职，除非双方协商一致，在 30 日届满之前解除劳动合同。

2 企业投资人变更,企业可以终止与劳动者签订的劳动合同吗?

根据《劳动合同法》的规定,用人单位变更名称、法定代表人、主要负责人或者投资人等事项,不影响劳动合同的履行。因此,企业法定代表人或投资人发生变更,不属于法律规定的可以终止劳动合同的情形,企业不得以此为由终止劳动合同。

3 企业支付赔偿金后,还需要支付经济补偿吗?

《劳动合同法实施条例》第二十五条明确规定:"用人单位违反劳动合同法的规定解除或者终止劳动合同,依照劳动合同法第八十七条的规定支付了赔偿金的,不再支付经济补偿。赔偿金的计算年限自用工之日起计算。"

由于经济补偿是用人单位在依法解除劳动合同的情况下,根据法律规定支付给劳动者的补偿,而赔偿金是基于用人单位违法解除或终止劳动合同而对劳动者做出的赔偿,两者的性质和支付条件不同,因此,不存在同时支付的问题。

4 企业能以"末位淘汰"制证明员工不能胜任工作吗?

末位淘汰制是现实中很多企业采取的一种管理手段,但是《劳动合同法》实施以后,不论是在企业规章制度里还是在劳动合同中,企业规定或者与员工约定,以末位淘汰制对员工实施单方调岗或解除劳动合同的都是违法的,对双方不具有约束力。因为用人单位绩效考核中排名末位的员工并不一定是不能胜任工作的,所以企业想要单方调岗,还需要拿出充分的证据来证明员工确实不能胜任工作。

5 企业拖欠工资,员工解除服务期劳动合同,企业有权要求员工支付违约金吗?

根据《劳动合同法实施条例》的规定,在企业违法或存在过失的情形下,员工要求解除劳动合同的,不属于违反服务期的约定,企业无权要求员工支付违约金。

人力资源工作者在企业用工和劳动关系管理中,一定要严格遵守法律法规的相关规定,否则不但企业的权益得不到保护,企业自身还可能承担高昂的违法成本。

HR 高效工作之道

1 用 Word 制作离职审批表

网上提供了很多关于离职审批的表格，很多 HR 为了提高制表效率，会从网上下载相关的表格模板，然后再根据实际情况将其修改为自己需要的表格，这相对于从零开始制作更快速，而且不容易出错。下面将使用 Word 对网上下载的离职审批表进行编辑，具体操作步骤如下。

步骤① 打开"离职审批表.docx"（可用本书附赠资源中的文件，也可自行在网上搜索并下载）文件，将鼠标指针定位到第 1 个单元格中，单击【表格工具-布局】选项卡【行和列】组中的【在下方插入】按钮，如图 7-3 所示。

步骤② 在插入的空白单元格中输入需要的文本，并对表格原有的文本进行修改。选择【交接手续】文本，单击【行和列】组中的【删除】下拉按钮，在弹出的下拉列表中选择【删除行】选项，如图 7-4 所示。

图 7-3 插入行

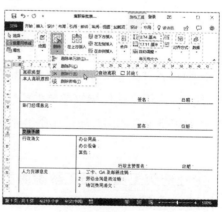

图 7-4 删除行

步骤③ 选择需要拆分的 3 个单元格，单击【合并】组中的【拆分单元格】按钮，打开【拆分单元格】对话框，设置【列数】为【2】，取消选中【拆分前合并单元格】复选框，然后单击【确定】按钮，如图 7-5 所示。

步骤④ 选择第1列中的3个单元格，单击【合并】组中的【合并单元格】按钮，将所选单元格合并为一个单元格，并在单元格中输入需要的文本，如图7-6所示。

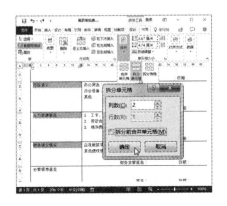
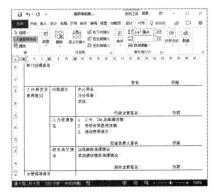

图7-5 拆分单元格　　　　　　　　图7-6 合并单元格

步骤⑤ 在最后两行单元格下方插入两行空白单元格，然后合并需要的单元格，并输入文本。将鼠标光标定位到【知晓并确认】文本前，拖动水平标尺上的【首行缩进】图标，使鼠标光标所在的段落首行缩进两个字符，如图7-7所示。

步骤⑥ 调整行高和列宽，选择【工作交接及费用清欠】文本，单击【对齐方式】组中的【文字方向】按钮，使文本垂直显示。保持文本的选择状态，单击【对齐方式】组中的【中部居中】按钮，如图7-8所示。

图7-7 设置首行缩进　　　　　　　　图7-8 设置文字方向

步骤⑦ 使用相同的方法继续对其他单元格中文本的对齐方式进行设置，完成本例的制作后，最终效果如图7-9所示。

离职审批表

<table>
<tr><td>姓名</td><td></td><td>部门及岗位</td><td></td><td>到岗时间</td><td></td></tr>
<tr><td>停职时间</td><td></td><td>家庭住址</td><td></td><td>联系电话</td><td></td></tr>
<tr><td>离职类型</td><td colspan="5">□辞职 □辞退 □自动离职 □ 其他（ ）</td></tr>
<tr><td colspan="6">本人离职原因：
签名： 日期：</td></tr>
<tr><td colspan="6">部门经理意见：
签名： 日期：</td></tr>
<tr><td rowspan="3">工作移交及费用清欠</td><td>行政清欠</td><td colspan="4">办公用品：
办公设备：
其他：
行政主管签名： 日期：</td></tr>
<tr><td>人力资源意见</td><td colspan="4">1. 工卡、OA 及邮箱注销：
2. 劳动合同是否注销：
3. 培训费用清欠：
交接负责人签名： 日期：</td></tr>
<tr><td>财务清欠情况</td><td colspan="4">应收账款清理情况：
其他债权债务清理情况：
财务主管签名： 日期：</td></tr>
<tr><td colspan="2">分管领导意见</td><td colspan="4">签名： 日期：</td></tr>
<tr><td colspan="2">总经理意见</td><td colspan="4">签名： 日期：</td></tr>
<tr><td colspan="2">薪酬结算</td><td colspan="4">签名： 日期：</td></tr>
<tr><td colspan="6">知晓并确认：本人于公司所有有关工资、奖金、补偿等情况均已清算完毕，确认不存在其他争议。
离职人签名： 日期：</td></tr>
</table>

图 7-9 最终效果

2 用 Word 对劳动合同设置密码保护

对于比较重要的办公文档，如果需要保密，不希望他人看到，那么可为文档添加密码保护。在打开文档时，只有输入正确的密码才能打开文档，对文档中的内容进行查看或编辑。例如，在 Word 中对“劳动合同”进行密码保护，具体操作步骤如下。

步骤 1 打开“劳动合同 .docx”文件，单击【文件】菜单，在打开的【信息】界面中单击【保护文档】按钮，在弹出的下拉菜单中选择【用密码进行加密】命令，如图 7-10 所示。

步骤 2 打开【加密文档】对话框，在【密码】文本框中输入密码【123】，单击【确定】按钮，如图 7-11 所示。

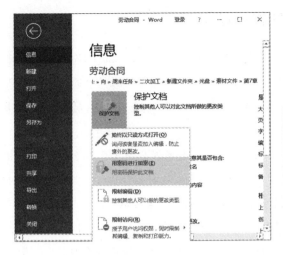

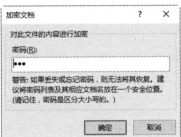

图 7-10 选择保护文档选项　　　　　图 7-11 输入密码

步骤 ③ 打开【确认密码】对话框，再次输入密码【123】，单击【确定】按钮，如图 7-12 所示。

步骤 ④ 加密完成，保存并关闭文档。重新打开该文档时，会打开【密码】对话框，要求输入设置的保护密码，如图 7-13 所示。输入【123】并单击【确定】按钮，才能打开文档。

图 7-12 确认密码　　　　　　　　　图 7-13 打开时输入密码

> **提示**
>
> 还有一种对文档加密的方法。在【另存为】对话框中单击【工具】按钮，在弹出的下拉菜单中选择【常规选项】命令，打开【常规选项】对话框，在【打开文件时的密码】文本框中输入保护密码，单击【确定】按钮即可设置密码保护。

3 用 Excel 对人员离职原因进行分析

人员离职是导致人员流动的最大的一个因素，要想控制人员的流动，人员离职原因的分析必不可少。通过分析人员离职原因，可以根据情况采取相应的管理或控制措施，以减少因人员离职导致的人员流失。使用 Excel 对人员离职原因进行分析的具体操作步骤如下。

步骤 1 新建 Excel 工作簿并将其命名为【人员离职原因分析】，在表格中输入相应的数据，并对表格格式进行相应的设置。选择 C2 单元格，在编辑栏中输入公式【=B2/SUM($B$2:$B$10)】，如图 7-14 所示。

步骤 2 按【Enter】键计算出离职比例，然后复制公式，计算其他原因的离职比例，选择 A1:A10 和 C1:C10 单元格区域，单击【插入】选项卡【图表】组中的【推荐的图表】按钮，如图 7-15 所示。

图 7-14 输入公式

图 7-15 选择创建图表的区域

步骤 3 在打开的对话框中选择漏斗图，单击【确定】按钮，如图 7-16 所示。

步骤 4 调整图表大小和位置，在标题中输入【离职原因分析】。选择图表，单击【更改颜色】按钮，在弹出的下拉列表中选择需要的颜色，如图 7-17 所示。

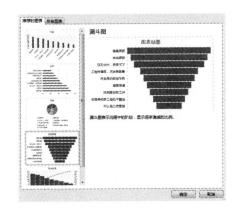
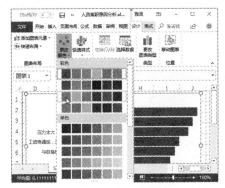

图 7-16 选择推荐的图表　　　　图 7-17 更改图表颜色

步骤 5 完成本例的制作后，最终效果如图 7-18 所示。

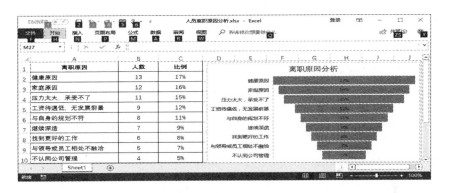

图 7-18 最终效果

4 用 Visio 画员工离职管理流程图

Visio 是由微软官方发布的一款流程图和示意图的绘制软件，不仅可以帮助企业定义流程、编制最佳方案，而且可以使用新式形状和模板创建流程图、网络图、组织结构图、平面布置图、工程设计图等，帮助用户顺利编辑与完成图表的制作，提高用户的工作效率。下面介绍使用 Visio 画员工离职管理流程图的具体操作步骤。

步骤 1 启动 Visio 程序，在打开的界面中选择流程图模板，选择【跨职能流程图】选项，如图 7-19 所示。

步骤 ② 在打开的下载对话框中选择流程图样式,这里选择垂直跨职能流程图,然后单击【创建】按钮,如图7-20所示。

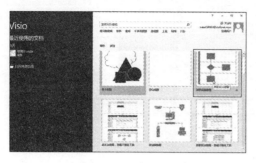 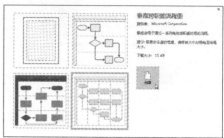

图7-19 选择模板　　　　　　　　　图7-20 选择流程图样式

步骤 ③ 下载垂直跨职能流程图,将文档命名为【员工离职管理流程图】并保存。删除流程图中的形状和说明内容,在左侧选择【泳道(垂直)】形状,然后将其拖动到流程图的右侧,如图7-21所示。

步骤 ④ 将流程图中的文本更改为需要的文本,在左侧导航窗格中单击【基本流程图形状】,展开基本流程图形状,选择【流程】形状,将其拖动到流程图的第1条泳道中,如图7-22所示。

 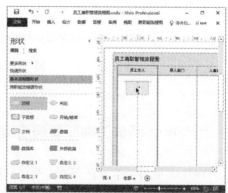

图7-21 添加泳道　　　　　　　　　图7-22 添加基本流程图形状

步骤 ⑤ 在添加的形状中输入文本,将鼠标指针移动到形状上,形状四周将出现淡蓝色的箭头。单击形状右侧的淡蓝色箭头,在第2条泳道中添加一个形状,并输入需要的文本。将鼠标指针移动到该形状下方的蓝色三角形上,在出现的形状框中单击【判定】形状（见图 7-23），即可在形状下方添加一个判定形状。

步骤 6 继续添加流程图需要的形状，并在形状中输入需要的文本。选择第 4 泳道中的第 2 个形状，将其拖动到第 5 泳道中，如图 7-24 所示。

图 7-23 添加形状

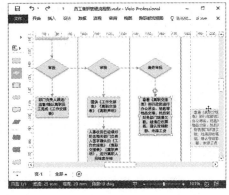

图 7-24 移动形状位置

步骤 7 复制第 4 泳道和第 5 泳道之间的连接符，将其粘贴到需要的位置，然后将鼠标指针移动到连接符的点上，拖动点即可调整连接符，如图 7-25 所示。

步骤 8 使用相同的方法为第 2 泳道和第 3 泳道的形状添加连接符，在连接符的中点上右击，在弹出的快捷菜单中选择【编辑文本】命令，然后在文本框中输入【否】，如图 7-26 所示。

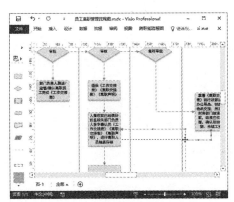

图 7-25 编辑连接符

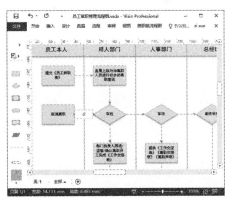

图 7-26 添加文本

步骤 9 在其他位置单击即可在连接符的中点处添加文本,使用相同的方法继续为其他连接符添加需要的文本。完成流程图的制作后,最终效果如图 7-27 所示。

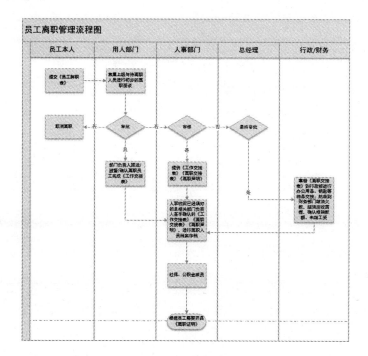

图 7-27 最终效果